KB196658

한 가 함 과

지 루 함 의

윤 리 학

한 가 함 과

지 루 함 의

윤 리 학

暇と退屈の倫理学   어 떻 게 살 것 인 가

고쿠분 고이치로 지음
김상운 옮김

arte

| 일러두기 |

1. 이 책은 『暇と退屈の倫理学(增補新版)』(오타출판, 2015)을 완역한 것으로, 동명 서적(아사히출판사, 2011)을 번역한 『인간은 언제부터 지루해했을까?』(최재혁 옮김, 한권의책, 2014)의 개정증보판이다. 부록 「상처와 운명」은 이 책을 위해 새로 썼다.

2. 책은 겹낫표(『 』), 논문·강연집·논고 등 짧은 글은 홑낫표(「 」), 영화는 홑화살괄호(〈 〉), 강연·심포지엄은 작은따옴표(' ')로 묶었다.

3. 인용문 속의 ( )는 원문에 있는 것이고, 이해를 돕기 위한 저자의 표현은 [ ]에, 옮긴이의 표현은 〔 〕에 넣어 구분했다.

4. 각주에서 별도 표기가 없는 것은 원주이고, 주석 번호 다음에 〔옮긴이〕라고 표기한 것은 역주이다.

5. 원서에서 강조한 부분은 볼드로 표기했다.

차례

_____

우리는 타협을 거듭하며 살고 있다.

하고 싶은 일을 포기하거나 해야 할 일을 외면할 뿐만이 아니다.

어떻게 된 거지, 왜 이렇게 되어 버렸을까, 뭔가 잘못되었어, 아니, 그게 아니야……. 우리가 이렇게 느끼는 '무엇'에 대해 "뭐, 이쯤이야" 하고 자신을 타이르면서, 혹은 오히려 스스로를 그렇게 타일러야 한다고 **마음먹으며** 살고 있다.

이 책은 그러한 타협에 맞서면서 썼다. 내가 느껴 온 애매하고도 어렴풋한 무엇에 형체를 부여하려면 그것이 필요했다.

물론 타협에 맞서는 것은 쉽지 않다. 하지만 큰 위안도 있었다. 내가 상대하고 있는 무엇이 사실은 많은 사람이 공유하는 **문제**라는 것을, 아니 오히려 1만 년 된 인류의 문제라는 것을 알게 되었기 때문이다.

이 문제는 '한가함과 지루함'이라는 말로 총칭된다. 이 책은, 한가함과 지루함의 문제에 대처한 기록이다. 문제는 해결된 것이 아니다. 오히려 몇 가지 물음이 남아 있다. 그래서 이번 개정증보판에는 남겨진 물음을 논한 시론 「상처와 운명: 『한가함과 지루함의 윤리학』 개정증보판에 부쳐」를 수록했다.

이 책은 철학책이지만, 철학을 공부한 적이 없는 사람이라도 자신의 의문을 마주하고 스스로 생각하려는 마음만 있다면 끝까지 제대로 읽을 수 있도록 썼다. 실제로 초판 발행 이후 정말 많은 분이 이 책을 끝까지 읽어 주셨다. 이 책을 철학책이라고 한 까닭은 이 책이 특정 문제를 다루고 있다는 것을 의미한다. 철학은 문제를 발견하고 그에 대응하기 위한 개념을 만들어 내는 작업이다. 과거의 철학자들도 각자가 각각의 문제를 발견하고 이에 대응하기 위해 새로운 개념을 만들어 냈다. 이 책 역시 새로운 개념을 창조하려 시도한다.

인간의 삶은 타협을 거듭할 수밖에 없다. 그러나 때때로 사람들은 타협에 저항하려고 한다. 철학은 이때 중요한 거점이 된다. 문제가 무엇이고 어떤 개념이 필요한지 이해하면 "뭐, 이쯤이야"에서 멀어지기 때문이다.

필자는 이 책을 집필하면서 철학을 그렇게 체험했다. 이 책을 읽는 독자 여러분도 같은 체험을 하기를 진심으로 바란다.

2015년 2월
고쿠분 고이치로

그러므로 여러 가지 것을 이용하여 그것을 가능한 한 즐기는 것은 현명한 사람에게 적합하다. 분명히 맛 좋은 음식과 음료를 적당히 섭취하고, 또 향기, 녹색식물의 쾌적한 아름다움, 장식, 음악, 운동경기, 연극 등 다른 사람에게 해를 끼치지 않고 각자가 이용할 수 있는 이런 종류의 것들로 자신을 상쾌하게 하고 기운을 북돋우는 것은 현자에게 적합하다.

— 스피노자, 『윤리학』[1]

1 〔옮긴이〕 스피노자의 『윤리학』 4부 정리 45의 주석에서 인용한 것으로 진태원의 라틴어 번역본에 따르면 다음과 같이 옮길 수 있다. "……따라서 할 수 있는 한 사물들을 활용하고 그것들에서 즐거움을 얻는 것……은 현명한 사람(남자, viri)이 하는 일이다. 말하거니와, 현명한 사람[남자]은 적당하게 맛있는 음식을 먹고 술을 마시고 향수를 뿌리고 보기 좋은 식물을 즐기고 옷치장을 하고 음악 감상과 놀이를 즐기고 연극 관람 및 각자가 다른 사람에게 피해를 주지 않고 누릴 수 있는 이와 같은 종류의 일을 즐긴다."

_____

몇 년 전의 일이다.

나는 가부키초를 좋아하는 프랑스인 친구와 함께 그 근처를 서성거리고 있었다. 들어갈 만한 가게가 없어서 1시간 정도 서성거렸을까.

같은 호객꾼을 두 번이나 만났다. 고생한 흔적이 살짝 엿보이는, 젊고 살집 좋은 남자가 다정한 표정으로 "어떤 가게를 찾으세요?" 하고 친절하게 물었다. 우리는 천천히 마시고 이야기를 나눌 수 있는 가게를 찾고 있었을 뿐이어서, 잠시 서서 말을 섞다가 그와 헤어졌다.

너무 많이 걸어서 피곤했다. 어쩔 수 없이 바에 들어갔다.

티브이에서는 영국 축구를 방영하고 있었다. 아무래도 스포츠 바라고 하는 곳인가 싶었다.

맥주를 마시기 시작했는데 티브이가 있는 쪽에서 시끄러운 소리가 들려왔다. 머리가 짧고 안경을 쓴 남자가 축구 경기를 보며 시끄럽게 떠들고 있었다. 나보다 나이가 조금 많아 보였다.

그는 축구 경기의 흐름에 일희일비하며 크게 소리를 질렀다. 슛이 빗나가면 큰 소리로 낙담하고, 선수가 드리블을 하면 큰 소리로 환호했다.

이상했던 것은 그가 즐거워 보이지 않는다는 점이었다. 그의 목소리는 분명히 주변 사람을 향하고 있었다. 그것은 뭐랄까, 자신을 봐 달라는 마음이 담긴 목소리였다. 내가 축구 경기에 열중하고 있다고, 그는 온 힘을 다해 주변에 호소하고 있는 것처럼 보였다.

나는 이런 생각을 친구에게 전하지 못했다. 그건 내 느낌일 뿐이니까. 그것은 증명할 수 있는 것도 아니고, 애초에 말로 표현하기도 어려운 느낌이었다.

벌써 15년 전 일이다.

나는 한 재단에서 장학금을 받아 프랑스 스트라스부르로 유학 갈 준비를 하고 있었다.

주위에 비슷한 경험이 있는 사람이 없었기 때문에 하나하나 손으로 더듬듯 진행했다. 그쪽 대학에서 제출하라는 서류가 도대체 무엇인지도 모르는 상태라서 몹시 막막했다.

그러던 중 유학에 도움이 되는 정보를 모아 놓은 센터가 있다는 말을 들었다. 나는 지푸라기라도 잡는 심정으로 그곳에 가 보기로 했다.

자세한 것은 기억나지 않지만, 해외 대학의 팸플릿 같은 게 많이 비치되어 있었던 것 같다.

애초에 어떤 학부로 가야 할지도 몰랐다. 스스로는 철학이나 사상 같은 분야에 관심이 있다고 여겨졌지만, 정치학과 출신인 내가 철학과에 가서 잘할 수 있을지 자신이 없었다.

팸플릿을 훑어봤다. 별로 도움이 되지 않았다. 한숨을 쉬었던 탓일까. 눈앞의 것에서 주의가 분산되었다. 그러자 다른 창구에서 말소리가 들려왔다. 센터에서는 예약을 받아 유학 상담을 하고 있었다. 아마 그 소리겠거니 생각하며 앉은 채로 멍하니 상담 내용을 들었다.

창구 앞에 앉은 여자는 나와 비슷한 또래의 여학생인 듯싶었다. 그 여학생은 창구에 있는 여성 상담사와 상담 중이었다. 상담사는 몹시 난처해 보였다.

여학생은 자신이 미술에 관심이 있다고 상담사에게 말하는 것 같았다. 하지만 미대에 진학한 것도 아니고 미술에 대해 스스로 공부한 것도 아닌 모양이었다. 딱히 누구를 좋아하는 것도 아닌 것 같았다. 단지 "미술에 관심이 있다"라는 것이었다.

상담사는 연신 "이제 정해진 상담 시간이 끝나서요……"라고 여학생에게 말했다. 하지만 다음 상담자가 지각하는 바람에, 어쩔 수 없이 상담을 계속하고 있었다.

기억에 남은 것은 여학생이 거의 아무 말도 하지 않았다는 것이다. 할 말도 없으면서 집요하도록 상담을 계속하는 게 이상했다. 그는 도대체 무엇을 원했던 것일까.

상담이 겨우 끝났다. 아니, 상담사가 억지로 끝낸 것 같았다. 상담사는 이런 식의 시간 연장은 예외라고 여학생에게 몇 번이고 반복해 말했다. 그는 표정이 밝아지지도 낙담하지도, 수긍하지도 않은 채 일어서서는 그대로 걸어 나갔다.

나는 스트라스부르대학교 철학과에서 1년 동안 유학한 후에 귀국해서 석사논문을 썼다. 그리고 박사과정에 들어간 후 이번에는 파리로 유학을 갔다. 2000년의 일이다.

파리에 있는 동안 일본의 한 티브이프로그램에 대한 이야기를 들었다. 고도 경제성장기에 각종 힘든 일에 종사했던 이름 없는 리더와 이를 뒷받침한 사람들을 다룬 이 프로그램은 당시 중장년 남성들의 열광적인 지지를 받았다.

유학 중에도 몇 번인가 잠시 귀국한 적이 있었다. 그때 실제로 방송을 봤다. 많은 중장년 남성이 지지하는 이유를 잘 알 수 있었다. 나 또한 가슴이 뜨거워지는 것을 느끼며 그 프로그램을 보았기 때문이다.

하지만 이 프로그램 주제가에서 왠지 모를 부조화를 느꼈다. 이 노래는 칭찬받을 만한 일을 했지만 아무의 눈에도 띄지 않고 사라져 간 사람들을 노래하고 있었다. 나는 주제가를 부른 가수를 좋아했다. 팬이었다. 하지만 이 노래와 프로그램에서 이 노래를 활용하는 법이 왠지 마음에 들지 않았다. 그때는 그 이유를 몰랐다.

유학을 마치고 돌아온 해였던 것 같다. 같은 프로그램의 특집방송이 방영되고 있었다. 화면에서는 회사를 정년퇴직한 60대 남성들이 필사적으로 주제가를 합창하고 있었다.

나는 슬퍼졌다. 그리고 이 노래가, 이 노래를 그렇게 쓰는

게 왜 싫었는지 알 것 같았다.

　나는 이 책을 쓰면서 지금까지 만났던, 아니 스쳤던 많은 사람을 떠올렸다. 내가 그들을 이렇게도 선명하게 기억하는 것은 틀림없이 내가 그들과 어딘가 닮았다고 생각했기 때문이다.

　이 책은 내 고민에 대한 답을 내놓기 위해 쓴 것이다. 그간 생각해 온 길이 어떤 것인지 보여 주고, 내가 내놓은 답을 그림 한 장으로 그려서 독자 여러분에게 보여 주고 그 의견을 듣고 싶었다.

　이런 점을 적어 두면서 이 책을 시작한다.

'좋아하는 것'이란 무엇인가?

인류의 역사에는 다양한 대립이 있었고, 이 대립이 셀 수 없을 정도로 많은 비극을 만들어 왔다. 하지만 인류가 풍요를 위해 노력해 온 것은 사실로 인정해도 좋을 것 같다. 사람들은 사회 속에 있는 불의와 불편에 맞서 싸웠는데, 그렇게 하는 것이 사회를 더 낫게 만들 거라고, 적어도 명분상으로는 그렇게 생각했기 때문이다.

그러나 여기서 불가해한 역설이 나타난다. 인류가 목표로 삼았을 풍요로움, 이것이 달성되면 거꾸로 사람이 불행해진다는 역설이다.

영국의 철학자 버트런드 러셀(1872~1970)은 1930년에 『행복의 정복』[1]이라는 책을 출판했는데, 거기서 이렇게 말했다. 요즘 서구 국가의 젊은이들은 자신의 재능을 발휘할 기회를 얻지 못하기 때문에 불행에 빠지기 쉽다. 반면 동양 국가에서는 그렇지 않다. 또 공산주의 혁명이 진행 중인 러시아에서는

1　〔옮긴이〕 버트런드 러셀, 『행복의 정복』, 이순희 옮김, 사회평론, 2005.

젊은이들이 세계 어느 곳보다도 행복할 것이다. 왜냐하면 그곳에는 창조해야 할 새로운 세계가 있기 때문이다……[2]

러셀이 말하는 바는 간단하다.

20세기 초 유럽에서는 이미 많은 것이 달성되었다. 젊은이들이 힘들게 이룩해야 할 새로운 세계 같은 게 더는 존재하지 않을 것처럼 보인다. 따라서 젊은이들이 할 일은 별로 없다. **그래서** 그들은 불행하다.

반면 러시아와 동양 국가는 앞으로 새로운 사회를 만들어가야 하기 때문에 젊은이들이 나서서 노력해야 할 과제가 남아 있다. **그래서** 그곳에서 젊은이들은 행복하다.

그의 말을 이해하지 못하는 것은 아니다. 사명감에 불타서 어떤 일에 몰두하는 것은 멋진 일이다. 그렇다면 그런 멋진 상황에 있는 사람은 '행복'할 것이다. 반대로 그런 멋진 상황에 있지 않은 사람들, 몰두할 일이 없는 사람들은 '불행'할 수도 있다.

---

2   "나는 서구 국가들에서 가장 똑똑한 젊은이들이 자신들의 가장 뛰어난 재능을 발휘할 수 있는 적절한 일자리를 찾지 못하는 데서 오는 불행에 빠지기 쉽다는 것을 인정해야 한다고 생각한다. 하지만 동양 국가들에서는 그렇지 않다. 오늘날 똑똑한 젊은이들은 필시 세계 어느 곳보다 러시아에서 가장 행복하다. 거기에는 그들이 창조해야 할 새로운 세계가 있으며 새로운 세계를 창조할 때 의거해야 할 열렬한 믿음을 갖고 있다. …… 인도, 중국, 일본에서는 정치적인 부류의 외적 환경이 젊은 인텔리겐치아의 행복을 방해하지만, 서구에서와 같은 내적 장애물은 존재하지 않는다. 젊은이들에게 중요해 보이는 활동들이 있으며, 이런 활동들이 성공하는 한 젊은이들은 행복하다." (Bertrand Russel, *The Conquest of Happiness*, Liveright, 1996, pp.116-117.)

하지만 뭔가 이상하지 않은가?

정말 이걸로 충분한 것일까?

어떤 사회적 불의를 바로잡기 위해 사람들이 나서는 것은 그 사회를 더 나은 사회, 더 풍요로운 사회로 만들기 위해서다. 그렇다면 사회가 실제로 그렇게 되었다면 사람들은 기뻐해야 할 것이다. 그런데 러셀에 따르면 그렇지 않다. 사람들의 노력으로 사회가 더 좋아지고 더 풍요로워지면 사람은 할 일이 없어져서 불행해진다는 것이다.

만약 러셀의 말이 맞는다면 이 얼마나 터무니없는 것인가. 사람은 사회를 더 풍요롭게 만들려고 노력해 왔다. 그런데 그것이 실현되면 오히려 사람은 불행해진다. 그렇다면 사회를 더 풍요롭게 만들려고 노력할 필요가 없다. 사회적 불의 따위는 그대로 내버려두면 된다. 풍요 따위를 지향하지 말고, 비참한 삶을 계속하게 두면 된다. 왜냐하면 불의를 바로잡으려는 행위가 실현되면 결국 사람들은 불행해질 것이기 때문이다.

왜 이렇게 되는 것일까? 뭔가 이상하지 않은가?

그렇다, 러셀의 말은 이해하지 못할 것도 없다. 하지만 역시 뭔가 이상하다. 그리고 이를 당연하다는 듯이 말하는 러셀도 역시 어딘가 이상하다.

러셀의 주장처럼 몰입해야 할 일이 밖에서부터 주어지지 않는 인간은 불행하다고 한다면, 이 사태는 더는 어쩔 수 없는 일이다. 역시 우리는 여기서 "뭔가 이상하다"라고 생각해야 한다.

인류는 풍요를 목표로 해 왔다. 그런데 왜 그 풍요를 기뻐하지 못하는 것일까? 앞으로 이어질 고찰은 모두 이 단순한 물음을 둘러싸고 전개될 것이다.

•

인간이 풍요를 기뻐하지 않는 이유는 무엇일까? 풍요에 대해 아주 간단하게 고찰해 보자.

나라와 사회가 풍요로워지면 그곳에서 살아가는 사람들에게는 여유가 생긴다. 이러한 여유에는 적어도 두 가지 의미가 있다.

하나는 물론 금전적인 여유다. 사람은 살아가는 데 필요한 수준을 넘어서는 양의 돈을 손에 넣는다. 번 돈을 모두 생존을 위해 다 써 버리지는 않을 것이다.

또 하나는 시간적인 여유다. 사회가 풍요로워지면 사람은 살아가기 위한 노동에 모든 시간을 할애할 필요가 없어진다. 그리고 아무것도 하지 않아도 되는 시간, 즉 한가함을 얻게 된다.

그렇다면 이어서 이렇게 생각해 보자. 부유한 나라의 사람들은 그 여유를 무엇에 사용해 왔을까? 그리고 무엇에 사용하고 있는 것일까?

"부유해지기 전까지는 바라면서도 하지 못했던, 내가 좋아하는 것을 하고 있다"라는 대답이 돌아올 것 같다. 분명 그렇다. 금전적·시간적 여유가 없는 생활이란 모든 활동이 생존을 위해 이루어지는 그런 생활일 것이다. 생존에 도움이 되는 일 외에는 거의 할 수 없다. 그렇다면 여유로운 생활을 보낼 수 있게 된 사람들은 그 여유를 이용해 그때까지 바라면서도 하지 못했던 좋아하는 일을 하고 있다고 생각하는 것은 당연하다.

그렇다면 이번에는 이렇게 물어보자. 그 '좋아하는 것'이란 무엇인가?

바라면서도 이룰 수 없었던 것은 도대체 무엇이었을까? 지금 나름 여유로운 나라·사회에 살고 있는 사람들은 그 여유를 이용해 무엇을 하고 있을까?

이렇게 물으면 지금까지와는 달리, 선뜻 대답이 나오지 않는다. 물론 '좋아하는 것'에는 개인차가 있겠지만, 도대체 얼마나 많은 사람이 자신이 '좋아하는 것'을 단정할 수 있을까?

토요일에 티브이를 켜면 다음 날인 일요일에 시간적·금전적 여유를 쏟아부을 만한 오락거리를 홍보하는 프로그램이 방송된다. 그 프로그램을 보고 프로그램이 추천하는 장소에 가서 금전과 시간을 소비한다. 그렇다면 그렇게 하는 사람들은 '좋아하는 것'을 하고 있는 것일까? 그것은 '바라면서도 이루지 못한' 것일까?

'좋아하는 것'이라는 표현에서 '취미'라는 말을 떠올리는 사람도 많을 것이다. 취미란 무엇일까? 사전에 따르면 취미는 원래 '어떤 것에 아름다움이나 재미를 느끼는가 하는, **그 사람의 감각이 존재하는 방식**'(강조는 인용자)을 의미한다(『다이지센大辞泉』). 이것이 바뀌어 "개인이 즐기는 것"을 가리키게 되었다고 한다.

취미를 카탈로그화하여 선택하게 하고, 이를 위해 필요한 도구를 제공하는 기업이 있다. 티브이 광고에서는 여배우가 아이를 다 키우고 은퇴 후 남편과 집에 있는 상황을 연기하며 "그래도 취미에는 돈이 많이 들잖아요"라고 중얼거린다. 그러자 그 틈을 놓치지 않고 "그렇지 않습니다!" 하는 내레이션이 나온다. 카탈로그에서 취미를 선택하면 필요한 도구를 싸고 빠르게 구할 수 있다고 선전한다.

그런데 카탈로그를 통해 "그 사람의 감각이 존재하는 방식"을 선택한다니, 도대체 무슨 뜻일까?

•

경제학자 존 갤브레이스(1908~2006)는 20세기 중반인 1958년에 저술한 『풍요한 사회The Affluent Society』에서 이런 말을 했다.

현대인은 자신이 무엇을 하고 싶은지 스스로 의식하지 못하고 있다. 광고나 세일즈맨이 확인해 주어야만 비로소 자신의 욕망이 명확해지는 것이다. 자신이 원하는 것이 무엇인지를 광고인에게서 배우는 이런 사태는 19세기 초라면 틀림없이 상상할 수도 없는 일이었을 것이다.[3]

3   John Kenneth Galbraith, *The Affluent Society*, 40th Anniversary Edition, Mariner Books, 1998, p.2.; ソースティン・ヴェブレン,『有閑階級の理論』, 高哲男 訳, ちくま学芸文庫, 2002, 50頁.; 존 케네스 갤브레이스,『풍요한 사회』, 노택선 옮김, 신상민 감수, 한국경제신문, 2006, 16쪽.

경제는 소비자의 수요에 의해 움직이며 움직여야 한다는 '소비자 주권'이라는 생각이 오랫동안 경제학을 지배해 왔기 때문에 자신의 생각은 경제학자들의 강한 저항을 샀다고 갤브레이스는 말한다.[4] 즉, 맨 처음에는 소비자가 무엇인가를 필요로 한다는 사실(수요)이 있고, 그것을 생산자가 감지해 물건을 생산하는(공급) 것이야말로 경제의 기초라고 생각했다는 것이다.

갤브레이스에 따르면, 그것은 경제학자들의 추측일 뿐이다. 그래서 이렇게 지적한 것이다. 고도소비사회 — 그가 말하는 '풍요한 사회' — 에서는 공급이 수요에 선행한다. 아니, 오히려 공급 측면이 수요를 조작하고 있다. 즉, 생산자가 소비자에게 "당신이 원하는 것은 이것입니다"라고 말을 걸어 그것을 사게끔 하고 있다는 것이다.

이제 갤브레이스의 주장은 누구의 눈에도 분명하다. 욕망이 소비자 내부에서 자유롭게 결정된다고는 아무도 믿지 않는다. 욕망은 생산에 의존한다. 생산은 생산에 의해 충족되어야 할 욕망을 만들어 낸다.[5]

그렇다면 '좋아하는 것'이 소비자 내부에서 자유롭게 결정된 욕망에 근거하고 있다고는 도저히 말할 수 없다. 내가 좋아하는 것은 생산자가 자신의 편의를 위해 광고나 기타 수단

---

4   Ibid., p.ix.; 同前, 「40주년 기념판 서문四十周年記念版への序文」, 6 頁.; 앞의 책, 8쪽.

5   Ibid., p.127.; 同前, 203-204頁.; 앞의 책, 163-164쪽.

을 통해 만들어 낸 것일 수도 있다. 그렇지 않다면 왜 일요일에 할 일을 토요일에 티브이를 통해 배우곤 하겠는가? 왜 취미를 카탈로그에서 골라내곤 하겠는가?

이렇게 말해도 좋을 것이다. 풍요한 사회, 즉, 여유 있는 사회에서 그 여유는, 여유를 획득한 사람들이 좋아하는 것을 위해 사용하고 있다는 것은 확실하다. 그러나 그 좋아하는 것이란 **소망하면서도 이루어지지 못한 것이 아니다.**

문제는 이렇다. 애초에 우리는 여유를 얻은 그 순간에 이루고 싶은 무엇인가를 가지고 있었던 것일까?

•

시야를 조금 넓혀 보자.

20세기 자본주의의 특징 중 하나는 문화산업이라고 불리는 영역의 거대화다. 20세기 자본주의는 새로운 경제활동의 영역으로서 문화를 발견했다.

물론 문화나 예술은 전에도 경제와 데려야 뗄 수 없는 관계였다. 예술가도 이슬만 먹고사는 것처럼 속세를 초월해서 살아갈 수는 없기 때문에 귀족들의 의뢰를 받아 초상화를 그리거나 곡을 만들기도 했다. 예술이 경제에서 자유로웠던 적은 없다.

하지만 20세기에는 문화라는 영역이 대중을 향해 널리 열리게 된 동시에 대중용 작품을 부러 만들고 대량으로 소비하게 하여 이익을 얻는 방법이 확립되었다. 그러한 수법에 근거해 이익을 내는 산업을 문화산업이라고 부른다.

문화산업에 대해서는 방대한 연구가 있는데, 그중 가장 유명한 것은 막스 호르크하이머(1895~1973)와 테오도어 아도르노(1903~1969)가 1947년에 쓴 『계몽의 변증법』[6]이다.

아도르노와 호르크하이머는 이렇게 말한다. 문화산업이 지배적인 현대에는 소비자의 감성 자체가 제작 프로덕션에 의해 선취되어 있다.[7]

무슨 뜻일까? 그들은 철학자이기 때문에 철학적 개념을 사용해 이를 설명하고 있다. 좀 더 알기 쉽게 조곤조곤 설명해 보자.

이들이 활용하는 것은 18세기 독일 철학자 이마누엘 칸트(1724~1804)의 철학이다. 칸트는 인간이 행하는 인식이라는 구조가 어떻게 가능한지를 생각했다. 인간은 어떻게 세계를 인식하는가? 인간은 미리 몇 가지 개념을 가지고 있다는 것이 칸트의 생각이었다. 인간은 세계를 있는 그대로 받아들이는 것이 아니라, 미리 가지고 있는 어떤 틀(개념)에 끼워 맞춰서 이해한다는 것이다.

예를 들어, 모닥불에 가까이 가면 뜨겁다고 느낀다. 이때

6   Max Horkheimer, Theodor W. Adorno, *Dialektik der Aufklärung: Philosophische Fragmente*, Theodor W. Adorno, Gesammelte Schriften, Band 3, Suhrkamp, 1997.; ホルクハイマー, アドルノ, 『啓蒙の弁証法: 哲学的断想』, 德永恂 訳, 岩波文庫, 2007.; 테오도르 W. 아도르노, M. 호르크하이머, 『계몽의 변증법: 철학적 단상』, 김유동 옮김, 문학과지성사, 2001.

7   Ibid., pp.145-146.; 同前, 258-259頁.; 앞의 책, 189쪽.

사람들은 "불이 뜨겁기 때문에 가까이 가면 뜨거운 것"이라는 인식을 얻게 될 것이다. 이 "때문에"에 해당하는 것이 인간이 미리 가지고 있는 틀(개념)이다. 이 경우 틀은 원인과 결과를 연결하는 인과관계라는 개념이다. 인과관계라는 틀이 미리 머릿속에 있기 때문에 사람은 "불이 뜨겁기 때문에 가까이 가면 뜨겁다"라는 인식을 갖게 된다.

만약 이 개념이 없다면 모닥불이 타오르고 있다는 지각과 뜨겁다는 감각을 연결할 수 없다. 단순히 "아, 모닥불이 타오르고 있네"라는 지각과 "아, 왠지 얼굴이 뜨겁네"라는 감각이 있을 뿐이다.

인간은 세상을 받아들이기만 하는 것이 아니다. 그것들을 자기 나름의 틀에 맞추어 주체적으로 정리한다. 그리고 인간에게는 그런 주체성을 당연히 기대할 수 있다고, 칸트는 생각했다.

아도르노와 호르크하이머는 칸트가 당연하게 여겼던 인간의 주체성이 이제는 당연하지 않게 됐다고 말한다. 인간에게 기대되던 주체성은 인간이 아니라 산업에 의해 미리 준비되기에 이르렀다. 산업은 주체가 무엇을 어떻게 받아들일지를 선취하고 받아들이는 방식까지 미리 정해 놓고 그것을 주체에게 들이밀고 있다.

물론 뜨거운 것을 뜨겁다고 느끼지 않게 할 수는 없다. 흰 것을 검게 보이도록 할 수도 없다. 당연하다. 하지만 그것이 뜨겁다거나 희다는 것이 아니라, '즐거움'이라면 어떨까? '이것이 즐거움이라는 것'이라는 이미지와 함께, '즐거운 것'

을 제공하는 것이다. 예를 들어 티브이에서 어떤 여흥을 '즐기는' 탤런트의 영상을 내보내서, 다음 날 시청자가 돈과 시간을 들여 오락을 '즐기도록' 유도한다. 우리는 그렇게 해서 자신이 좋아하는 것을 획득하고, 돈과 시간을 쓰고, 그것을 제공하는 산업은 이익을 얻는다.

●

'좋아하는 것'은 바라면서도 이루지 못한 것이 더 이상 아니다. 오히려 그런 바람이 있었는지도 의심스럽다. 바람을 이룰 수 있는 여유를 얻게 된 사람들이 이번에는 문화산업에서 좋아하는 것을 제공받고 있으니까 말이다.

그렇다면 어떻게 하면 좋을까?

방금 아도르노와 호르크하이머를 통해 설명한 문제는 결코 새로운 게 아니다. 오히려 대중사회를 분석한 사회학 서적에는 반드시 적혀 있을 법한 평범한 주제다. 하지만 이 책은 이 평범한 테마를 다루려 한다.

자본주의가 전면적으로 전개됨으로써 적어도 선진국 사람들은 부유해졌다. 그리고 한가함을 얻었다. 하지만 한가함을 얻은 사람들은 그 한가함을 어떻게 써야 할지 모른다. **뭐가 즐거운지 모른다.** 자신이 좋아하는 게 뭔지 모른다.

자본주의는 이 틈새를 파고든다. 문화산업은 기성의 즐거움, 산업에 유리한 즐거움을 사람들에게 제공한다. 예전에는 노동자의 노동력이 착취당한다는 말이 많았다. 지금은 오히려

노동자의 한가함이 착취당하고 있다. 고도 정보화사회라는 말이 죽은 말이 될 정도로 정보화가 진행되어 인터넷이 보급된 현재, 이 한가함의 착취는 자본주의를 견인하는 큰 힘이다.

왜 한가함은 착취당하는 걸까? 그것은 사람들이 지루해지는 것을 싫어하기 때문이다. 사람은 한가함을 얻었지만 한가함을 무엇에 써야 할지 모른다. 이대로라면 한가함 속에서 지루해진다. 그러므로 주어진 즐거움, 준비되고 마련된 쾌락에 몸을 맡기고 안심을 얻는다. 그럼 어떻게 하면 좋을까? 왜 사람들은 한가함 속에서 지루해할까? 애초에 지루함이란 무엇일까?

이렇게 **한가함 속에서 어떻게 살아야 하는지, 지루함을 어떻게 마주해야 하는지**에 대한 물음이 등장한다. 『한가함과 지루함의 윤리학』이 묻고 싶은 것은 이 물음이다.

•

『한가함과 지루함의 윤리학』의 시도는 결코 고독한 시도가 아니다. 비슷한 질문을 던진 사상가가 일찍이 존재했다. 때는 19세기 후반. 영국의 사회주의자 윌리엄 모리스(1834~1896)가 그 사람이다.

모리스는 영국에 사회주의를 도입한 초기 사상가 중 한 명이다. 당시의 사회주의자·공산주의자들은 어떻게 혁명을 일으킬까를 고민했다. 지금은 상상도 할 수 없지만 이들에게 사회주의혁명, 공산주의 혁명은 지극히 현실적인 일이었다.

그리고 실제로 20세기 초에는 러시아에서 혁명이 일어난다.

　그런데 모리스가 참으로 재미있는 것은 사회주의자인데도 불구하고 혁명을 지향한 다른 사회주의자들과는 조금 다른 생각을 했다는 점이다. 이 사람들은 어떻게 혁명을 일으킬 것인가를 고민했다. 언제, 어떻게 노동자들과 함께 봉기할 것인가? 머릿속이 이런 생각으로 꽉 차 있었다.

　반면 모리스는 어쩌면 내일 혁명이 일어날지도 모른다고 말한다. 그리고 **혁명이 일어난다면 그 이후에는 어떻게 할 것인지**를 고민했다.

　1879년 간행된 강연집 「민중의 예술」에서 모리스는 이런 말을 했다.

　혁명은 밤도둑처럼 갑자기 찾아온다. 우리가 알지 못하는 사이에 찾아오는 것이다. 그래서 그것이 실제로 다가왔고 심지어 민중에 의해 환영받았다고 치자. 그때 우리는 무엇을 할 것인가? 지금까지 인류는 고통스러운 노동을 견뎌 왔다. 그렇다면 그것이 바뀌려고 할 때, **매일의 노동 외에 무엇으로 향할 것인가?**[8]

　그렇다, 무엇으로 향할까? 여유를 얻은 사회, 한가함을 얻은 사회에서 도대체 우리는 일상의 노동 외에 어디로 향하는 것일까?

　모리스는 사회주의혁명이 도래한 후의 사회에 대해 생각했다. 20세기 말에 사회주의 · 공산주의 체제는 완전히 파탄났지만 그것은 모리스의 질문을 조금도 무색하게 하지 않는다. 오히려 지금이야말로 이 질문이 가슴에 와닿는다. '풍요한 사회'를 손에 넣은 지금, 우리는 일상적인 노동 외에 무엇을 향해 가고 있는가? 결국 문화산업이 제공해 준 '즐거움'을 향해 가고 있을 뿐이지 않은가?

•

모리스는 이 질문에 이렇게 대답했다.

혁명이 일어나면 우리는 자유와 한가함을 얻는다. 그때 중요한 것은 그 생활을 **어떻게 장식할 것인가** 하는 것이라고.

이 얼마나 멋진 대답인가. 모리스는 한가함을 얻은 후 그 한가한 생활을 장식하는 것에 대해 생각한 것이다.

지금도 소비사회가 제공하는 사치품이 생활을 뒤덮고 있

8　"당신(과 우리)이 그토록 갈망하는 모든 것을 얻게 될 때, 그때 우리는 무엇을 할 것인가? 우리가 각자의 방식으로 노력하고 있는 그 거대한 변화는 다른 변화처럼, 밤중에 도둑처럼 와서 우리가 알아채기도 전에 우리와 함께할 것이다. 그러나 그 완성이 갑자기 그리고 극적으로 다가와서 모든 올바른 마음을 지닌 사람들에게 인정되고 환영받는다고 상상해 보자. 그러면 우리가 다시 한번 비통한 노동의 시대를 위해 새로운 부패를 쌓아 올리기 시작하지 않으려면 어떻게 해야 할까? 내가 말하노니, 우리가 새로운 깃발이 방금 걸린 깃대에서 등을 돌리며 돌아설 때, 우리가 떠나갈 때, 우리의 귀에는 새로운 질서를 선포하는 전령들의 나팔 소리가 여전히 울려 퍼지고 있는 그때, 우리는 무엇으로 향하고 있으며, 무엇으로 향해야만 하는가? / 우리의 일, 우리의 일상적 노동을 제외하고, 다른 무엇으로?"(William Morris, "The Art of the People (1879)", *William Morris on Art and Socialism*, edited by Norman Kelvin, Dover Publications, 1999, p.22.) 윌리엄 모리스, 「2부 1장. 인민의 예술」, 『모리스 예술론』, 박홍규 옮김, 필맥, 2020.

다고 생각하는 사람이 있을 것이다. 풍요한 사회를 사는 인간은 생활을 장식하는 사치품을 손에 넣었다고 말이다.

사실 그것이 바로 모리스가 어떻게든 해결하려고 했던 문제였다. 모리스는 경제발전을 거듭하는 영국 사회에서, 그곳에 사는 사람들의 생활이 조금도 장식되지 않은 것에 강한 불만을 품고 있었던 것이다.

당시 영국 사회는 산업혁명이 초래한 대량생산품이 생활을 압도하고 있었다. 어딜 가나 비슷한 물건, 비슷한 잡동사니였다. 모리스는 그런 제품들이 민중의 삶을 뒤덮는 것을 참을 수 없었다. 강연 제목인 '민중의 예술'이란, 예술을 특권층에서 해방시켜 민중의 삶 속에 녹여 내야 한다는 의지를 드러낸 것이다.

즉, 모리스는 소비사회가 제공하는 사치와는 다른 사치에 대해 생각하고 있었다.

모리스는 실제로 미술공예운동Arts and Crafts Movement이라는 활동을 시작한다. 그는 원래 디자이너였다. 친구들과 함께 회사를 차려 생활에 뿌리를 둔 예술품을 제공하는 것, 일상에서 사용하는 물건들에 예술적 가치를 부여하게 하는 것을 목표로 삼았다. 사람들이 한가한 시간 속에서 자신의 삶을 예술적으로 장식할 수 있는 사회, 그것이 바로 모리스가 생각하는 풍요한 사회이자 여유를 얻은 사회나 다름없었던 것이다.[9]

모리스가 만든 공예품은 부자들의 기호품이 되어 버렸고, 예술이 민중 속으로 스며드는 데는 조금도 도움이 되지 못했다는 비판도 있다. 이 비판이 틀린 것은 아니다. 하지만 모리스가 생각하는 방향은 우리에게 큰 힌트를 줄 것이다.

일찍이 예수는 "사람은 빵으로만 사는 것이 아니다"라고 말했다.

요시모토 다카아키吉本隆明는 이 말을 해석하여 사람은 빵으로만 사는 것이 아니지만, 그러나 빵이 없으면 살 수 없다는 것을 예수가 인정한 것이라고 했다.[10]

모리스의 사상을 발전시키면 다음과 같이 말할 수 있지 않을까.

── 사람은 빵이 없으면 살 수 없다. 하지만 **빵으로만 살아야 하는 것도 아니다.** 우리는 빵뿐 아니라 장미도 바라자. **살아가는 일은 장미로 장식되어야 한다.**

•

한 가지 더 중요한 논점을 덧붙이자.

---

9   "그러므로 예술의 목적은 사람들에게 여가를 즐겁게 누리도록, 또 휴식 중일 때도 지치지 않도록 아름다움과 사건incident에 대한 흥미를 제공함으로써, 그리고 일에 대한 희망과 신체적 쾌락을 제공함으로써 인간의 행복을 증진시키는 것이다. 혹은, 간단하게 말하면, 인간의 일을 행복하게 만들고 인간의 휴식을 풍요롭게 만드는 것이다. 따라서 인간이라는 종에게 진정한 예술은 아무 불순함도 섞이지 않은 순수한 충복이다." (William Morris, "The Aims of Art", *Signs of Change: Seven Lectures, Delivered on Various Occasions*, Longmans Green and Co., 1896, p.122.)

10   吉本隆明, 「マチウ書試論」, 『マチウ書試論・転向論』, 講談社文芸文庫, 1990.

문화산업은 수용 방식이 미리 정해진 즐거움을 산업이 원하는 바대로 사람들에게 계속 제공한다고 했다. 우리는 그것을 받아들이고 '즐긴다'.

하지만 인간은 그렇게 멍청하지 않다. 뭔가 잘못되었어, 이건 진짜가 아니야, 진품이 아니야 하는 느낌을 갖는 법이다. 즐겁기는 하다. 스스로는 즐기고 있을 것이다. 그런데 뭔가 이상하다. 열중할 수가 없다…….

알렌카 주판치치(1966~)라는 철학자가 매우 흥미롭고도 또 매우 무서운 말을 하고 있다. 몇 마디 보태면서 소개해 보자.

근대는 다양한 가치관을 상대화시켜 왔다. 지금껏 믿어 왔던 이 가치도 저 가치도 모두 사실상 근거가 박약해서 얼마든지 의심할 수 있다는 것이다.

하지만 그 끝이 어땠을까? 근대는 지금껏 믿어 온 가치를 대신해 '생명만큼 고귀한 것은 없다'라는 원칙밖에 제출할 수 없었다. 이 원칙은 옳다. 그러나 그것은 너무나 '옳기' 때문에 누구도 반박할 수 없는 그런 원칙일 뿐이다. 그것은 사람을 흥분시키지 않는다. 사람을 자극하지 않는다. 그래서 국가나 민족 같은 '전통적' 가치로 회귀하는 것이 매력적이게 됐다.

그뿐만이 아니다. 사람은 자신을 흥분시키는 것, 자신을 자극하는 힘을 원한다. 그런데 세상에서 통용되는 원칙에는 그런 힘이 없다. 그래서 자극을 받는 사람을 부러워하게 된다. 예를 들어 대의를 위해 죽고 싶어 하는 과격파나 광신도들. 사람들은 그들을 두려워하면서도 부러워한다.[11]

나란 존재는 있어도 그만 없어도 그만인 것처럼 여겨진

다. 뭔가에 몰입하고 싶다. 목숨을 걸고서라도 달성하고 싶은 막중한 사명에 투신하고 싶다. 그런데 그런 사명은 어디에서도 찾을 수 없다. 그래서 대의를 위해서라면 목숨을 바치는 것조차 아까워하지 않는 이들이 부럽다.

아무도 그것을 인정하지 않는다. 그러나 마음속 깊이 그런 심정을 느끼고 있다.

필자가 아는 한, 이 충격적인 지적을 제대로 받아들인 논객은 없다. 주판치치의 책은 2000년에 나왔다. 출판이 1년만 늦어졌더라면, 이 서술을 유지한 채로는 출판이 불가능했을지도 모른다. 그렇다, 2001년에는 바로 그 '테러 사건'이 있었기 때문이다.[12]

주판치치는 날카롭다. 하지만 우리는 '한가함과 지루함의 윤리학'의 관점에서 한 가지 요소를 덧붙일 수 있을 것이다. 대의를 위해 죽는 것을 부러워하는 사람은 한가함과 지루함에

11   Alenka Zupančič, *Ethics of the Real: Kant and Lacan*, Verso, 2000, p.5.; アレンカ・ジュパンチッチ, 『リアルの倫理: カントとラカン』, 冨樫剛 訳, 河出書房新社, 2003, 20頁.; 알렌카 주판치치, 『실재의 윤리: 칸트와 라캉』, 이성민 옮김, 도시출판b, 2004, 24쪽.

12   그 '테러 사건'이 우리들 속에 있던 이런 기분에 눈을 돌리는 것을 방해하고 있다는 점에 주목해야 한다. 지겹도록 보도된 충돌 당시의 영상과 비인도적인 살육의 잔학함은 이 인정하고 싶지 않은 사실에서 우리의 시선을 딴 데로 돌리게 했다. 그것은 사건의 범인들을 특별시하고 세계를 '테러와의 전쟁'으로 몰아넣고 북미의 한 국가의 책략에 편승한 것이나 다름없다. 그 사건의 범인들은 특별하지 않다. 그리고 그 범죄도 특별하지 않다. 그것은 살인사건, 대량 살인사건이다. 살인사건은 살인사건으로서 수사되어야 하고 그 범인은 살인범으로 재판받아야 한다.

시달리는 사람이라는 점이다. 먹고사는 데 급급한 사람은 대의에 몸을 바치는 사람을 동경하지 않는다.

살아 있다는 감각의 결여, 살아 있다는 의미의 부재, 무엇을 해도 되지만 아무것도 할 일이 없다는 결핍감, 그 속에서 살아갈 때 인간은 '몰입하는' 것, '몰두하는 것'을 갈망한다. 대의를 위해 죽는다는 것은 이 선망의 끝자락에 놓인 극한의 형태이다. 한가함과 지루함의 윤리학은 이 부러움에 대해서도 대답해야 한다.

●

이 책의 구성에 대해 간단히 언급하고 싶다.

맨 처음의 1장에서는 이 책의 주제인 '한가함과 지루함'의 출발점이 되는 생각을 정리한다. 한가함과 지루함이 어떤 문제를 구성하는지 밝힐 것이다.

2장부터 4장까지는 주로 역사적인 견지에서 한가함과 지루함의 문제를 다룬다. 2장은 어떤 인류학적 가설을 바탕으로 역사 이전有史以前에 대해 논한다. 문제가 되는 것은 지루함의 기원이다. 3장은 역사상의 한가함과 지루함을 주로 경제사적 관점에서 검토하고, 한가함이 갖고 있던 역설적 지위에 주목하면서 한가함뿐 아니라 여가로까지 고찰을 넓힌다. 4장에서는 소비사회의 문제를 다루고 현대의 한가함과 지루함을 논한다.

5장부터 7장에서는 철학적으로 한가함과 지루함의 문제를 다룬다. 5장에서는 하이데거의 지루함론을 소개한다. 6장에서는 하이데거의 지루함론을 비판적으로 고찰하기 위한 힌트를 생물학에서 찾아낸다. 7장에서는 여태까지 얻은 식견을 바탕으로, 실제로 한가함과 지루함의 윤리학을 구상한다.

이 책은 단숨에 통독할 수 있도록 썼으며, 지나는 김에 하는 논의, 깊이 파고든 논의, 인용문 등은 대부분 각주에 기록해 두었다. 일단 **각주는 읽지 않아도 된다**. 좀 더 자세히 알고 싶은 분은 나중에 각주를 참조하여 이해하기 바란다. 덧붙여 일역본이 있는 외국어 문헌에 대해서는, 기존 번역을 최대한으로 활용했지만, 원서를 적당히 참조해 번역문을 수정한 경우가 있음을 짚어 둔다.[13]

---

13   〔옮긴이〕 이 때문에 원문과 대조해서 국역자가 새롭게 번역했다. 그러므로 일역본과도, 고쿠분의 번역본과도 다른 대목이 있다.

1장

한가함과 지루함의 원리론

토끼 사냥을 하러 가는 사람들이 정말로 원하는 것은 무엇인가?

원리란 모든 논의의 출발점이 되는 생각을 가리킨다. 한가함과 지루함의 원리론이라는 제목을 달고 있는 이번 장에서는 한가함과 지루함을 생각하기 위한 출발점을 찾아보려고 한다.

그렇다면 어디에서 그것을 찾아야 할까? 어떤 주제든 대체로 그것을 〔먼저〕 논한 사람이 있기 마련이다. 그런 선구자의 생각을 참고하면 효율적이다. 여기서도 그런 방식을 취해 보자.

한가함과 지루함을 고찰한 인물로 이 책이 가장 먼저 다루고 싶은 것은 17세기 프랑스 사상가 블레즈 파스칼 (1623~1662)의 논의이다.

최근에 쓰인 지루함론으로는 노르웨이의 철학자 라르스 스벤젠(1970~)의 『지루함의 철학』이 있다. 이것은 매우 훌륭한 책이고, 이 책에서도 나중에 참조할 텐데, 이런 스벤젠이 "지루함에 관한 최초의 위대한 이론가"라고 말한 사람이 파스칼이다. 그는 파스칼의 분석이 17세기에 쓰인 것이라고는 믿기지 않을 정도로 현대적이라고 말하기도 했다.[1]

읽어 보면 알겠지만, 파스칼의 분석은 정말 훌륭하다. 너무 훌륭하기 때문에 읽다 보면 약간 약이 오를 정도다. 도대체 무슨 뜻일까? 실제로 파스칼의 분석을 살펴보자.

파스칼이라는 인물

파스칼은 17세기 프랑스의 사상가다. 열여섯 살 때 「원뿔곡선 시론」을 발표한 조숙한 천재 수학자이자 두 번의 '회심回心'을 거쳐 신앙에 헌신하기로 결심한 종교사상가이기도 하다.

하지만 그의 이름을 세상에 널리 알린 것은 무엇보다도 『팡세』라는 저작, 그리고 또한 그 책에 있는 "생각하는 갈대"라는 유명한 구절일 것이다. 파스칼에 대해서는 잘 몰라도 "생각하는 갈대"라는 말을 들어 본 적이 있는 사람은 많지 않을까. "인간은 한 가닥의 갈대에 지나지 않는다. 자연에서 가장 약한 것이다. 하지만 그것은 생각하는 갈대다."[2]

이 구절만 읽는다면 파스칼은 상당히 휴머니즘적 사상가처럼 보일 수도 있다. 인간의 힘을 믿는, 가슴이 뜨거운 따뜻한 인물로 생각되지 않을까.

〔그러나〕 실제로 『팡세』를 읽어 보면, 그러한 이미지는 날

1　Lars Fr. H. Svendsen, *Petite philosophie de l'ennui*, Fayard, 2003, p.72.; ラース・スヴェンセン, 『退屈の小さな哲学』, 集英社新書, 2005, 68頁.: 라르스 스벤젠, 『지루함의 철학』, 도복선 옮김, 서해문집, 2005.

아가 버린다. 파스칼은 상당한 냉소주의자다. 그에게는 세상을 우습게 취급하는 면이 있다. 그리고 아마도 그것이 가장 잘 드러나 있는 것이, 이 책이 한가함과 지루함에 대한 고찰의 출발점으로 삼고자 하는 '기분 전환^{divertissement}'에 대한 분석이다.

인간 불행의 원인

지루함과 기분 전환에 대해 고찰하는 파스칼의 출발점에 있는 것은 다음과 같은 생각이다.

> 인간의 불행은 모두 인간이 방에 가만히 있지 못하기 때문에 일어난다. 방에 가만히 있으면 되는데 그렇게 할 수가 없다. 그래서 굳이 불행을 자초하고 있다.

파스칼은 이렇게 생각하는 것이다. 살아가기에 충분한 생활비를 가진 사람이 그것에 만족하면, 그러면 된다. 하지만 어

2 Pascal, *Pensees, texte etabli par Leon Brunschvicg*, GF-Flammarion, 1976, §347, p.149.; パスカル, 『パンセ』, 前田陽一·由木康 訳, 中公文庫, 1973, 단장 번호 347, 225頁.: 블레즈 파스칼, 『팡세』, 하동훈 옮김, 문예출판, 1984, 347번. 〔옮긴이〕 이 책에서 '기분 전환'은 프랑스어의 'divertissement', 독일어의 'Zeitvertreib'에 해당하는데, 두 단어 모두 '시간 때우기', '심심풀이용 소일거리', '심심풀이용 오락거리', '정신을 딴 데로 돌림' 같은 의미이다. 한편, 『팡세』의 경우, 쪽수보다 단장 번호로 찾는 편이 나아서 쪽수 표시를 하지 않았다.

리석게도 사람은 그것에 만족하며 방에 느긋하게 있을 수 없다. 그래서 일부러 사교 모임에 나가서 스트레스를 받고 도박에 빠져서 돈을 잃는다.

그것뿐이라면 그나마 다행이지만, 인간의 불행은 이것에 그치지 않는다. 충분한 재산을 가진 사람은 일부러 비싼 돈을 주고 군대의 직위를 사서 바다로 나가거나 요새 공략에 나서서 자신을 위험에 빠뜨린다(파스칼 시대에는 군대의 직위나 판사직 등을 사고팔았다). 물론 목숨을 잃는 일도 있다. 왜 굳이 그런 짓을 하느냐 하면, 방에 가만히 있을 수 없기 때문이다.[3]

방에 가만히 있을 수 없다는 것은 곧 방에 혼자 있으면 할 일이 없어서 안절부절못한다는 것, 게다가 참을성이 없다는 것, 즉 **지루해한다**는 것이다. 오직 그것만이, 파스칼에 따르면 인간의 모든 불행의 원천이다.

그는 그런 인간의 운명을 '비참함'이라고 부른다. '방에 가만히 있을 수 없기 때문'이라는 참으로 하찮은 이유로 불행

---

3 "기분 전환·심심풀이. 인간의 다양한 동요, 궁정에서, 전쟁에서 자신을 노출시키는 위험과 노고 거기서 생기는 숱한 다툼에 대해, 정념에 대해, 대담하고 종종 사악한 기획들에 대해 이따금 곰곰이 생각했을 때, 나는 인간의 모든 불행이 단 한 가지, 즉 방 안에서 가만히 쉬는 법을 모르는 것에서 비롯된다는 것을 발견했다. 살아가기에 충분한 재산을 가진 사람이 만약 자기 집에서 즐겁게 머물러 있는 법을 안다면, 바다로 나가거나 요새 공략을 위해 떠나지 않을 것이다. 군대의 직위를 그토록 비싼 값에 사는 것도 동네에 가만히 있는 것이 참을 수 없기 때문이다. 사교를, 내기의 기분 전환을 추구하는 것도 자기 집에서 즐겁게 머물러 있을 수 없기 때문이다." (Ibid., §139, 86.; 同前, 단장 번호 139, 92頁.)

을 초래하고 있다면, 분명 인간은 더할 나위 없이 '비참'하다.

토끼를 사냥하러 가는 사람은 토끼를 원하는 것이 아니다

이야기를 진척시켜 보자. 지금부터가 파스칼식 분석의 재미있는 부분이다.

인간은 지루함을 견딜 수 없기 때문에 기분 전환을 한다. 도박을 하거나 전쟁을 하거나 명예로운 직업을 구한다. 그것뿐이라면 아직 이해할 수 있다. 그러나 인간의 비참함은 여기에서 끝나지 않는다.

어리석은 인간은 지루함을 견딜 수 없어서 기분 전환을 추구할 뿐인데, **자신이 추구하는 것 속에 진정한 행복이 있다고 굳게 믿고 있다**고 파스칼은 말하는 것이다.

무슨 뜻일까? 파스칼이 거론하는 사냥의 예를 통해 살펴보자.[4]

사냥은 꽤나 힘들다. 무거운 장비를 들고 하루 종일 산을 헤매고 다녀야 한다. 원하는 사냥감을 곧바로 만날 수 있는 것도 아니다. 운 좋게 사냥감을 발견한다고 해도 기를 쓰고 쫓아다녀야 한다. 그러고도 잡느냐 놓치느냐에 따라 일희일비한다.

그런 사냥을 즐기는 사람들에 대해 파스칼은 다음과 같은

4   Ibid., §139, pp.87-88.; 同前, 단장 번호 139, 93-95頁.

짓궂은 생각을 한다. 토끼 사냥을 가는 사람이 있으면 이렇게 해 보라는 것이다. "토끼 사냥을 가는 거야? 그러면 이걸 줄게." 그렇게 말하며 토끼를 건네는 것이다.

자, 어떻게 될까?

그 사람은 싫다는 표정을 지을 것임에 틀림없다.

왜 토끼 사냥을 가려는 사람들은 자신이 원하는 토끼를 얻었는데도 싫다는 표정을 지을까?

답은 간단하다. **토끼 사냥을 가는 사람이 원하는 것은 토끼가 아니기** 때문이다.

사냥이란 무엇인가? 파스칼은 이렇게 말한다. 사냥이란 사거나 [남한테] 받는 것을 원하지 않고 토끼를 쫓아 하루 종일 이리저리 뛰어다니는 일이다. 사람은 사냥감을 원하는 것이 아니다. 지루함에서 벗어나고 싶어서, 기분 전환을 하고 싶어서, 더 나아가 비참한 인간의 운명에서 눈을 돌리고 싶어서 사냥을 가는 것이다.

사냥을 하는 사람이 원하는 것은 "[우리의 불행한 조건에 대한] 생각을 다른 데로 돌리게 해서 기분 전환하게 만드는 소동"에 다름 아니다.[5] 그런데도 인간이란 사냥감을 얻는 것에 정말로 행복이 있다고 굳게 믿는다. **사거나 [남한테] 받고 싶지도 않은 토끼를 손에 넣는 것**에 진정한 행복이 있다고 굳게 믿

5   "[…] le tracas qui nous detourne d'y penser [a notre malheureuse condition] et nous divertit." (Ibid., §139, p.87.; 同前, 단장 번호 139, 93頁.)

는 것이다.

파스칼은 내기에 대해서도 같은 말을 한다. 매일 약간의 내기를 하며 지루하지 않게 하루하루를 보내는 사람이 있다고 치자. "내기를 하지 않는다는 조건으로 그가 하루에 벌 수 있는 만큼의 돈을 매일 아침 주어 보라. 그러면 당신은 그를 불행하게 만들 것이다."[6] 당연하다. 매일 내기를 하는 사람은 수익을 원하는 것이 아니기 때문이다.

욕망의 원인과 욕망의 대상

파스칼이 말하는 것을 좀 더 일반적인 말투로 정식화해 보자. 그것은 '욕망의 대상'과 '욕망의 원인'으로 구별해서 설명할 수 있을 것이다.

욕망의 대상이란 무엇인가 하고 싶다, 무엇인가 갖고 싶다고 생각하는 그 기분이 향하는 곳을 가리키고, 욕망의 원인이란 무엇인가 하고 싶다, 무엇인가 갖고 싶다는 그 욕망을 사람 속에 불러일으키는 것을 가리킨다.

토끼 사냥에 적용해 보면 다음과 같다. 토끼 사냥에서 욕망의 대상은 토끼이다. 확실히 토끼 사냥을 하고 싶은 사람의 마음은 **토끼를 향하고 있다.**

하지만 실제로 그 사람은 **토끼를 원하기 때문에 사냥을**

6   Ibid., §139, p.89.; 同前, 단장 번호 139, 97–98頁.

하는 것이 아니다. 대상은 토끼가 아니어도 되는 것이다. 그가 원하는 것은 "[우리의 불행한 조건에 대한] 생각을 다른 데로 돌리게 해서 기분 전환하게 만드는 소동"이기 때문이다. 즉, 토끼 사냥에서 토끼는 욕망의 대상이긴 하지만 그 욕망의 **원인**은 아니다. 그럼에도 불구하고 사냥하는 사람은 사냥을 하면서 자신이 토끼를 원하기 때문에 사냥을 하는 것이라고 굳게 믿는다. 즉, 욕망의 대상을 욕망의 원인으로 착각하는 것이다.

내기에서도 마찬가지로 욕망의 대상과 욕망의 원인을 구별할 수 있다. 내기를 하고 싶다는 욕망은 수익을 얻는 것을 대상으로 삼는다. 하지만 수익은 내기를 하고 싶다는 욕망의 원인이 아니다. 거듭 말하지만 "매일 돈을 줄 테니 내기를 그만두라"라고 말한다면, 당신은 그 사람을 불행하게 만드는 것이다. 그 사람은 수익을 원해서 내기를 하는 것이 아니니까.

욕망의 대상	토끼
욕망의 원인	기분 전환을 하고 싶다

어느 경우든 욕망의 원인은 방에 가만히 있을 수 없다는 데 있다. 지루함을 견디지 못하기 **때문에,** 인간의 비참함에서 눈을 돌리고 싶기 때문에, 기분 전환을 원하기 **때문에** 땀을 뻘뻘 흘리면서 토끼를 쫓아다니며, 재산을 잃을 위험을 무릅쓰면서 내기를 한다. 그럼에도 불구하고 인간은 욕망의 대상과 욕망의 원인을 착각한다. 토끼를 갖고 싶어서 토끼를 사냥하

러 가는 것이라고 굳게 믿는다.

열중할 수 있는 것, 자신을 속이는 것

이렇게 생각하면 기분 전환을 위해서라면 요컨대 무엇이든 좋다는 생각마저 든다. 지루함을 달래 줄 수 있다면 무엇이든 좋다. 나머지는 선택 가능한 기분 전환 중에서 개개인에게 맞는 것을 선택하면 될 뿐이라고.

하지만 무엇이든 좋다고 할지라도 분명히 조건은 있다. 간단하다. 기분 전환은 **열중할 수 있는 것**이어야 한다. 기분 전환은 소동을 일으킬 수 있는 것이어야 한다. 왜 열중할 수 있는 것이어야 할까? 열중할 수 없으면 어떤 사실에 생각이 미치기 때문이다. 기분 전환의 대상을 손에 넣으면 자신은 정말로 행복해질 수 있다고 굳게 믿고 있다는 사실, 더 나아가 **자신을 속이고 있다**는 사실이다.

파스칼은 분명히 말한다. 기분 전환에는 열중하는 것이 필요하다고. 열중하고, 자신이 목표로 하는 것을 손에 넣기만 하면 자신은 행복해질 수 있다고 굳게 믿고 "자기 자신에게 속임수를 써야……한다".[7]

욕망의 대상과 욕망의 원인의 구별을 활용해 다음과 같이

---

[7]   "Il faut […] qu'il se pipe lui-meme." (Ibid., §139, p.90.; 同前, 단
       장 번호 139, 98頁.)

바꿔 말해도 된다. 사람들은 자신이 욕망의 대상을 욕망의 원인으로 착각하고 있다는 사실에 생각이 미치기를 바라지 않는다. 그래서 열중할 수 있는 소동을 원하는 것이다.

자신을 속인다고 해도 거기에는 심각한 기색 따위가 조금도 없다는 것에도 주의하자. 인간은 방에 가만히 있지 못하고, 반드시 기분 전환을 원한다. 즉, 지루함이란 인간이 결코 떨쳐낼 수 없는 '병'이다. 하지만 그럼에도 불구하고 이 **피하기 어려운** 병은 토끼 사냥이나 내기같이 열중할 수 있는 것이 있기만 하면 쉽게 **피할 수 있다.** 여기에 인간의 비참함의 본질이 있다. 인간은 매우 쉽게 자신을 속일 수 있는 것이다.

가장 어리석은 자

자, 지금 우리는 파스칼의 손을 빌려 인간의 어리석음 같은 것을 거론하며 논하고 있다. 마치 그게 남의 일인 것처럼.

앞서 욕망의 대상과 욕망의 원인을 구별했는데, 이것은 실로 편리한 구별이기 때문에 일상생활에서 응용하고 싶은 사람도 있을 것이다. 아마 "너는 욕망의 원인과 욕망의 대상을 착각하고 있구나"라고 지적할 수 있는 장면은 일상생활 속에 많이 존재할 것이다.

하지만 만약 당신이 토끼 사냥이나 내기 같은 종류의 기분 전환에 열중하고 있는 사람을 향해 그런 말을 하고 기분이 좋아졌다면, 당신은 파스칼에게 다음과 같은 말을 듣게 될 것임이 틀림없다.

— 그런 식으로 욕망의 원인과 욕망의 대상의 착각을 지적하고 있을 뿐인 너 같은 사람이야말로 가장 어리석은 사람이다.

파스칼은 이렇게 말한다.

인간은 하찮은 존재이기 때문에, 예를 들어 당구대 위에서 공을 치는 것만으로도(당구를 가리킨다) 충분히 기분을 전환할 수 있다. 무슨 목적으로 이런 일을 하느냐 하면, 다음 날 친구들에게 잘 쳤다고 자랑하고 싶어서다.

마찬가지로 학자들은 지금까지 아무도 풀지 못한 대수 문제를 풀었다고 다른 학자들에게 보여 주고 싶어서 서재에 틀어박힌다.

그리고 마지막으로 — 여기! — 이런 것을 지적하기 위해 몸부림치는 사람들이 있다. 그것도 "그렇게 함으로써 더 현명해지기 위해서가 아니라 단순히 이런 것들을 알고 있다고 보여 주기 위해서이다. 이 사람들이야말로 이들 중에서 가장 어리석은 자들이다".[8]

사냥과 내기는 기분 전환이다. 그리고 "너는 네가 원하는 것을 손에 넣었다고 해도 행복하지 않을 거야"라고 다 알고 있다는 표정으로 남에게 지적질하며 돌아다니는 것도 **마찬가지로 기분 전환**이다.

게다가 그 사람은 앞에서 본 착각을 알고 있는 데다가, 자신은 그런 착각에 빠져 있지 않다고 굳게 믿고 있으니까, 이런 사람이 가장 어리석다고 파스칼은 말하는 것이다.[9]

파스칼의 해결책

이렇게 파스칼이 기분 전환에 대해 이야기하는 것을 보면 이

8 "이처럼 인간은 지루함의 원인이 아무것도 없을 때조차 자기 기질의 고유한 상태에 의해 지루해할 정도로 불행하다. 그리고 지루해할 수밖에 없는 수만 가지 본질적 원인이 가득 차 있는데도 당구대와 그가 치고 있는 공 같은 사소한 것만으로도 충분히 기분 전환을 할 정도로 허영심이 많다.
　— 하지만 무슨 목적으로 이 모든 것을 하는가라고 여러분은 말할 것이다. — 다음 날 친구들에게 자신이 누구보다 잘 쳤다고 자랑하고 싶기 때문이다. 마찬가지로 다른 사람들은 그동안 아무도 풀지 못한 대수 문제를 풀었다는 것을 학자들에게 보여 주기 위해 서재 안에서 땀을 흘린다. 그리고 또한 그렇게 많은 다른 사람들이 나중에 그들이 차지한 요새에 대해 자랑하고 싶어서 극도의 위험에 자신을 노출시킨다. 그리고 이런 것도 내가 보기에는 어리석은 짓이다. 그리고 마지막으로, 다른 사람들은 이 모든 사항들을 지적하기 위해 몸부림을 친다. 이것도 그렇게 함으로써 더 현명해지기 위해서가 아니라 단순히 이런 것들을 알고 있다고 보여 주기 위해서이다. 이들이야말로 **이런 무리 중에서도 가장 어리석은 자들이다**. 왜냐하면 이런 것을 알았다면 더 이상 어리석은 짓을 하지 않을 것이라고 생각할 수도 있겠지만, 앞에서 말한 사람들은 이런 것을 알면서도 어리석은 짓을 하기 때문이다." (Ibid., §139, p.89.; 同前, 단장 번호 139, 97頁.) 강조는 인용자.

9 파스칼은 기분 전환에 대해 쓴 종이의 난외에 "허무함. 이런 것을 타인에게 보여 주는 기쁨"이라는 문구를 적고 있다. (Ibid., §139, p.88.; 同前, 단장 번호 139, 94頁.) 여기서 말하는 '어리석은' 사람은 바로 이 '기쁨'을 삶의 양식糧食으로 삼고 있는 사람일 것이다.

사상가는 정말로 모든 것을 미리 알고서 앞질러 적어 둔 것 같다는 생각이 든다. 욕망의 대상과 욕망의 원인을 착각하고 있는 사람은 어리석다. 그리고 다 알고 있다는 듯한 얼굴을 하고, 그런 것을 지적하며 돌아다니는 무리는 가장 어리석은 자이다…….

파스칼이 말한 게 너무 맞아서, 너무도 정확해서 조금 약이 오른다고 말했던 것의 의미를 이해했을 것이다.

그러면 반대로 파스칼에게 묻고 싶어진다. 도대체 어쩌란 말인가?

기분 전환을 둘러싼 고찰 끝에 나타나는 파스칼의 해결책은 무엇인가? 인간의 비참한 운명에 대한 파스칼의 해결책은 무엇인가? 맥이 빠질지 모르지만, 그것은 신에 대한 신앙이다.

파스칼은 "**신 없는 인간**의 비참" "**신과 함께 있는 인간**의 행복"이라고 말한다. 이것은 결코 "신에 대한 신앙이 중요하다"라든가 "인간은 신에 대한 신앙에 의해서만 행복해질 수 있다"라는 식으로 추상적으로 말한 것이 아니다.

파스칼은 인간의 비참함을 실로 **구체적으로** 생각한다. 인간이 지루함이라는 병에 걸리는 것은 피하기 어렵다. 그럼에도 불구하고 인간은 시시한 기분 전환으로 그것을 피할 수 있다. 그리고 그 결과 불행을 초래한다.

이 구조에서 벗어나기 위한 길이 신에 대한 신앙인 것이다.

괴로움을 갈구하는 인간

파스칼의 논의를 꽤 많이 다루었다. 슬슬 이야기를 다른 방면으로 넓혀 보자.

파스칼이 생각하는 어리석은 기분 전환에서 중요한 것은 **열중할 수 있다**는 요소였다. 열중할 수 없으면 자신을 속일 수 없기 때문에 기분 전환이 되지 않는다.

그럼 더 나아가 이렇게 물어보자. 열중할 수 있으려면 기분 전환은 어떤 것이어야 하는가? 돈을 걸지 않고 룰렛을 하거나, 토끼를 편하게 잡을 수 있는 곳에서 사냥을 하면 기분 전환의 목적은 달성할 수 없다.

즉, 기분 전환에 열중할 수 있으려면 돈을 잃을 위험이 있다거나 좀처럼 토끼를 발견할 수 없다든가 하는 등의 **부정적인 요소**가 있어야 한다.

이 부정적 요소는 넓은 의미의 **괴로움**이다. 괴로움이라는 단어가 너무 강하다면 부담이라고 해도 좋다. 기분 전환에는 괴로움이나 부담이 필요하다.

그렇다면 다음과 같이 말할 수 있을 것이다. **지루해하는 인간은 괴로움이나 부담을 갈구한다**고.

우리는 평소 정신적 · 신체적 부담을 피하기 위해 여러 가지 궁리를 하며 살아간다. 예를 들어, 오래 걸어서 피곤해지는 것을 피하기 위해 자동차를 탄다. 하지만 지루하면, 혹은 지루함을 피하기 위해서라면 사람들은 일부러 부담이나 괴로움을 갈구한다. 힘들게 산을 걷다가 땀에 흠뻑 젖어 "하라고 시키지

52

도 않았고 원하지도 않는" 토끼를 쫓아다닌다.

즉, 파스칼이 말하는 비참한 인간, 방에 가만히 있지 못하고 지루함을 견디지 못하고 기분 전환을 갈구하는 인간이란 **괴로움을 갈구하는 인간**이다.

니체와 지루함

파스칼보다 한참 뒤의 시대인 19세기. 프리드리히 니체 (1844~1900)는 『즐거운 학문』(1882)에서 이렇게 말했다.

지금 수백만 젊은 유럽인들은 지루해서 죽을 지경이다. 그들을 보면서 나는 이렇게 생각하지 않을 수 없다. 그들은 "어떻게든 무언가에 괴로워지고 싶은 욕망"을 가지고 있다고. 왜냐하면 그들은 그러한 괴로움 속에서 자신이 행동하기 위한 그럴듯한 이유를 끌어내고 싶기 때문이다······.[10]

니체는 다양한 철학자를 종횡무진 인용하는데, 그중에서도 파스칼을 마음에 들어 했던 것 같다. 그의 저작에서 파스칼은 121회나 인용된다고 한다. 위 인용은 파스칼을 언급한 대목이 아니지만 지루함에 대한 그 투철한 인식은 저 17세기 사상가와 근저에서 통하는 바가 있다. 괴로움을 원한다······. 괴로움으로부터 자신의 행위의 이유를 끌어내고 싶다······. 지루해하는 인간은 그런 욕망을 품는다.

괴로워하는 것은 물론 괴롭다. 그러나 자신을 행위로 몰아넣는 동기가 없다는 것, 그것이 **더 괴롭다**. 무엇을 해야 할지 모른다는 이 지루함의 괴로움. 그것에서 벗어나기 위해서라면, 외부에서 주어지는 부담과 괴로움 따위는 비할 바가 아니다. 자신이 행동으로 옮기기 위한 이유를 얻어 내기 위해서라면 사람들은 기꺼이 괴로워한다.

사실 20세기 전쟁에서는 조국을 지킨다거나 새로운 질서를 만들어야 한다는 사명을 부여받은 사람들이 기꺼이 괴로운 일을 도맡아 목숨까지 내던진 것을 우리는 잘 알고 있다.

『즐거운 학문』은 니체의 수많은 저작 중에서도 유명한 것 중 하나다. 이 책에서 그 유명한 "신은 죽었다"라는 선언이 이루어졌기 때문이다. 신의 죽음을 선고하는 책에서 니체가 지루함에 대한 고찰을 적었다는 사실에는 우연 이상의 무엇인가

---

10 "고뇌에 대한 욕망Die Begier de nach Leiden — 모두가 지루함을 참지 못하고, 자기 자신을 참을 수 없게 된 수백만 젊은 유럽인을 끊임없이 간지럽히고 자극하는 무엇인가를 하고 싶어 하는 그 욕망에 생각이 미칠 때, 나는 그들 속에 이런 욕망이 있음에 틀림없다고 생각한다. 즉, 자신의 고통 속에서 행동하고 행위하기 위한 그럴듯한 이유를 끌어내려고, 어떻게든 무엇인가에 고통을 받으려고 하는 욕망이다." (Friedrich Nietzsche, Die fröhliche Wissenschaft, Erstes Buch, §56, Reclam, 2000, p.80.; フリードリッヒ・ニーチェ, 『悦ばしき知識』, 第一巻, 단장 번호 56, 信太正三 訳, ちくま学芸文庫, 1993, 126頁.) 프리드리히 니체, 『니체 전집 12: 즐거운 학문, 메시나에서의 전원시, 유고 1881년 봄~1882년 여름』, 안성찬, 홍사현 옮김, 책세상, 2005. "고뇌를 향한 열망. — 권태와 자기 자신을 견딜 수 없는 수백만 유럽 청년들을 지속적으로 간질이고 찔러 대는 행동하고자 하는 열망을 생각하면 나는 그들 내면에 고뇌를 향한 열망이 있어 그들이 이 고뇌로부터 행동을 위한 마땅한 이유를 얻어 내려 한다는 것을 깨닫게 된다. 고통이 필요한 것이다!"

를 느낄 수밖에 없다. 여기에 그려져 있는 것은 바로 파스칼이 말하는 "신 없는 인간의 비참함"이다.

파시즘과 지루함: 레오 스트라우스의 분석

괴로움을 갖고 싶다는 욕망을 니체는 당시의 지루해하는 수백만 젊은 유럽인들 속에서 찾았다. 그리고 니체에게 선견지명이 있었다는 것은 안타깝게도 나중에 밝혀진다. 시대를 좀 더 지나쳐 보자.

20세기의 거대한 사건 중 하나는 파시즘의 대두이다. 파시즘에 대해서는 정치, 경제, 역사, 사상, 심리 등 다양한 분야에서 방대한 연구가 축적되어 있다. 우리는 여기서 '한가함과 지루함의 윤리학'의 관점에서 이것에 접근할 것이다. 사실 니체가 분석한 '수백만 젊은 유럽인들'의 마음가짐은 파시즘의 심성과 매우 가깝다.

참고하고픈 것은 레오 스트라우스(1899~1973)라는 철학자의 분석이다. 스트라우스는 독일 태생의 유대인이다. 그는 훗날 미국으로 망명하는데, 망명 전 독일에 아직 머무는 동안 파시즘이 대두하는 모습을 두 눈으로 지켜보았다. 스트라우스는 그 경험을 상세하게 말하고 있다.

스트라우스에 따르면 제1차세계대전 이후 독일의 사상적 상황은 다음과 같다.[11]

당시 제1차세계대전 후 유럽에서는 근대문명의 여러 이

넘이 궁지에 몰려 있었다. 그때까지 유럽이 앞장서서 이끌어 온 근대문명은 이성이니 휴머니즘이니 민주주의니 평화니 하는 여러 가지 찬란한 이념을 내걸고 있었다. 그런데 그런 이념을 내걸고 진보해 왔을 근대문명은 끔찍한 살육을 경험했다. 제1차세계대전이 그것이다. 혹시 근대문명은 근본적으로 잘못된 것이 아닐까? 그런 의문이 퍼져 나갔다.

이런 의문을 품은 것은 젊은 세대였다. 아버지나 어머니, 학교 선생님 들이 말했던 것, 심지어 책이나 신문에 쓰여 있던 것, 그런 것들은 뭔가 잘못된 것이 아닐까? 기성세대는 열심히 "이성이 중요하다" "휴머니즘이 필요하다" "민주주의를 지켜야 한다" "평화를 유지해야 한다"라고 우리에게 이야기했다. 우리에게 그런 이념을 강요했다. 그것들을 믿고 지키라고 강제했다. 하지만 그런 것들은 아무런 도움도 안 되지 않았던가? 그렇다면 근대문명에는 뭔가 근본적인 문제가 있는 것 아닐까? 그들은 부모 세대에게 이런 의문을 들이민 것이다.

그러나 기성세대는 아무 대답도 할 수 없었다. 그럴 만도 하다. 그들은 단순히 그 이념들을 믿고 있었을 뿐이기 때문이다. 그들은 놀라울 정도로 보수적인 태도로 나왔다. "소중한 것은 소중한 거야"라고 반복할 뿐이었다. 지식인들도 마찬가지다. 그들 역시 근대문명이 만들어 낸 이념을 그저 믿었을 뿐

---

11 Leo Strauss, "German Nihilism", *Interpretation*, Spring 1999, Volume 26, Number 3, Queen's College, New York.; レオ・シュトラウス, 「ドイツのニヒリズムについて: 一九四一年二月二六日発表の原稿」, 國分功一郎 訳, 『思想』第1014号, 岩波書店, 2008. 10.

이다.

젊은이들은 낙담했다. 그리고 기성세대에 강한 반감을 품었다. "너희들은 우리가 만들어 놓은 이념을 지키면 되는 거다"라고 한껏 거드름 피워 놓고서는……. 마치 "너희들은 더 이상 할 게 없으니까 그저 우리가 만들어 놓은 것을 지키면 된다"라는 식의 태도를 보여 놓고는……. 그러한 이념이 위태로워지고 있어도 조금도 생각하지 않으려 했다. 젊은이들은 그런 기성세대를 증오했다. 그리고 기성세대가 신봉하던 근대문명을 증오했다.

긴장 속의 삶

거기에 또 한 가지 사정이 덧붙는다. 당시에는 공산주의가 강한 지배력을 가지고 있었다. 부모 세대의 상당수가 근대문명을 믿었듯이, 공산주의 혁명의 도래를 믿는 공산주의자들도 많이 존재했다. 공산주의자들은 이렇게 설파했다. 머지않아 혁명이 일어날 것이다. 그로 인해 진정으로 평화로운 세상이 올 것이다. 그것은 국가도 계급도 없는 세계, 가난도 전쟁도 없는 세계다…….

그러나 젊은이들에게 그 세계는 조금도 매력적이지 않았다. 그들은 오히려 그런 세계를 두려워하고 미워했다. 그것은 각자가 매일같이 소소한 쾌락을 얻으며 살아가는 세계다. 평화롭고 아무 일도 일어나지 않는 세계, 즉 모든 것이 끝나 버린 세계. 거기서는 더 이상 마음이나 영혼이 분발할 일이 없다. 사명감에 불타는 사람이 업적을 이루지도 못한다. 이곳은 '피땀, 눈물을 모르는 세계'이다.

근대문명을 믿었던 부모들은 근대문명으로 이미 모든 것이 끝난 것처럼 이야기했다. 공산주의자들은 이번에 도래할 혁명으로 모든 것이 끝날 것이라고 말한다. 어느 쪽을 신봉하든 그 젊은이들에게는 할 일이 없다. 그 세계가 어떻게 젊은이들의 마음을 움직일 수 있겠는가?

젊은이들은 긴장 속에 있는 삶만이 본래의 삶이라고 생각하게 되었다. 달리 말해, 진지한 삶만이 바람직한 삶이라고. 그들에게 진지한 삶이란 "긴급사태, 심각한 극한적 상황, 결정적 순간, 전쟁 같은 것들에 끊임없이 직면하는 사회"에서 체험되는 삶이었다. 그런 곳이어야 자신들이 목숨을 걸고 무언가에 몰입하는 순간이 있다. 살아 있음을 실감할 수 있는 순간이 있다. 왜냐하면 그때 그들은 "아직 아무것도 끝나지 않았다"라고, 그리고 "나는 무언가를 만드는 운동에 참여하고 있다"라고 느낄 수 있기 때문이다.

긴장, 긴급, 극한 …… 뭐라고 부르든, 그들에게는 극도의 부담이 걸린 상태에서 살아가는 것, 괴로움을 견디고 살아남는 것, 그것이 바로 삶이었다. 그들의 마음에 있는 것은 바로 니체가 (혹은 그전에 파스칼이) 진단했던 그 욕망, 괴로워하고 싶다는 욕망이다.

스트라우스가 이 강연을 한 것은 제2차세계대전이 끝나기 전인 1941년이다. 그 시점에서 이미 스트라우스는 "나치즘은 머지않아 멸망할 것이다"라고 말했다. 스트라우스가 옳았던 셈이다. 하지만 그는 동시에 무서운 말을 하고 있다. 나치즘이란 파시즘을 원했던 이 욕망을 심하게 왜소화하거나 축소한 것일 뿐이다. 그래서 나치즘이 망하더라도 파시즘을 원했던 사람들의 욕망은 계속 남는다. 이 욕망의 진원지는 더 깊은 곳에 있다(실제로 위의 분석은 전후 일본의 상황과도 통하는 바가 있다).[12]

확실히 그렇다. 토끼 사냥을 가는 사람은 사실 '긴급사태'를 갈구하는 사람과 별반 다를 바 없다. 토끼 사냥으로 끝날지, 파멸적 전쟁까지 갈구할지는 시대 배경이 결정할 부분이

---

[12]   여기서 말하는 '근대문명'을 '전후 민주주의'로 치환하면 그대로 냉전 종식 후의 일본 사회를 살아온 젊은이들에 대한 분석이 된다. 1990년대 이후 젊은이들의 우경화가 크게 문제시되었는데, 그 문제는 결국 다음과 같이 요약할 수 있다. 기성세대는 자신들이 젊은이들에게 강요해 온 여러 가지 이념에 대해 그때까지 조금도 성찰하지 않았고, 단지 그것들을 맹신했을 뿐이다. 그래서 시대의 변화에 대응한 대답을 갈구하는 젊은이들의 호소에 조금도 응답하지 못했다. 젊은이들은 그 위선을 증오하고 비웃으며 기성세대가 부정해 온 곳으로 되돌아가려고 했다. 그래서 '일본' '전통' '애국심'이 등장했다. 하지만 젊은이들은 그런 것들에 대해 아무것도 모른다. 그래서 젊은이들의 반동은 반동의 영역을 넘어서지 못하고 인터넷에서 공허하게 반복되는 일본의 여러 주변국 국민에 대한 차별 발언으로 수렴되어 갔다. 하라 다케시[原武史]는 『다키야마 코뮌 1974(滝山コミューン1974)』(講談社, 2007)에서 전후 민주주의의 '모두가 평등하다'라는 이념에 의해 초등학교 안에 만들어진 끔찍한 질서를 자신의 체험을 통해 훌륭하게 그려 냈는데, 거기서 그려진 전후 민주주의의 모습은 그 이후 일본 젊은이들의 경향과 나란히 검토되어야 한다.

다. 우리는 토끼 사냥을 가려는 사람을 파스칼처럼 어리석다고 치부해 버릴 수는 없다.

러셀의 『행복의 정복』

지금까지 파스칼의 고찰을 바탕으로 논의를 심화시켜 왔다. 이를 통해 한가함과 지루함의 윤리학의 출발점을 얻은 것 같다.

인간은 방에 가만히 있을 수 없다. 그래서 열중할 수 있는 기분 전환을 갈구한다. 열중하기 위해서라면 사람은 괴로워하는 것조차 마다하지 않는다. 아니, 적극적으로 고통을 갈구하기도 한다. 이러한 인식은 20세기가 경험한 무서운 정치체제에도 통하는 것이었다.

이번에는 이 기본적인 인식을 바탕으로 앞으로 어떻게 논의를 진행해야 할지, 어떤 문제에 답해야 할지 그런 것들을 생각해 보고 싶다.

이를 위해 두 철학자를 등장시키려고 한다.

첫 번째는 이미 서론에서 언급한 버트런드 러셀이다. 러셀은 20세기를 대표하는 영국의 대철학자다. 『라이프니츠의 철학』과 『철학사』 등의 철학사 연구부터 『수학 원리』 등의 수리철학까지 철학 속의 폭넓은 분야를 아우르는 작업을 했다.

또한 다른 한편으로 베트남 반전운동, 반핵운동 등 평화운동으로도 잘 알려져 있으며, 노벨상을 수상한 대지식인이기도 하다. 인류가 자랑해야 할 위대한 지성이다.

그런 러셀 또한, 독자적인 방식으로 한가함과 지루함의 윤리학을 구상했다. 그것이 발견되는 것이 그가 쓴 계몽서 중 하나인 『행복의 정복』(1930)이다.

이 책은 문고판으로 번역본이 나와 있어서 일본에서는 쉽게 구할 수 있지만, 그다지 많이 읽히지 않는 것 같다. 어쩌면 다루는 소재가 매우 말랑말랑하고 지적 자극이 부족하다고 여겨지는 것이 그 이유 중 하나일지도 모른다. 그러나 이런 판단은 성마르다. 이 책은 정말 예리한 시대 의식을 바탕으로 쓰인 것이다.

행복 속의 불행

러셀은 서두에서 자신이 행복에 대한 생각을 말하기 시작한 이유를 설명한다. "동물은 건강하고 먹을 것이 충분히 있는 한 행복하다. 인간도 당연히 그래야 할 것 같지만, 현대 세계에서는 그렇지 않다."[13]

특별히 내세울 부자유가 없는 생활. 전쟁이나 빈곤이나 기아 상태에 있는 사람들이라면, 진심으로 부러워할 만한 생활. 현대인들은 그런 삶을 살고 있지만 그래도 행복하지 않다. 채워져 있지만 채워지지 않는다. 근대사회가 실현한 생활에는

13　　　*The Conquest of Happiness*, p.15.;『ラッセル 幸福論』, 11頁.

어딘가 모르게 **어렴풋한 불행**의 기운이 감돌고 있다.

자신이 논하고 싶은 것은 그런 현대인의 불행, 즉 "음식과 주거를 확보할 수 있을 만큼의 수입"과 "일상의 신체활동을 할 수 있을 정도의 건강"을 아울러 가진 사람들을 덮치고 있는 **일상적인 불행**이라고 러셀은 말한다.

사람들은 그것을 사치병이라고 부를지도 모른다. 기아나 빈곤이나 전쟁에 비하면 아무것도 아니라고 말하는 사람도 있을지 모른다.

하지만 일상적인 불행에는 이처럼 큰 비일상적 불행과는 다른 독특하고도 견디기 힘든 점이 있다. 바로 불행의 **원인을 알 수 없다**는 점이다.

기아와 빈곤과 전쟁에는 뚜렷한 외적 원인이 있다. 또 그것을 알고 있다. 그러나 일상적인 불행에는 원인이 없다. 불행한데도 왜 그런지 알 수 없다. 그렇기 때문에 **도망치려고 해도 도망칠 수 없다.** 그것이 이 불행을 더욱더 견디기 어렵게 만든다.

러셀은 이 왠지 모를 불행에 대해 '한 가지 치료법'을 제안하려고 시도한다.

러셀과 하이데거의 놀라운 일치

러셀이 이런 생각을 한 시기를 잊어서는 안 된다. 『행복의 정복』은 1930년에 출판되었다. 즉, 러셀은 이 시기에 일상적인 불행이 큰 문제가 되어 사회를 뒤흔드는 데 위기감을 느낀 것이다.

우리는 이 책의 마지막 부분에서 마르틴 하이데거(1889~1976)라는 철학자의 지루함론과 씨름하게 될 것이다. 이것은 지루함론의 최고봉이라고 해야 할 것인데, 실은 하이데거가 그 지루함론을 강의한 것이 1929년부터 1930년까지이다. 러셀과 같은 해의 일이다. 그리고 읽어 보면 알겠지만, 하이데거도 러셀과 마찬가지로 음식과 주거를 확보할 수 있을 만큼의 수입과 일상의 신체활동을 할 수 있을 정도의 건강을 갖춘 사람들의 불행을 다룬다.

사실 이 부합은 하이데거와 러셀을 아는 사람들에게는 다소 놀라운 사실이다. 왜냐하면 두 사람은 정치적으로나 철학적으로나 견원지간이며, 물과 기름의 관계이기 때문이다.

하이데거는 20세기 대륙철학을 대표하는 철학자이고, 러셀은 20세기 영미계 분석철학을 대표하는 철학자이다. 이 두 경향은 지금까지도 대립하고 있으며, 양측 모두 상대를 철학으로 인정하지 않으려 한다. 러셀이 저서 『서양철학사』에서 하이데거를 전혀 다루지 않은 것은 유명한 이야기이다(러셀에 따르면 하이데거 철학은 철학이 아니라 '시'이다).

또 하이데거는 나치즘에 가담한 것으로도 그 이름이 알려져 있지만, 러셀은 반파시즘 운동의 활동가이기도 했다. 하이데거의 지루함론에는 그 이후 그의 행동을 예감케 하는 논의가 담겨 있는데, 러셀은 아마 그 논의를 인정하지 않았을 것이다.

그러나 이러한 강렬한 대립에도 불구하고, 20세기 초를 체험한 이 두 위대한 지성은 같은 시기에 **완전히 똑같은 위기감**을 품었다. 특별히 내세울 부자유가 없는 생활 속에 둥지를 틀고 있는 불행. 설명할 수 없는 안개처럼 밀려오는 지루함. 이에 위기감을 품은 두 철학자는 영국과 독일에서 동시에 이 것에 대한 대응을 시도한 셈이다.[14]

지루함의 반대는 쾌락이 아니다

이제 러셀의 지루함론을 검토하자.

지루함이란 무엇인가? 러셀의 대답은 이렇다. 지루함이란 사건이 일어나기를 바라는 마음이 **꺾인** 것이다.

무슨 말일까? 러셀이 말하려 하는 바를 이해하기 위해서는 '사건'이 무엇을 의미하는지 명확히 해야 한다.

14 그들의 논의는 그 내용에서도 호응하는 점이 있다는 점도 주목할 만하다. 하이데거는 '대지'의 중요성을 강조한 철학자였다. 러셀 역시 같은 말을 했다. 오늘날 사람들이 불행한 원인을 대지와의 접촉이 결여되어 있다는 데서 찾고 있는 것이다. "우리는 '대지'의 자식이다. 우리의 삶은 대지의 삶의 일부이며, 동식물과 마찬가지로 그곳에서 영양분을 끌어내고 있다." (Ibid., p.54.; 同前, 72頁.) 하이데거가 이후 나치즘에 급격하게 치우치게 된다는 것을 생각한다면, 반파시즘 사상가인 러셀이 하이데거와 같은 시기에 지루함론을 구상한 것은 매우 중요한 의미를 지닌다. 지루함론은 파시즘적 해결책을 불러일으킨다. 러셀은 그것에 저항할 것이다. 그러나 러셀은 하이데거와 공통되는 논점을 제시하고 있다. 나치가 집권하는 것은 얼마 후인 1933년이다.

여기서 말하는 사건이란 **오늘을 어제로부터 구별해 주는 것**이다.

사람은 매일 똑같은 것이 반복되는 것을 견디지 못한다. "같은 것이 반복되겠지"라고 생각하게 되는 것도 견딜 수 없다. 그래서 오늘을 어제와 구별해 줄 것을 갈망한다. 만약 오늘 무슨 사건이 일어난다면, 오늘은 어제와는 다른 날이 된다. 즉, 사건이 일어나면 똑같은 나날의 반복이 끊긴다. 그래서 사람들은 사건을 바란다. 그러나 그런 사건은 좀체 일어나지 않는다. 이렇게 해서 사람은 지루해한다. 이것이 "사건이 일어나기를 바라는 마음이 꺾인 것"이라는 지루함의 정의가 의미하는 바이다.

이렇게 생각하면 이상한 점을 깨닫게 될 것이다. 지루해하는 마음이 갈구하는 것은 오늘을 어제와 구별해 주는 사건이다. 그렇다면 사건은 단지 오늘을 어제와 구별해 주는 것이면 된다. 그러면 **그 사건의 내용은 아무래도 상관없다.** 불행한 사건이어도 된다. 비참한 사건이어도 된다.

"남의 불행은 꿀맛"이라는 말이 있다. 누군가가 타인의 불행을 기쁘게 느낀다고 해도, 그것은 그 사람의 성품이 근본적으로 비뚤어져 있다는 것을 의미하지 않는다(물론 약간은 비뚤어져 있을지도 모르지만). 이 꿀맛에는 어떤 구조적 요인이 있는 것이다.

게다가 그뿐만이 아니다. 사건을 바라는 마음은 남의 불행은 물론이고 자기 자신에게 닥칠 불행에도 미칠 것이다. 지루해하는 사람은 어쨌든 사건을 원하기 때문이다. 인간은 자신이 불행해지는 것조차도 갈구할 수 있다.

따라서 최종적으로 다음과 같이 말할 수 있게 된다. "한마디로 **지루함의 반대는 쾌락이 아니라 흥분이다.**"[15]

지루해할 때 사람들은 '즐겁지 않다'고 생각한다. 그래서 지루함의 반대는 즐거움이라고 생각한다. 하지만 그렇지 않다. 지루해하는 사람이 추구하는 것은 **즐거운 것이 아니라 흥분할 수 있는 것**이다. 흥분할 수 있으면 된다. 그래서 오늘을 어제와 구별해 주는 사건의 내용은 불행이어도 상관없는 것이다.

사람은 즐거운 것 따위를 갈구하지 않는다

지루해하는 사람은 흥분할 수 있는 것이라면 무엇이든 갈구한다. 그 정도로 지루함은 힘겹고 괴롭다. 니체도 말했듯 사람은 지루함에 괴로워할 비에야 오히려 괴로움을 주는 다른 것을 갈구한다.

그런데도 사람이 쾌락 등을 갈구하지 않는다니 놀라운 사실이다. '쾌락'이라는 말이 좀 딱딱하다면 '즐거움'이라고 해도 좋을 것이다. 지루해하는 사람들은 "어디 재미있는 일이 없을까"라고 종종 중얼거린다. 하지만 그는 실은 **즐거운 일 따위는 갈구하지 않는다.** 그가 갈구하는 것은 자신을 흥분시키는

15　　　Ibid., p.49.; 同前, 63頁. 강조는 인용자.

사건이다.

이는 다시 말해 **쾌락이나 즐거움을 갈구하는 것이 얼마나 어려운 일인지**를 의미하기도 할 것이다. 즐거운 것을 적극적으로 갈구한다는 것은 사실 어려운 일이다.

게다가 사람은 지루함 때문에 흥분을 갈구하는 것이니 이렇게 말할 수 있다. 행복한 사람은 즐거움·쾌락을 이미 얻은 사람이 아니라 즐거움·쾌락을 **갈구할 수 있는** 사람이라고 말이다. 즐거움, 쾌락, 마음 편함, 그런 것을 얻을 수 있는 조건에서 생활하는 것보다 오히려 그러한 것들을 진심으로 **갈구할 수 있는** 것이 더 귀중하다.

성경의 유명한 말씀을 빌려 이렇게 말할 수도 있지 않을까.

— 쾌락을 갈구하는 자에게 복이 있나니. 그들은 사건을 갈구하지 않을 테니.

그렇다면 문제는 어떻게 즐거움·쾌락을 얻느냐가 아니다. 어떻게 해서 즐거움·쾌락을 **추구할 수 있게 되는가**이다.

열의?

러셀의 사상은 한가함과 지루함의 윤리학이라는 이 책의 시도에 중요한 참조점이다. 거기서 배워야 할 것은 정말 많다. 어떤 의미에서는 이 책의 결론이 거기에 적혀 있다고 해도 좋을 정도이다.

그러나 그 점을 강조했으니, 의문점에 대해서도 여기서 언급해 두고 싶다.

『행복의 정복』을 독서한 후에는 뭔가 개운치 않은 감이 있었다. 석연치 않은 느낌이 남는다. 무슨 말이냐 하면 러셀의 결론이 너무 단순하다는 것이다.

러셀이 이 책의 2부 「행복의 원인들」에서 도달하는 해답은 간단하다. 바로 열의다. 행복은 열의를 가지고 생활하는 것이다. 이것이 러셀의 대답이다.

좀 더 자세히 살펴보자. 러셀에 따르면 행복에는 두 종류가 있다.[16] 한쪽의 행복은 누구나 얻을 수 있는 것이고, 다른 쪽의 행복은 읽고 쓸 수 있는 사람만이 얻을 수 있는 것이다. 이 둘은 단순한 것과 복잡한 것, 동물적인 것과 정신적인 것, 감정적인 것과 지적인 것 등으로 형언될 수 있다.

러셀은 각각에 대해 예를 든다. 먼저 어떤 인간이라도 얻을 수 있는 행복에 대해. 러셀이 소개하는 것은 그가 개인적으로 알고 있던 두 인물이다.

한 명은 건강한 육체를 가졌으나 읽고 쓸 줄 모르고 우물 파는 일을 하는 사람이다. 그는 선거권이 주어지기 전까지는 국회가 무엇인지조차 몰랐다. 하지만 그는 "행복해서 미칠 것 같다"라고 한다. 그에게는 튼튼한 체력으로 주어진 일거리를 해내는 것, 암석이라는 장애물을 이겨 내고 구멍을 뚫는 것이

---

16   Ibid., p.113.; 同前, 157頁.

행복하다. 그리고 그것이 충분히 만족스러웠다.

다른 한 명은 러셀이 고용한 정원사이다. 그는 정원을 망가뜨리는 토끼와 몇 년째 싸우고 있었다. 정원사는 "토끼에 대해 마치 런던 경찰청이 볼셰비키에 대해 이야기하듯 말한다." 그는 하루 종일 일하지만 기쁨의 샘은 마르지 않는다. 그런 그에게 기쁨을 공급하는 것은 "저 토끼 녀석들"이다(또 토끼다……).

학식이 있는 사람은 그런 단순한 기쁨으로 만족할 수 없다고 사람들은 말할지도 모른다. 하지만 러셀에 따르면, 최고의 교육을 받은 사람들도 그들과 똑같은 기쁨을 얻는다. 러셀이 거론한 것은 과학자의 예다. 과학은 그 의의를 널리 인정받고 있다. 따라서 과학자들은 자신의 과제와 정면으로 씨름하고 과제를 달성함으로써 큰 행복을 얻을 수 있다.

러셀의 결론이 지닌 문제점

위에서 말한 것은 극단적인 예이기는 하다. 러셀도 그 점을 알고 있다. 어쨌든 그가 말하고 싶은 것은 열의를 가지고 씨름할 수 있는 활동이 있다면 행복해질 수 있다는 것이다. 그러니까 그 활동은 어떤 것이든 상관없다. 일, 취미, 심지어 주의 주장을 믿는 것. 열의를 가질 수 있는 활동은 얼마든지 있다고 러셀은 주장한다.

따라서 러셀이 행복해지기 위한 비결로 최종적으로 제안

하는 것은 다음과 같다.

> 행복의 비결은 다음과 같다. 흥미·관심사를 가능한 한 넓
> 히라. 그리고 관심을 끄는 사람과 사물에 대한 반응을 적
> 대적이 아니라 가능한 한 우호적이게 하라.[17]

이것은 이것대로 훌륭한 결론이다. 이 결론 자체에는 누
구도 반론을 펴지 않을 것이다. 이 책의 결론도 러셀의 이 결
론과 크게 다르지 않을지도 모른다.

그래도 역시 뭔가 부족한 느낌이 든다. 지루해하는 사람
에게 이렇게 말해 봤자 어느 정도나 효과를 기대할 수 있겠는
가? 그들은 이렇게 말할 것이다. 나 역시 관심을 끄는 사람과
사물에 대해 최대한 우호적으로 대하고 싶다. 하지만 그러한
사람과 사물이 도대체 무엇인지, 어디에 있는지 모르겠다고.

또 그렇게 우왕좌왕하는 사람들에게 기분 전환을 미끼처
럼 던져 주며 살아가는 현대 문화산업의 문제는 어떻게 될까?
그 속에서 러셀의 해결책은 얼마나 의미가 있을까? 바로 문화
산업은 사람들이 '우호적'으로 대해 줄 것을 미리 계산해 미끼
를 준비하는 것이다.

---

17   Ibid., p.123.; 同前, 172頁.

동양 국가의 청년, 러시아의 청년은 행복하다?

그뿐만이 아니다. 러셀의 결론에는 매우 중대한 결함이 있다. 이미 서론에서 가볍게 언급했던 문제이지만, 매우 중요하기 때문에 다시 한번 그리고 이번에는 좀 더 자세히 말하고 싶다.

러셀에 따르면 열의를 가지고 생활을 영위하는 것이 행복이다. 그런데 이 관점에서 보면, 지금(1930년 단계)의 유럽 청년들은 불행에 빠지기 쉽다고 러셀은 말한다. 왜냐하면 자신들의 뛰어난 재능을 충분히 발휘할 수 있는 일을 찾을 수 없기 때문이다.

유럽은 이미 많은 것을 성취했다. 앞으로 청년들이 힘겹게 만들어 내야 할 새로운 세계는 아마 존재하지 않을 것이다. 그래서 유럽의 청년들은 불행에 빠지기 쉽다(니체도 같은 지적을 했다).

반면 러시아 청년들은 아마도 세계에서 가장 '행복한' 청년일 것이다. 혁명을 겪은 그들은 지금 바로 새로운 세계를 만들고자 하는 그 운동 속에서 살고 있기 때문이다.

러셀은 당시 일본 청년들에 대해서도 언급한다. 인도, 중국, 일본의 청년들은 정치 상황 때문에 그 '행복'을 방해받고 있지만, 유럽의 청년들처럼 내적 장애가 존재하는 것은 아니다. 즉, 정치 상황이 바뀌면 그들은 새로운 세계를 만들어 내는 운동을 시작할 수 있다. 그들 또한 행복해질 수 있다……[18]

열의가 행복의 원천이라고 하니 이런 논의가 나오는 것은 당연하다.

그러나 이것으로 정말로 좋은 것일까? 할 일이 남아 있는 세계에 살고 있는 사람은 행복하고, 할 일이 남아 있지 않은 세계에 살고 있는 사람은 불행하다고 말하면 되는 것일까?

만약 앞으로 새로운 세계를 만들 수 있느냐 없느냐 하는 외적 조건이 사람들의 행복을 결정한다면, 유럽의 청년들은 어떻게 해야 할까? 그들이 불행에 빠지는 것은 어쩔 수 없는 일일까?

당시 러시아나 일본 청년들에 대한 언급에도 큰 문제가 있다. 새로운 세계를 건설하는 과제가 주어지고, 거기서 열의를 얻는 것, 그것은 정말 행복한 것일까? 열의를 가지고 씨름해야 할 미션을 **외부에서 부여받는 것**, 그것을 행복이라고 말할 수 있을까? **열의만 가지면 되는 것일까?**

인류는 지금까지 풍요로운 사회를 구축하기 위해 다양한 활동을 해 왔다. 하지만 러셀의 말대로라면 "열심히 일해야 했던 시절, 그때가 가장 행복했지"라는 흔한 넋두리에 빠질 수밖에 없다. 풍요로워졌을 때 "열심히 할 때가 제일 행복했지"라고 말한다면, 사람들을 불행 속에 던져 버리는 것이 낫다. 그 편이 "열심히 일해야 하기" 때문에 '행복'할 것이다.

왜 이런 말을 하는가? 그것은 러셀의 대답이 섬뜩할 정도로 구체적인 방안을 불러일으키는 것처럼 보이기 때문이다. 만약 외부에서 과제를 부여받아 열의를 갖게 되어야 행복해질 수 있다고 친다면, 무엇이든 열의를 가질 수 있는 과제를 적당

18　　Ibid., pp.116-117.; 同前, 162-163頁. 서론 각주 1의 인용 참조.

히 주면 된다는 뜻이 될 것이다. 젊은이들의 에너지가 남아돌기 때문에, 그들을 자극할 수 있는 과제를 만들어 거기에서 에너지를 다 쓰게 하면 된다, 그렇게 될 것이다. 예를 들어 사회가 정체되면 전쟁을 하면 된다.

열의의 함정

열의는 아마 행복과 관련이 있을 것이다. 하지만 러셀은 여기서 "열의가 있으면 된다" "열의만 있으면 행복하다"라는 결론에 이르고 말았다. 거기가 문제다.

러셀은 이 결론의 문제점을 이미 눈치챘던 것 같다. 그는 열의를 쏟을 수 있는 오락과 취미가 대개 근본적인 행복의 원천이 아니라 현실 도피가 되고 있다고 지적하기 때문이다.[19]

더구나 러셀은 진정한 열의란 **망각을 갈구하지 않는 열의**라고도 했다. 그는 '열의'로 간주되는 현상이 단순히 현실을 외면하는 도피나 망각을 위한 열의일 수 있다는 가능성을 깨달은 것이다.[20]

그렇다면 '신세계의 건설'이라는 과제가 주어져 있기 때

---

19   Ibid., p.121.; 同前, 170頁.

20   "진정한 열의. 즉, 실제로는 망각을 **추구하는 종류의 것이 아닌 열의**(Genuine zest, not the sort that is really a search for oblivion)는 인간이 타고난 자질의 일부이다." (Ibid., p.132.; 同前, 187頁.) 강조는 인용자.

문에 러시아의 청년들은 행복하다고 왜 쉽게 단언할 수 있는 것일까? 일본의 청년들도 정치 상황만 바뀌면 '신세계의 건설'을 시작할 수 있기 때문에 행복해질 거라고 어떻게 단언할 수 있을까? 그렇게 해서 얻어지는 '행복'은 단순히 도피나 망각을 위한 열의일지도 모르는 것 아닐까?

우리는 알고 있다. 파스칼을 읽었으니까. 인간은 방에 가만히 있을 수 없기 때문에 열중할 수 있는 기분 전환을 갈구한다. 그리고 욕망이 향하는 대상(토끼 사냥의 토끼)을 정말 원하는 것이라고 착각한다. 욕망을 불러일으킨 원인(방에 가만히 있지 못하는 것)은 그것과는 별개인데도 말이다.

'신세계의 건설'이라는 외부에서 주어진 과제가 파스칼이 말하는 기분 전환이 아니라고 어떻게 단언할 수 있겠는가? '신세계의 건설'은 고상한 과제이기 때문에 토끼와는 다른 것일까? 아니, 똑같다. 그런데도 이것이 고상하다고 생각하기 때문에 사람들은 자신들이 파스칼이 말하는 기분 전환의 구조에 빠져 있다는 것을 좀처럼 인정하지 않을 것이다. 그렇다면 그것은 성가신 기분 전환일 가능성마저 있다.

따라서 당시 유럽 청년들을 당시 러시아나 일본 청년들과 비교한다는 관점 자체가 완전히 틀렸다고 해야 한다. 이는 오늘날 나름 부유한 일본 사회를 살아가는 젊은이들을 개발도상국에서 땀 흘려 일하는 젊은이들과 비교하여 "후자가 더 행복할 것이다"라고 말하는 것과 똑같다. 이는 잘못되었을뿐더러 윤리적으로도 문제가 있다. 왜냐하면 이것은 불행에 대한 동경을 만들어 내기 때문이다.

불행을 동경해서는 안 된다. 따라서 불행에 대한 동경을 만들어 내는 행복론은 잘못된 것이다. 한가함과 지루함의 윤리학을 구상할 때는 이 점에 크게 주의해야 한다.

스벤젠, 『지루함의 철학』

이번에는 또 다른 철학자의 지루함론을 다뤄 보자. 이번 장의 첫머리에서 언급한 스벤젠의 『지루함의 철학』이다.

이 책은 세계 15개국에서 출간된 화제의 책이다. 스벤젠은 이 책을 전문적이지 않게, 말하자면 가벼운 마음으로 읽을 수 있게 썼다고 말한다. 확실히 그의 어조는 가볍다. 하지만 그 내용의 대부분은 지루함론의 백과사전과도 같다. 만약 지루함에 대한 참고 문헌 목록을 갖고 싶다면 이 책을 읽으면 된다. 참조하는 문헌의 양으로 보면, 내 책은 스벤젠의 책에 비할 수가 없다.

스벤젠의 입장은 명확하다. '지루함이 사람들의 고민거리가 된 것은 낭만주의 탓이다.' 이것이 그의 대답이다.

낭만주의는 18세기에 유럽을 중심으로 나타난 사조를 가리킨다. 스벤젠에 따르면, 그것은 지금도 여전히 우리의 마음을 규정하고 있다. 낭만주의자들은 일반적으로 '인생의 충실함'을 추구한다. 그러나 그것이 무엇을 가리키는지는 아무도 모른다. 그래서 지루해진다. 이것이 그의 대답이다.[21]

인생의 충실성을 추구한다는 것은 인생의 의미를 찾는다

는 말이다. 스벤젠에 따르면, 전근대사회에는 일반적으로 집단적 의미가 존재했고, 그래서 사회가 잘 돌아갔다. 개인 삶의 의미를 집단이 미리 준비했고 그것을 부여해 주었다는 것이다.

예를 들어 근대 이전에는 공동체 안에서 한 사람으로 인정받는 것이 큰 가치를 지녔다. 공동체는 어떤 젊은이를 한 사람으로 인정하기 위한 의례나 시련(성인식 등)을 준비한다. 개인은 그것을 극복하는 데서 살아갈 가치를 찾아낸다.

혹은 신이 죽음을 맞이하기 전, 신앙이 아직 강한 가치와 의미를 간직한 시대를 떠올려도 좋을 것이다. 그곳에서는 인간의 삶도 죽음도 종교에 의해 의미화되었다.

그런데 근대 이후 이런 의미 체계가 붕괴된다. 삶의 의미는 공동체에 의해 일방적으로 주어지는 일원적인 것이 아니라 여러 가지 방식으로 찾을 수 있는 것이 되었다. 다시 말해 삶의 의미가 공동체적인 것에서 개인적인 것이 되었다.[22]

---

21   *Petite philosophie de l'ennui*, p.83.;『退屈の小さな哲学』, 79頁. 라르스 Fr. H. 스벤젠,『지루함의 철학』, 도복선 옮김, 서해문집, 2005.

22   "의미는 여러 가지 방법으로 탐구할 수 있고 다양한 형태로 찾아낼 수 있다. 뭔가 정해진 것 안에 있는 것도 있고(예를 들면 종교의 공동체), 앞으로 실현되어야 할 것 안에도 있다(예를 들어 계급 없는 사회). 또 어떤 집단에서 드러날 때도 있고, 반대로 그것이 개인일 때도 있다. 서양에서는 낭만주의 시대 이후 실존의 의미는 오로지 개인의 범주에 들어가 개인의 계획, 개인이 믿는 것을 실현해야만 비로소 의미가 있게 된다. 내가 이해하는 '개인의 의미'는, 당분간은 '개인의 신조' 또는 '낭만주의적'이라고 부르고 싶은 바이다." (Ibid., p.42.; 同前, 37頁.)

여기서 낭만주의가 탄생한다. 낭만주의자들은 삶의 의미를 개인이 스스로 획득해야 한다고 생각한다. 하지만 그런 것을 쉽게 획득할 수 있을 리는 없다. 그러므로 낭만주의자인 우리 현대인들은 지루함에 시달린다는 것이다.[23]

모두가 똑같은 건 안 돼!

18세기 계몽주의 시대에는 인간이 이성적 존재로서 평등하며, 평등하게 대우받아야 한다는 주장이 활발하게 제기되었다. 낭만주의는 이에 대한 반동이다. 여기서는 오히려 인간의 불평등을 높이 추켜세운다. 개인은 저마다 다르며, 이성 같은 말로 일률적으로 취급해서는 안 된다는 것이다. 즉, 낭만주의는 보편성보다는 개성, 균질성보다는 이질성을 중시한다. 남들과 다르다는 것. 남들과 같지 않다는 것. 낭만주의적 인간은

---

[23] 전근대에는 집단이 개인의 의미를 부여해 주었다는 것이 틀린 말은 아니겠지만, 너무 거칠게 말한 것 같다. 스벤젠도 이를 인정하고 있으며, "제대로 기능하는 사회에서는 사람이 인생에서 의미를 찾아내기 쉬우며, 기능하지 않는 사회에서는 그렇지 않다"라고 말한다. (Ibid., p.43.; 同前, 38頁.) 전근대에는 사람이 의미의 결여에 시달린 적이 없었다거나, 근대에 와서는 사람이 늘 의미의 결여에 시달리고 있다는 말이 아니다. 근대라고 해도 일률적인 것은 아니며, 집단이 의미를 부여하는 사회라는 것은 얼마 전까지만 해도 있었고 지금도 있을 것이다. 그래서 스벤젠의 주장을 전근대=집단주의적/근대=낭만주의적이라고 도식화해 버리면 너무 조잡하고 쓸모가 없어진다. 오히려 '낭만주의와 지루함'이라는 그가 제시한 주제를 의미 있게 이용해야 할 것이다.

그것을 바탕으로 한다. 요즘 식이라면 이렇게 말하는 것에 해당될 수 있겠다. "모두가 똑같은 건 싫어!" "나는 다른 사람들과 똑같고 싶지 않아!" "나다워지고 싶어!"

낭만주의가 나타나기 전의 세계에서는 경제적 불평등, 신분에 기초한 불평등이 사회 전체를 뒤덮고 있었다. 따라서 거기에서는 평등의 실현이야말로 지상 명제였다. 하지만 많든 적든 평등이 달성되자, 이번에는 다시 불평등이 갈구된 셈이다.

"남들과 다르고 싶다"라는 것은 누구나 언제든 품고 있는 마음처럼 보일지 모르지만, 정말 그런지는 매우 의심스럽다. 스벤젠에 따르면, 이 감정은 낭만주의라는 기원을 가지고 있다. 그리고 "우리 현대인은 낭만주의자처럼 생각한다".[24]

그런데 이렇게 되면 스벤젠이 처방하는 지루함에 대한 해결책도 대충 짐작할 수 있다.

우리는 낭만주의라는 병에 걸려, 있지도 않은 삶의 의미와 삶의 충실함을 필사적으로 찾아 헤매고 있으며, 그 때문에 깊은 지루함이 엄습한다.[25] 그러니까 **낭만주의를 버리는 것**. 그에 따르면 이 방법이 지루함에서 벗어날 수 있는 유일한 방법이다. "지루함과 싸우는 단 한 가지 확실한 방법은 아마도 낭만주의와 결정적으로 결별하고 실존 속에서 개인의 의미를 찾는 것을 포기하는 것일 테다."[26]

24　　　Ibid., p.83. 〔同前, 80頁.〕

스벤젠의 결론이 지닌 문제점

러셀의 해결책이 폭넓게 관심을 갖도록 마음을 쓰고 열의를 쏟을 수 있는 대상을 찾아야 한다는 **적극적인** 해결책이었다면, 스벤젠의 해결책은 지루함의 원인이 되는 낭만주의적 감정을 버려야 한다는 소극적인 해결책이다. 그리고 소극적인 해결책은 해결책이 아닌 경우가 종종 있다.

이런 처방은, 지루해지는 것이 문제인데도 지루해하는 네가 나쁘다고 되받아치는 것과도 같다. 이것이 지나친 표현이라고 해도, 이런 해결책으로는 누구나 막막할 수밖에 없을 것이다. 내 마음 어디에 어떤 형태로 낭만주의가 있는지도 모르는데 어떻게 낭만주의를 버릴 수 있단 말인가? 애초에 낭만주

25   참고로 스벤젠도 소개한 바와 같이, 낭만주의는 세상에 등장한 시점에서 이미 그 문제점이 명확히 지적되고 있었다. 당시부터 이 사조에는 문제가 있다고 생각되었던 것이다. 이를 명확히 언급한 것이 헤겔 (1770~1831)이다. 그 비판은 간단히 정리하면 이렇다. 낭만주의자들은 극단적으로 자신에게 집착한다. 자신만 보고 있다. 그래서 자신 이외의 것의 가치를 인정하지 못한다. 그 결과 모든 것은 공허해진다. 어쨌든 자신 이외의 것은 무가치한 것이기 때문이다. 따라서 낭만주의자들은 무가치한 공허 속에서 오직 한 사람(만이), 더할 나위 없는 최고의 가치를 유지하게 된다. 그것은 말하자면 자신이 만들어 낸 공허한 왕국 속에서 잘난 척 호령하고 다니는 폭군 같은 것이다. 그러나 공허 속에서의 폭군이기 때문에, 그 자신도 공허해질 수밖에 없다. 그가 보는 것, 체험하는 것, 모든 것은 무가치하다. 그렇다면 그는 공허를 마주할 수밖에 없을 것이다. 이렇게 해서 당연히 최종적으로 지루함에 빠진다…….

26   Ibid., p.142.; 同前, 139頁.

의적 심성을 지닌 인간이 그것을 버릴 수 있을까? 스벤젠의 말처럼 그것은 단순히 '체념'한다는 것 아닐까? 즉, "너는 지금 네가 있는 곳에서 만족하라" "너무 높은 것을 바라지 말라"라는 메시지에 불과한 것 아닐까? 그러고 보면, 셀 수 없이 많은 고유명固有名을 내세우는 박학다식한 스벤젠의 글쓰기 방식은 이 결론적 메시지의 단순함을 덮어 감추기 위한 현학적 장식이 아니었을까 하는 생각마저 들게 된다.

게다가 지루함과 낭만주의라는 주제 자체는 매우 흥미롭지만, 스벤젠은 지루함의 문제를 그 주제에 지나치게 집약시킨 감이 있다. 낭만주의적 지루함 역시 지루함의 하나에 불과하다. 현대인 중에도 그것에 시달리는 사람도 있겠지만, 그런 사람만 있는 것은 아니다. 파스칼이 다룬 지루함이 낭만주의로 다 설명되느냐 하면 그렇지 않다. 스벤젠의 저서에는 참고할 점이 많지만 지루함을 낭만주의로 환원하는 자세는 도저히 지지할 수 없고 그의 해결책도 전혀 납득되지 않는다.

•

지금까지 파스칼의 기분 전환에 관한 논의를 출발점으로 삼아 한가함과 지루함에 대한 원리적 고찰을 시도했다. 이 고찰은 앞으로도 몇 번이나 참조될 것이다.

또 주목할 만한 지루함론의 두 가지를 거론하고, 각 분석과 해결책을 검증하는 동시에 그 문제점도 지적했다. 러셀은 적극적인 답을, 스벤젠은 소극적인 답을 각각 내놓았다. 둘 다볼 만한 부분이 있고, 둘 다 납득할 수 없는 부분이 있다.

그것들을 최대한으로 활용하면서, 이제부터는 한가함과 지루함의 윤리학을 찾아보자.

2장

한가함과 지루함의 계보학

인간은 언제부터 지루해했을까?

지금까지의 논의에서 지루함이 인간과 떼려야 뗄 수 없는 현상이라는 것을 알 수 있었을 것이다. 지루해하지 않은 사람은 없으며 살아간다는 것은 지루함과의 싸움이다. 이런 인상마저 든다. 『성경』은 원죄라는 이야기를 통해 인간의 숙명을 설명했다. 이를 통해 사람은 자신들의 고뇌에 찬 삶에 대해 납득할 만한 해석을 얻고자 했다. 우리 인간은 과거에 죄를 지었기 때문에 이마에 땀을 흘리며 일해야 하고, 여성은 힘겹게 아이를 낳아야 한다는 것이다.

그 숙명 속에 "인간은 지루해져야만 했다"라는 항목이 들어가도 되지 않았을까? 너희는 이제부터 지루함을 견뎌야 한다. 신이 그렇게 명령했다는 생각마저 든다.

그렇다면 신이 명하든 아니든, 인간은 도대체 언제부터 지루해하기 시작했을까? 분명 지루함은 인간에게서 떼려야 떼어 내기 어렵다. 하지만 그렇다고 해도, 실제로 지루함이 존재하고 있으니까, 지루함 또한 어느 시점에서 시작되었을 것이다.

지루함은 언제 어떻게 발생했을까? 지루함의 기원은 어디에 있을까? 이번 장에서는 이 엄청난 물음을 두고 감히 씨름해 보고 싶다.

역사학으로는 이 물음에 답을 내놓을 수 없다. 예를 들어 고대 유적에서 누군가 지루해했다는 증거를 손에 넣었다고 하더라도 당연히 그곳에서 지루함의 기원을 찾을 수는 없다. 그 전에도 인간은 지루해했을 것이기 때문이다.

이번 장에서는 '계보학'이라는 방식을 채택하고자 한다. 역사학은 시간을 거슬러 올라가지만, 계보학은 논리를 거슬러 올라간다. 즉, '몇 년에 누가 무엇을 했다'를 생각하는 것이 아니라, 지금 우리 수중에 있는 현상을 열어젖혀서 그 기원을 찾으려는 것이다.

그렇다고는 해도 수법 같은 건 아무래도 상관없다. 당장 시작하자.

지루함과 역사의 척도

지루함의 기원을 생각할 때 유의해야 할 점이 있다. 그것은 일반적으로 지루함이 인류의 역사 속에서 비교적 새로운 현상으로 취급되고 있다는 사실이다. 좀 더 구체적으로 말하면, 지루함은 많은 경우 '근대'와 결부되어 있다.

확실히 근대에서 지루함은 그 어느 때보다 강하게 의식되고 있다. 전통적 공동체가 붕괴되고 자유가 인정되면서 다양한 사물과 정보가 과잉 공급되기에 이른 근대. 그곳에서 지루함은 무거운 골칫거리다.

하지만 여기에 함정이 있다. 근대를 중심에 놓고 지루함을 생각하다 보면, 지루함의 이유를 사회 탓으로 돌리게 되는 것이다. 물론 지루함이 사회와 무관할 수는 없다. 그러나 사회에서 비롯된 지루함을 설명하는 것으로는 인간성과 지루함의 관계를 물을 수 없다.

그래서 이 근시안적인 시각을 어떻게든 극복해야 한다. 그러기 위해서는 수백 년 단위로 생각해야 하는 역사의 척도로는 안 된다. 좀 더 넓게, 수천 년, 수만 년 단위로 생각해야 한다. 그런 고찰에는 다분히 역사라기보다는 인류사라는 말이 더 잘 어울릴 것이다.

그러한 인류사의 관점에서 지루함을 생각할 때 참고하고 픈 고고학·인류학상의 가설이 하나 있다. 니시다 마사키가 제창한 '정주혁명'이 그것이다.[1]

인류와 유동생활

원숭이와 유인원은 다른 동물들과 마찬가지로 그다지 크지 않은 집단을 만들고 일정한 범위 내에서 이동하며 살아왔다. 아무리 쾌적한 곳이라도 오래 머물면 황폐해진다. 먹을거리는

1　西田正規, 『人類史のなかの定住革命』, 講談社学術文庫, 2007.

떨어지고 배설물로 더러워진다. 반면 자주 이동하면 환경을 과도하게 오염시키는 것을 막을 수 있다. 오염된 환경도 시간이 지나면 다시 원래대로 돌아온다. 그러니 시간이 지나서 다시 그곳으로 돌아가면 된다.

이렇게 이동하면서 생활하는 것을 유동생활이라고 부른다. 유동생활은 높은 이동 능력을 발달시켜 온 동물들에게는 살아가기 위한 기본 전략이었다.

이 유동생활의 전통은 인류에게도 계승되었다. 인류는 오랫동안 유동생활을 해 왔다. 한곳에 정주하지 않고, 큰 사회를 만들지도 않고, 인구밀도도 낮게 유지한 채, 환경을 황폐화시키지 않은 채 수백만 년을 살아왔다.

그런데 그 생활양식이 어느 순간 크게 달라졌다. 인류가 한곳에 계속 머무는 정주생활을 시작한 것이다. 약 1만 년 전의 일이다. 인류는 약 1만 년 전 중위도 지대에서 정주하는 생활을 시작한 것으로 알려졌다.

1만 년이라고 하면 엄청나게 길게 느껴질 수도 있다. 하지만 만일 한 세대를 20년이라고 친다면(즉, 부모와 자녀의 평균적 나이 차이를 스무 살이라고 친다면), 1만 년 전은 500세대 전에 지나지 않는다. 부모를 500명 정도만 거슬러 올라가면 1만 년 전에 도달한다.

두 발로 보행을 한 초기 인류는 늦어도 400만 년 전에 출현한 것으로 추정된다. 그렇다면 인류 역사 속에서 1만 년은 얼마나 긴 시간일까? 400만 년 중 1만 년은 4미터의 1센티미터에 해당한다. 즉, 인류사의 관점에서 보면 인류가 유동생활을 포기하고 정주생활을 시작한 것은 최근의 일이라고 말하지 않을 수 없다.

일본열도에 한정 짓자면 조몬시대 전인 후석기 시대, 열도의 주민들은 산기슭이나 하천·호숫가를 따라 10킬로미터에서 20킬로미터 범위를 통상적인 생활영역으로 삼아 유동생활을 했던 것으로 보인다.[2] 세토우치 기법으로 만들어진 석기가 긴키·세토우치 지방에서 멀리 떨어진 니가타현이나 야마가타현에서 발견되거나 생산지를 특정할 수 있는 흑요석 석기가 산지에서 200~300킬로미터 이상 떨어진 유적에서 발견되는 경우가 있는 것으로 보아 이들이 상당한 원거리 이동을 했다는 것도 알 수 있다고 한다.[3] 조몬시대는 약 1만 년 전에 시작된다. 일본열도에서도 약 1만 년 전까지는 그런 유동생활이

2   岡村道雄, 『日本の歴史01: 縄文の生活誌』, 講談社学術文庫, 2008. 〔이 문고판은 2000년 10월에 발각된 유적 조작 사건을 근거로 고쳐 쓴 개정판을 바탕으로 하고 있다.〕

3   석기는 다른 곳에서 제작한 완제품을 그 유적으로 가져오거나, 반대로 그곳에서 제작한 완제품을 이동지의 다른 유적으로 가져가기도 하기 때문에 동일한 유적에서 제작한 석기를 접합하여 원래의 원석으로 되돌리려고 할 경우 3분의 1 정도만 복원할 수 있다고 한다. (『縄文の生活誌』, 35頁.) 이는 원석 하나를 석기의 재료로 사용하는 동안 세 군데나 거주지를 이동했음을 보여 주는 데이터가 된다. 일본에서는 다른 유적에서 발견된 석기가 원래 한 원석에서 만들어진 것으로 판명되는 '유적 간 접합'이라는 매우 흥미로운 사례가 발견되고 있다(앞의 책). 예를 들어 가나가와현의 아야세시 요시오카 유적에서 발견된 석기와 후지사와시의 요다토리이마에 유적에서 발견된 석기가 동일한 원석에서 만들어진 것으로 판명된 사례이다. 이는 이 시대에 유동이 상당히 빈번하게 이루어졌음을 보여 주는 구체적인 증거다.

이루어지고 있었던 것이다.

유동생활에 대한 편견

일반적으로 유동생활은 이런 식으로 생각되고 있지 않을까? 유동생활을 하던 인간은 정주하고 싶어도 정주할 수 없었다고 말이다. 인간은 본래 머물며 살아가는 생명체인데. 머물러 살기 위해서는 다양한 경제적 기반이 필요하다. 그래서 그러한 경제적 기반을 아직 갖추지 못한, 발전이 뒤처진 인간들이 비정주를 강요당해서 유동생활을 했던 것이라고.

　　한 장소에 머물러 있을 수 없다니……. 자꾸 딴 데로 가야 하다니……. 머물러 사는 데 익숙한 정주생활자라면 그렇게 생각하는 것이 당연하다. 그리고 유동생활자들이 정주하고 싶어도 정주하지 못했다고 생각하는 것도 당연하다.

　　그런데 유동생활자가 정말로, 할 수만 있다면 정주하고 싶다고 생각했을까?

　　정주를 위한 경제적 기반이라고 할 때, 가장 먼저 떠오르는 것은 농업 등 식량 생산 기술일 것이다. 그렇다면 유동생활자들은 밭을 경작하는 등 시간을 들여 식량을 손에 넣는 기술을 익히지 못했기 때문에 어쩔 수 없이 이동하는 생활을 했던 것일까?

　　잠시 멈춰서 생각해 보자. 인류는 오랜 유동생활의 전통 속에서 호모사피엔스까지 진화해 왔다. 그 인류가 "언젠가 정주하고 말겠어!"라고 계속 소망해 왔다고 생각할 수 있을까? 수백만 년이나 불편한 생활을 견뎌 왔다고 생각할 수 있을까?

차라리 이렇게 생각하는 게 낫지 않을까? 인류의 육체적, 심리적, 사회적 능력과 행동양식은 오히려 유동생활에 더 적합하다. 그렇기에 수백만 년 동안 유동생활을 계속해 왔을 거라고.

강요된 정주생활

현재 인류의 대부분은 정주생활을 하고 있다.[4] 그 때문에 우리는 **정주 중심주의**라고도 말할 수 있는 관점에서 인류사를 바라보고, 유동생활에 대해 가치판단을 하게 된다. 머물며 사는 것이야말로 인간의 본래적 생활양식이라고 생각하게 된다.

그렇게 되면 인류 역사의 대부분은 정주하고 싶어도 정주하지 못한 역사로 간주된다. 그리고 인류사를 **어떻게 정주생활이 가능해졌는가**라는 관점에서 바라보게 될 것이다.

[4]　유동생활을 하는 집단은 지금도 세계에 존재한다. 니시다는 필리핀의 네그리토(Negrito) 거주지를 조사했을 때의 경험을 보고했다. 하루는 강우가 내려 수위가 높아진 물줄기가 거주지 근처까지 왔다. 이를 위험하다고 판단한 사람들이 소지품을 챙기고 장작 등을 모아 안전한 고지대까지 이동하는 데 소요한 시간은 고작 4, 5분이었다고 한다. "그들은 자연의 위대한 힘조차도 단 몇 분의 수고를 들여 가볍게 제압해 버렸다."(『人類史のなかの定住革命』, 13頁.)

그러나 정주할 조건만 갖추어지면 인류는 곧바로 정주하는 것일까? 예를 들어 우리 정주민이 유동생활을 시작하는 것은 극히 어렵다. 우리는 이미 1만 년의 정주생활의 역사를 가지고 있고, 그것에 익숙해져 있기 때문이다. 같은 것을 정주화에 대해서도 말할 수 있다. 정주생활의 조건이 갖춰졌다고 해서, 1만 년은커녕 수백만 년이나 계속되어 온 유동생활을 그만두고, 무작정 정주할 수 있을까?

이미 확립된 생활양식이 있는데, 그것을 **기꺼이** 포기하고 새로운 생활양식을 갈구한다는 것은 생각하기 어렵다. 익숙한 생활 방식을 포기하는 것은 엄청난 고생을 할 수밖에 없는 사건이기 때문이다. 그렇다면 이렇게 생각해 볼 수 있을 것이다. 인류는 정주생활을 원했지만 경제적 사정 때문에 그것이 이루어지지 않았던 것이 아니다. 유동생활을 유지하는 것이 어려워졌기 때문에 **어쩔 수 없이 정주한 것**이라고.

기존의 인류사관

유동생활

↓

식량 생산의 시작

↓

정주생활의 시작

정주와 식량 생산

지금까지 인류사에서는 식량 생산의 시작이 너무 강조되었다. 그 때문에 정주의 시작이 가져온 파급력이 충분히 검토되지 않았다.

정주에 식량 생산이 반드시 필요한 것은 아니다. 실제로 북아메리카 북서해안의 여러 민족과 아이누 등은 정주생활을 하고 있지만 농경민이 아니다. 이들은 식량 생산을 하지 않고 주로 어로 활동을 통해 정주생활을 영위하고 있다.

식량 생산을 중시하는 시각에서는 그들의 생활양식을 단순히 예외적인 것으로 치부할 수밖에 없었다. 이는 참으로 이상한 일이다. 왜냐하면 일본의 조몬 문화가 **식량 생산 기술이 없는 정주생활자**들에 의해 형성된 문화라는 것은 중학교 역사 교과서에도 나와 있기 때문이다(벼농사의 도래 시기에 대해서는 논란이 많지만, 어쨌든 벼농사 도래 전에 정주생활이 시작되었다는 것은 의심할 여지가 없다).[5]

즉, 이런 이야기다. **식량 생산은 정주생활의 결과이지 원인이 아니다.** 농업 등의 기술을 획득했기 때문에 정주한 것이 아니라 정주했기 때문에 그 기술을 획득한 것이다. "유동생활자는 식량 생산을 할 수 없기 때문에 정주하고 싶어도 할 수

---

[5] 일본의 벼농사에 대해서는 고고학부터 언어학까지 응용해 그 뿌리를 찾고 있는 池橋宏,『稲作渡来民:「日本人」成立の謎に迫る』(講談社選書メチエ, 2008.)이 매우 흥미롭다.

없다"라는 견해는 정주 중심주의에 강하게 얽매여 있다. 그리고 식량 생산을 정주생활의 전제로 삼는 견해는 잘 알려진 사실(예를 들어 조몬시대 사람들은 정주하고 있었지만 식량 생산을 하지 않았다)을 다시 생각해 보는 것만으로 금방 무너져 버리는, 깨지기 쉬운 편견인 것이다.

유동생활과 식량

유동생활자는 자연이 가져다주는 것을 채집하여 식량을 확보한다. 물론 자원에는 한정이 있기 때문에 한 장소에 머물러 있으면 식량이 부족한 사태가 반드시 찾아온다. 이 경우에는 삶의 터전을 이동한다.

흔히 오해하는 것인데, 유동민은 하루 종일 무거운 짐을 짊어지고 바람을 맞으며 계속 걷지 않았다. 이동도 매일 이루어지는 것이 아니다. 현재 유동민에 대한 연구를 보면 이들은 수백 미터 정도 이동했다고 한다(물론 더 멀리 이동하는 경우도 있었겠지만). 어린이나 임산부 등의 존재를 들어 유동생활의 어려움을 설파할 수는 없는 것이다.

유동생활을 하다 보면 식량에 어려움을 겪을 일이 없다. 오히려 **정주생활을 하면 식량에 어려움을 겪는다**. 인간은 금방 주변 환경을 오염시키고 자원을 다 써 버리기 때문이다. 따라서 정주생활자는 어떤 수단을 쓰든 식량을 확보해야 한다. 중요한 것은 저장이다. 저장 기술이 발달하면 식량이 없는 시기에도 굶주림을 피할 수 있다. 하지만 장소에 따라서는 한계가 있을 것이다. 여기에 식량 생산이 촉진된 원인이 있다.

정주혁명적인 인류사관

유동생활
↓
정주생활의 시작
↓
식량 생산의 시작

처음부터 구체적으로 생각해 보기를 바란다. 줄곧 이동하며 살아온 인간이 익숙한 생활양식을 버리면서까지 굳이 날씨 등에 크게 좌우되는 식량 생산이라는 실험에 뛰어들겠는가? 작물을 기르고 수확하기까지는 엄청난 시간이 걸린다. 게다가 매우 섬세한 기술을 필요로 하기 때문에 한 번에 그 기술을 획득하는 것은 불가능하다. 그렇다면 익숙한 유동생활을 버릴 수밖에 없는 사정이 있어서 정주생활을 시작한 사람들이 힘들게 식량 생산이라는 기술을 획득했다고 생각하는 것이 타당하지 않을까?

우리는 구체적으로 생각해 보면 알 수 있는 것조차 정주 중심주의적 시각으로 인해 상상할 수 없게 된 것이다.

왜 1만 년 전 중위도 지대였을까?

왜 1만 년 전 중위도 지대에서 정주가 시작된 것일까?

이 시기에 마치 발이라도 맞춘 듯 유럽, 서아시아, 일본 등 유라시아 대륙 곳곳에 정주 집락集落이 나타나고 있음을 고고학이 밝히고 있다. 니시다에 의하면 그 배경에는 빙하기부터 빙하기 후기에 걸쳐 일어난 기후변화와 이에 뒤따른 동식물 환경의 변화가 있다.

인류가 원래 살던 열대 환경을 떠나 중위도 지대로 진출한 것은 약 50만 년 전으로 추정된다. 당시 중위도 지대의 날씨는 추웠기 때문에 초원과 숲이 듬성듬성 펼쳐져 있었다. 그러한 탁 트인 환경에서는 시야가 확보된다. 사냥 기술을 발달시킨 인류는 주로 창을 이용해 말과 소, 순록, 털코뿔소, 매머드, 동굴곰 등 발굽 있는 포유류들을 사냥하며 생활했을 것으로 추정된다.

하지만 빙하기가 끝을 고한 약 1만 년 전, 온난화가 진행되어 중위도 지대가 삼림으로 변하면서 이 생활 전략은 큰 변화를 겪게 된다. 온대의 삼림이 확대되면 그동안 사냥하던 발굽 있는 포유류들은 감소한다. 또 삼림에서는 100미터 앞의 짐승을 발견하는 것조차 어렵다. 숲에 서식하는 짐승들은 붉은 사슴이나 멧돼지 등 빙하기의 큰 짐승들에 비하면 모두 작은 짐승들이어서 그전까지 유효했던 창도 사용할 수 없다. 게다가 손에 넣어도 고기의 양이 적다. "중위도 지역의 온대 삼림 환경의 확대는 대형 짐승 사냥에 중점을 둔 구석기시대 생활에 큰 타격을 입혔음에 틀림없다."[6]

사냥이 어려워지면 식물성 식량이나 어류에 대한 의존이 심화될 수밖에 없다. 하지만 열대 삼림과 달리 온대 삼림 환경에서는 얻을 수 있는 식물성 식량의 양이 계절에 따라 크게 달라진다. 또한 어류 자원에 의존한다고 해도 겨울철에는 수역〔강가나 바닷가〕에서의 활동이 어렵다. 따라서 이 지역에서 생활을 계속하기 위해서는 저장이 필수 조건이 된다. 그리고 **저장은 이동을 방해한다.** 인류가 정주할 수밖에 없었던 것은 저장의 필요성 때문이었다고 상상할 수 있다.

최근 1만 년 동안 일어난 큰 변화

정주화의 원인에 대해서는 좀 더 상세한 논의가 필요할 것이다. 또 정주화 과정에 대해서도 그것이 어업 도구의 출현과 시기적으로 일치한다는 것, 물가에서 시작되었다는 것 등, 그 밖에도 흥미로운 사실들을 발견할 수 있다.

너무 옆길로 빠지지 않기 위해 여기서는 다음 지점을 확인하는 것으로 그치자. 인류는 대부분의 시간을 유동생활을 하며 지냈다. 하지만 기후변화 등의 원인으로 인해 오랫동안 익숙했던 유동생활을 포기하고 정주할 수밖에 없었다. 이제 우리는 그 정주가 너무도 당연한 풍경이 되어 버린 시대를 살

6 　　　『人類史のなかの定住革命』, 46頁.

고 있다.

정주화 과정은 인류에게 완전히 새로운 과제를 안겨 주었을 것이다. 인류의 육체적·심리적·사회적 능력과 행동양식은 모두 유동생활에 맞춰 진화해 왔기 때문이다. 그렇다면 정주화는 그러한 모든 능력과 행동양식을 새롭게 재편성한 **혁명적인 사건**이었다고 생각해야만 한다.

그 증거로 정주가 시작된 이후 1만 년 동안에는, **그전까지의 수백만 년과는 비교할 수 없을 정도로 큰 사건들이 수없이 일어났다.** 농경과 목축의 출현, 인구의 급속한 증가, 국가와 문명의 발생, 산업혁명에서 정보혁명까지. 이 많은 사건이 극히 단기간 내에 일어났다. 이것이 바로 니시다가 정주화를 인류의 혁명적 사건으로 파악하고 '정주혁명'이라는 생각을 제창한 이유나 다름없다.

그렇다면 그 혁명의 내용은 구체적으로 어떤 것이었을까? 인류는 어떤 변화를 강요받았을까? 또 어떤 과제를 극복해야 했을까? 이어서 이 혁명이 가져온 큰 변화를 살펴보자.

청소 혁명·쓰레기 혁명

생활하다 보면 쓰레기가 나오고 살아가다 보면 배설물이 나온다. 따라서 정주생활자는 정기적인 청소, 쓰레기장과 화장실 설치를 통해 환경오염을 막아야 한다. 우리는 그런 것을 당연하게 생각한다. 청소를 하는 것도, 쓰레기를 쓰레기장에 버리는 것도, 화장실에서 용무를 보는 것도.

그러나 정주혁명의 관점에 선다면 이것들은 조금도 당연하지 않다. 유동생활자는 쓰레기와 배설물의 행방에 거의 관심을 기울이지 않는다. 이유는 간단하다. 그들은 거주지를 옮겨서 모든 종류의 환경오염을 없었던 일로 할 수 있기 때문이다. 유동생활자에게는 쓰레기를 버리는 것이 허용된다.

그러면 이렇게 생각할 수 있다. 수백만 년 동안이나 유동생활을 해 온 인류에게 청소를 하고 쓰레기장을 만들고 정해진 장소에서만 배변을 보는 등의 행동을 몸에 익히는 것은 쉽지 않았던 것 아닐까?

먼저 쓰레기에 대해 생각해 보자. 지금 많은 문명국이 쓰레기 문제로 골머리를 앓고 있으며, 시민에게 쓰레기 분리배출을 교육하고 있다. 하지만 잘되지 않는다.

이는 어떤 의미에서 당연한 일이다. 쓰레기라는 것은 의식의 바깥으로 내던져 버린 것이다. 더 이상 생각하지 않게 된것, 그것이 쓰레기다. 쓰레기 분리배출이란 그렇게 의식의 바깥으로 내던져 버린 것을 **다시 의식화하는 것**과 다름없다. 생각하지 않기로 한 것에 대해 다시 생각해야 하기 때문에 어려운 것이다.

유동생활을 할 때는 이런 과제에 직면할 일이 없었다. 먹다 남은 음식물 찌꺼기를 내던져 버리면 되었기 때문이다.

정주생활을 시작한 인류는 새로운 습관을 획득해야만 했다. 정기적으로 청소를 하고 쓰레기는 쓰레기장에 버리는 습관을 만들어야 했다. 예를 들어 조개무덤 같은 쓰레기 처리장을 정하고 그곳에 쓰레기를 버리려고 노력했다.

중요한 것은 **그 당시의 어려움이 오늘날에도 이어지고 있다**는 점이다. 쓰레기 분리수거가 좀체 잘 이루어지지 않는 것, 청소를 전혀 하지 못하는 사람이 있다는 것이 그 어려움의 증거다.

화장실 혁명

다음으로 화장실에 대해 생각해 보자. 아이를 키워 본 사람이라면 누구나 알겠지만, 아이를 훈육할 때 가장 힘든 것은 화장실에서 용변을 보는 것을 가르치는 일이다.

잘 생각해 보자. 기저귀를 찬 유아도 일어나고 뛰어다니고 이야기하고 웃는다. 칭얼거림 등 고도의 기술을 사용해 어른들에게 자신의 요구를 관철시키려는 경우도 종종 있다. 그들은 생물로서 매우 고도의 행동을 획득하고 있다.

그럼에도 불구하고 그들은 화장실에서 용변을 볼 수 없다. 그것은 주위의 끈질긴 지도 아래서야 겨우 획득할 수 있는 습관이다.

천 기저귀에서 종이 기저귀로 바뀜에 따라 요즘 아이들이 기저귀를 떼는 시기가 늦어지고 있다는 지적이 있다(예전에는 두 살 전에 기저귀를 떼는 경우가 대부분이었지만, 지금은 세 살, 네 살이 지나도 떼지 못하는 경우도 드물지 않다). 이는 **정해진 장소에서 배설하는 습관**이 인간에게 전혀 자연스럽지 않음을 보여 주는 것에 다름 아니다. 그래서 이토록 그것을 습득하기가 어려운 것이다.

특정 장소에 화장실을 설치하지 않는 문화는 많이 존재한다(베르사유궁전에 화장실이 없는 것은 유명한 일화다). 애초에 배설 행위를 참는 것만큼 힘겨운 것은 없다.

청소와 쓰레기, 그리고 화장실에 대한 고찰은 정주혁명이라는 것이 얼마나 어려운지를 알려 준다. 인류는 엄청난 고생을 거듭해 쓰레기와 배설에 대한 에토스를 획득한 것이다.

그뿐만이 아니다. 여기서 알 수 있는 것은 정주혁명이 **인류가 예전에 한 번만 체험한 혁명이 아니**라는 점이다. 확실히 인류는 어떤 일정한 시기에 정주혁명을 성취했다. 그러나 정주생활을 하는 개개인도 **그 인생 속에서 정주혁명을 성취해야** 한다. 적어도 두 가지, 즉 화장실에서 용변을 보는 것, 그리고 청소를 하고 쓰레기를 쓰레기장에 버리는 것에 익숙해져야 한다. 정주생활을 하는 우리는 이 혁명을 힘들게 성취하고 있다 (물론 성취하지 못한 사람들도 있지만, 그것은 조금도 이상한 일이 아니다).

정주혁명은 인류사적 사건인 동시에 정주민이 **그 인생 속에서 반복해야 하는 혁명**이다. 정주혁명은 **지금 여기서도** (화장실이나 쓰레기장에서) 일어나고 있는 것이다.

죽은 자와의 새로운 관계 맺음

유동민이 시신을 가지고 이동하는 것은 불가능하다. 그래서 시신은 그곳에 남겨진다.

하지만 정주민은 그럴 수 없다. 그래서 특별한 방식으로 그것을 놓아둘 장소를 만들어야 한다. 그것이 묘지다. 실제로 고고학에서는 묘지가 쓰레기장과 함께 정주생활의 시작을 알리는 중요한 징표가 된다.[7]

이쪽에 산 자의 장소가 있고 저쪽에 죽은 자의 장소가 있다. 정주는 산 자와 죽은 자의 분리를 염원한다.

그러면 죽은 자에 대한 의식도 변화할 것이다. 저 장소에는 그 사람의 시신이 있다. 하지만 그 사람은 어디로 갔을까…….

시신에 대한 근접성은 죽은 자뿐만이 아니라 죽음에 대한 생각을 더욱 강하게 할 것이다. 그것은 이윽고 영혼이나 영계라는 관념의 발생으로 이어질 것이다. 그것은 종교적 감정의 한 요소가 된다.

사회적 긴장의 해소

정주사회에서는 공동체 안에서 불화나 불만이 생겨도 당사자가 쉽게 공동체를 떠날 수 없다. 그래서 불화나 불만이 누적될 가능성이 높다.

7 　오카무라 미치오(岡村道雄)에 따르면, 고고학적으로는 정주 주거, 쓰레기장, 무덤의 존재를 통해 정주 취락(定住集落)으로 정의할 수 있다고 한다. (『縄文の生活誌』, 79-80頁.)

학교의 반을 생각하면 쉽게 이해할 수 있지 않을까? 싸움이나 다툼 등 불화가 생겨나도 학생들은 매일 같은 반에 가서 같은 자리에 앉아야 한다. 하지만 상상해 보라. 만약 좌석을 매일 자유롭게 정할 수 있다면? 공부하는 장소가 자주 바뀐다면? 적어도 모든 것이 고정되어 있는 경우와 똑같이 불만이 누적되지는 않을 것이다. 새로운 환경이 사람들의 기분을 새롭게 하고, 그만큼 '물 흐르듯' 흘러가는 일도 많아질 것임에 틀림없다.

정주사회의 경우는 그렇지 않다. 따라서 불화가 격렬한 분쟁으로 번지는 것을 피하기 위해 여러 수단을 발전시킬 필요가 있다. "이것은 해도 된다" "이것은 해서는 안 된다" 등을 정하는 권리와 의무 규정도 발달할 것이다.

분쟁이 생겨났을 때는 조정이 이루어지겠지만, 거기서 결정된 내용을 당사자에게 납득시키기 위한 구속력, 즉 어떤 권위의 체계도 형성될 것이다. 법체계의 발생이다.

참고로 유동 수렵민은 일반적으로 식량을 평등하게 배분하고 도구는 빌려주고 빌린다. 이는 유동민 나름대로 불화를 피하기 위한 기술이라고 볼 수 있다. 놀라운 것은 과도한 칭찬을 피하는 습성을 지녔다는 점이다. 부시맨 사회에서는 큰 사냥감을 잡은 사냥꾼들은 고개를 숙이고 조용히 거처로 돌아와 사냥감을 모두의 눈에 띄는 곳에 가만히 놓아둔다고 한다. 지나치게 칭찬을 받아 권위적 존재가 되는 것을 피하기 위함이다.

사회적 불평등의 발생

유동생활에서는 대량의 재산을 가지고 다닐 수 없다. 아니, 애초에 대량의 재산을 가질 필요가 없다. 식량은 주변에서 채취하고, 도구 등은 서로 빌리기 때문이다.

앞서 언급했듯이 정주사회는 식량 저장을 전제로 한다. 이는 사유재산이라는 사고방식을 낳는다. 또 저장은 당연히 저장량의 차이를 낳는다. 이로부터 경제 격차가 생긴다. 그리고 경제 격차는 최종적으로 권력관계를 가져온다. 자신의 재산을 이용해, 사람을 사용(고용)할 수 있게 되기 때문이다. 재력이 있는 자는 그 정주 공동체의 권력자가 된다.

그러면 도둑질 등 범죄도 발생할 것임에 틀림없다. 가지지 못한 자는 가진 자에게서 빼앗으려 하기 때문이다. 이렇게 해서 법체계의 필요성이 더욱더 커진다. 법질서는 문명의 척도 중 하나일 텐데, 이것이 정주라는 현상과 강하게 결부되어 있음을 알 수 있다.

지루함을 회피할 필요

지금까지 정주화가 인간에게 가져온 변화의 일부를 거론했는데, 이 책에서 가장 중요한 것은 다음과 같은 지점이다. 정주에 의해 인간은 **지루함을 피할 필요에 쫓기게 되었다**는 것이다. 무슨 말일까?

유동생활에서는 이동할 때마다 새로운 환경에 적응해야 한다. 새로운 야영지에서 사람들은 그 오감을 예리하게 갈고 닦으며 주변을 탐색한다. 어디서 먹을 것을 획득할 수 있을까? 물은 어디에 있는가? 위험한 짐승은 없는가? 장작은 어디서 구할 수 있는가? 강을 건널 때는 어디가 좋을까? 잠자리는 어디가 좋을까?

이렇게 새로운 환경에 적응하는 과정에서 "사람이 가진 뛰어난 탐색 능력이 강하게 활성화되어 충분히 작동할 수 있다. 신선한 감각을 통해 수집된 정보는 거대한 대뇌의 무수한 신경세포를 격렬하게 자극할 것이다".[8]

하지만 정주자가 늘 보는 변함없는 풍경은 감각을 자극하는 힘을 점차 잃는다. 인간은 그 뛰어난 탐색 능력을 발휘할 기회를 잃어 간다. 그래서 정주자는 갈 곳을 잃은 자신의 탐색 능력을 집중시켜 **대뇌에 적당한 부하를 가져다주는** 다른 장면을 찾아야 한다.

이렇게 생각하면 정주 이후 인류가 왜 고도의 공예술과 정치 및 경제 시스템, 종교 체계와 예능 등을 그토록 발전시켜 왔는지도 납득할 만하다. 인간은 자신의 남아도는 심리 능력을 흡수하는 다양한 장치와 기회를 스스로 만들어 낸 것이다.

예를 들어 조몬인은 토기에 매우 복잡한 장식을 했다. 단순히 살기 위해서라면 토기는 토기로 사용하면 되는 것이지, 그런 장식은 필요 없다. 그 외에도 조몬시대의 정주민들은 생

---

8   『人類史のなかの定住革命』, 32頁.

계를 유지하는 데 필요하지 않은 다양한 물품을 남겼다. 장신구, 토우, 토판,[9] 돌막대,[10] 옻칠한 토기나 목기 등등. "그것은 석기와 [석기를 제작한 흔적으로 남아 있는] 돌무더기, 불에 탄 돌 등 생활에 필요한 극히 실용적인 유물이 많은 구석기시대 유적의 모습과는 극명한 대조를 이루고 있다."[11]

정주민은 물리적 공간을 옮기지 않는다. 그래서 자신들의 심리적인 공간을 확대해서 복잡하게 만들고 그 안에서 '이동'함으로써 자신이 가진 능력을 적당히 발휘한다. 따라서 다음과 같이 말할 수 있을 것이다. "지루함을 회피할 기회를 마련하는 것은 **정주생활을 유지하는 중요한 조건**인 동시에, 또한 이후 인류사의 이질적인 전개를 가져오는 **원동력으로서 작용해 왔다.**"[12] 이른바 '문명'의 발생이다.

부담이 가져다주는 쾌적함

인류의 대뇌는 다른 동물과 비교할 수 없을 정도로 높은 정보

---

9 〔옮긴이〕토판土版이란 조몬시대 말기에 흙으로 만든 제품이다. 직경 5~15센티미터 정도의 판이며, 모양은 직사각형이나 타원형이다.

10 〔옮긴이〕돌막대石棒는 광택이 있는 조몬시대 석기 중 하나이다. 남근을 모방한 형태로 주술·제사와 관련된 특수한 도구로 추정된다.

11 같은 책, 33頁. 니시다도 강조하듯이, 주술적 세계관 등, 이른바 농경문화의 특징으로 여겨졌던 것도 오히려 정주사회의 특징으로 보아야 한다.

12 같은 책, 33頁. 강조는 인용자.

처리 능력을 획득했다. 유동생활은 인간에게 많은 과제를 해결하도록 강요하는데, 이는 결과적으로 이 정보처리 능력을 충분히 발휘하게 만들었다. 인간은 유동생활에서 자신이 가진 능력을 마음껏 발휘할 수 있었다.

물론 모든 유동생활자들이 항상 그렇게 할 수 있지는 않았을 것이다. 유동생활자들이 매일 숙영지를 이동하는 것은 아니기 때문에 자신의 '뛰어난 탐색 능력'이 갈 곳을 잃어버린 날도 있었을 것이다.

하지만 그때 그들은 이동할 수 있다. 숙영지의 사정으로 당장 이동할 수 없더라도, 이들에게는 자신의 능력을 마음껏 발휘할 기회가 반드시 찾아온다.

새로운 환경에서 생활하는 것은 매우 큰 부담을 가져다준다. 이사 직후의 고생을 생각해 보면 알 수 있다. 어디서 무엇을 살 수 있을까? 어떤 경로로 출퇴근 및 통학을 해야 할까? 주변에는 무엇이 있고, 어떤 위험이 도사리고 있을까? 이웃과 어떻게 관계를 맺어야 할까? 등, 무수한 과제가 기다리고 있다.

유동생활의 경우도 마찬가지다. 새로운 환경 속에서 생활에 필요한 정보와 자원을 신속하게 입수해야 한다. 더구나 그런 장면이 일상적으로 찾아온다. 니시다는 지적하지 않았지만, 시간적 제약도 있을 것임에 틀림없다. 정보와 자원의 입수는 해가 떠 있는 낮에 이루어져야 한다. 그러면 일몰이 제한 시간이 된다. 이동 후 새로운 숙영지의 위치를 정한 후, 제한된 시간 내에 상당한 과제를 수행해야 한다.

그러한 수고로움이 바로 유동생활의 어려움으로 여겨져

온 셈인데, 유동민 입장에서 정주생활을 바라보면 이 논리를 역전시킬 수 있다. 즉, 유동생활이 가져다주는 부담이야말로 **인간이 가진 잠재적 능력에는 오히려 좋은 것이었으리라**는 것이다.

자신의 육체적·심리적 능력을 마음껏 발휘하는 것이 강한 충실감을 가져다줄 것이라는 점은 상상하기 어렵지 않다. 그리고 정주생활에서는 그 발휘의 장면이 한정되어 있다. 매일, 매해, 똑같은 일이 이어지고, 눈앞에는 같은 풍경이 펼쳐진다. 그렇게 되면 과거의 유동생활에서 충분히 발휘되던 인간의 능력은 갈 곳을 잃는다. 더 많은 것을 할 수 있어야 할 텐데 할 일이 없다. 자신의 능력을 충분히 발휘할 수 없다. 바로 지루함이다.[13] 이렇게 지루함을 달래야 할 필요가 인류에게 **항상적인** 과제로 등장하게 된다. 물론 유동민들이 지루함을 몰랐던 것은 아닐 테다. 그러나 정주는 지루함을 개개인이 자신의 삶에서 마주해야 할 상대로 만들어 버렸다.

한가함과 지루함의 윤리학이라는 1만 년에 걸친 과제

앞서 쓰레기와 화장실 사례에 입각해 정주민은 스스로의 힘

---

13 이야기가 약간 튀지만, 사람들이 레저로서 여행을 가장 선호하는 이유도 이것으로 설명할 수 있을 것이다. 여행이란 유사 유동생활이다. 사람들은 가끔씩 유동생활을 흉내 내어 유동생활 시절에 대한 동경을 만족시키는 것일지도 모른다.

으로 정주혁명을 성취해야 한다고 말했다. 지루함에 대해서도 같은 것을 말할 수 있지 않을까? 정주혁명은 지루함을 피해야 할 필요성을 주었다. 그렇다면 정주민은 자신의 손으로 **지루함을 피하는 정주혁명을 이룩해야 한다**. 마치 화장실에 가서 용변을 보고 쓰레기장에 쓰레기를 버리는 습관을 들인 것처럼.

그리고 당연히 화장실이나 쓰레기와 관련된 정주혁명이 어려운 것처럼, 지루함과 관련된 정주혁명도 어렵다. 그것을 성취하지 못하는 사람이 있다는 것은 조금도 이상하지 않다.

오히려 쓰레기와 배설물에는 쓰레기장과 화장실이라는 결정적 해결책이 주어진 반면, 지루함에 대해서는 이런 결정적 해결책을 찾아내지 못하고 있다. 즉, 이 책이 씨름하고 있는 한가함과 지루함의 윤리학은 1만 년에 걸친 인류의 과제에 답하려는 대단한 시도인 것이다.

이렇게 생각하면 정주란 판도라의 상자였는지도 모른다. 거기서부터 수없이 많은 재앙이 생겨났으니 말이다.

파스칼은 "인간의 불행은 모두 인간이 방에 가만히 있지 못하기 때문에 일어난다"라고 말했다. 이것이 바로 정주 이후 인간의 불행이다. 하지만 파스칼이여, 인간이 방 안에서 조용히 쉬지 못하는 것은 당연한 거요!

신앙의 필요성을 설파하는 파스칼을 따를 수는 없다. 그리고 당연하게도 유동생활 시대의 부활을 꿈꿀 수도 없다. 판도라의 상자에는 마지막에 '희망'이 남아 있었다고 한다. 이 책은 바로 이 희망에 대한 탐구이다.

앞서 소개한 오카무라 미치오 『조몬의 생활지』에는 당시의 생활을 독자들이 잘 상상할 수 있도록 오카무라가 창작한 이야기가 삽입되어 있다(다른 부분과 구별하기 위해 글꼴이 바뀌어 인쇄되어 있다).

이 책을 단순한 학술서와는 다른 일류의 읽을거리로 만드는 이 이야기는 정말 흥미롭지만, 그뿐만이 아니다. 오카무라는 정주혁명을 설파하는 것은 아니지만, 그가 상상한 선사시대 사람들의 생활 이야기는 실로 빼어나게 정주혁명설과, 특히 지루함의 정주혁명적 해석과 일치한다.

무슨 말이냐 하면, 이야기는 실로 단순해서, 오카무라가 그리는 이야기 속에서 유동시대의 사람들은 참으로 바쁘게 일하고 과제를 수행하는 반면, 정주시대의 사람들은 참으로 느긋하고 우아하게 지낸다.

우선, 약 2만 3000년 전, 현재의 미야기현 센다이시 도미자와와 그 주변에서 생활하던 두 장년 남성과 한 청년의 이야기를 살펴보자(두말할 필요도 없이 이것은 오카무라가 상상한 이야기이다). 그들은 유동생활을 영위하고 있는 자신들의 거처에서 조금 떨어져 있는 곳에서 어떤 임무에 종사하고 있었다.

"쓰다 보니 작아진 칼 모양의 석기가 마침내 네 조각으로 부러지고 말았다. 이제 버릴 수밖에 없다. 남자가 무라(단기 생활 거점)에 있을 때부터 줄곧 사용해 온, 소중한 도구다. 이 석기는 야마가타 분지의 사가에강에 나갈 때 만든 것 중

하나이다. …… 봄철에 산을 향해 이동하는 꽃사슴 떼의 움직임을 오늘에서야 겨우 확인할 수 있었다. 이것으로, 일단 내일은 가족이 기다리는 무라로 돌아갈 수 있다. 다만 돌아오는 길에도 석기는 필요하므로, 서둘러 대체품을 만들어야 한다. 어제 30분쯤 남쪽으로 걸어가다 흐르는 나토리강에서 주위 온 검은색 이판암을 가죽 주머니에서 꺼냈다. …… 이 근처는 서쪽으로 구릉이 이어져 있고, 멀리 보이는 오우 산맥에는 아직 눈이 두껍게 덮여 있다. 구릉의 기슭에는 부채꼴 지대가 여러 곳 형성되어 동쪽으로 완만하게 뻗어 있었다. 좁은 하천이 구불구불 여러 갈래로 갈라져 있으며, 특히 후미자와 주변은 부채꼴 지형 사이에 저습지가 끼어 있어 곳곳에 늪지가 있었다. 그러나 대체로 평탄한 땅으로, 초원이 펼쳐져 있고 드문드문 침엽수 숲이 산재해 있는 전망 좋은 지형이었다. 며칠 전부터 세 사람은 이곳을 중심으로 사슴 떼가 나타나는 것을 지켜보며 식량이나 재료가 될 만한 것들을 뒤지고 있었다. …… 남자 셋은 서쪽으로 이어지는 구릉 기슭을 따라 남자들 집단의 본거지 무라를 향해 걷기 시작했다. …… 세 남자의 무라에서는 아내와 아이 들이 언제 돌아올지 모르는 남자들의 귀환을 기다리고 있었다. 남자들은 가족 품으로 돌아와도 느긋하게 쉴 틈도 없다. 이윽고 이동하는 꽃사슴 무리를 맞이하기 위해 창끝에 붙이는 뾰족한 칼 모양 석기를 비롯해 해체에 적합한 날카로운 칼 모양 석기와 조각칼 모양의 석기를 만들어야 하기 때문이다(39-44쪽)."

이어서 약 1만 2000년 전 시시(형)와 사루(남동생)의 두 가족. 그들은 늙은 어머니와 각자의 아내, 두 자녀가 있다. 여름과 겨울을 중심으로 두 시기의 '진자형 반정착 생활'을 살아가는 촌락의 이야기. 앞서의 유동생활자들의 생활과 비교해 어떻게 그려져 있는지 살펴봤으면 좋겠다.

"여름이지만 언덕 위에 있으면 주변에서 바람이 불어와 제법 시원하다. 내려다보면 언덕 아래로는 충적평야가 펼쳐져 있고, 멀리 북서 방향으로는 동중국해로 이어지는 후키아게하마의 모래언덕이 바라보인다. / 시시는 올해, 사루의 가족을 꼬셔서 두 번째 여름을 다시 이곳 가코이노하라에서 보내고 있다. 해가 지기 시작한 서쪽 하늘이 붉은 노을로 물드는 것을 바라보며 오랜만에 홀로 여유로운 시간을 즐겼다. / '요즘 날씨가 조금 따뜻해진 것 같군. 내가 태어났을 때와 비교하면 후키아게하마의 해안도 상당히 내륙으로 파고들었고. 그러고 보니 이 일대의 식물도 활엽수가 많아진 것 같은 생각이 드네.' …… 지금 이 계절, 두 가족은 풀밭 위에 간단한 오두막을 짓고 살고 있다. 봄에는 산나물과 붕어 등 강에서 잡히는 작은 물고기를, 여름이면 종종 바다로 나가 조개와 물고기를, 가을이 되면 도라지나 붉가시나무 등의 나무 열매를 땄다. 최근에는 특히 나무 열매 수확이 늘어 일손이 부족할 정도다. 아궁이에서 훈제하여 보존식량으로 삼는 물고기와 사슴, 멧돼지 고기와 함께 겨울을 대비해 저장했다. / 아내 아자미는 오늘 시시가 잡아 온 물고기를 돌로 만든 아궁이에서 구워 내고 있었다. 이 부근 일대에 많이 있는 용결 응회암의 판석을 가져와 배의 밑바닥 모양으로 만든 아궁이다. 얼마 전까지만 해도 한

곳에 몇 달 동안 거주한 적이 없었기 때문에 일부러 무거운 돌을 운반해 아궁이를 만들지 않고 모닥불로만 조리를 하거나 난방을 했다. …… 식사가 끝났을 무렵에는 주변이 온통 어두워지고, 반딧불이 많이 날아다녔고, 하늘에는 헤아릴 수 없을 만큼 많은 별이 손에 닿을 듯이 반짝이고 있었다. 오늘 하루도 무사히 보낼 수 있었던 것에 가족 모두가 감사하자. 한동안 각자 생각에 잠겼다가, 이윽고 가느다란 기둥을 세우고 비자나무로 간단하게 지붕을 얹은 오두막집에 들어가 일찍 잠이 들었다(64-67쪽)."

살기 위해 잇달아 과제를 수행하는 유동생활. 그것은 고단한 생활이라기보다는 오히려 단어의 정확한 의미에서 충실한 생활일 것이다. 거기에서는 살아가는 것과 자신의 활동이 단단히 조합되어 있다. 반면 정주생활에서 사람은 여유를 가진다. 석양을 바라보며 생각에 잠기고, 조리법도 궁리하고, 식사 후에는 감사 기도도 한다. 이 여유가 지루함으로 이행하는 데는 거의 시간이 걸리지 않는다. 어느 쪽 생활이 좋았다느니 나빴다느니 하는 말이 아니다. 이 혁명은 인류에게 큰 과제를 안겨 준 것이다.

정주혁명의 철학적 의미에 대한 주

정주혁명이라는 사고방식이 갖는 영향력은 이루 다 헤아릴 수 없이 크다. 이 책에서는 이를 지루함과의 관계에서만 파악하지만, 이 생각은 철학에도 큰 영향을 미칠 수밖에 없을 것이다.

좀 더 자세히 말하자면, 정주 중심주의에 대한 비판은 철학적 인간관을 근본적으로 변경시킬 수 있는 가능성을 갖고 있다. 왜냐하면 철학 속에는 정주 중심주의가 있는 것처럼 보이기 때문이다. 이를 가장 분명하게 언명하고, '산다[거주하다]'라는 것에서 인간의 본질을 발견하고, 이로부터 광대하고 심오한 철학적 사색을 거듭한 사상가가 이 책에서도 이미 몇 번인가 이름을 거론한 마르틴 하이데거이다. 예를 들어 '짓다 거주하다 사고하다Bauen Wohnen Denken'라는 제목의 강연에서, 그는 이렇게 말하고 있다.

"ich bin[영어로 I am]이란 무엇을 의미하는가? bin이 거기에 속하는 옛말 bauen은 대답한다. ich bin, du bist가 의미하는 것은, ich wohne[나는 산다], du wohnst[너는 산다]라는 것이라고. 네가 있고, 내가 있는 그 양식, 우리 인간들이 그것에 따라 지상에 있는 그 방식은 das Buan[buan은 고대 독일어로 bauen(산다)에 대응하는 딘어], 즉 산다는 것das Wohnen이다. **인간이란 죽을 것으로서 지상에 있는 것이고, 그것은 사는 것이다.**"[14]

하이데거의 단언에는 강한 힘이 담겨 있다. 인간이란 사는 것이다. ich bin(내가 있다)이 의미하는 것은, ich wohne(나는 산다)이다. 하이데거는 인간의 본질을 사는 것으로 본다.

이는 아마도 그가 평생 관철한 주장이었을 것이다. 초기

---

14   Martin Heidegger, *Bauen Wohnen Denken*, Gesamtausgabe, Band 7, Vittorio Klostermann, 2000, p.149. 강조는 인용자.

의 저작『존재와 시간』(1927)은 인간을 '세계내존재'로서 정의한 후, 여기에서 말하는 '내존재'(=안에 있는 것)란 '~하에서 살다'의 의미라고 해설한다.[15]

약 20년 후에 쓰인『휴머니즘에 관한 편지』(1946)에서도 이 책을 해설하면서, 세계내존재의 본질이 '사는 것'에 있음을 재확인하고 있다.[16]

정주혁명설을 검토한 우리는 이런 노골적인 정주 중심주의와는 거리를 둘 수밖에 없다. 이러한 인간관은 최근 1만 년의 인간에게만 통용되는 것일 수도 있기 때문이다.

그러나 하이데거는 최근 1만 년만 생각하는, 시야가 좁은 철학자라며 그를 비판할 마음이 든다면 얄팍한 생각이라고 할 수밖에 없을 것이다. 왜냐하면 우리가 지금 살고 있다는 것과 살아야만 하는 것은 엄연한 사실이기 때문이다. 애초에 이 책은 정주혁명설에 의한 정주 중심주의에 대한 비판을 중대한 문제 제기로 받아들이면서도 역시 사는 것을 전제로 쓰였다.

여기서 소개한 '짓다 거주하다 사고하다'라는 강연의 배경은 더욱 신중한 판단을 우리에게 강요한다. 이 강연은 제2차세계대전 이후인 1951년 독일 헤센주 다름슈타트시에서 열린 '인간과 공간' 심포지엄에서 진행됐다. 이 심포지엄에서는 **전**

15   Martin Heidegger, *Sein und Zeit*, M. Niemeyer, 2006, p.54.

16   Martin Heidegger, *Brief über den* "Humanismus", Gesamtausgabe, Band 9, Vittorio Klostermann, 2000, p.358.

쟁의 폐허로부터 부흥, 앞으로 독일 건축이 나아갈 방향이 큰 테마였다. 이미 독일은 전쟁 후 부흥의 시작을 앞두고 있었다고는 하지만, 거기에는 파괴된 도시가 이미지화되어 있었을 것이다.

하이데거는 주거 부족의 비참함도 언급하고 있다. 그리고 그 위에서 "산다는 것의 본래적인 결핍"을 말한다. 인간은 아직 산다는 것이 어떤 의미인지 이해하지 못한다는 것이다. 나아가 하이데거는 인간은 "산다는 것을 처음부터 배워야만 한다"라고도 말했다.[17]

하이데거의 노골적인 정주 중심주의에서 볼 때, 그의 사상의 근간에는 이 책의 구상과는 양립할 수 없는 것이 있음을 알수 있다. 그러나 "산다는 것을 처음부터 배워야만 한다"라는 화두 자체는 한가함과 지루함의 윤리학의 구상과 공명한다.

산다는 것은 무엇을 의미하는가? 인간은 어떻게 살아야 하는가? 산다는 것에 대한 하이데거의 고찰은 이 책의 후반부에서 논의되는 그의 지루함론과도 무관하지 않을 것이다.

17　　　Heidegger, *Bauen Wohnen Denken*, p.163.

3장

한가함과 지루함의 경제사

왜 '한량'이 존경받을까?

앞 장에서는 정주혁명설을 참고하면서 지루함의 기원을 살펴보았다. 그 과정에서 지루함이라는 고민이 인류 생활양식의 커다란 변화와 관련이 있다는 것을 알 수 있었다.

이번 3장에서는 이후의 역사 속에서 인류가 어떻게 한가함과 지루함을 마주하게 되었는지를 살펴보고자 한다. 특히 경제와의 관계에 초점을 맞추기로 한다. 한가함과 지루함의 문제는 물론 문명 전체와 관련되어 있다. 하지만 경제와의 관계는 그중에서도 특히 중요하다고 생각한다. 실제로 이 주제에 대해 이미 몇 가지 중요한 연구가 이루어지고 있다.

한가함과 지루함은 어떻게 다른가?

그런데 '한가함과 지루함의 경제사' 고찰에 나서기 전에, 여기서 한 번쯤 차분하게 이 책의 키워드를 되짚어 보고 싶다. 그 키워드란 물론 '한가함'과 '지루함'이다.

지금까지 이 말을 여러 번 사용했지만 이 말을 제대로 정의하지 않았다. 아니, 오히려 한가함과 지루함은 완전히 다른 것인데도 서로 구별조차 하지 않았다. 한가함과 지루함이라는 두 단어는 종종 혼동되어 사용된다. '한가하네'라고 누군가가 말했을 때 그 말을 '지루하네'로 바꿔서 듣기 일쑤다. 그러나 한가함과 지루함은 같은 것이 아니다.

한가함이란 아무것도 할 게 없고 할 필요가 없는 시간을 가리킨다. 한가함은 한가함 속에 있는 사람의 존재 방식이나 느낌과는 무관하게 존재한다. 즉, 한가함은 **객관적인 조건**과 관련이 있다.

반면 지루함은 무언가를 하고 싶은데 할 수 없다는 감정이나 기분을 가리킨다. 그것은 사람의 존재 방식이나 느낌과 관련되어 있다. 즉, 지루함은 **주관적인 상태**를 가리킨다.

예를 들어 정주혁명은 한가함이라는 객관적 조건을 인간에게 부여했다. 그로 인해 인간은 지루함이라는 주관적인 상태에 빠졌다. 이렇게 설명할 수 있을 것이다.

이렇게 두 단어를 정확하게 자리매김시키면 새로운 문제가 보인다. 양자의 관계 문제다. 한가함과 지루함의 관계는 어떻게 되는 것일까? 둘은 필연적으로 연결되는 것일까? 한가함에 빠진 사람은 **반드시 지루해하는** 것일까? 아니면 한가하다고 해서 사람이 **반드시 지루해하는 것은 아닌 것일까**?

또한 지루함의 측면에서 한가함을 바라보면, 다음과 같은 물음이 나온다. 지루함은 반드시 한가함과 연결되어 있는 것일까? 즉, 지루해할 때, 그 사람은 **반드시 한가함 속에 있는** 것일까? 아니면 지루해한다고 해서 **반드시 한가함 속에 있는 것은 아닌** 것일까?

존경받는 '한가한 사람'

위의 문제를 한가함의 가치라는 관점에서 고찰해 보자.

우리는 '한가한 사람'이라는 말을 좋은 뜻으로 사용하지 않는다. 그것은 대개 사람을 비하하기 위해 사용된다. 또 '한가하다'라는 말 한마디가 자랑스럽게 이야기될 것 같지도 않다. 요컨대 한가함은 평판이 나쁘다.

그런데 이와 반대되는 것을 말한 책이 있다. 경제학자 소스타인 베블런(1857~1929)의 『유한계급론』(1899)이다.

유한계급은 상당한 재산을 가지고 있기 때문에 악착같이 일할 필요가 없고, 그 결과 생긴 한가함을 사람들과 어울리거나 놀면서 쓰는 계급을 말한다. 베블런은 이 계급에 주목하면서 인류사 전체를 그려 내려 했다.

이 책을 읽기 시작한 독자들은 처음에 매우 놀란다. 방금 말한 대로 이 책에는 한가로운 것이 과거에 높은 가치를 인정받았다고 쓰여 있기 때문이다. 즉, 유한계급은 주변의 존경을 받는 높은 지위에 있는 계급이었다고 적혀 있는 것이다.

그러나 유한계급이란, 말하자면 '한가한 사람'의 계급이다. 왜 이렇게 불리는 걸까?

이런 의문이 나오는 원인은 한가함과 지루함의 혼동에 있다. 이미 말했듯이, 우리는 종종 양자를 혼동한다. 한가하다라는 말은 대부분의 경우 '지루하다'라는 의미이다. 그래서 한가하다는 것이 나쁘다고 생각되는 것이다. 한가한 사람이라는 말에 부정적 가치를 부여하는 것도 그 때문이다.

하지만 잘 생각해 보자. 한가함이 있다는 것은 어떤 의미일까? 말할 것도 없이 한가함이 있다는 것은 여유가 있다는 것이다. 여유가 있다는 것은 부유하다는 것이다. 즉, 악착같이 일하지 않아도 살아갈 수 있는 그런 경제적 조건을 갖추고 있다는 것이다.

반대로, 한가함이 없는 사람들은 어떤 사람들일까? 한가함이 없는 사람들은 자유로운 시간이 없는 사람들, 즉 **대부분의 시간을 노동에 쓰지 않으면 살아갈 수 없는 사람들**이다. 한가함이 없는 사람은 경제적 여유가 없는 사람이다. 경제적으로 여유가 없으니 사회적으로는 하층계급에 속한다. 이른바 '가난해서 먹고살기 바쁜' 것이다.

유한계급은 사회의 상층부에 위치하며, 악착같이 일하지 않아도 살아갈 수 있는 경제적 조건을 획득한 계급이다. 그들은 노동을 면제받고 있다. 노동은 그들을 대신해, 그들을 위해 하층계급이 하는 것이다. 그래서 베블런은 이렇게 말한 것이다. 그리스 철학자의 시대부터 현대에 이르기까지, 노동을 면제받는 것, 노동에서 해방되어 있는 것이야말로 가치 있고 훌륭한 것이었다고.[1]

이렇게 생각해도 좋을 것이다. 유한계급이란 말하자면 **한가함이 허용된** 계급이라고.

유한계급과 소유권

유한계급이라고 하면, 아마 '유한마담'이라는 말을 떠올리는 사람이 많을 것이다. 또 일반적으로 유한계급이라고 하면 19세기 자본주의 사회를 풍미하던 부르주아나 예금에서 얻는 이자로만 생활하는 금리생활자 등을 가리키는 경우가 많다.

하지만 베블런은 이 말을 더 넓은 의미로 사용하고 있다. 그에 따르면 유한계급은 인류사의 어떤 시점에서 발생했고, 그 이후 인류의 역사를 줄곧 규정해 온 존재다.

유한계급은 인류가 '원시 미개 상태'에서 '야만상태'로 이행할 때 발생한 계급이라고 베블런은 말한다.[2]

여기서 원시 미개 상태는 평화적인 생활을 영위하던 상태, 야만상태는 인간이 호전적으로 된 상태를 가리킨다.

베블런에 따르면 인류는 한때 평화롭게 살았다.[3] 그러나 이후 어떤 이유로 전쟁과 약탈을 선호하는 존재로 변해 갔다.

---

1   Thorstein Veblen, *The Theory of the Leisure Class*, A.M. Kelley bookseller, 1975, pp.37-38.; ソースティン・ヴェブレン, 『有閑階級の理論』, 高哲男 訳, ちくま学芸文庫, 2002, 50頁.; 소스타인 베블런, 『유한계급론』, 이종인 옮김, 현대지성, 2018. 〔옮긴이〕 베블런의 이 책의 국역본은 여럿 있다. 최근 출간 순서대로 제시하면 다음과 같다. 소스타인 베블런, 『유한계급론』, 김성균 옮김, 우물이있는집, 2012.; 『유한계급론』, 이종인 옮김, 현대지성, 2018.; 『유한계급론』, 임종기 옮김, 에이도스, 2018.; 『유한계급론』, 박홍규 옮김, 문예출판사, 2019.; 『유한계급론』, 정수용 옮김, 동녘, 1983. 여기서는 옮긴이의 편의상 '현대지성출판사' 판본의 쪽수를 표시하나 번역은 모두 수정했다.

2   Ibid., p.7.; 同前, 17頁.; 앞의 책, 12-13쪽.

유한계급은 전쟁과 약탈을 선호하는 상태와 함께 발생했다고 한다.[4] 베블런은 이 야만상태로의 이행을 소유권의 발생으로 설명한다.[5] 즉, 유한계급은 소유라는 생각이 발생함과 동시에 생겨난 계급이라고 말하는 것이다.[6]

소유권이 제도화되면 사유재산이라는 것이 존재하기 시작한다. 사유재산이 존재하기 시작하면 재산의 차이, 즉 빈부의 차이가 생기고 결국 계급의 차이도 생긴다. 유한계급이란 사유재산에 기초한 격차를 내재한 사회 특유의 계급이라는 뜻이 될 것이다.

---

3   Ibid., p.19.; 同前, 30頁. 또한 베블런의 '원시 미개 상태'에서의 평화로운 사회라는 생각은 과거 마르크스주의자들이 말했던 원시공산제에 거의 대응하는 것으로 생각된다.

4   "약탈 문화의 최소 한계는 산업적 한계이다. 산업 수단이 생계에 종사하는 사람들의 생계유지에 필요한 것보다 더 많은 잉여(margin, 이를 위해 싸울 만한 가치가 있는 잉여)가 생길 정도로 [산업 수단의] 효율성 수준이 향상되기 전까지는 어떤 집단이나 어떤 계급에도 약탈은 관습적이고 관례적인 자원이 될 수 없다. 따라서 평화에서 약탈로의 이행은 기술적 지식의 성장과 도구의 사용에 달려 있다. 초창기에, 즉 인간을 가공할 만한 동물로 만들 정도로 무기가 발전하기 전까지 약탈 문화는 존재할 리가 없다. 물론 초창기 도구와 무기의 발전은 서로 다른 두 관점에서 본 동일한 사실이다." (Ibid., p.20.; 同前, 31頁.; 앞의 책, 25쪽.) 그러나 약탈은 상대편에 잉여생산물이 있든 없든 이루어지는 것이 아닐까? 베블런의 설명은 상당히 설득력이 부족해 보인다.

5   Ibid., p.22.; 同前 33頁.; 앞의 책, 27쪽.

한가함의 과시

부를 가진 자들은 스스로 생산적 활동을 할 필요가 없다. **해야 할 일이 없다, 그것이야말로 힘의 상징이다.** 한가함이야말로

6 소유라는 제도의 발생에 대해 좀 더 자세히 설명해 보자. "이것은 내 물건이다"라는 것은 당연하고, 이런 생각이 어느 시기에 시작되었다는 것은 상상할 수도 없다고 생각할 수 있을 것이다. 하지만 잘 생각해 보자. 지금 내가 손에 쥔 물건이 내 물건이라는 것은 안다. 그러나 내가 지금 손에 쥐고 있지 않은 물건을 내가 '소유'하고 있다는 것은 도대체 어떤 의미일까?

예를 들어 우리는 "토지를 소유한다"라고 말한다. 그러나 토지를 소유한다는 것은 도대체 무슨 말일까? 거기에 이름이 적혀 있는 것도 아니고, 심지어 그것을 손에 쥐고 있는 것도 아니다. 그런데 왜 그런 것들이 소유의 대상이 되는 것일까?

등기부에 기재되어 있기 때문이라는 게 예상되는 대답이다. 그렇다면 등기부에 기재되어 있으면 왜 그것을 소유할 수 있는 것일까? 법률에 의해 그 소유권을 보증받고 있기 때문이다. 하지만 법률은 인간이 정하는 것이다. 이는 중요한 논점이다. 무슨 말인가 하면, 소유는 자연적인 것이 아니라 인간의 결정에 따른다는 것이다. 바꿔 말하면, 법률이 미치지 않는 범위에서는 소유가 존재하지 않는다.

어느 나라에도 속하지 않고, 누구의 것도 아닌 토지가 있다고 치자. 그것을 두고 "이것은 내 거야"라고 말해 봤자, 만약 나중에 "아니 내 거야"라고 말하는 사람이 나오면 아무 소용이 없다. 싸움이 될 뿐이다.

법률은 그런 싸움이 일어나지 않도록 소유권을 정했다. 즉, 소유는 결코 자연에 기초를 둔 제도가 아니라는 것이다. 앞 장의 유동생활자 이야기를 떠올려 보자. 유동생활자는 많은 재산을 가질 수 없고 가질 필요가 없다. 도구는 빌리고 빌려주며 음식 등은 평등하게 분배한다. 물론 뺏고 빼앗기는 정도의 다툼은 있겠지만, 토지를 (울타리 등으로) 두르거나 물건을 쌓아 두거나 재산을 상속하는 등, 소유권을 제도화한 사회 특유의 행위는 찾아볼 수 없다.

존경받을 만한 높은 지위의 상징이다. 따라서 한가함은 명확한 지위 상징이 된다.

한가함은 지위 상징이기 때문에 유한계급은 자신의 한가함을 과시하려 한다. 이를 베블런은 '과시적 한가'라고 부른다.[7] 이는 『유한계급론』이라는 책의 열쇠가 되는 개념이며, 유한계급의 근간을 떠받치는 것이다.

유한계급은 한가함을 과시하고 싶어 한다. 그렇다면 어떻게 하면 될까? 단순히 한가하다는 것을 남에게 보여 주는 것은 어렵다. 그래서 그의 한가함을 눈에 보이는 형태로 알기 쉽게 대행해 주는 인간 집단이 등장한다. 하인 집단이다. 그들은 한가함을 대행해 주는 존재이다.[8]

그들은 옷을 깔끔하게 차려입고 자신들에게 막대한 비용이 들어가고 있음을 보여 준다. 세간의 유지 등 생활하는 데 크

7　〔옮긴이〕 conspicuous leisure의 번역어로, 고구분은 이를 '현시적 한가'로 옮기고 있으나 보통은 '과시적 여가, 과시적 여유'로 번역된다.

8　"이런 식으로 보조적이거나 파생적인 유한계급이 발생하는데, 그 직무는 일차적이거나 정당한 유한계급이 좋은 평판을 확보할 수 있도록, 대행적(vicarious)으로 한가함을 수행하는 것이다. 이 대행적 유한계급은 그 습관적 생활양식이 지닌 독특한 특징에 의해 고유한 유한계급과 구별된다. 적어도 표면적으로 주인 계급의 한가함은 노동을 괜스레 싫어하는 성향의 해방(indulgence)이며, 또 주인 자신의 안녕과 삶의 만족도를 향상시키는 것으로 추정된다. 그러나 생산적 노동을 면제받은 하인 계급의 한가함은 어떤 형태로든 그들에게 강요된 행위 수행이지, 통상적으로 혹은 일차적으로도 그들 자신의 안락을 위한 것이 아니다. 하인의 한가함은 그들 자신의 한가함이 아니다." (Ibid., p.59.; 同前 73頁.; 앞의 책, 63쪽.)

게 중요하지도 않은 일을 열심히 하고 주인을 섬긴다.[9] 이것이
'한가의 수행'이다.[10] '한가함을 수행한다'는 것이 기묘하게 느
껴지지만, 바로 그들은 그것을 일로 삼고 있는 것이다.

과시적 한가의 쇠락

한가함의 과시가 진행된 단계를 베블런은 '반⁺평화애호적 산
업 단계'라고 부른다. 노예의 사용 등, 약탈과 폭력을 드러내
는 한가함의 과시는 기피되기 때문이다.

그러나 반평화애호적 산업 단계에서 실현된 것은, 그 이
름에서 알 수 있듯 완전한 평화가 아니다. 평화는 형식적인 것
에 머물러 있다.[11] 당연할 것이다. 타인의 한가함을 '수행'하기
위해 사람을 고용하는 사회가 불평등으로 가득 차 있다는 것
은 두말할 나위도 없기 때문이다.

역사도 이런 판단을 내렸기에, 사회는 서서히 변화해 갔

---

9   베블런은 발달된 대행적 한가에서는 여자보다 남자를 선호한다고 말한
다. "이처럼 과시적 한가를 수행하는 특별한 하인 집단을 고용하는 관행
이 상당히 진전된 후 그것을 눈에 띄게 보여 주는 용도를 위해서는 여자
보다 남자를 선호하게 된다. 시종과 다른 하인들이 그랬던 것처럼, 특히
체격이 건장하고 용모가 뛰어난 남자는 여자보다 분명히 힘이 훨씬 세
고 게다가 경비도 많이 든다. 그들은 더 많은 시간과 에너지 소비를 보
여 주기 때문에 이 일에 더욱 적합하다." (Ibid., p.57.; 同前, 70頁.; 앞
의 책, 60쪽.)

10   Ibid., p.58.; 同前, 71頁.; 앞의 책, 61쪽.

다. 임금노동자와 현금 지불제를 중심으로 한 '평화애호적 산업사회'의 도래이다.[12] 이는 베블런이 『유한계급론』을 출간할 무렵 나타나기 시작한 20세기 대중사회를 지칭한다고 볼 수 있다.

19세기 말부터 20세기 초에 걸쳐 이른바 유한계급(그 대부분은 이자 생활자)의 쇠락을 볼 수 있었다. 두 세기의 경계선에서 살았던 베블런의 머리에도 아마도 쇠락해 가는 유한계급의 모습이 그려져 있었을 것이다.[13]

이 단계에 이르면 하인 집단이 줄어든다. 부의 재분배가 재검토되고 계급 차는 조금씩 좁혀진다. 그 결과, 한가함의 과시도 유효성을 잃는다.

그 대신 나타나는 것이 지위[신분] 상징으로서의 소비다. 어떤 인물이 얼마나 많은 하인을 거느리고 있는지는 그 사람의 집에 초대받지 않으면 알 수 없다. 하지만 무엇을 입고 있고, 어떤 집에 살고 있고, 어떤 차를 타고 있는지는 한눈에 알 수 있다. 사회의 규모가 커지면서 한눈에 쉽게 알아볼 수 있는

11   그 사회는 "여전히 너무 많은 강제와 계급적 적개심으로 가득 차 있다". (Ibid., pp.63-64.; 同前, 77頁. 앞의 책, 67쪽. [옮긴이] 본문에서 '반평화애호적'에 해당되는 단어는 'quasi-peaceable'로, '유사 평화애호적', '준평화애호적'이라는 번역어가 더 나을 것이다. 참고로 peaceable은 peaceful과 구별되어야 하므로 '평화애호적, 평화선호적, 평화를 사랑하는'으로 번역해야 한다.

12   Ibid., p.94.; 同前, 109頁. 앞의 책, 96쪽.

13   참고로 경제학에서는 케인스가 『고용, 이자 및 화폐의 일반이론』(1936)을 통해 이자 생활자들에게 '안락사하라'라는 선고를 내리게 된다.

지위 상징이 더 중요해진 셈이다.

또한 과거에는 시종의 존재가 주인의 지위를 과시했다면, 이 단계에 들어서면 과시의 역할을 담당하는 것은 아내이다. 아내가 소비를 대행하고, 이를 통해 바로 남편의 지위가 드러난다.

베블런 이론의 문제점

자, 위의 내용이 베블런 역사 이론의 큰 틀인데, 읽다 보면 몇 가지 의문이 든다. 왜 그런가 하면, 그가 무엇이든 과시적 한가로 설명하려고 하기 때문이다. 정말로 그것으로 역사의 역동성을 설명할 수 있을까? 예를 들어 하인 집단의 발생을 과시적 한가라고만 설명할 수 있을까? 단순히 하인 집단에 과시적 한가라는 한 기능이 있었다는 것만으로 설명할 수 있을까? 과시적 한가는 정말로 역사를 움직여 온 동인일까?

이 밖에도 몇 가지 문제가 있다. 하지만 여기서는 어떤 하나의 개념에 주목하고 싶다. 이 개념은 베블런 이론이 가진 문제점의 핵심을 알려 주기 때문이다.

그 개념이란 베블런이 내세우는 '제작자 본능$^{instinct\ of}$ $_{workmanship}$'이다. 제작자 본능은 "유용성이나 효율성을 높이 평가하고 불모성, 낭비, 혹은 무능함을 낮게 평가하는 감각"으로 정의된다.[14] 요컨대 쓸데없음을 싫어하는 성향이다. 베블런은 그러한 성향이 인간 속에 본능으로 있다고 말한다.

예를 들어, 평화애호적 산업사회의 단계에 이르면, 이 본능은 쓸데없다고 생각되는 것을 심미적으로 거부하는 감각으로 나타난다고 베블런은 말한다.[15] 이 본능은 인간에게 한가함을 과시하거나 누군가에게 한가함을 대행하게 하는 명백한 쓸데없음을 경멸하게 만든다. 나아가 물건이나 노력의 쓸데없는 소비에 대한 비난도 산출한다.[16]

이 제작자 본능이란 쓸데없음을 싫어하는 경향이기 때문에, 여기까지는 간단하다. 문제는 이 뒤다. 베블런은 웬일인지 **한가함의 과시의 기초에 있는 것도 이 제작자 본능**이라고 말한다.[17] 이 제작자 본능은 계급의 구분이나 무력행사에 대한 선호를 낳고 결과적으로 "경쟁심에 기반한 힘의 과시"를 가져온다.[18]

제작자 본능은 한가함의 과시를 산출한다. 그런데 앞서 그는 제작자 본능이 한가함의 과시를 경멸하게 만든다고 말하지 않았는가?

한가함의 과시를 산출하는 것이 한가함의 과시를 경멸하게 한다고 말하는 것은 아무것도 설명하지 않는 것과도 같다.

14   Ibid., p.15.; 同前, 26頁.; 앞의 책, 21쪽. 〔옮긴이〕 옮긴이가 편의상 택한 번역본에서는 '일솜씨 본능'으로 번역되어 있다.

15   Ibid., p.93.; 同前, 109頁.; 앞의 책, 95쪽.

16   "제작자 본능은 인간이 물건(substance)이나 노력의 낭비를 비난하게 만든다. 제작자 본능은 모든 인간에게 현존하며, 심지어 어떤 역경 속에서도 저절로 나타난다. 따라서 어떤 주어진 지출이 실제로 아무리 낭비적일지라도, 표면상의 목적이라는 수단을 통해 적어도 어느 정도는 그럴듯한 변명을 해야 한다." (Ibid., p.93.; 同前, 108頁.; 앞의 책, 95쪽.)

요컨대 베블런의 설명은 여기서 파탄 난다.

다른 관점에서 말하면, 제작자 본능이란 말은 사실 **있든 없든 상관없다.** 과시적 한가가 어느 때에 생겨났고, 그것에 대한 경멸이 어느 때에 생겨났다고 하면 된다. 그뿐이다.

아도르노의 베블런 비판

왜 베블런은 이렇게 무리를 하면서까지 인간에게서 이런 '본

---

17 "특별한 사정하에서" (이런 변명 섞인 말을 덧붙이면서 베블런은 말하지만 "특별한 사정하에서는 그 본능이 고귀한 계급과 비천한 계급 사이의 상하 구별이나 무력행사에 대한 선호가 되어 버린다는 것은 앞의 여러 장에서 지적한 바와 같다". Ibid., p.93.; 同前, 108-109頁.; 앞의 책, 95쪽.) 〔옮긴이〕 본문과의 관련성 때문에 이 구절만은 일역본을 적었는데, 영어본을 번역하면 다음과 같다. "특별한 정황〔환경〕하에서는 이 본능이 약탈에 대한 취향으로, 그리고 고귀한 계급과 비천한 계급 사이의 심히 악감정을 일으키는 차별로 귀결되는 방식에 관해서는 앞 장에서 지적했다."

18 "삶의 환경이나 전통이 능률이라는 점에서 한 사람을 다른 사람과 비교하는 습관으로 이어지는 곳에서는 어디서나, 제작자 본능은 결국 사람들 사이의 경쟁적이거나 악감정을 일으키는 비교를 작동시킨다. 그 결과가 어디까지 이어질지는 주민의 기질에 상당 부분 의존한다. 이러한 사람들 사이의 악감정을 일으키는 비교가 습관적으로 이루어지는 모든 공동체에서는 눈에 보이는 성공이 존경〔명예〕의 기초로서 효용을 가지기 때문에 성공은 추구해야 할 목적이 된다. 사람들은 자신의 능력을 증명함으로써 존경을 획득하고 악평을 피할 수 있다. 그 결과 제작자 본능은 경쟁심에 기반한 힘의 과시를 작동시킨다."(Ibid., pp.15-16.; 同前, 26-27頁.; 앞의 책, 21쪽.)

능'을 찾는 것일까?

답은 간단하다. **인간이 제작자 본능을 가졌기**를 베블런 자신이 간절히 바라고 있기 때문이다. 베블런은 자신의 욕망을 거기에 투영하고 있다. 그는 낭비나 사치를 싫어하는 성향을 인간 속에서 본능으로서 찾아내고 싶은 것이다.

제작자 본능을 본능으로 설명한다면 과거의 역사도 모두 이 본능으로 설명해야 한다. 한가함의 과시도 이 본능에 따라 설명해야 한다. 그러니까 무리가 생긴다.

이 책의 서론에서 언급한 철학자 아도르노가 이 점을 분명히 지적하고 있다. 베블런은 청교도적이다. 그는 이마에 땀을 흘리며 노동하는 것만이 행복을 가져다주며, 문화 따위는 낭비에 불과하다고 생각한다.[19] 이것이 아도르노에 의한 베블런 비판의 골자다.[20]

아도르노는 베블런이 유한계급을 질투하고 있다고 날카롭게 지적한다. 왜 베블런은 그들을 질투했을까? 일하지 않고도 살아갈 수 있는 계급이 존재하는 것을 용납할 수 없었기 때문일 것이다. 그렇기 때문에 베블런은 이마에 땀을 흘리며 일하는 것만이 행복을 가져다줄 것이라고 생각했다. 아니, 그렇게 스스로 되뇌었다.

19   Theodor W. Adorno, "Veblens Angriff auf die Kultur", *Prismen*, Theodor W. Adorno, Gesammelte Schriften, Band 10-1, Suhrkamp, 1997, p.82.; テオドール・アドルノ,「ヴェブレンの文化攻撃」,『プリズメン』, 渡辺祐邦・三原弟平 訳, ちくま学芸文庫, 1996, 113-114頁. 『유한계급론』의 일역본에 맞추기 위해 일부 번역 문장을 변경했다.

아도르노는 예술을 매우 높이 평가한 철학자이다(그는 원래 작곡가 지망생이었다). 그래서 베블런처럼 노동하는 것만이 훌륭하고 문화 따위는 속임수라든가, 애당초 인간에게는 제작자 본능이 갖추어져 있다는 등의 설(說)은 참을 수 없었을 것이다.

베블런 vs 모리스

『유한계급론』 6장에는 공산품을 논한 대목이 있는데, 그것을 읽으면 아도르노의 비판이 옳았음을 잘 알 수 있다.

베블런은 이렇게 말한다. 공장에서 만들어지는 일용품은 흔하기 때문에 싫어하는 경우가 있다. 하지만 그것은 잘못된 생각이다. 어딜 가나 똑같은 물건이 있다는 것은 그 제품이 가진 완결성의 증거다. 수공예품과 기계제품을 비교해 보라. 기계제품의 마무리가 훨씬 더 완벽하다. 디자인도 세세한 부분까지 훨씬 정확하게 재현되어 있다. 그에 비해 수공예품은 모

20　　아도르노는 '제작자 본능'에 대해 다음과 같이 말한다. 베블런은 '평화애호적 문화'라는 '낙원'을 상정했다. "낙원은 실증주의자의 아포리아다. 그는 그럼에도 낙원과 산업시대를 똑같은 인간학적 분모로 통분하려 했고, 이를 위해 제작자 본능을 발명한다. 그에 따르면 인간은 이미 원죄를 짓기 전부터 이마에 땀을 흘려서 빵을 먹고 싶어 했다고 한다." (Ibid., p.90.; 同前, 125頁.)
　　아도르노의 다음 지적도 매우 흥미롭다. "오늘날 문화는 완전히 광고의 성격, 즉 단순한 속임수(Kitts, 접착제)의 성격을 띠게 되었지만, 베블런에게 문화는 원래 광고 이외에 아무것도 아니었다. 즉, 그것은 권력과 전리품과 이윤의 과시(전시)이다." (Ibid., p.78.; 同前, 107頁.)

두 제각각이다. 똑같은 것을 대량생산할 수 있는 기계제품이 얼마나 대단한가! 이런 식이다.

그런데 매우 흥미롭게도 베블런은 이렇게 주장한 뒤 이 책의 서론에서 다룬 윌리엄 모리스를 언급한다. 물론 부정적인 언급이다.

모리스는 아츠 앤드 크래프츠〔미술공예〕 운동을 시작했다. 예술성을 겸비한 수제 일용품이야말로 민중의 생활 속으로 들어가야 한다고 모리스는 생각했다.

그러나 베블런에 따르면 그런 운동은 "불완전성에 대한 예찬"이나 다름없다. 공업제품의 완전성에 대한 단순한 반동이며, "조잡함과 쓸데없는 노력에 관한 그들의 선전"일 뿐이다. 베블런의 공산품 편애는 정말 철저하다.

이 대립은 실로 흥미롭다. 왜냐하면 모리스는 산업혁명 이후 조악한 공산품이 사람들의 삶을 뒤덮어 버린 것을 한탄하며 아츠 앤드 크래프츠 운동을 시작했기 때문이다. 공산품이라는 똑같은 물건을 놓고 베블런과 모리스는 정반대의 평가를 내리고 있는 셈이다.

두 사람의 취향이 애초에 정반대였기 때문일까? 단지 취향 차이일까?

아니, 아도르노의 관점에서 보면 이 대립이 의미하는 바를 쉽게 풀어낼 수 있다. 베블런은 "문화는 낭비"라고 생각한다. 그래서 예술적 가치만 거론하며 공산품을 비판하는 모리스가 마음에 들지 않는 것이다.

모리스는 정반대다. 그는 문화 혹은 예술이야말로 사람들에게 행복을 가져다준다고 생각한다. 혹은 사람들을 행복하게 하는 문화·예술이 필요하다고 생각한다. 노동은 필요하다. 그러나 인간의 삶이 노동에만 얽매여서는 안 된다. 노동에 얽매이지 않는 세상을 가져와야 한다.

한가함을 살아가는 기예를 아는 자와 모르는 자: '품위 넘치는 한가함'

베블런은 노동을 지나치게 높이 치켜세우고 문화와 사치를 지나치게 깎아내린다. 그는 '유한계급'에 대한 질투를 갖고 있으며, 그것이 그 이론에 큰 왜곡을 초래하고 있다. 그 왜곡이 가장 잘 드러나는 것이 '제작자 본능' 개념이며, 이것이 그의 역사 이론에 큰 모순을 야기하고 있다.

이처럼 베블런의 책에는 중대한 결함이 있다. 하지만 그렇다고 해서 『유한계급론』을 전면 부정하는 것은 섣부르다. 사실 이 책에서는 **유한계급을 완전히 다른 관점에서 재조명할 수 있는 힌트**도 발견할 수 있다. 그 점을 살펴보자.

역사 속에서 노동에 대한 부정적 이미지는 조금씩 사라졌다. 유용한 노력은 긍정적으로 파악되었고 오히려 한가함을 과시하는 쓸데없음은 비난받게 되었다. 이는 18·19세기 부르주아사회의 단계를 가리킨다.

그런데 베블런은 이 단계에 있는 새로운 유한계급의 대부분, 즉 부르주아가 평민 출신이라는 점에 주목한다. 무슨 뜻일까?

부르주아라는 것은 부유하다는 것이다. 부자다. 그러나 역사가 보여 주듯 그들은 벼락부자다. 즉 졸부다. 그들에게는 돈도 힘도 있지만 교양이 없다. 왜냐하면 원래 평민이었기 때문이다.

여기서 베블런은 '품위 넘치는 한가함otium cum dignitate'이라는 키케로의 말을 언급하고 있다.[21] 옛 유한계급, 가령 귀족들은 이를 알고 있었다는 것이다. 유한계급, 정확히 말하면 **유한계급의 전통을 가진 자들은 한가함을 살아가는 기예를 알고 있었다.** 그들은 품위 넘치는 방식으로 한가한 시간을 살아갈 수 있었다.

반면 새로운 유한계급은 한가함을 살아가는 기예를 모른다. 그들은 **한가했던 적이 없기** 때문이다. 그들은 돈을 위해

21　"…… 합목적적 용도(employment)를 찾으려는 에너지의 압력이 다른 방향의 돌파구를 찾아야 했다. 또 유용한 노력에 들러붙는 불명예도 강제적인 노예 노동이 사라지면서 그렇게 예민하게 느껴지지 않는 단계로 접어들었다. 그리하여 그 이후 제작자 본능은 점점 더 지속성을 가지고 일관성 있게 스스로를 주장하게 되었다. / 직업의 최소 저항선이 어느 정도 변하기 시작했고, 전에는 약탈적인 활동에서 돌파구를 찾았던 에너지가 이제 부분적으로나마 표면적으로 유용한 목적으로 향하게 된다. 표면상으로도 목적 없는 한가는 비난을 받게 되는데, 이는 평민 출신인 대부분의 유한계급에 특히 잘 들어맞는다. 왜냐하면 평민 출신인 그들은 품위 넘치는 한가함이라는 전통과 사이가 틀어지게 되기 때문이다." (The Theory of the Leisure Class, p.95.; 『有閑階級の理論』, 111頁.; 앞의 책, 97쪽.)

악착같이 일해 왔다. 그래서 이들 새로운 유한계급은 품위 넘치는 한가함을 모른다. **유한계급의 전통을 가지고 있지 않기** 때문이다. 따라서 한가해지면 어떻게 해야 할지 모른다. 한가함에 괴로워하고 지루해한다.

더욱이 20세기 대중사회는 더 큰 문제를 초래할 것이다. 부르주아뿐 아니라 대중도 한가함을 손에 넣게 된다. **다행인지 불행인지** 노동자에게 여가의 권리가 주어졌기 때문이다.

이것은 무엇을 의미할까? **한가함을 살아가는 기예를 모르는데도 한가함을 부여받은 인간**이 대량으로 발생했다는 뜻이다. 유한계급이 늘 떠맡고, 또 대응해 온 과제들이 한꺼번에 사회문제가 된 셈이다.

과거의 유한계급은 한가함 속에서 지루하지 않게 살아가는 기예를 알고 있었다. 유한계급은 '한가함과 지루함의 윤리학'에 매우 중요한 존재였다. 그들에게는 한가함과 지루함이 결부되지 않는다. 그렇기 때문에 품위 넘치는 한가함이라는 전통이 존재했다.

물론 이 계급이 다른 계급에 대한 엄청난 착취에 의해 성립되었다는 것을 간과해서는 안 된다. 이 계급을 미화해서는 안 되며, 그 부활을 바라서도 안 된다.

하지만 그들의 존재는 힌트가 된다. 그들은 한가함과 지루함을 직결시키지 않는 논리를 제공한다. 이번 장의 첫머리의 물음으로 돌아가 말하면, **한가함 속에 있는 인간이 반드시 지루해하는 것은 아님**을 가르쳐 준다.[22]

이런 의미에서, 즉 저자 베블런의 의도와는 거의 무관한 부분에서 『유한계급론』은 중요한 저작이다.

한가함과 지루함의 유형		
	한가함이 있다	한가함이 없다
지루해한다	· 한가함을 살아가는 기예를 갖고 있지 못한 대중 · 기분 전환에 힘쓰는 인간(파스칼) · 일상적인 불행으로 고민하는 인간 (러셀)	?
지루해하지 않는다	· 한가함을 살아가는 기예를 갖고 있는 계급 · 노동할 필요가 없는 계급 · 유한계급(상층계급)	· 노동을 할 수밖에 없는 계급 · 노동계급(하층계급)

라파르그의 노동 찬미 비판

방금 여가의 권리를 언급했다. 이어서 이것에 대해 생각해 보자.

22   이번 장 서두에 제시한 또 한 가지 물음, 즉 지루해하고 있을 때, 그 사람이 반드시 한가함 속에 있는 것인지 여부에 대해서는 다음 장에서 검토한다.

유한계급이 몰락한 후, 노동자계급은 여가의 권리를 얻는다. 여가의 권리라는 사고방식이 성립하기 위해서는 노동관의 전환이 필요했다. 즉, 노동을 신성시하고 노동하는 것 자체가 훌륭하다는 노동관이 뒤집어져야 했다.

이렇게 말하면『유한계급론』이 말한 것과 반대되는 것처럼 생각할 수도 있다. 이 책에는 노동이 역사를 통해 천시되었다고 쓰여 있기 때문이다.

물론 역사적으로 볼 때 그런 시대는 오래 지속되었다. 그러나 19세기에 노동자들의 운동이 활발해짐에 따라 사태는 급속히 변화해 갔다. 노동자의 권리를 요구하는 운동은 자연히 **노동자에 대한 찬미**를 안에 품게 된다. 그러면 노동자의 정체성인 노동 또한 높은 위치에 놓이게 된다.

여가의 권리를 확립하는 데에서 뒤집힌 노동관이란 바로 이런 노동관을 가리킨다. 이런 노동관은 역사적으로 보면 새로운 것이다.

노동 찬미를 의심하는 사상은 노동운동에 종사하는 사람들 사이에서 생겨났다. 가장 유명한 것이 사회주의자 폴 라파르그^{Paul Lafargue}(1842~1911)의 노동 찬미 비판이다.

라파르그는 이렇게 말했다. 노동운동과 관련된 사람들은 노동자를 찬미하고 노동을 칭송한다. 하지만 잘 생각해 보라. 노동 찬미는 그야말로 노동운동의 적인 자본가가 추구하는 것 아닌가? 자본은 노동자들이 더 많이 일하기를 원하기 때문이다!

라파르그는 프랑스 2월혁명에서 노동자들이 내건 요구인

「1848년 노동의 권리」가 노동을 신성시하는 것에 의문을 품고 『게으름의 권리』라는 정치 문서를 발표한다. 이 문서 1장의 첫머리는 다음과 같이 시작한다.

자본주의 문명이 지배하는 나라들의 노동자계급은 기묘한 광기에 사로잡혀 있다. 이 광기가 가져오는 개인적, 사회적 비참함이 지난 2세기 동안 가없은 인류를 괴롭혀 왔다. 이 광기는 노동에 대한 사랑, 즉 개인과 그 후손들의 생명력을 고갈로 밀어 넣는 노동에 대한 목숨을 건 열정이다. 사제들도, 경제학자들도, 도덕가들도 이런 정신적 일탈을 막기는커녕 노동을 최고로 신성한 것으로 치켜세웠다.[23]

노동자계급은 자신들을 괴롭히는 원흉인 노동을 신봉하는 '광기'에 빠져 있다는 것이다. 라파르그는 학생 시절부터 사회주의운동에 뛰어들었고 런던에서 마르크스와 만난다. 그가 마르크스의 둘째 딸 라우라와 결혼한 것은 일본에도 잘 알려져 있다. 즉, 그만큼 마르크스와 가까웠다는 것이다.

23   Paul Lafargue, Le droit à la paresse, Editions Allia, 2003, p.11.; ボール・ラファルグ, 『怠ける権利』, 田淵晋也 訳, 平凡社ライブラリー, 2008, 14頁.; 폴 라파르그, 『게으를 권리: 폴 라파르그 글 모음』, 차영준 옮김, 필맥, 2015.; 『게으를 수 있는 권리』, 조형준 옮김, 새물결, 개정판, 2005. 〔옮긴이〕 원문을 대조하여 수정했다.

라파르그의 굳은 믿음

하지만 기대감에 부풀어 라파르그의 글을 읽다 보면 크게 실망하게 될 것이다. 라파르그의 글에는 '자본주의 문명'에 대한 어떤 통찰도 없다. 도대체 그는 마르크스 곁에서 무엇을 배운 것일까? 그의 글에는 분석이 결여되어 있다. 노동이 노동자들을 괴롭히고 있는데도 노동자들이 그것을 찬미하는 것은 이상하다고 말할 뿐이다(참고로 마르크스는 라파르그와 라우라의 결혼을 극구 반대했다).

예를 들어『게으름의 권리』의 말미는 다음과 같다.

만약 노동자계급이 자신들을 지배하고 자신들의 본성을 훼손하는 악덕을 자신들의 마음속에서 뿌리 뽑고 자본주의적 착취의 권리에 지나지 않는 인간의 권리를 요구하기 위해서가 아니라, 비참해질 권리에 지나지 않는 노동할 권리를 요구하기 위해서가 아니라 모든 인간이 하루 3시간 이상 노동하는 것을 금지하는 철의 법칙을 제정하기 위해 엄청난 힘으로 떨쳐 일어난다면 대지는, 늙은 대지는 환희에 떨고 새로운 세계가 그들 속에서 뛰어오르는 것을 느낄 것이다. …… 오, 게으름이여, 우리의 오랜 비참을 불쌍히 여기소서! 오, 게으름이여, 예술과 고귀한 미덕의 어머니 게으름이여, 인간의 고뇌를 달래 주소서![24]

물론 선동을 목표로 한 글이니까 어쩔 수 없다는 시각도 있을 것이다. 게다가 이보다 질 낮은 정치 문서는 흔하니 그런 이유로 라파르그를 거론하며 비난하는 것은 가혹하다고 여길 수도 있다.

하지만 라파르그를 여기서 거론하는 데는 이유가 있다. 그는 여가나 게으름과 자본주의의 관계에 대해 **근본적으로 잘못된 생각을 하고 있기** 때문이다.

라파르그는 자본주의 문명을 몹시 싫어한다. 그래서 노동자계급이 노동을 찬미함으로써, 이를 깨닫지 못한 채 자본의 논리에 편입되는 것을 용납할 수 없다. 게으름의 찬미는 거기서 나온다. 노동을 추구하는 것이 아니라 여가를 추구하는 것. 그것이 바로 **자본의 논리 바깥으로 나가는 것**이라고 라파르그는 믿는다.

하지만 사실 그것은 완전히 틀린 것이다. 라파르그의 경박한 추측은 20세기에 들어서면서 산산조각 났다고 해도 과언이 아니다. 왜냐하면 **여가는 자본의 외부가 아니기** 때문이다. 무슨 뜻인지 계속 살펴보자.

노동자를 이용해 폭리를 취하려면 어떻게 해야 할까?

19세기에 노동운동이 확산되기 시작했던 무렵, 노동자의 권리는 제로에 가까웠다. 마르크스의 『자본』에서 「노동일」 구절을

24　　　Ibid., p.64.; 同前, 66-67頁. 〔옮긴이〕

읽어 보면 좋겠다. 19세기 영국 노동자의 노동 상황을 잘 알 수 있다(27시간 노동, 탄광에서 일하는 어린아이……).

당시 자본가들은 규제가 없다는 점을 이용해 노동자들을 마음대로 부려 먹고 혹사시킬 수 있었다. 그리고 이에 대한 반성으로 공장법 등이 차례대로 정비되어 노동자의 권리가 사회적으로 승인되었다.

여기서 멈춰서 생각해 보자. 노동자의 권리가 보호받지 못했던 당시, 자본가들은 노동자들을 혹사시켜 폭리를 취했다. 이것은 분명한 사실이다.

하지만 노동자는 생물이다. 분명히 체력적 한계를 가지고 있다. 제대로 쉬게 하지도 않고 혹사시킨다는 것은 그 사람에게 무리를 준다는 것이다.

자, 인간에게 무리하게 일을 시키면 어떻게 될까? 당연히 효율이 떨어진다. 같은 일을 하더라도 몸 상태가 좋을 때보다 시간이 더 오래 걸리거나 실패한다.

그렇다면 이렇게 생각해야 한다. 노동자를 이용해 폭리를 취하고 싶다면, **노동자에게 무리한 노동을 강요하는 것은 바람직하지 않다. 노동자에게 적당히 여가를 주고 최고의 상태에서 일하게 하는 것**이 사실 자본가에게는 **가장 바람직**한 것이다.

포디즘의 혁신성

이를 깨닫고 기존의 생산 체제를 일신하는 스타일을 발명한 것이 미국의 자동차왕 헨리 포드(1863~1947)이다.[25]

포드는 1903년에 포드모터사를 설립했다. 1908년 유명한 대중차 포드 T형을 출시했다. 당시 매우 고가였던 자동차를 저렴한 가격에 판매해 대중의 발로 만드는 데 성공했다. 그것은 획기적인 사건이었다.

가격의 변화는 놀랍다. 출시 당시의 가격은 850달러였지만, 1924년에는 290달러까지 떨어졌다. 1924년 당시에는 160만 대를 판매해 시장점유율이 50퍼센트를 넘었다. 이 경이로운 성장을 가능하게 한 것이 포디즘이라 불리는 완전히 새로운 생산방식이었다.

포디즘은 우선 그 조립라인에 의해 특징지어진다. 시카고의 정육업자들이 사용하던 컨베이어 시스템에서 힌트를 얻은 포드는 자동차 조립라인에 처음으로 컨베이어벨트를 도입했다. 자동차 조립에 대량생산 방식이 도입된 것이다.

이때 그는 두 가지 원칙을 세웠다.

1. 만약 피할 수 있다면 한 걸음 이상 걸어선 안 된다.
2. 절대로 몸을 구부릴 필요가 없다.

25　이하의 서술은 구리키 야스노부(栗木安延), 『미국자동차산업의 노사관계: 포디즘의 역사적 고찰(アメリカ自動車産業の労使関係-フォーディズムの歴史的考察)』(社会評論社, 개정판, 1999)을 주로 참고했다.

주의하자. 이것은 노동자에 대한 금지가 아니다. 노동자가 스스로 걷거나 몸을 구부릴 필요가 없도록 **배려해** 기기나 부품을 배치한다는 뜻이다. 포드는 **작업자의 편의를 고려해** 생산공정을 만들었다.

두 번째 특징은 고임금, 그리고 생산고에 비례해 임금도 상승하는 생산성 지수(연동형) 임금제이다. 이로 인해 노동자들의 사기가 올라간다. 사기가 오르면 생산성은 더욱 향상되고 그 결과 제품 가격을 낮출 수 있다. 가격이 내려가면 제품은 더 많이 팔린다. 팔리면 임금이 오른다. 포디즘은 바로 20세기 고도 경제성장의 모델이 되었다.

세 번째 특징, 이것은 하루 8시간 노동제와 여가의 인정을 뜻한다. 노동자들이 충분한 휴식을 취하는 것을 허용했고, 또 이를 권장했다. 컨베이어벨트에 의한 작업에서는 규칙적이고 정확한 동작이 요구된다. 그러기 위해서는 심신이 만반의 준비가 된 상태여야 한다. 노동시간의 제한, 여가의 인정은 이를 위해 요청된다.

노동으로서의 휴가

이렇게 보면 포드는 노동자를 생각하는 훌륭한 경영자로 보인다. 사실 어떤 면에서는 틀린 말이 아닐 것이다. 그는 자선사업가였고 포드 재단, 포드 병원 등도 설립했다. "기업의 성공은 동시에 노동자의 번영이다"라는 신념도 그의 진심일 것이다.

하지만 이러한 배려, 노동자에 대한 돌봄이 모두 생산성 향상이라는 경제 원리에 바탕을 두고 있음을 잊지 말아야 한다. 포드는 **생산성을 향상시키기 위해 노동자들을 배려하는 것**이지 그 반대가 아니다. 따라서 생산성을 향상시키기 위해서라면 무엇이든 할 것이고 생산성을 저하시키는 요소가 있다면 그것을 단호히 제거할 것이다.

예를 들어 포드는 노동자의 노동시간을 제한하고 노동자가 충분한 휴가를 취하기를 원했지만, 다른 한편으로 노동자가 휴가 중에 무엇을 하고 있는지를 탐정이나 스파이를 고용해 조사하게 했다.[26] 즉, 공장에 돌아왔을 때 지장을 줄 만한 일을 하고 있지 않은지 점검한 것이다.

예를 들어 밤이나 휴일에 집에서 술을 마셨다면, 컨디션이 나빠지기 때문에 컨베이어벨트에서 정밀한 작업을 할 때 지장을 준다. 가정이 잘 안 풀리면 정신적으로 불안정해져 작업에 지장을 준다. 그래서 포드는 공장 밖으로 나간 노동자들을 철저히 감시·관리한 것이다.

이것은 무엇을 의미할까? 이러한 생산 체제에서 휴가는 노동의 일부라는 뜻이다. 휴가는 노동을 위한 준비 기간이다.

---

26 포드사에는 보안부라는 부서가 있었다. 이들은 권총 등으로 무장한 폭력 집단이었다. 게다가 보안부는 감시원으로 불리는 비밀 부대를 조직했다. 감시원들은 일반 노동자로 공장에서 일하면서 노동자들을 감시했다. 또 노동조합이나 공산당에 잠입해 회의 상황을 보고하는 스파이 활동도 벌였다. 구리키 야스노부(栗木安延), 『미국자동차산업의 노사관계(アメリカ自動車産業の労使関係)』의 2부 1장을 참조.

노동은 이른바 공장 안뿐만 아니라 공장 밖에서도 '휴가'라는 형태로 계속되게 된 것이다. 여가는 자본의 논리 속에 단단히 편입되어 있다.

예전에 한 자양 강장 음료 광고에서 "24시간 일할 수 있나요?"라는 카피가 있었는데, 바로 그것이다. 공장뿐 아니라 공장 밖에서도 **휴가라는 형태로 일해야만 한다.**

이것이 바로 여가가 자본의 외부가 아니라는 것의 첫 번째 의미이다. 자본은 노동자를 잘 활용하기 위해 여가도 활용하기 시작했다. 여가를 자신의 논리 속에 끌어들이는 방책을 개발했다.

그람시의 금주법 분석

이탈리아의 마르크스주의 철학자 안토니오 그람시(1891~1937)는 포디즘을 동시대적으로 바라보면서 정확하게 분석했다. 그는 금주법과 포디즘의 관계에 주목한다.

금주법은 알코올 음료의 제조와 판매를 금지한 미국의 법률이다. 1920년에 시행되었으나 밀조와 밀매가 속출했기 때문에 33년에는 폐지되었다. 그렇지만 그 나라에서는 13년 동안이나 알코올의 제조와 판매가 금지되어 있었다.

그람시는 포디즘적 노동의 합리화와 금주주의禁酒主義는 틀림없이 관련이 있다고 말한다. 또 스파이를 이용한 노동자의 사생활 감시도 언급한다.[27] 숙취로 인해 컨베이어벨트 작업을

하는 것이 어렵다는 것이다. 알코올을 금지하면 노동자는 귀
가 후에도 휴가 중에도 자본에 유리한 방식으로 시간을 보내
게 된다.[28] 바로 노동의 합리화이다.

다만 여기서 일방적으로 자본가만 비난하는 것으로 만족

27 "미국에서는 노동의 합리화와 금주주의가 의심할 여지 없이 연결
되어 있다. 노동자의 내밀한 삶에 관한 산업가들의 조사, 노동자들
의 '도덕성'을 관리하기 위해 몇몇 기업에서 창설된 사찰 기관[앞에
서 언급한 스파이에 의한 감시를 가리킨다]은 새로운 노동 방법의
필요성에서 나온 것이다." (Antonio Gramsci, "Americanismo e
fordismo", *Quaderni del carcere*, Volume terzo, Edizione critica
dell'Instituto Gramsci, Giulio Einaudi editore, 1977, pp.2164-
2165.; アントニオ・グラムシ, 「アメリカニズムとフォーディズム」,
『新編 現代の君主』, 上村忠男 編訳, ちくま学芸文庫, 2008, 372頁.) 또
한 그람시는 방금 인용한 부분에 이어 다음과 같이 말하고 있다. "이러
한 이니셔티브를 (설령 실패로 끝나더라도) 비웃고, 거기에서 '청교도
주의'의 위선적인 표명만을 본다면 미국적 현상의 중요성과 의의, 그리
고 객관적 가치(portata)를 포착할 수 있는 온갖 가능성을 스스로 부정
하게 될 것이다. 그것은 새로운 유형의 노동자와 인간을 미증유의 속도
와 역사상 초유의 목적의식을 갖고서 만들어 내려는, 지금까지 나타난
가장 큰 집합적인 노력이기도 하다." 미국 사회를 청교도주의로 설명하
는 것은 흔히 볼 수 있다. 그러나 금주법에 나타난 것은 새로운 형태의
노동자를 창조하겠다는 전대미문의 프로젝트였다.

28 그람시는 성의 문제에 대해서도 말하고 있다. "또 다른 것인 성의 문
제도 알코올 문제와 관련되어 있다. **성기능을 남용하거나 부정한 방식
으로 사용하는 것은 알코올 중독 다음으로 신경 에너지의 가장 위험
한 적이다.** 또 '강박적인' 노동이 알코올 중독과 성적 타락을 유발한다
는 것은 흔히 관찰되는 바이다. 포드가 사찰단을 통해 직원들의 사생
활에 개입하고 직원들의 임금 사용 방식부터 생활 방식까지 통제하려
고 한 것은 이런 경향의 한 징후다." (Ibid., p.2166.; 同前, 375頁.) 강
조는 인용자.

해서는 안 된다. 그람시는 이렇게 말한다. 그런 노동 합리화를 추구한 것은 결코 산업가만이 아니다. **노동자도 이것을 요구한 것**이라고 한다. "미국에서 포드화된 산업에 부합하는 새로운 유형의 노동자를 육성하는 데 필요한 조건이었던 금주법이 실패한 것은 여전히 낙후된 상태에 있던 주변부 세력이 반대했기 때문이지 산업가나 노동자가 반대했기 때문이 결코 아니었다."[29]

그람시의 분석에 따르면 노동자들은 금주법에 찬성했다. 왜 그랬을까? 술에 빠져 살지 않고 노동하면 이에 상응하는 보수가 주어지는 제도가 눈앞에 만들어져 있었기 때문이다. 고임금의 필요가 여기서 생겨난다.

노동자들은 물론 고임금을 좋아한다. 하지만 그것은 '양날의 검'이다. 그것은 자본가에게 편리한 방식으로 노동자 전체를 안정적으로 유지하기 위한 도구이다. 고임금의 대가로 노동자들은 사생활도 팔려고 내놓는 것이다.[30] 적어도 알코올 섭취를 13년 동안 참았던 것이다.

---

29   Ibid., p.2139.; 同前, 350頁.

30   "이른바 고임금은 이 필요에서 나온 한 가지 요소다. 그것은 생산과 노동의 체계에 적합한 노동자 총체를 선택하여 안정적으로 유지하기 위한 도구인 것이다. 그러나 고임금은 양날의 검이다. 노동자의 늘어난 돈을 '합리적으로' 소비하게 할 필요가 있다. 그의 근육과 신경의 효율을 유지하고 갱신하고, 가능하다면 증대시키기 위해서만 소비해야 하며, 그것을 파괴하거나 소모하기 위해 소비해서는 안 되는 것이다. 노동력 파괴의 가장 위험한 원인인 알코올에 대한 투쟁이 국가의 역할을 하는 것은 여기에 있다." (Ibid., p.2166.)

높은 임금을 지불하고, 게다가 그 임금을 '합리적'으로 소비하게 하고, 그로 인해 합리적인 노동력을 얻는다. 그것은 노동자 자신에게도 결코 나쁜 일이 아니다. '성실하게' 일하면 이에 상응하는 대가를 얻을 수 있기 때문이다. 그러나 이러한 노무관리는 결코 노동자 자신을 생각하는 것이 아니다. 그래서 스파이도 쓰는 것이다.

노동자들도 포드의 방식에 결코 만족하지는 않았다. 1930년대에는 대규모 노동쟁의가 일어나지만 포드는 노동조합 조직화에 반대하며 노동자들에게 한 치도 양보하려 하지 않았다. 포드는 노사 협력을 말했지만, 그것은 노동자들이 그를 따르는 한에서의 협력이었다. 그를 따르지 않는 사람은 가차 없이 잘라 버렸다.

물론 기업이란 원래 그런 것이라는 생각도 들 것이다. 하지만 여기서는 그러한 가치판단이 문제가 아니다. 중요한 것은 겉보기에는 노동자를 걱정하는 것 같은 포디즘적 노무관리가 이름 그대로 새로운 형태의 관리에 기초하고 있다는 것, 그리고 그 관리가 **여가를 포섭하는 형태로 형성되어 있다**는 것이다.

관리되지 않는 여가?

그런데 여가가 관리된 여가로 되고 휴가가 노동의 일부로 된다면, 당연히 여기서 다음과 같은 발상이 나온다. 자본의 논리에 편입된 여가가 문제니까 그렇지 않은 여가를 추구하면 되지 않을까? 즉 '게으를 권리'를 추구하면 되지 않을까?

여기서 여가가 자본의 외부가 아니라는 두 번째 의미에 대해 생각해야 한다. 그리고 여기서 다시 한가함과 지루함의 문제가 등장한다.

관리되지 않는 여가가 있다면, **우리는 그 안에서 도대체 무엇을 할 것인가**? 무엇을 해야 하는가? 여가이기 때문에 아무것도 하지 않는 것일까? 하지만 아무것도 하지 않을 수 있을까? 파스칼이 뭐라고 했던가? 우리는 아무것도 하지 않을 수 없다.

아울러 『유한계급론』에서 도출한 결론도 여기에 덧붙이자. 노동자계급, 즉 새로 여가를 부여받은 계급은 '품위 넘치는 한가함'의 전통을 가지고 있지 않다. 그래서 여가가 주어지면 무엇을 해야 할지 모른다.

이렇게 해서 등장한 것이 다름 아닌 레저산업이다. 레저산업의 역할은 무엇을 해야 할지 모르는 사람들에게 '하고 싶은 것'을 주는 것이다. **레저산업은 사람들의 요구나 욕망에 부응하는 것이 아니다. 사람들의 욕망 자체를 만들어 내는 것이다.**

포드는 자사 노동자들이 포드의 차를 사서 그들의 발로 만들고, 여가를 위해 그것을 사용하기를 바랐다. 포드가 노동자들에게 충분한 임금과 휴가를 준 것은 노동자들이 빈틈없이 일하도록 하기 위해서만이 아니다. 그렇게 벌어들여 모은 돈으로 노동자들이 자사 제품을 사도록 하기 위해서이기도 했다. 포드에서 일하게 하고 포드의 차를 사게 하는 것이다. 그리고 레저를 즐기게 하기 위해서다.

19세기 자본주의는 인간의 육체를 자본으로 전환하는 기예를 찾아냈다. 20세기 자본주의는 여가를 자본으로 전환하는 기예를 찾아낸 것이다.

자신의 욕망을 광고업자에게서 배우다: 갤브레이스

방금 레저산업에 대해 기술한 구조를 경제학자 갤브레이스는 『풍요한 사회』(1958)에서 좀 더 일반적으로 논하고 있다.

갤브레이스에 따르면 '소비자 주권'이라는 경제학의 가장 기본적이었을 개념이 현대에서는 전혀 통용되지 않고 있다. 소비자 주권이란 "경제 시스템은 소비자에게 봉사하는 것으로, 그 소비자가 경제를 최종적으로 지배한다"라는 생각으로 정의된다.[31] 간단히 말해서 소비자가 원하는 물건이 있고(수요), 이를 감지한 생산자가 그 물건을 생산한다(공급), 이러한 구조를 당연하게 여기는 것이 소비자 주권이라는 생각이다.

당연히 현대에서는 그렇지 않다. 소비자 측에 원하는 물건이 있고, 그것을 생산자가 공급한다는 것은 사실에 대한 전

---

31   *The Affluent Society*, p.ix.; 『ゆたかな社会』, 6頁.; 존 갤브레이스, 『풍요한 사회』, 노택선 옮김, 신상민 감수, 한국경제신문, 2006, 8쪽. 〔옮긴이〕일역본은 지나치게 풀어서 번역하기는 했지만 원문에 충실하지 않은 국역본에 비해 나아서 특별한 문제가 없는 한 일역본을 참조했다.

적인 오인이다.

예를 들어 몇 년 전까지만 해도 문제없이 사용하던 컴퓨터와 그 소프트웨어. 왜 그것을 지금은 사용할 수 없을까? 워드프로세서 소프트웨어가 더 진화하는 건 대부분 사용자와는 관계가 없다. 워드프로세서 소프트웨어 사용자가 해마다 소프트웨어의 진화를 바라는 것은 아니다. 소프트웨어 회사가 "이번 버전에는 이런 기능이 있어요" "멋지지 않나요?" "갖고 싶죠?"라고 말하는 것일 뿐이다. 사용자의 욕망을 만들어 내고 있는 것일 뿐이다.

갤브레이스의 말처럼 현대사회의 생산과정은 "생산에 의해 충족되어야 할 욕망을 만들어 낸다".[32] 그리고 새로운 소프트웨어에는 고기능의 컴퓨터가 필요하다. 그리고 아직 쓸 수 있는 컴퓨터가 매일 산더미처럼 버려진다. 이 구조는 대부분의 산업에서 발견된다.

갤브레이스는 이렇게 말한다. "19세기 초에는 **자신이 원하는 것이 무엇인지 광고업자에게서 배울 필요가 있는 사람은 없었을 것이다.**"[33]

갤브레이스가 위의 설을 주창했을 때 다른 경제학자들에게 강한 저항을 받았다고 한다. 많은 경제학자에게는 사람이 욕망을 품고 있고, 거기에 산업이 응한다는 것이 자명한 모델이었기 때문이다.

---

32   Ibid., p.128.
33   Ibid., p.2.; 同前 15頁.; 앞의 책, 16쪽. 강조는 인용자.

그러나 이 소비자 주권의 모델을 믿고 의심하지 않는다는 것은 경박함에 지나지 않는다. 예를 들어 19세기 독일 노동운동의 지도자로 페르디난트 라살(1825~1864)이라는 사람이 있다. 그는 '야경국가'라는 단어를 처음 사용한 것으로 유명하다.

그는 1862년 당시에 이미 자본주의의 특징을 다음과 같이 설명했다. 전에는 욕구가 공급이나 생산에 선행했다. 욕구가 공급과 생산을 야기하고 결정했다. 오늘날에는 생산과 공급이 욕구에 선행하며 이를 강제하고 있다. 즉, 욕구를 위해 생산되는 것이 아니라 세계시장을 위해 생산되는 것이다.[34]

이미 19세기 중반의 시점에서 이러한 생산 체제는 자명했던 것이다. 갤브레이스의 지적은 오히려 너무 늦었다고 해야 할지도 모른다.

'새로운 계급'

이제 갤브레이스의 말은 상식에 속한다. 진부하게 들릴 수도 있을 것이다. 하지만 그런 생각이 받아들여지지 않던 시점에서 이를 알기 쉽게 제시한 것은 높이 평가받아야 한다.

하지만 납득할 수 있는 것은 여기까지다. 그가 이 분석에서 도출한 결론에는 큰 의문이 남는다. 무슨 말인지 자세히 살

---

34 フェルディナント・ラッサール, 『憲法の本質・労働者綱領』, 森田 勉 訳, 法律文化社, 1981, 146-147頁. 〔옮긴이〕 이 책은 라살의 *Zur Arbeiterfrage*를 번역한 것이다.

펴보자.

갤브레이스는 '풍요한 사회'를 분석하면서 소비자 주권 모델의 붕괴를 지적하는 동시에 그 사회 속에서 한 가지 '희망'을 발견하고 있다. 그가 말하는 '새로운 계급'이 그것이다.

갤브레이스에 따르면 인류는 지금까지 다양한 수단을 써서 "노동은 노동하지 않는 것과 마찬가지로 기분 좋은 것이다"라고 인간에게 믿게 하려고 했다. 그러나 빈번히 실패했다.[35] 역시 많은 사람에게 노동이란 불쾌하더라도 하지 않을 수 없는 것이다.[36]

그런데 그렇지 않은 사람들이 있다. 그들에게 일은 즐거운 것이 당연하다. 그들은 보수의 많고 적음에 관계없이 최선의 노력을 한다. 월급이 중요하지 않은 것은 아니다. 그러나 그들에게는 무엇보다도 타인의 존경을 받는 것이야말로, 일에서의 만족의 중요한 원천이 된다.[37]

이런 사람들이야말로 갤브레이스가 말하는 새로운 계급이다. 간단히 말해서, 일이 삶의 보람이라고 느끼는 사람들이다.

이 계급은 폐쇄적이지 않다. 이 계급에서 떠나는 사람은 거의 없지만 매년 수천 명이 이 계급에 들어온다. "청소년기에 충분한 시간과 돈을 투자해서 준비할 수 있는 상황에 있고 적

---

35 *The Affluent Society*, p.244.;『ゆたかな社会』, 388頁.;『풍요한 사회』, 299쪽.

36 "노동의 보수는 일에 있는 것이 아니라 급료에 있다." (Ibid., p.249.; 同前, 396頁.; 앞의 책, 305쪽.)

37 Ibid., p.250.; 同前, 397頁.; 앞의 책, 306쪽.

어도 정식으로 학업 과정을 통과할 재능을 갖고 있는 사람이라면 누구나 이 계급의 일원이 될 수 있다."[38]

갤브레이스에 따르면 19세기 초 영국과 미국에서 새로운 계급을 구성한 사람은 극소수의 교육자와 목사, 작가와 언론인, 예술가뿐이었다. 또『풍요한 사회』의 초판이 쓰인 1950년대에는 수천 명뿐이었다. 그러나 이 책의 제4판이 나온 1990년대에는 그 수가 수백만 명까지 늘어났다고 한다.[39]

일에 충실하기?

그는 당연히 이 변화를 바람직하게 생각한다. 그러므로 그는 이 계급을 급속히 확대하는 것이 사회의 주요 목표 중 하나라고 결론짓는다.[40] 소득이 증가하는 것보다 일에 더 충실해지는 것을 목표로 해야 하지 않을까? 물론 모르지는 않는다. 오히려 그것에 동의하는 사람들이 많을 것이다.

하지만 갤브레이스의 제안에는 많은 의문이 남는다고 말하지 않을 수 없다. 일에 충실해지는 것은 확실히 멋진 것일지도 모른다. 하지만, 일이 충실해지는 것과 "일에 충실해야 한

---

38   Ibid., p.251.; 同前, 398-399頁.; 앞의 책, 307-308쪽. 〔옮긴이〕번역은 원문에 근거하여 수정.

39   Ibid., p.252.; 同前, 399頁.; 앞의 책, 308쪽.

40   Ibid., p.252.; 同前, 400頁.; 앞의 책, 309쪽.

156

다"라고 **주장하는 것**은 별개의 사항이다.

이렇게 말하는 이유는, 갤브레이스의 제안에는 매우 잔혹한 측면이 있기 때문이다. 게다가 그 자신은 그 잔혹함을 잔혹함으로 이해하지 못하는 것 같다.

"일에 충실해야 한다"라는 주장은 바로 사람은 일에 충실해야 한다는 강박관념을 낳는다. 사람들은 '새로운 계급'에 들어가기 위해, 혹은 거기서 떨어져 나오지 않기 위해 가혹한 경쟁을 하지 않을 수 없을 것이다. 갤브레이스는 다음과 같이 말한다.

새로운 계급의 아이들은 어릴 때부터 만족을 얻을 수 있는 직업 — 노동이 아니라 즐거움을 포함하고 있는 직업 — 을 찾는 것이 중요하다는 점을 철저하게 배운다. 새로운 계급의 슬픔과 좌절의 주요 원천 중 하나는 **성공하지 못한 아들** — 지루하고 보람 없는 직업으로 전락한 아들 — 이다. 이런 불행을 맞이한 개인 — **자동차 정비공이 된 의사의 아들** — 은 **공동체로부터 소름 끼칠 정도의 동정을 받는다.**[41]

의사의 아들이 '차고의 직공'이 되었다고 해서 도대체 무슨 문제가 있단 말인가? 왜 그를 애처로운 눈으로 봐야 하는가? 그런 시선을 가진 사람의 차별 의식을 우리는 오히려 애

---

41   Ibid., p.251.; 同前, 398頁.; 앞의 책, 307쪽. 강조는 인용자.

처로운 눈으로 바라봐야 한다.

그리고 그런 시각이 마치 당연하다는 듯이 쓰는 갤브레이스에 대해서도 같은 말을 해야 한다. 그는 왜 '차고의 직공'에 대한 자신의 차별 의식을 깨닫지 못하는 것일까? 또 왜 새로운 계급이 새로운 강박관념을 낳는 것에 무관심할 수 있을까? 게다가 그는 이렇게 새로운 강박관념, 새로운 잔혹함의 존재를 인정한 뒤 다음과 같이 말하고 그것을 외면한다.

> 그러나 새로운 계급은 상당한 방어력을 가지고 있다. **의사의 아들이 자동차 정비공이 되는 경우는 드물다.** 비록 그가 아무리 부적격자라 할지라도 그는 자신의 계급 가장자리에서 어설프게나마 어떻게든 (자신의 계급을) 유지하며 살아갈 수 있을 것이다.[42]

이런 허술한 주장이 왜 경제학자들의 입에서 나오는 것일까? 새로운 계급에서 떨어져 나가는 인간들이 많이 있을 것이다. 그리고 또한 설령 '차고의 직공이 된 의사의 아들'이 그렇게 떨어져 나간 인간이라고 해도 그는 어떤 열등감도 느낄 필요가 없다. 당연하다.

그럼에도 불구하고 그는 **주변의 '동정의 눈'에 의해** 열등감으로 내몰리고 있는 것이다. 참으로 무서운 사태다. 그런 열등감을 산출하는 압박감을 만들어 내고, 또 그것이 점점 심해

---

42   Ibid.; 同前.; 앞의 책, 같은 곳. 강조는 인용자.

지는 데는 "새로운 계급이 확대되어야 한다"라는 갤브레이스 같은 경제학자들의 주장이 일조하고 있다.

어이없게도 갤브레이스 본인도 이렇게 말했다. "이 계급 (새로운 계급)의 일원이 급료 외에는 보수가 없는 보통 노동자로 전락했을 경우의 슬픔에 비하면 봉건적 특권을 잃은 귀족의 슬픔은 아무것도 아닐 것이다."[43] 맞는 말이다. 그러니 갤브레이스여, 똑똑히 듣길. 당신이야말로 이런 '슬픔'을 만들어 내고 있는 것이다.

포스트포디즘의 여러 문제

포디즘으로 이야기를 되돌리자. 포디즘은 20세기 고도 경제성장을 지탱한 모델이었다. 그리고 우리는 그 어두운 부분에 주목했다.

사실 더 이상 그 어두운 부분에 두려움을 가질 필요는 없다. 왜냐하면 포디즘은 이미 끝을 맞이했기 때문이다. 현대에는 더 이상 포디즘적 생산 체제가 성립하지 않는다. 그 대신 포스트포디즘으로 불리는 체제가 급속히 확산되고 있다.

그렇다면 포스트포디즘이란 무엇인가? 우선 포디즘의 쇠락 원인부터 생각해 보자.

왜 포디즘은 과거의 것이 되었을까? 포디즘은 고임금을

43　　Ibid., p.250.; 同前, 397頁.; 앞의 책, 306쪽.

통해 노동자의 인센티브를 확보했다. 따라서 경제가 지속적으로 성장하지 않으면 유지할 수 없다. 효율적으로 생산한 제품이 효율적으로 팔리지 않으면 포디즘이 지향하는 사이클은 잘 돌아가지 않는다. 그리고 그 사이클은 더 이상 예전처럼 돌아가지 않는다. 이것이 첫 번째 이유이다.

두 번째 이유는 소비 스타일의 변화와 관련되어 있다. 이쪽이 더 근원적이다.

앞서 포디즘에 대해 설명한 것을 떠올렸으면 좋겠다. 포드는 **1908년**에 850달러에 포드 T형을 팔기 시작했다. 다양한 노력으로 그 가격을 계속 낮추고, **1924년**에는 290달러까지 내렸다.

즉, 포드는 **15년 넘게** 같은 제품을 계속 팔았다. 포디즘 시대는 질 좋은 제품을 싼 가격에 제공하면 동일한 제품을 계속 팔 수 있었다.

그러나 지금 시대에 그런 것이 가능할까? 15년 넘게 자동차 회사가 같은 자동차를 계속 만드는 것을 생각할 수 있을까? 도저히 생각할 수 없다.

포디즘 시대는 **똑같은 형태의 고품질 상품을 대량으로 생산하면 팔렸다**. 따라서 경영자는 어떻게 하면 고품질의 제품을 효율적으로 대량생산할 것인가를 생각했고, 그것만 생각하면 되었다. 그에 반해 현대의 생산 체제를 특징짓는 것은, **아무리 고품질의 제품이라도 똑같은 모델만 팔아서는 팔리지 않는다**는 것이다. 어떤 제품이든 끊임없는 모델 교체를 강요받는다. 모델 교체를 하지 않으면 제품은 팔리지 않는다.

부단한 모델 변경이 강요하는 노동 형태

가전의 세계에서는 대략 반년이면 신제품이 나온다. 단순히 음식을 차갑게 보관만 하면 되는 냉장고의 경우, 어떻게 그렇게 잦은 모델 교체가 가능한지 이해하기 어렵다. 대폭적인 에너지 절약 시스템이 고안되었다면 이해할 수 있다. 그러나 그런 기술혁신이 반년마다 일어날 리는 없다. 요컨대 필요 없는 모델 교체를 기업도 강요받고 있는 것이다. 모델 교체를 하지 않으면 팔리지 않으니까 어쩔 수 없이 새로운 모델의 냉장고를 '개발'하고 있는 것이다.

수많은 제품 중에서도 특히 재빠른 모델 교체를 반복하고 있는 것은 휴대전화다. 그 모델 교체의 속도는 가히 어마어마하다. 끊임없는 모델 교체에 의해서만 소비자의 눈길을 끌 수 있게 되었다.

여기서는 그러한 '쓸데없는' 모델 교체를 그 자체로서 비판하고 싶은 것이 아니다.[44] 주목해야 할 것은 **이런 생산 체제가 강요하는 노동의 존재 방식**이다. 현재의 소비 스타일이 생산 스타일을 결정적으로 규정하고 있기 때문이다.

모델 교체가 잦을 경우에는 막대한 설비를 투자해서 생산하기 어렵다. 왜냐하면 한번 설비를 해 놓아도 반년 후에는 없

---

44   이 책에서는 다룰 수 없지만, 이 소비 스타일의 문제가 환경문제와 연결되어 있다는 것은 두말할 필요도 없다. 한가함과 지루함의 윤리학이라는 과제는 환경문제와도 관련되어 있다.

어지기 때문이다. 따라서 기계로 제품을 만드는 게 곤란해진다. 그렇다면 어떻게 할 것인가? 물론 사람에게 시키는 것이다. 만약 어느 정도의 설비투자가 가능하다면 기계가 할 일을 인간에게 시키는 것이다.

또 모델 교체가 잦다는 것은 새로운 제품을 내놓을 때마다 생산자 측이 큰 도박을 할 수밖에 없다는 것을 의미한다. 어떤 모델이 얼마나 팔릴지는 완전히 불투명하다. 따라서 적당한 생산량을 미리 예측할 수 없다. 요컨대 노동자를 일정 수 확보해 두는 방식을 취할 수 없다. 잘 팔리면 많은 노동자가 필요하고 안 팔리면 노동자가 필요 없다.

포드는 철저한 관리로(스파이까지 사용해) 노동자들의 생산성을 높였다. 노동자들은 관리하에 있지만 고용은 안정되어 있다. 그 전제에 있는 것은 생산의 안정성이다. 앞으로 얼마나 생산할 것인지 확실히 알고 있으니 노동자를 포드가 추구하는 '뛰어난' 공장 직원으로 다듬어 나갈 수 있었다.

하지만 포디즘이 붕괴한 후의 생산 체제, 즉 포스트포디즘의 생산 체제에서는 애당초 철저한 관리의 대상이 되는 노동자를 고용할 수 없다. 상황 변화에 **유연하게 대응해** 공장 직원을 고용할 (즉, 필요 없을 때는 내보낼) 필요가 있기 때문이다.

'한가함과 지루함의 윤리학'과 비정규직

현재 파견 노동이나 계약사원이라는 비정규직의 확대가 큰 사회문제가 되고 있다(일본에서 일하는 사람의 3분의 1이 비정규직이다). 이 문제는 기업과 경제 단체, 그리고 정부의 도덕성 문제처럼 여겨지고 있다. 즉, 비정규직 노동자를 혹사시켜, 일부 사람들이 부당이득을 취하고 있으니(그것은 분명히 그렇지만……), 사회 정의의 관점에서 그러한 일부 특권계급을 탄핵하고, 노동자를 보호하라는 것이다.

물론 이 주장은 옳다. 하지만 비정규직은 단순히 누군가가 잔꾀를 부려서 생겨난 것이 아니다. 현재의 소비=생산 스타일이 이를 요청하고 있는 것이다. 즉, 모델 교체가 너무 잦기 때문에 기계에 설비투자를 할 수 없고, 따라서 기계에 맡겨도 될 일을 인간에게 시켜야 하는 것이다. 팔릴지 안 팔릴지 알 수 없는 도박을 단기간에 자꾸 강요당하니까 안정적으로 노동자를 확보해 둘 수가 없다. 따라서 노동자를 기업에 유리하게 숙련시키는 과정조차 더 이상 확보되지 않는다.

과거 사무자동화가 등장했을 때는 기계가 인간의 일자리를 빼앗을 것이라고 우려했다. 그러나 그것은 기우에 그쳤다. 지금은 **인간이 기계를 대신하고 있다.** 이 포스트포디즘 시대에서는 새로운 계급의 제언 등은 허튼소리일 뿐이다.

'비정규직'이 문제로 부각되고 있는 현재, '한가함과 지루함의 윤리학'의 구상은 안일한 것으로 비춰질까? 한가함이 있다든가 지루할 수 있다든가 하는 것은 얼마나 사치스러운 말인가. 그런 생각을 하고 있을 한가함(!)이 있다면, 지금 노동자들에게 강요되고 있는 비정규직이라는 문제를 생각해야 한다고.

이런 반론에는 정면으로 이의를 제기하지 않을 수 없다. 왜냐하면 한가함과 지루함의 윤리학이야말로 포스트포디즘의 여러 문제에 대한 한 가지 대안이 될 수 있기 때문이다. 현재 포스트포디즘적 생산 체제의 근간에 있는 것은 소비 스타일의 문제다. 모델 교체를 끊임없이 하지 않으면 소비자는 구매하지 않으며 생산자도 살아남을 수 없는 그런 생산 체제가 지금 **필사적인 노력으로 유지되고 있다.**

이 사이클을 유지하고 있는 것은 소비자이자 생산자이다. 하지만 그들은 스스로 돌리고 있는 이 사이클을 자신들의 손으로 멈출 수 없게 되었다. 그렇다면 어떻게 해야 할까? 소비자가 바뀌면 된다. 물론 엄청난 시간이 걸리겠지만, 모델 교체를 하지 않으면 구매하지 않고 모델 교체를 하면 구매하는 이 소비 스타일을 바꾸면 된다.

왜 모델 교체를 하지 않으면 사지 않고, 모델 교체를 하면 사는 것일까? '모델' **자체를 보는 게 아니기** 때문이다. 모델 교체를 통해 **지루함을 달래고 기분 전환**을 하는 것에 익숙해졌기 때문이다.

우리는 실제로 '교체' 여부가 아니라 '교체했다'는 정보 자체를 소비한다. 물론 이런 것은 그동안 소비사회론에서 숱하게 언급되었던 것이다. 특히 1980년대 일본에서는 "차이가 소비된다"라는 식의 이야기를 지겨울 정도로 많이 들었다.

그런데 왜 과거의 소비사회론은 이에 대한 처방전을 내놓지 못했을까? 왜 현상 분석, 현상 긍정으로 끝났을까? 간단하다. 과거의 소비사회론을 가지고 놀던 무리들에게는 소비사회의 문제점을 어떻게든 해결해 보겠다는 의지가 전혀 없었기 때문이다. 무엇 하나 진지하게 생각하지 않았던 것이다.

물론 그뿐만이 아니다. 애초에 이해가 결정적으로 부족했던 것도 있다. 요컨대 소비자들은 지루해하기 때문에 파스칼이 말하는 것 같은 기분 전환을 추구한다는 것, 따라서 지루함을 어떻게 살아낼 것인가, 한가함을 어떻게 살아낼 것인가 하는 물음이 제기되어야 한다는 것, 이를 소비사회론자들은 전혀 이해하지 못했던 것이다.

소비사회에 대해서는 다음 장에서 자세히 검토하고자 한다. 어쨌든 여기서 강조하고 싶은 것은 위와 같은 몰이해가 결정적인 누락으로 되어 버린다는 것이다. 왜냐하면 그로 인해 현재 노동의 비참함을 전혀 파악하지 못하고 있기 때문이다. 한가함과 지루함의 윤리학은 노동의 여러 문제에도 깊이 관련되어 있는 것이다.

•

마지막으로, 앞 장과 이번 장의 논의를 정리해 보자.

정주는 인류를 어쩔 수 없는 '능력의 과잉'이라는 조건 속에 집어넣었다. 인류는 그것을 바탕으로 문화라는 행위를 발전시켜 왔지만, 그와 동시에 지루함과의 끊임없는 싸움을 강요당하기도 했다.

하지만 지루함은 머지않아 인간에게 더할 나위 없는 난제가 될 것이다. 역사 이래 정치사회, 신분제, 권력의 편재, 노예적 노동 등이 대다수 인간에게 항상적인 한가함을 주는 것을 허락하지 않았기 때문이다. 그곳에서 한가함은 독점의 대상이었다. 그리고 한가함을 독점하는 계급이 유한계급으로 발전했다.

물론 민중 차원에서 한가함의 정도가 상대적으로 늘어난 시대나 사회는 존재했을 것이다. 사회가 경제적으로 발전하면 한가한 시간이 늘어나는 것은 당연하기 때문이다. 하지만 다른 시대와는 비교할 수 없을 정도로 지루함이 화제가 되는 것은 근대이며, 좀 더 정확하게 말하면 19세기 이후의 사회이다.

자본주의가 고도로 발달하면서 사람들은 한가함을 얻었다. 또한 그것은 '여가'의 형태로 권리의 대상이 되기도 했다. 이것은 어떤 의미에서 근대인이 추구해 온 '개인의 자유와 평등'의 달성이기도 했다.

하지만 그들은 자신들이 추구했던 것이 실제로는 무엇인지 알지 못했다. 사람들은 갑자기 한가함 속에 던져졌다. 그리고 한가함을 살아갈 길이 없었기 때문에 우왕좌왕했다. 그때까지 잠에 빠져 있던 지루함이라는 괴물이 다시 고개를 쳐든 것이다.

지루함에 대해 논하는 많은 논자들은 근대에 주목하는데, 그것은 근대사회가 그동안 잠재적인 것에 머물러 있던 지루함의 문제를 다시 활성화시켰기 때문이다. 지루함은 근대사회가 **산출한** 것이 아니다. 그러나 반대로 앞 장에서 보았듯이 지루함을 초역사화하는 것도 잘못된 것이며, 인간과 지루함의 관계 맺음은 인간의 생활양식과 관련되어 있다.

더구나 거주한다는 양식을 선택한다고 해서 지루함이 운명 지어지는 것도 아니다. 유한계급이 갖고 있던 '품위 넘치는 한가함'의 전통이 이를 증명한다. 물론 이 전통이 이 계급에 얼마나 침투해 있었는지는 알 수 없고 지루해한 유한계급도 당연히 있었을 것이다. 하지만 한가함을 독점해 온 계급이 어떤 지혜를 얻었다는 사실은 주목할 만하다.

4장

한가함과 지루함의 소외론

사치란 무엇인가?

앞 장의 말미에서 예고한 대로 이번 장에서는 소비사회와 지루함의 관계에 대해 고찰하고자 한다.

우리가 살아가는 이 현대사회는 참으로 다양한 방식으로 특징지어진다. 하지만 한가함과 지루함의 윤리학의 관점에서 볼 때 가장 중요한 것은 그것이 소비사회라는 점이다. 이번 장에서 살펴볼 것처럼, 소비사회는 지루함과 강하게 연결되어 있다. 소비의 논리와 현대의 지루함은 떼려야 뗄 수 없는 관계다.

그 소비사회와 지루함의 관계를 물을 때 아무래도 피할 수 없는 개념이 있다. 그것이 이번 장의 제목으로 내건 '소외'다. 이는 현재 매우 인기가 없는, 오히려 적극적으로 외면당하는 개념이다. 왜 그렇게 되었느냐 하면, 이 개념이 골치 아픈 문제를 내포하고 있다고 생각되기 때문이다.

이번 장의 후반부에서는 그 문제를 해결하고 소외 개념을 정확하게 자리매김하기 위해 다소 심도 깊은 철학적 논의를 하고자 한다. 이는 꼭 필요한 작업이지만, 귀찮아하는 독자가 있다면 나중에 읽을 생각으로 건너뛰어도 무방하다.

필요와 불필요

갑작스럽지만, 일상적으로 자주 사용하지만 멈춰서서 생각해 본 적이 거의 없는 단어 하나를 거론하는 데서 시작하고 싶다.

그 말은 '사치'다.

사치란 도대체 무엇일까?

우선 이렇게 말할 수 있지 않을까? 사치는 불필요한 것과 관련되어 있다고 말이다. 필요의 한계를 넘어서 지출이 이루어질 때 사람들은 사치라고 느낀다. 예를 들어 호화로운 식사가 없어도 생명은 유지될 수 있다. 그런 의미에서 호화로운 식사는 사치라고 할 수 있다. 장식을 많이 사용한 의류가 없어도 생명은 유지될 수 있다. 그래서 이것도 사치다.

사치는 종종 비난받는다. 사람들이 '사치스러운 삶'이라고 말할 때 대부분의 경우 거기에는 과도한 지출을 비난하는 의미가 담겨 있다. 필요의 한계를 넘어선 지출은 쓸데없다고 말하는 것이다.

하지만 곰곰이 생각해 보자. 사치는 분명 불필요와 관련되고, 그래서 비난받기도 한다. 그렇다면 사람들은 필요한 것을 필요한 만큼만 가지고 살면 되는 것일까? 필요의 한계를 넘어서는 것은 비난받아야 할 것일까?

아마 그렇지 않을 것이다.

필요한 것이 적당히 있다면 사람은 분명히 살아갈 수 있다. 그러나 필요한 것이 적당하다는 것은 필요한 것이 **필요한 만큼만 있다**는 것이기도 하다. 적당은 충분이 아니기 때문이다.

필요한 것이 필요한 만큼만 있는 상태는 리스크가 매우 큰 상태이다. 어떤 사고로 필요한 물건이 파손되면, 곧바로 필요한 수준을 밑돌게 된다. 그래서 필요한 것이 필요한 만큼만 있는 상태에서는 **온갖 사고를 뿌리치고 필사적으로 현 상태를 유지해야 한다.**

이는 풍요로움과는 거리가 먼 상태이다. 이처럼 필요한 것이 필요한 만큼만 있는 상태에서 사람들은 풍요로움을 느낄 수 없다. 필요를 넘어선 지출이 있어야 사람들은 풍요로움을 느낄 수 있는 것이다.

즉, 필요의 한계를 넘어서 지출이 이루어질 때 사람들은 사치를 느낀다. 그렇다면 **사람들이 풍요롭게 살기 위해서는 사치가 있어야 한다.**

낭비와 소비

하지만 이것만으로는 뭔가 아쉬움이 남는 것 같다.

돈을 마구 쓰거나 물건을 마구 버리는 것은 별로 좋은 일이라고 생각되지 않는다. 필요를 넘어선 여분이 생활에 필요하다는 것은 알겠고, 그것이 풍요로움의 조건이라는 것도 알겠다. 하지만 그렇다고 해서 사치를 긍정해도 괜찮을까?

이런 의문은 당연하다.

이 의문에 답하기 위해 보드리야르라는 사회학자 겸 철학자가 말하는 낭비와 소비의 구별에 주목하고자 한다. 사치를 비난할 때 아무래도 이 둘이 제대로 구별되지 않고 있다.

낭비란 무엇인가? **낭비는 필요를 넘어서 물건을 취하는 것**, 흡수하는 것이다. 필요 없는 것, 다 써 버리지 못하는 것이 낭비의 전제다.

낭비는 필요를 넘어선 지출이므로 사치의 조건이다. 그리고 사치는 풍요로운 생활에 빠질 수 없다.[1]

낭비는 만족을 가져다준다. 이유는 간단하다. 물건을 취하는 것, 흡수하는 것에는 한계가 있기 때문이다. 신체적 한계를 넘어서 음식을 먹을 수도 없고 한꺼번에 많은 옷을 입을 수도 없다. 즉, **낭비는 어딘가에서 한계에 도달한다**. 그리고 멈춘다.

인류는 지금까지 끊임없이 낭비해 왔다. 어떤 사회든 풍요로움을 추구했고 사치가 허용될 때는 그것을 향유했다. 모든 시대에 사람들은 사고, 소유하고, 즐기고, 사용했다. '미개

---

1   "풍요가 하나의 가치가 되기 위해서는 충분한(assez) 풍요가 아니라 **남아도는**(trop) 풍요가 존재해야 하며 필요와 여분 사이의 중요한 차이가 유지되어야 한다. 이것이 모든 수준에서 낭비의 기능이다." (Jean Baudrillard, *La société de consommation: ses mythes, ses structures*, Denoël, 1970.; Collection "Folio/essais", Gallimard, 1996, p.52.; ジャン・ボードリヤール, 『消費社会の神話と構造』, 今村仁司・塚原史 訳, 紀伊國屋書店, 1995, 42頁.; 장 보드리야르, 『소비의 사회: 그 신화와 구조』, 이상률 옮김, 문예출판사, 2015.)

인'의 축제, 봉건 영주의 낭비, 19세기 부르주아의 사치……

그 밖에도 다양한 예를 들 수 있을 것이다.[2]

그러나 인류는 최근에야 완전히 새로운 것을 시작했다.

그것이 소비다.

낭비는 어딘가에서 멈추는 것이었다. 물건을 취하는 데는
한계가 있으니까. 그러나 소비는 그렇지 않다. 소비는 멈추지
않는다. 소비에는 한계가 없다. 소비는 결코 만족을 가져오지
않는다.

왜 그럴까?

소비의 대상이 물건이 아니기 때문이다.

사람들은 소비할 때 물건을 취하거나 사물을 흡수하는
것이 아니다. 사람은 사물에 부여된 관념이나 의미를 소비하
는 것이다. 보드리야르는 소비란 '관념론적 행위'라고 말한다.[3]
소비되기 위해서 사물은 기호가 되어야 한다. 기호가 되지 않
으면 사물은 소비될 수 없다.[4]

---

2   "소비의 대상(objet)이 물질적인 물건(objets)과 생산물이 아님
을 분명히 말해 둬야 한다. 그런 것들은 필요와 만족감의 대상일 뿐
이다. 모든 시대에 사람들은 사고 소유하고 즐기고 사용했지만 결
코 '소비'하지는 않았다. '미개인(primitives)'의 축제, 봉건 영주의
낭비(prodigalité), 19세기 부르주아의 사치, 그런 것은 소비가 아니
다." (Jean Baudrillard, *Le système des objets*, Gallimard, 1968.;
Collection "Tel", Gallimard, 1978. pp.275-276.; ジャン・ボードリ
ヤール, 『物の体系』, 宇波彰 訳, 法政大学出版局, 신장판, 2008, 245-
246頁.; 장 보드리야르, 『사물의 체계』, 배영달 옮김, 지만지, 2011.)

사람들은 무엇을 소비하는가?

기호나 관념을 받아들이는 데는 한계가 없다. 그래서 기호나 관념을 대상으로 한 소비라는 행위는 결코 끝나지 않는다.

예를 들어 아무리 맛있는 음식이라도 먹을 수 있는 양은 한정되어 있다. 배를 80퍼센트만 채우라는 옛 계명을 어기고 마구 먹는다 해도 식사는 언젠가 끝난다. 항상 80퍼센트만 식사하기란 힘들다. 역시 가끔은 호사스러운 식사를 배불리, 양 껏 먹고 싶어 한다. 이것이 낭비다. 낭비는 생활에 풍요를 가져다준다. 그리고 낭비는 어딘가에서 멈춘다.

반면 소비는 멈추지 않는다. 예를 들어 미식 붐이라는 것이 있었다. 잡지나 텔레비전에서 이 가게가 맛있다고, 유명인이 찾는다고 홍보한다. 사람들은 그 가게로 몰려든다. 왜 몰려드는가 하면 누군가에게 "그 맛집에 가 봤어"라고 말하기 위

3　"소비에는 한계가 없다는 것을 바로 이것이 설명해 준다. 만약 소비가 사람들이 소박하게 받아들이는 것, 즉 흡수하고 탐하는 것이라면, 사람들은 포화 상태에 도달해야 할 것이다. 만약 소비가 필요의 질서에 대해 상대적이라면, 사람들은 하나의 만족을 향해 나아가고 있어야 할 것이다. 하지만 그렇지 않다는 것을 우리는 알고 있다. 사람들은 점점 더 많이 소비하고 싶어 한다. 소비에 대한 이러한 강박 충동은(지금까지 술을 마셔 온 사람은 앞으로도 마실 것이라는) 어떤 심리학적 숙명 탓인 것도 아니고, 또한 사회적 위신이라는 단순한 구속 탓도 아니다. 만약 소비가 억제될 수 없는 것처럼 보인다면, 그것은 바로 소비가(어떤 문턱을 넘어서면) 필요의 만족과도, 현실 원칙과도 무관한, 완전한 관념론적 실천이기 때문이다."(Ibid., p.282.; 同前, 251頁.)

4　Ibid., p.277.; 同前, 246頁.

해서다.

당연히 홍보는 그것으로 끝나지 않는다. 다음에는 또 다른 맛집이 소개된다. 또 그 가게에도 가야 한다. "저 맛집에 가 봤어"라고 말한 사람은 "어? 이 가게 안 가 봤어? 몰라?"라는 말을 듣기 싫어할 것이다. 그래서 소개되는 맛집을 끝없이 쫓아다녀야 한다.

이것이 소비다. 소비자들이 취하는 것은 식사라는 물건 혹은 사물이 아니다. 그 가게에 부여된 관념이나 의미다. 이 소비 행동에서 가게는 완전히 기호가 되어 있다. 그래서 소비는 끝나지 않는다.

낭비와 소비의 차이는 뚜렷하다. 소비할 때 사람은 실제로 눈앞에 나온 물건·사물을 받는 것이 아니다. 이는 앞 장에서 지적한 모델 교체의 경우와 똑같다. 왜 모델 교체를 하면 물건이 팔리고 모델 교체를 하지 않으면 물건이 팔리지 않느냐 하면, 사람들이 모델 자체를 보는 게 아니기 때문이다. '교체했다'는 관념만 소비하기 때문이다.

보드리야르는 소비되는 관념의 예로 '개성'에 주목한다. 오늘날 광고는 소비자의 개성을 부추기고 소비자가 소비에 의해 '개성적'이 되기를 바란다.[5] 소비자는 개성적이어야 한다는 강박관념을 갖게 된다(요즘 말로 하면 '온리 원(only one)'이라고 해야 할까).[6]

문제는 거기서 추구되는 개성이 도대체 무엇인지 아무도 모른다는 것이다. 따라서 개성은 결코 완성되지 않는다. 즉, 소비에 의해 개성을 추구할 때 사람들은 만족에 도달하지 못한다. 그런 의미에서 소비는 항상 '실패'하도록 되어 있다.[7] 실패한다기보다는 성공하지 못한다. 혹은 도달점이 없음에도 불구하고 어딘가에 도달하도록 요구받는다. 이렇게 선택의 자유가 소비자에게 강제된다.[8]

'원초적인 풍요로운 사회'

소비사회를 상대적으로 자리매김하기 위해 그것과는 정반

5   보드리야르는 이런 광고를 예로 들었다. "76가지 색상과 697가지 종류의 내부 장식을 한 벤츠 중에서 당신의 취향에 따라 벤츠를 고르십시오." "자신의 개성을 찾고 그것을 긍정하는 것, 그것은 정말로 자기 자신이 되는 일의 쾌락을 발견하는 것입니다. 그러기 위해서는 아주 적은 것만으로도 충분합니다. 저는 오랜 시간이 지나서야 깨달았습니다. 머리카락을 아주 조금만 밝은색으로 바꾸면 제 피부와 눈농자 색에 완벽한 조화가 생긴다는 것을." 그는 이에 대해 비아냥을 섞어서 이렇게 말한다. 만약 어떤 사람이 자기 자신이라면, 왜 '정말로' 자기 자신이 될 필요가 있을까? 만약 가짜 '자기 자신'이 존재한다면, '조금 더 밝은색'을 보태는 것만으로 자기 자신을 되찾는 데 충분한 것일까? (La société de consommation, p.123.; 『消費社会の神話と構造』, 111頁.)

6   소비사회에서 '개성'의 문제는 재차 논의될 필요가 있다. 도이 다카요시(土井隆義)는 유행가가 아이들에게 '온리 원에 대한 강박관념'을 강요하고 있는 사태를 분석하고 있다. 아이들은 누구나 꿈과 개성을 갖고 '오직 한 사람의 자신'이어야 한다는 강한 강박을 받는다고 한다. (『「個性」を煽られる子どもたち: 親密圏の変容を考える』, 岩波書店, 2004.) 개성을 부추기는 소비사회는 아이들까지 몰아세우고 있는 것이다.

7   Le système des objets, pp.282, 283.; 『物の体系』, 251, 252頁.

8   La société de consommation, p.99.; 『消費社会の神話と構造』, 86頁.

대의 사회를 소개해 보자. 보드리야르도 언급한 인류학자 마셜 살린스^{Marshall Sahlins}(1930~2021)는 '원초적인 풍요로운 사회^{the original affluent society}'라는 가설을 제시했다.[9] 이는 현대의 수렵채집민에 대한 연구를 통해 석기시대 경제의 '풍요함'을 논증한 것이다.

수렵채집민은 물건을 거의 갖고 있지 않는다. 도구는 빌려 쓴다. 계획적으로 식량을 저장하거나 생산하지도 않는다. 없어지면 캐러 간다. 무계획적인 생활이다.

그들은 종종 물건을 갖고 있지 않아 궁핍하다는 말을 듣는다. 그리고 그것은 그들이 '미래에 대한 통찰력이 부족'하기 때문이라고 여겨진다.[10]

즉, 계획적으로 저장하거나 생산할 지혜가 충분하지 않기 때문이라며 '문명인'들은 그들을 측은한 눈으로 바라본다.

그러나 이는 실상과 현저히 동떨어져 있다. 그들은 조금도 궁핍하지 않다. 수렵채집민은 아무것도 가진 것이 없기 때문에 가난한 것이 아니라 오히려 그렇기 때문에 자유롭다. "극히 제한된 물질적 소유 덕분에 그들은 생활 필수품에 대한 걱정에서 완전히 벗어나 삶을 즐길 수 있는 것이다."[11]

---

9 Marshall Sahlins, *Stone Age Economics*, Aldine-Atherton, 1972.; マーシャル・サーリンズ, 『石器時代の経済学』, 山内昶 訳, 法政大学出版局, 1984.; 마셜 살린스, 『석기시대 경제학』, 박충환 옮김, 한울, 2023.

10 Ibid., pp.30-32.; 同前, 42-45頁.

11 Ibid., p.14.; 同前, 24頁.

또 그들이 미래에 대한 통찰력이 부족하고 저축 등의 계획을 모르는 것은 지혜가 없어서가 아니다. 그들처럼 생활하면 미래를 걱정할 필요가 없는 것이다.

수렵채집 생활에서는 적은 노력으로 많은 물건을 손에 얻을 수 있다. 그들은 어떤 경제적 계획도 세우지 않고 저장도 하지 않고 모든 것을 한꺼번에 다 써 버리는 **엄청난 낭비자들**이다. 하지만 그것은 **낭비하는 것이 허용되는 경제적 조건 속에 살아가고 있기** 때문이다.

따라서 수렵채집민 사회는 일반적으로 생각하는 것과는 반대로 **물건이 넘쳐 나는 풍요로운 사회**이다. 그들이 식량 조달을 위해 일하는 것은 대개 하루 3시간에서 4시간이라고 한다.[12] 살린스는 농경민들에게 둘러싸여 있었지만 농업을 채택하기를 거부해 온 어떤 수렵채집민을 소개한다. 그들은 왜 농업의 채택을 거부해 왔는가? "그렇게 되면 더 힘들게 일해야 하기" 때문이라고 한다.[13]

물론 수렵채집민을 지나치게 이상화해서는 안 된다.[14] 수

12　　Ibid., p.34.; 同前, 49頁.

13　　Ibid., p.27.; 同前, 39頁.

14　　사하라 마코토(佐原真)는 살린스가 가장 혜택받은 환경에 있는 식량 채집민을 다루고 있을 뿐이며, 일반적으로 식량 채집민은 식량 생산민에 비해 빈곤하다고 지적한다. (佐原真, 『衣食住の考古学: 佐原真の仕事 5』, 岩波書店, 2005, 20頁.) 사하라의 말대로 수렵채집민이 낙원에 살고 있는 것은 아닐 것이다. 다만 살린스의 지적이 가진 중요성은 변하지 않는다. 수렵채집민 생활의 풍요로움이 그들의 낭비 생활과 연결되어 있다는 것, 이는 소비사회를 살아가는 우리의 가치관을 전도하는데 도움이 된다.

렵채집민도 식량을 제대로 조달하지 못할 수도 있고 환경 변화로 인해 쉽게 궁핍에 빠질 수도 있을 것이다(다만 농경민이 그 가능성이 더 높다고도 할 수 있다……).

중요한 것은 그들 삶의 풍요로움이 **낭비**와 연결되어 있다는 것이다. 그들은 **사치스러운** 생활을 영위하고 있다. 이것이 중요하다. 보드리야르나 살린스가 말했듯이 **낭비**할 수 있는 사회야말로 '풍요로운 사회'다. 미래에 대한 인식의 결여와 낭비성은 "진정한 풍요의 표시", 사치의 표시나 다름없다.

낭비를 방해하는 사회

소비사회는 종종 물건이 넘쳐 나는 사회라고 한다. 물건이 과잉이라고. 그러나 이것은 완전히 틀린 말이다. 살린스를 원용하면서 보드리야르도 말했듯이, 현대 소비사회를 특징짓는 것은 물건의 과잉이 아니라 희소성이다.[15] 소비사회에는 물건이 너무 많은 것이 아니라 **물건이 너무 없는** 것이다.

왜냐하면 상품이 소비자의 필요에 의해서가 아니라 생산자의 사정으로 공급되기 때문이다. 생산자가 팔고 싶어 하는

---

15   "몇몇 미개사회와는 반대로 우리의 생산 지상주의적인 산업사회는 희소성에 의해 지배되고 있으며, 시장경제의 특징인 희소성에 강박되어 있다. 우리는 생산하면 할수록 풍부한 사물의 한복판에서조차 풍요로움이라고 불릴 최종 단계……에서 확실히 멀어진다. (*La société de consommation*, p.90.;『消費社会の神話と構造』, 77頁.)

물건만 시장에 나오는 것이다. 소비사회는 물건이 넘치는 사회가 아니라 물건이 부족한 사회다.[16]

그리고 소비사회는 그 **얼마 안 되는 물건**을 기호로 만들어 소비자가 계속 소비하도록 만든다. 소비사회는 우리를 낭비가 아니라 소비로 몰아간다. 소비사회로서는 **낭비되어서는 곤란하다.** 낭비는 만족을 가져다주기 때문이다. 소비사회는 우리가 **낭비자가 아닌 소비자가 되어** 끊임없는 관념의 소비 게임을 계속하기를 바란다. 소비사회는 **사람들이 낭비하는 것을 방해하는 사회**이다.

소비사회에서 우리는 어떤 의미에서 **인내심을 강요받고 있다.** 낭비하고 만족하고 싶어도 그런 회로가 닫혀 있다. 게다가 소비와 낭비를 구별하는 것조차도 좀처럼 생각하지 못한다. 낭비할 생각이 어느새 소비의 사이클 속에 갇혀 버린다.

이 관점은 매우 중요하다. 왜냐하면 그것은 **검소함의 제창과는 다른 방식으로 소비사회에 대한 비판을 가능하게 하기** 때문이다.

종종 소비사회에 대한 비판은 조촐하고 검소한 생활의 권장을 수반한다. '소비사회는 물건을 낭비한다' '사람들은 소비사회가 가져다주는 사치에 익숙해져 있다' '사람들은 인내하며 검소하게 살아야 한다.' 일본에서도 일찍이 '청빈의 사상'

16　　장뤼크 고다르의 영화 〈신독일 영년〉(1991)에서는 냉전의 붕괴로 동독에서 귀국해야 했던 서방 스파이 레미 코송이 크리스마스 전 가게의 쇼윈도를 보며 이렇게 중얼거린다. "크리스마스와 함께 공포가 찾아온다. 가게는 잡동사니로 가득하다. 하지만 필요한 것(물건)은 찾을 수 없다."

이라는 것이 유행한 적이 있는데, 바로 이것이다.

그러한 '사상'은 근본적인 착각에 바탕을 두고 있다. **소비는 사치 따위를 가져오지 않는다**. 소비할 때 사람은 물건을 취하는 것이 아니기 때문에 **소비는 오히려 사치에서 멀어지게 한다**. 소비를 철저히 밀어붙이려는 소비사회는 우리에게서 낭비와 사치를 빼앗고 있다.

게다가 단순히 그것들을 빼앗고 있는 것만이 아니다. 아무리 소비를 계속해도 만족을 얻지 못하지만, **소비에는 한계가 없기** 때문에 그것은 **끝없이 반복된다. 끝없이 반복되는 데도 만족이 안 되기** 때문에 소비는 점점 과격하게, 과잉이 되어 간다. 더구나 과잉이 될수록 만족의 결여를 강하게 느끼게 된다.

이것이야말로 20세기에 등장한 소비사회를 특징짓는 상태나 다름없다. 소비사회를 비판하기 위한 구호를 생각한다면 그것은 "사치하게 하라"가 될 것이다.

소비 대상으로서의 노동과 여가

소비를 기호나 관념의 소비로 생각해 보면, 사실 현대의 여러 영역이 소비의 논리로 움직이고 있음을 알 수 있다. 인간의 모든 활동이 소비의 논리로 뒤덮이고 있다.[17]

그중에서도 보드리야르가 주목하는 것은 노동이다. 현재는 노동마저도 소비의 대상이 되고 있다. 무슨 말이냐 하면, 노동은 이제 바쁨이라는 가치를 소비하는 행위가 되었다는 것이다. "하루에 15시간씩 일하는 것이 자신의 의무라고 생각하는 사장이나 임원들의 **고의적인** '바쁨'이 좋은 예이다."[18]

이는 노동 자체가 아무런 가치도 생산하지 않게 되었다는 의미가 아니다. 당연히 사회 속의 노동은 가치를 생산하며, 그것이 없으면 사회는 돌아가지 않는다. '노동의 소비'라는 사태가 의미하는 것은 그런 것이 아니라 소비의 논리가 노동마저 덮어 버렸다는 것이다.

이렇게 보면 갤브레이스가 경박하게 권장하던 '새로운 계급'의 문제점을 더욱 잘 알 수 있다. 갤브레이스는 일에서 삶의 보람을 찾는 계급의 탄생을 환영했다. 그러나 그것은 소비의 논리를 노동에 끌어들인 것에 불과하다. 이들이 노동하는 것은 '삶의 보람'이라는 관념을 소비하기 위해서이다.

여기서 더욱 흥미로운 사태가 나타난다. 노동이 소비되기 시작하면 이번에는 노동 외의 시간, 즉 여가도 소비의 대상이 된다. 자신이 여가에서 제대로 된 의미나 관념을 소비하고 있음을 보여 주어야 하는 것이다. "나는 생산적 노동에 구속되지 않을 것이다." "자유롭게 여가를 낼 수 있다." 그러한 증거를 제시할 것을 누구나 재촉당하고 있다.[19]

---

17 소비의 논리는 "문화 전체, 섹슈얼리티, 인간관계, 개인적 팬터즘(Phantasm) 과 개인적 충동까지도 지배하고 있다". (*La société de consommation*, p.308.; 同前, 302頁.)

18 Ibid., p.248.; 同前, 235頁. 강조는 인용자. 〔옮긴이〕 "그것은 하루 15시 간씩 일하는 것을 자신의 의무로 생각하는 임원과 CEO에게 영향을 끼치는 '노예 상태'이다."

19 Ibid., p.249.; 同前, 236-237頁.

그래서 여가는 더 이상 활동이 정지되는 시간이 아니다. 그것은 비생산적 활동을 소비하는 시간이다.[20] 여가는 이제, "나는 좋아하는 것을 하고 있다"라는 것을 전력을 다해 주변에 피력하고 과시해야 하는 시간이다. 역설적이지만 **무언가를 해야 하는** 것이 여가 시간인 것이다.[21]

〈파이트 클럽〉이 그려 낸 소비사회

소비사회는 사람들을 끝나지 않는 기호의 게임으로 이끌었다. 사람들은 그곳에서 **서슴지 않고** 의미를 쫓는다. 차례차례 새로운 의미를 공급받고 그것을 계속 소비한다. 그렇다면 언뜻

---

20 "여가 속의 시간은 '자유' 시간이 아니라 지출된 시간이며, 완전히 쓸데없다고는 말할 수 없다. 이 시간은 사회적 의미에서 개인에게 지위를 생산하는 순간이다." (Ibid., p.249.; 同前, 236頁.)

21 "소비자로서의 인간은 향유를 의무로 삼는 존재로, 향유와 만족의 기획으로 스스로를 간주한다. …… 소비자, 즉 현대사회의 시민들에게 행복과 향유의 이 구속에서 벗어나는 것은 논외다. 이 구속은 새로운 윤리에서는 노동과 생산의 전통적 구속과 등가적이다. 현대인이 노동 속에서 생산에 들이는 시간은 점점 적어지고 있지만, 자기 자신의 욕구와 안녕의 끊임없는 생산과 연속적인 혁신에 들이는 시간은 점점 많아지고 있다. 그는 언제든지 자신의 모든 잠재력(virtualité), 모든 소비 능력을 동원하기 위해 신경을 써야 한다. 그것을 잊어버린다면, 그는 어떻게든 행복해야 한다고, 친절하게, 하지만 집요하게 상기시켜 줄 것이다. 따라서 현대인이 수동적이라고 말하는 것은 옳지 않다. 그는 지속인 활동을 전개하고 있고 전개해야 한다. 그렇지 않으면 자신이 가진 것에 만족하여 반사회적 존재가 될 위험이 있을 것이다." (Ibid., pp.112-113.; 同前 99-100頁.)

보기에 소비사회는 **지루함**과는 정반대 극에 위치한 라이프스타일을 사람들에게 가져다주는 것처럼 보일 수도 있다. 사람들은 바쁘게 살게 될 것이기 때문이다.

물론 그렇게 판단하는 것은 섣부르다. 소비에는 한계가 없기 때문에 끝없이 반복되며, 끝없이 반복되는데도 만족이 초래되지 않는다는, 앞서 지적한 이 악순환에 대해 생각만 해도 이는 쉽게 상상할 수 있을지 모른다. 위의 분석만으로도 소비사회는 **채워지지 않음**이라는 지루함을 전략적으로 만들어내고 사람들을 그 속에 던져 넣음으로써 살아남고 있다고 할 수 있을지 모른다.

여기서는 이를 좀 더 알기 쉽게 설명하기 위해 영화 한 편을 소개하고자 한다. 1999년 미국에서 제작된 〈파이트 클럽〉(데이비드 핀처 감독)이다. 이 영화는 소비사회와 그에 대한 거부감이 어떤 말로를 맞이하게 되는지를 희비극적인 방식으로 멋지게 그려 낸 작품이다.

주인공은 에드워드 노턴이 연기하는 자동차 회사 근무 사업가. 자기네 회사의 자동차 사고 현장을 방문해 원인을 조사하고 리콜을 해야 할지 여부를 사정査定하는 것이 그의 업무다.

매일같이 비행기를 타고 사고 현장으로 향하고 호텔에 묵는다. 매일 다른 곳에서 자고 일어나는 생활. 비행기나 호텔에서 제공하는 일회성 편의용품(칫솔, 면봉, 스낵)을 쓰고 버리는 매일. 그는 그것에 지쳐 있다.

그래서일까, 그는 자학적이다. 자동차 리콜에 관한 냉혹한 계산 논리(비록 사고가 자사 자동차의 결함에서 유래한 것이라 하더라도 예상되는 배상 총액이 리콜 비용보다 낮다면 리콜하지 않는다)를 비행기에서 옆자리에 앉은 사람에게 이야기한다(비행기에서 만나는 인간은 일회성 친구이다).

혹은 자신이 타고 있는 비행기가 이대로 가다가는 큰 사고가 나지 않을까 몽상을 한다. 비행기가 흔들릴 때마다 흥분을 느낀다.

그런데 그런 그의 즐거움은 북유럽 가구다. 고민 끝에 소파를 사고, 방 안을 브랜드 가구로 가득 메운다. 그의 방은 바로 그 자신이다. 카메라로 파노라마 사진을 찍으면서 방 안 가구의 상품명과 가격을 표시하고, 그의 방을 브랜드 가구업체의 카탈로그 입체화처럼 그려 내는 첫 장면은 압권이다. 그 방 안에서 그는 말한다. "현대 젊은이들은 포르노보다 브랜드를 원한다."

그는 불면증에 시달리고 있다. 며칠째 잠을 이루지 못하고 현실감각을 잃어 가고 있다. 모든 것이 카피의 카피의 카피……인 것처럼 생각된다. 도움을 찾아 병원을 전전하던 중 우연히 그의 마음을 채워 줄 무엇인가를 발견한다. 그것이 난치병 환자들의 모임이다.

미국에서는 흔히 볼 수 있는 것 같은데, 이 모임은 같은 고민을 안고 있는 사람들이 고민을 털어놓고 함께 이야기하고 우는 자리이다(이야기가 빗나갔지만, 이러한 돌봄의 장이 제대로 마련되어 있는 것이 미국 사회의 강점이다).

그는 암으로 고환을 적출한 사람들의 모임에 가명으로 참석한다. 모임에서 처음에 이야기를 시작한 남자는 이혼한 전처가 재혼 상대와의 사이에서 딸을 낳았다고 흐뭇하게 말한다. 그리고 결국 울음을 터뜨린다. 그래, 고환이 없는 그는 그녀와 아이를 가질 수 없었다. 아마 그래서 이혼한 것 같다.

이야기가 끝나면, 멤버는 일대일로 대화를 나눈다. 노턴이 연기한 그는 어떤 거한과 짝을 이루게 된다. 그는 자신의 반평생을 이야기한다. 근육강화제를 남용한 탓에 암에 걸렸다. 그래서 고환을 적출했다. 가족들에게도 버림받아 무일푼이 되었다.

마지막으로 거한은 말한다. "이제 네가 울 차례야, 코닐리어스." 코닐리어스는 노턴이 연기한 남자가 사용한 가명이다. '코닐리어스'는 가짜 참가자다. 하지만 그럼에도 불구하고 그는 봇물 터지듯 울기 시작한다. 그리고 그날 밤 정신없이 잠이 든다. 모임 참석자들의 '고통'에 둘러싸임으로써 그는 안식을 얻은 것이다.

타일러와의 만남

어느 날 그는 비행기 안에서 브래드 피트가 연기하는 타일러 더든을 만난다. 비누를 만들어 판다는 타일러는 그와는 정반대로 하나부터 열까지 자유분방한 인물이다. 반사회적 행동도 서슴지 않는다. 우연한 계기로 두 사람은 술집에서 술을 마시게 된다. 말을 주고받던 중 브랜드 제품에 집착하는 삶의 방식을 비난하며 타일러는 말한다. "우리는 소비자다. 라이프스타일의 노예다." "너는 물건에 지배당하고 있다." 타일러는 바로 소비사회를 거부하는 인간이다.

그런 타일러가 술집 밖에서 기묘한 소원을 제안한다. "나를 최대한 세게 때려 줘."

당황하면서도 부탁받은 대로 타일러를 때리기 시작하고, 두 사람은 그대로 피투성이가 될 때까지 난투극을 벌인다. 그리고 주먹다짐이 끝난 후 노턴이 연기하던 그 '명품남'은 타일러에게 빙의된 듯 자신감 넘치는 표정을 짓는다. 두 사람은 의기투합해 공동생활을 시작한다.

두 사람은 이후에도 종종 술집 바깥에서 주먹다짐을 하는데, 이상하게도 그 주먹다짐에 동참하고 싶어 하는 사람들이 생겨난다. 참가자는 점점 늘어났고, 그 모임은 "파이트 클럽"으로 불리게 된다.

클럽에는 사회의 중심에서 밀려난 남자들이 모여든다. 청소부, 웨이터 등 결코 고소득을 올리고 있다고 할 수 없는 노동자들. 회사에서 무용지물 취급을 받고 있는 샐러리맨. 깡마르고 비실비실한 공부벌레. 허접한 삶을 살아온 냄새를 풍기는 금발의 남자.

이들은 서로를 때리고 피를 흘리고 파이트가 끝난 후에는 눈물을 흘리며 포옹한다. 그들은 서로를 때림으로써 자신들에게는 육체가 있다, 베면 피가 난다, 자신들은 살아 있다고 확인하는 것 같다.

파이트 클럽의 멤버들은 막대한 수로 불어난다. 어느 날, 타일러는 멤버들에게 말한다.

뛰어난 체력과 지력을 타고난

너희들의 가능성이 뻗어 나가지 못하고 찌부러지고 있어.

직장이래 봤자 고작 주유소나 레스토랑.

보잘것없는 샐러리맨인 너희들은 선전 문구에 현혹되어

필요도 없는 차나 옷 같은 걸 사 댈 뿐.

역사의 틈새에 끼어 어떻게 살아야 한다는 목표라곤

아무것도 없지.

세계대전도 없고 대공황도 없어.

우리의 전쟁은 영혼의 싸움이고

매일의 생활이 대공황이야.

텔레비전은 '너도 내일은 억만장자 또는 슈퍼스타'라고

말하지만 말짱 거짓말이야.

그 현실을 알기에

우리는 화가 치미는 거라고!

클럽은 확대됨에 따라 점차 당초의 목적에서 벗어나 타일러가 매주 '숙제'를 내면 멤버들이 이를 실천하게 된다.

'숙제'의 내용은 처음에는 장난 같았다. 싸움을 걸어라. 비디오 가게의 방범 설비를 못 쓰게 만들어라. 비둘기 먹이를 대량으로 뿌려 고급차를 비둘기 똥으로 뒤덮어라. 주차장의 정지 장치를 뾰족한 것으로 바꾸어 타이어를 펑크 내라.

하지만 장난은 점점 커져 간다. 그리고 조직도 점점 견고해진다. 타일러는 멤버들에게 절대적인 비밀주의를 강제하고, 또 멤버들은 자신들이 그러한 비밀결사의 일원으로서 규율을 부여받는 것에서 삶의 기쁨을 느낀다. 폭주하는 파이트 클럽. 노턴이 연기한 남자도 타일러의 지나친 행동을 경계하지만, 그러나 타일러가 하는 일에는 나름의 이치가 있다고도 느낀다…….

소비사회와 그것에 대한 거부

이것으로 영화 내용의 절반 정도를 담았다. 이 영화에는 소비사회와 그 거부의 문제, 그리고 한가함과 지루함을 살아가는 인간이 직면한 어려움이 응축된 형태로 그려져 있다.

노턴이 연기하는 사업가는 강렬한 현실감 상실에 시달리고 있다. 그는 리콜 사정 업무를 계속하면서 죽음을 숫자로 취급하는 것을, 그리고 그 업무를 계속하기 위해 **일회성으로 사라지는** 물건이나 사람으로 살도록 강요받고 있다.

그에게는 이 현실이 현실로 느껴지지 않는다. 그리고 그 현실감 상실이 그에게 **엄청난 지루함을 주고 있다.**

1장에서 보았듯이, 버트런드 러셀은 지루함이란 사건을 바라는 마음이 꺾인 것이며 지루함의 반대는 쾌락이 아니라 흥분이라고, 그리고 지루해하는 사람에게 사건은 단지 오늘과 어제를 구별해 주면 되는 것이지 반드시 유쾌한 것이 아니어도 좋다고 했다.

자신이 탄 비행기에 사고가 나서 추락하기를 바라는 그의 마음은 극에 달해 있다. 오늘과 어제가 구별되기만 한다면 그는 자신의 죽음조차 마다하지 않을 것이다(그의 대사는 아니지만 극 중 이런 대사가 나온다. "죽다니, 클레어는 똑똑해").

또한 그는 지루해하지만 한가하지는 않다. 업무에 정신없이 치여 쫓기는 나날이다. 3장에서 한가함과 지루함을 구별한 그림을 작성했는데(본서 138쪽), 그가 구현하고 있는 것은 한가하고 지루해하는 것도, 한가하나 지루해하지 않는 것도 아니고, 한가하지도 않고 지루해하지도 않는 것이 아니고, 네 번째 모습, **한가하지는 않으나 지루해하는** 인간의 모습이다.

이 한가함 없는 지루함을 사는 그는 그것을 브랜드 제품의 소비라는 전형적인 소비 인간의 행동으로 극복하려고 한다. 하지만 극복할 수 없다. 보드리야르가 말했듯이, 소비에는 한계가 없기 때문이다. 그는 **소비는 하더라도 낭비는 하지 않는** 것이다.

그는 현실을 살고 있다는 감각을 원한다. 난치병 환자들의 모임에서 그들의 몸에 뿌리내린 고통을 만났을 때 그가 해방감을 느낀 것은 그래서다.

그는 그곳에서 비로소 현실(고통)을 만났다. 그때까지 그는 고통스럽지만 고통 속에 있지 않았다. 그는 제대로 고통받기를 원한다.

그렇다고는 해도, 모임에 참가하는 것은, 말하자면 고통을 시뮬레이션하는 것이다. 그것이 오래갈 리가 없다. 그는 닥치는 대로 비슷한 모임에 참석하지만, 우연한 일로 그것도 잘되지 않는다(마찬가지로, 가명으로 모임에 참석하는 여자가 나타나면서 그는 다시 잠을 이루지 못하게 된다).

주먹다짐은 그런 **고통의 시뮬레이션을 대신해 나타난다**. 이것은 '진짜' 고통이다. 파이트 클럽에서의 주먹다짐으로 그는 머리를 몇 바늘이나 꿰매야 할 정도로 크게 다친다. 하지만 그 아픔이 그에게 살아 있다는 실감을 주는 것이다.

이 영화에는

(1) 현실과 동떨어진 소비의 게임: 브랜드광

(2) 현실(고통)의 시뮬레이션: 난치병 환자 모임 참가

(3) 현실(고통)의 현전: 파이트 클럽

이라는 세 가지 모델이 정말 아주 능숙하게 그려져 있다.

타일러는 누구인가?

그렇다면 타일러는 어떨까? 그는 전형적인 반소비사회의 인간이다. 그는 말한다. "너는 물건에 지배당하고 있다." "선전 문구에 현혹당해서 필요하지도 않은 차나 옷을 사 댄다."

하지만 중요한 것은 타일러가 소비사회의 논리의 바깥에 있는 것은 아니라는 점이다. 타일러는 '나답게' 살고 있는 것이 아니다. 그는 **소비사회의 논리에 따른 채로** 소비사회를 거부함으로써 타일러가 되고 있다. 무슨 말인가?

소비사회에서는 지루함과 소비가 상호 의존하고 있다. 끝나지 않은 소비는 지루함을 달래기 위한 것이지만 동시에 지루함을 만들어 낸다. 지루함은 **소비를 부추기고 소비는 지루함을 낳는다**. 여기에는 한가함이 끼어들 여지가 없다.

소비와 지루함의 사이클은 반복될 수밖에 없지만, 그러나 역시 지루하기 때문에 그 사이클은 결국 거부반응을 낳는다. 그렇게 태어나는 것이 타일러다.

타일러 같은 인물은 신선하게 다가온다. 노턴이 연기하는 명품남도 처음에는 타일러의 자유분방함을 동경한다. 소비사회의 특수한 억압 속에서는 그와 같은 인물이 멋있어 보인다 (브래드 피트가 연기해서 멋있는 것은 아니다!).

하지만 사실 타일러는 전혀 자유롭지 않다. 만약 그가 진정으로 자유롭다면 그는 나름대로 새로운 형태의 해방을 적극적으로 생각했을 것이다. 하지만 그는 소비사회를 거부하고 파괴할 뿐이다. 당연히 파괴 뒤에 무엇이 올지, 그때 무엇을 해야 할지는 전혀 생각하지 않는다.

그렇다면 타일러는 왜 파괴로 향할 수밖에 없을까?

그는 뭔가 '본래적'인 삶이 있는 것처럼 말하지만, 그것이 무엇인지 명확하게 알지 못하기 때문이다. 이는 소비가 가져다주는 '개성'이 무엇인지 묻지 않은 채 '개성화'를 부추기는 **소비사회의 논리와 완전히 똑같다.** 그는 소비사회에 의해 부추겨지고, 소비사회의 논리에 따라 소비사회를 거부하고 있다. 그는 소비사회 혹은 소비 인간이 만들어 낸 거울 이미지일 뿐이다. **타일러는 소비사회의 낙오자**인 것이다.

무서운 것은 소비사회가 타일러까지도 이용할 것이라는 점이다. 타일러는 조만간 자멸할 것이다. 그러면 소비사회는 "역시 우리 편에 서는 것이 좋다"며 "풍요로운 사회"(=소비사회)를 권유할 것이다. 심지어 타일러의 시도를 상품으로 이용

하기도 할 것이다.[22]

타일러와 같은 소비사회의 거울 이미지는 소비사회가 자기의 존속을 위해 만들어 내는 것이라고도 할 수 있다.[23]

현대의 소외

이 영화를 한가함과 지루함의 윤리학의 관점에서 다음과 같이 말하고 싶다.

소비사회에 의해 초래되는 '현대의 소외'라고 불러야 할 사태가 분명히 존재한다. 그리고 (영화에 묘사된 만큼 **진부하고 과격**하게 되었는지 어떤지는 몰라도) 이 소외 속에는 뭔가 강렬한 정념

---

22 예를 들어 혁명 투사 체 게바라는 지금은 완전히 캐릭터 취급을 받고 있다.

23 이 영화는 이런 내용까지 다루고 있다는 듯, 타일러가 조직하는 파괴 공작을 그리고 있다. 파괴 장면에서는 코믹한 음악이 흘러나와 진부함을 풍긴다. 최종 계획의 실현 장면도 철저하게 만화적이다.

또한 이 영화가 고통받는 것에 대한 욕망뿐만 아니라 조직되는 것, 규율을 부여받는 것에 대한 욕망을 그려 내고 있다는 점도 지적하고 싶다. 멤버들은 절대적인 비밀주의를 지키면서(조직에서는 질문을 해서는 안 된다) 자신들이 무엇을 위해 훈련받고 작업을 하는지도 모른 채 그저 타일러의 명령을 실천하는 것만으로도 기쁨을 느낀다. 매일의 생활이 대공황이라고는 하지만 세계대전도 대공황도 없는 매일이다. 그들은 사명을 부여받음으로써 그로부터 '해방'된다. 따라서 **주어지는 사명의 내용은 아무래도 좋다**. 자신이 무엇인가 큰일과 관련되어 있다는 느낌만 있으면 된다. 1장에서 소개한 파스칼 정리가 떠오른다. 기분 전환은 지루함을 달래 주는 것이라면 무엇이든 상관없다.

이 있다.

일반적으로 소외란 인간이 본래의 모습을 상실한 비인간
적 상태를 가리킨다. 과거에는 '노동자의 소외'가 크게 회자
되었다. 노동자는 자본가에게 열악한 노동조건·노동환경을
강요받아 인간으로서의 본래의 모습을 잃은 것으로 간주되
었다. 가령 마르크스의 『자본』을 읽으면 지금은 믿을 수 없을
만큼 열악한 노동조건 아래에서 일하는 사람들의 모습이 그
려져 있다.

이에 반해 소비사회에서의 소외는 과거 노동자의 소외와
는 근본적으로 다르다. 소비사회에서의 소외는 **누군가가 누군**
가에 의해 당하는 것이 아니기 때문이다. 소비사회에서 소외
된 인간은 **자신이 자신을 소외시킨다.** 보드리야르는 다음과
같이 말한다. "[소비사회에서] 소외된 인간이란 쇠약해지고 가난
해졌지만 본질까지는 침범되지 않은 인간이 아니라 자기 자신
에 대한 악이 되어 적으로 변한 인간이다."[24]

왜 그렇게 말할 수 있는가? 그것은 끝없는 소비의 게임을

---

24   Ibid., p.306.; 同前, 300頁. 덧붙여 보드리야르의 완고한, 어떤 의미에
서는 보수적이라고도 할 수 있는 소비사회 비판을 읽어 온 우리에게는
다소 놀랍지만, 그의 논의는 소비사회에 대한 옹호로 받아들여지고 있
다. 이는 예나 지금이나 보드리야르를 논하는 사람들이 실제로 보드리
야르의 텍스트 따위는 조금도 읽지 않았다는 증거나 다름없다. 또 그의
저작은 소비사회를 교묘하게 연출한 자본가들에 의해 호의적으로 받
아들여지고 활용되었다는 점도 지적하고 싶다. 가령 쓰쓰미 세이지(堤
清二)가 보드리야르의 『소비사회의 신화와 구조(消費社会の神話と構
造)』를 읽고 무인양품(無印良品)을 만든 것은 유명한 이야기이다.

계속하고 있는 것이 소비자 자신이기 때문이다. 확실히, 어떤 의미에서 소비자는 소비를 강제당하고 있다. 광고에 현혹되어 소비 게임에 참여하도록 강요되고 있다. 그러나 그것은 자본가가 돈에 의해 노동자에게 열악한 조건에서 일하게 하는 경우의 강제와는 다르다. 소비자들은 스스로 자신들을 궁지로 몰아넣는 사이클을 **필사적으로 계속 돌리고 있다.** 인간이 누군가에게 잠식당하는 것이 아니라, 인간이 스스로 자신을 잠식하는 것이 소비사회의 소외인 것이다.[25]

소외와 본래성

다만 여기서 주의해야 한다. 이 소외를 단순히 소외라고 지칭하는 것만으로는 중대한 잘못을 범할 수 있다.

이번 장의 첫머리에서 말했듯이, 소외는 한때 '노동자의 소외'로 활발하게 논의되었지만, 어느 순간부터 오히려 적극적으로 멀리하는 개념이 되어 버렸다. 왜 그렇게 되었는가 하면, 이 개념이 아무래도 위험하다고 여겨지게 되었기 때문이

---

25 갤브레이스 같은 '풍요한 사회'를 신봉하는 부류라면, 이 정념에 대해 "풍요함에 순응하는 것은 쉽지 않다"라고 말할 것이다. (Ibid., p.280.; 同前 268頁.) 소비사회 속에서 파도를 타지 못하는 사람들을 바보로 취급하고 기호와 장난칠 것을 권하는 논자들은 끊이지 않는다. 하지만 그들은 자신들도 소비사회 속에서 인내하고 있다는 점을 깨닫지 못하고 있을 뿐이다.

다. 어찌 된 것일까?

소외된 상태는 사람들에게 "뭔가 다르다" "인간은 이런 상태에 있어서는 안 된다"라는 기분을 들게 한다. **여기까지는 좋다**. 그런데 여기서부터 사람들은 "왜 그러냐 하면, 인간은 **원래는** 그렇지 않았기 때문이다"라든가, "인간은 **본래** 이래야 했다"처럼 생각하기 시작한다.

즉, 소외라는 단어는 '원래의 모습' '돌아가야 할 모습', 요 컨대 '본래의 모습'이라는 것을 이미지화시킨다. 이것들을 본 래성이라든가 '본래적인 것'이라고 부르기로 하자. 소외라는 말은 사람들에게, 본래성이나 본래적인 것을 상기시킬 가능성 이 있다.

본래적인 것은 매우 위험한 이미지이다. 왜냐하면 그것은 강제적이기 때문이다. 무엇인가가 본래적인 것이라고 결정되 면, 모든 인간에게 그 '본래적'인 모습이 강제된다. 본래성 개 념은 사람들에게서 자유를 빼앗는다.

그뿐만이 아니다. 본래적인 것이 강제적이라는 것은, 거 기에서 벗어나는 사람이 배제된다는 뜻이기도 하다. 무엇인 가에 의해 인간의 '본래 모습'이 결정되면, 사람들에게 그것이 강제되고, 도저히 거기에 들어가지 못하는 인간은 인간답지 못한 존재로 배제되는 것이다.

예를 들어 "건강하게 일하는 것이 인간의 본래 모습이다" 라는 본래성 이미지가 받아들여진다면, 여러 가지 이유로 '건 강'을 향유하지 못하는 인간은 비인간으로 취급된다. 이보다 더 끔찍한 일은 없다.

본래성 혹은 본래적인 것은 강제와 배제에 이를 수밖에 없다. 그리고 소외가 활발히 논의되던 무렵, 어느 순간부터 사람들은 소외의 개념이 '본래성'의 개념과 떼어 놓을 수 없는 것이 아닌가 하는 생각을 하게 되었다. 그래서 소외는 위험하게 여겨졌다. 그리고 사용하지 않게 되었다.[26]

26 여기서 보드리야르의 소비사회론이 지닌 문제점에 대해 지적해 두고 싶다. 그는 소비사회 속에서 '현대의 소외'를 보았다. 그리고 동시에 이 소외 개념이 갖는 위험성에도 주의를 기울이고 있다. 예를 들어 검소한 생활을 권장함으로써 소비사회를 비판하는 방식을 그는 '도덕주의'라 부르며 비판한다. 또한 '자본주의의 광란에 의해 어지러워진 인간의 삶'과 '되찾아야 할 온화한 본래적 인간성'을 대립시키는 논의에 대해서도 민감하다. 그런 논의를 그는 "'소외'에 관한 사이비 철학"이라고 부른다.

그러나 종장의 끝부분을 보면 아무래도 그의 경계심은 철저하지 않은 것 같다.

보드리야르는 소비사회가 왜 소외를 초래하는 사회라고 말할 수 있느냐는 반론에 답하며 이렇게 말한다. 왜 소비사회가 소외의 사회인가 하면 이 사회가 '억압의 사회'이기 때문이다. 현대사회에는 아노미, 도무지 이해할 수 없는 폭력, 우울증(피로, 자살, 노이로제)이 횡행하고 있다. 이것이 바로 그 증거다. (Ibid., p.280.; 同前, 268頁.)

이는 틀린 말이 아니다. 확실히, 소비자에게 선택의 자유를 강제하는 것은 일종의 억압일 것이다. 거기서 유통되고 소비되는 관념(예를 들어 '개성화')은 사람들에게 엄청난 스트레스를 주고 있다고도 할 수 있다. 그런 상황은 그가 소비사회론을 세상에 내놓았던 40년 전보다 더 심각해졌다고 할 수도 있다.

하지만 이것은 아마도 답으로서는 충분하지 않을 것이다. 왜냐하면 소비사회가 아노미나 도무지 이해할 수 없는 폭력이나 우울 상태를 산출하고 있다고 말하는 데 그친다면, 그전의 사회는 그런 것들로부터 자유로웠다는 이야기가 되기 때문이다. 잃어버린 옛 사회를 되찾아야 한다는 논의가 되어 버리는 것이다.

소외를 재고하다

이상이 소외와 본래성을 둘러싼 여러 문제의 대략적인 역사이다. 본래성의 문제점은 분명하다. 그리고 소외는 어느 순간부터 공범으로 간주되기 시작했다. 그리고 이른바 동시에 체포되어 벌을 받은 것이다.

실제로 보드리야르는 경박한 소비사회 옹호론자처럼 여겨지는 측면이 (왠지) 있는데, 실상은 정반대이며, 프랑스의 오랜 좌파답게 좋았던 옛 질서를 결과적으로 긍정하는 면이 매우 강하다. 이는 보드리야르가 일찍이 80년대 일본에서 그토록 논의되었음에도 불구하고 전혀 이해되지 않았고, 지금도 이해되지 않고 있는 부분이다. 그래서 그가 천착한 소비와 낭비의 구별 따위는 아무도 언급하지 않았던 것이다. 이 점은 강하게 주장해 두고 싶다.

실제로 보드리야르는 다음과 같이 말하기도 했다. 소비사회가 초래하는 새로운 사회적 강제는 "새로운 형태의 해방 요구로만 대응할 수 있다." (Ibid., p.281.; 同前, 269頁.) 그는 적어도 명시적으로는 되찾아야 할 온화한 본래적 인간성 등에 의거하지 않고, '새로운 형태의 요구'의 출현을 기대했다.

그는 해방에 대해 말했다. 그래서 소비를 상대화하는 낭비 개념을 내세웠다.

문제는 이 '새로운 형태의 해방'이 무엇인지를 보드리야르가 충분히 보여 주지 못했다는 점이다. 그는 이 '해방'의 요구가 현재로서는 소비사회에 대한 거부라는 형태만 산출하고 있다고 개탄했다. (Ibid., p.281.; 同前, 269-270頁.) 그렇다면, 그것과는 다른 어떤 '새로운 형태의 해방'이 있을 수 있을까? 그는 이 물음을 파고들지 않았다.

이것은 억지 비판일지도 모른다. 하지만 소외라는 단어를 사용할 때는 이 점에 의식적이어야 할 것이다. 소비사회의 부정적인 면을 들먹이는 것만으로는 소비사회 전의 사회가 되찾아야 하고 돌아가야 할 '본래적인 것'으로서 슬그머니 고개를 내밀게 되는 것이다.

하지만 이 역사를 바탕으로 이 책은 다음과 같이 묻고 싶다. 확실히 본래성 개념에는 큰 문제가 있다. 하지만 그렇다고 해서 소외 개념까지도 함께 던져 버렸어야 했을까? 소외가 본래성과 공범 관계에 있다는 것은 정말 틀림없는 사실일까? 어쩌면 그 공범 관계를 발견했을 때, 논자들은 뭔가 대략적인 논의에 만족했던 것은 아닐까? 함께하지 말아야 할 것들을 함께 논하고 있었던 것은 아닐까?

소비사회가 전략적으로 만들어 내는 **채워지지 않음** 속에서 지루함을 느끼는 인간은 "이것은 뭔가 잘못되었다" "이런 상태에 있으면 안 된다"라고 느낀다. 즉, 소외라는 말을 입에 담지 않아도 사람들은 소외를 느낀다. 그렇다면 왜 그것을 소외라고 지칭하고 논해서는 안 되는 것일까?

아니, 차라리 이렇게 말해야 한다. 소외라는 개념을 멀리한다면 이 사태를 어떻게 다룰 수 있을까? 다룰 수 없는 것 아닌가? 즉, 사상이나 철학이 소외라는 개념을 기피하기 시작했을 때 일어난 일은 **소외를 더 이상 다루지 않겠다**는 것이 아니었을까? 요컨대 소외 개념에서 본래성 개념과의 공범 관계를 발견하고 이를 기꺼이 규탄하기 시작한 사상·철학은 그저 단순히 **소외라는 현실을 외면했을 뿐**이었던 것 아닐까?

만약 그렇다면, 거기에서 태어난 것은 단순히 현상을 추인하는 사상·철학이다.

그리고 실제로 소외의 개념을 내다 버린 사상·철학은 그런 것이었던 것 같다.

어떤 비참한 상황 속에서 사람이 "이건 뭔가 잘못되었다"

"이런 상태에 있어서는 안 된다"라고 느끼는 것은 당연하다. 그렇게 느껴졌다면 그 원인을 규명하고 이를 개선하기 위해 노력해야 한다. 소외 개념은 그것을 가능하게 한다.

그렇다면 문제는 소외 개념에 있는 것이 아니다. 소외 상황에 대한 처방전으로 **나중에 본래성 개념이 제시되는** 데 있다. 소외된 자에게 그 자의 '본래의 모습'을 제시하는, 이 구제책 쪽에 문제가 있는 것이다.

본래성 개념과 함께 소외 개념까지 내다 버리는 것은 처방한 약이 잘못되었다고 해서 진단 결과의 차트까지 내다 버리는 것과 같다.

지루함, 특히 현대의 지루함은 소외라고 불러야 할 양상을 보인다. 그렇다면 적극적으로 이 개념에 대해 생각해야 한다. 소외라는 개념을 계속 기피한다는 것은 이 현실을 계속 외면하는 것을 의미한다.

그렇다면 위의 내용을 바탕으로 이 소외라는 개념을 어떻게 마주해야 할까? 질문해야 할 것은 다음과 같은 문제이다. 과거에 소외 개념을 규탄할 때 규탄의 이유로 내세웠던 소외 개념과 본래성 개념 사이의 공범 관계는 정말 근거가 있는 것이었을까? 요컨대 소외는 본래성과 정말 분리될 수 없는 것인가?

이제부터는 이 문제에 대해 철학사를 참고하면서 자세히 검토하고자 한다. 이번 장의 첫머리에서 말한 대로, 이는 다소 복잡한 철학적 논의가 될 것이다. 가능한 한 알기 쉽게 설명하는 것을 목표로 하겠지만, 귀찮다면 다음 기회에 읽기로 하고,

다음 장으로 넘어가도 무방하다.

루소와 소외

소외 개념 자체는 독자적 철학적 전통을 가지고 있다. 그 기원은 신학까지 거슬러 올라가지만 근대적 소외 개념의 기원은 일반적으로 장 자크 루소(1712~1778)에서 비롯되었다고 알려져 있다.[27]

열쇠는 루소가 제시한 자연 상태 개념이다. 자연 상태란 17세기경부터 활발하게 논의되기 시작한 개념이다. 이를 논하면서 철학자들은 인간이 자연의 상태, 즉 정부나 법 등이 아무것도 없는 상태에서는 어떻게 살아갈 것인가에 대해 생각했다.

이 자연상태론에는 몇 가지 버전이 있다. 루소의 그것은 매우 유명한 것 중 하나이다. 루소에 따르면 자연 상태에서 인간들은 선하게 살고 있다. 인간에게 불행을 가져다준 것은 문명사회이며, 문명사회야말로 인간에게 소외를 가져다주었다고 그는 주장한다.

예를 들어 루소는 다음과 같이 말한다.

이 상태(자연 상태)에 놓인 인간은 극히 비참한 존재라고

---

27   今村仁司,「解説」, フリッツ・パッペンハイム, 『近代人の疎外』, 粟田賢三 訳, 岩波書店, 同時代ライブラリー, 1995, 170頁.

지금까지 반복적으로 지적되어 왔다. …… 그런데 자유롭고, 마음이 평안하며, 신체가 건강한 인간이 어떤 의미에서 '비참'한지 설명해 주기 바란다.

내가 묻고 싶은 것은 문명의 삶과 자연의 삶 중 어느 쪽이 그곳에서 사는 사람들이 견디기 힘든 삶인가 하는 것이다. 우리 주변을 둘러보자. 삶의 고달픔을 한탄하는 사람들만 있지 않은가.[28]

루소에 따르면 자연 상태는 평화롭다. 문명인들이 '삶의 고달픔'을 한탄하는 것과 대조적으로 자연인들은 마음 편히 살고 있다. 그런데 왜 루소는 자연인의 생활을 그렇게 '비참함'과는 거리가 먼 것으로 그려 낼 수 있었을까?

홉스의 자연상태론

루소보다 앞서 자연 상태에 대해 논한 것이 토머스 홉스 (1588~1679)이다. 홉스와 루소의 자연상태론을 비교함으로써

---

28 Jean-Jacques Rousseau, *Discours sur l'origine et les fondements de l'inégalité parmi les hommes, Œuvres complètes*, Volume III, coll. "Pleiade", Gallimard, pp.151-152.; ルソー『人間不平等起源論』, 中山元 訳, 光文社古典新訳文庫, 2008, 96-97頁.; 장 자크 루소, 『인간 불평등 기원론』, 이충훈 옮김, 도서출판b, 2020.; 장 자크 루소, 『인간 불평등 기원론』, 이재형 옮김, 문예출판사, 2020.)

이 문제에 대해 생각해 보자.

홉스는 루소와는 대조적으로 자연 상태를 전쟁 상태로 묘사했다. 자연 상태에서 볼 수 있는 것은 '만인에 대한 만인의 투쟁'이라고 주장했다. 홉스가 그렇게 주장하는 근거는 매우 흥미롭다.

홉스의 생각은 이렇다. 인간은 애초에 평등하다. 그것은 평등의 권리를 가지고 있다거나 평등하게 대우받아야 한다거나 하는 것이 아니다. 인간 한 사람 한 사람은 모두 크게 다르지 않다는 것이다.

확실히 힘이 센 사람도 있고, 반대로 매우 힘이 약한 사람도 있다. 그러나 아무리 힘이 센 사람이라도 여럿이서 패거리를 지어 맞서면 쓰러트리지 못할 정도는 아니다. 인간 사이의 힘 차이는 그 정도이다. 몸을 움직일 수 없는 사람이라도 동료들을 모아 그들에게 지시하면 힘센 사람을 제압할 수 있을 것이다. 인간의 힘겨루기는 어차피 도토리 키 재기일 뿐이다. 홉스는 이러한 인간이 가진 힘의 평등을 논의의 출발점으로 삼는다.

여기서 다음과 같은 결론이 도출된다. 인간이 힘에서 큰 차이가 없다면, 인간은 누구나 **똑같이 똑같은 것을 희망한다**고 예상된다. 왜냐하면 "그놈이 그것을 가지고 있다면 나도 그것을 가지고 있어도 괜찮을 것이다"라고 생각하게 되기 때문이다. 이것을 '희망의 평등'이라고 한다. 희망의 평등은 불안을 불러일으킨다. 왜냐하면 "나는 이것을 가지고 있기 때문에 다른 사람들도 이것을 노리고 있을지도 모른다"라고 예상하게 되기 때문이다. 무언가를 가지고 있을 때도, 무언가를 원할 때도, 자신에게는 경쟁자가 있다는 감정이 생긴다. 즉, 사람은 상호 불신의 상태에, 그리고 의심에 빠진다.

당연히 그러한 불안을 인간은 견딜 수 없다. 그러면 어떻게 하느냐 하면, 불안을 제거하기 위해 방어책을 강구한다. 혼자서는 힘센 자를 당할 수 없다. 그래서 패거리를 만들어 자신의 힘을 키우려고 한다. 그뿐만이 아니다. 자신들을 위협하는 다른 인간 집단이 있다면 먼저 그들을 공격하려고 할 것이다. 어쨌든, 그렇게 하지 않으면 자신들이 공격당할지도 모르는 것이다.

이렇게 인간들 사이에는 투쟁 상태와 무질서가 생긴다. 이것이 홉스가 말하는 전쟁 상태이다.[29]

---

29   덧붙여, 홉스에 따르면 '만인에 대한 만인의 투쟁(bellum omnium contra omnes)'이라는 자연 상태가 사시사철 치고받으며 싸움을 벌이는 상태가 아니라는 점도 덧붙이자. 위험이 있을 수 있다는 의혹이 항상 지배하고 있는 상태, 그리고 그런 까닭에 쉽게 구체적인 투쟁·전쟁이 생길 수 있는 상태, 그것이 홉스적인 자연 상태이다. 홉스는 자연 상태를 묘사하는 데에서 또 하나, "인간은 인간에 대해 늑대이다(homo homini lupus)"라는 문구를 사용하는데, 이 말은 자연 상태의 그런 성질을 묘사한 것이다. 이는 "사람을 보면 도둑으로 생각하라"라는 의미에 가까운 라틴어 경구인데, 홉스는 자연 상태야말로 이 경구가 들어맞는 상태라고 생각했다. 누구를 봐도 수상하게 생각된다. 이것이 희망의 평등이 지배하는 자연 상태이다. (ホッブズ, 『リヴァイアサン』, 水田洋 訳, 岩波文庫, 改訳版, 1992.)

전쟁 상태에서 국가 형성으로

홉스의 생각에서 흥미로운 점은 그가 평등을 무질서의 근거라고 생각한다는 점이다. 불평등하면 질서가 자연스럽게 생긴다. 누가 누구에게 복종해야 하는지가 분명하고 의심할 여지가 없기 때문이다. 하지만 인간의 힘은 평등하고 큰 차이가 없다. 그래서 희망의 평등과 무질서가 생긴다.

그런데 자연 상태가 계속되는 한, 인간은 이 답답함, 생명의 위험을 계속 느껴야 한다. 그런데 그것이 인간이 애초에 원했던 사태냐 하면, 물론 그렇지 않다. 인간은 역시 평화를 원한다(이것을 제1의 자연법칙이라고 한다).

그러나 자연 상태에서는 누구나 자신의 생명을 지키기 위해 제멋대로 행동하기 때문에 평화가 찾아오지 않는다. 거기에서는 누구나 자신을 지키려 하기 때문에 모두가 위험에 처하게 된다는 모순이 있다.

그렇다면 어떻게 해야 할까? 이 모순을 어떻게 해소할 수 있을까? 홉스의 논의는 간단하다. 자기 자신을 지키기 위해 제멋대로 하는 행동을 **모두가 멈추면 된다.** 자연이 인간에게 부여한 "무엇이든 할 수 있고 무엇을 해도 되는" 권리, 즉 '자연권'을 포기하고 법의 지배〔법치주의〕를 세우면 된다(이를 제2의 자연법칙이라고 한다).

이렇게 해서 모두가 한 국가를 형성하고 하나의 권위에 복종해야 한다는 사회계약의 필연성이 도출된다. 홉스에 따르면 사회계약은 전쟁 상태인 자연 상태를 고찰한다면 반드시

도출되는 필연적 행위이다.³⁰

30   홉스의 이론은 종종 사회계약의 체결에 관해 너무 비현실적이라는 비판을 받는다. 즉, 자연 상태에 있는 인간이 모두 한꺼번에 '시작'이라고 말하며 자연권을 포기하는 일은 있을 수 없다고 하는 것이다. 확실히 홉스는 이 점에 관해 이론화를 잘하지 못했다. 그러나 그 점을 짚고서 홉스의 이론을 극복했다는 기분이 들었다면 그것은 너무 얄팍할 것이다. 홉스의 자연 상태 묘사는 지극히 실제적^{real}이다. 특히 인간의 평등이라는 사실을 사용해 무질서를 설명한 점에 대해서는 반박하기가 어려울 것이다.

또 사실 홉스가 사회계약만으로 국가의 성립을 설명하지는 않았다는 점에도 주목해야 한다. 홉스는 국가의 성립 과정에 주목하여, '설립에 의한 커먼웰스'와 '획득에 의한 커먼웰스'를 구별하고 있다('커먼웰스'는 단순히 '국가'라는 의미). 전자는 이른바 사회계약에 의해 성립된 국가이다. 반면 후자는 한 공동체가 다른 공동체를 정복함으로써 성립하는 국가를 가리킨다. 그리고 홉스는 이 두 가지 모두 정당한 근거를 가진 국가라고 주장한다.

이게 의미하는 바는 무엇일까? 자연 상태를 떠올렸으면 좋겠다. 그곳에는 상호 불신이 만연해 있기 때문에 사람들은 파벌을 만들고 또 자신들을 위협할 수 있는 다른 인간 집단을 정복했다. 즉, 획득에 의한 커먼웰스는 자연상태론에서 무리 없이 도출되는 국가 성립 이론이다.

그렇다면 이렇게 생각해야 한다. 현실적으로 있을 수 있는 것은 획득에 의한 커먼웰스이다. 인간들은 자연 상태를 살면서 정복하기도 했고 정복당하기도 했다. 그리고 공동체가 어느 정도 규모가 되고 힘의 균형이 일어나면 완전한 안정은 아니더라도 비교적 안정된 공동체 간 질서가 생성된다. 이렇게 해서 국가가 생긴다.

그렇다면 왜 사회계약론, 그리고 설립에 의한 커먼웰스가 홉스에 의해 주장된 것일까? 그 이유는 명백하다. 정복을 거듭하며 태어난 국가는 비교적 안정을 손에 넣은 후에 스스로를 정당화해야 한다. 이 국가의 신민이 국가의 권력에 복종하는 것은 정당하다고 신민들에게 설명해야 한다. 그때 이용되는 것이 설립에 의한 커먼웰스라는 개념이며, 사회계약이라는 픽션인 것이다.

즉, 홉스는 기존 국가의 정당성을 담보하고자 사회계약설을 주장한 것인데, 역시 철학자였기 때문일까, 정직한 사람이라서 그런 것일까, 실제

루소의 자연상태론

그런데 홉스의 자연상태론을 읽다 보면 다음과 같은 의문이 생길 것임에 틀림없다. 왜 루소는 홉스와는 정반대로 자연 상태를 '비참함'과는 거리가 먼 상태로 묘사하고 선량한 자연인상을 제시했을까? 그것은 루소가 성선설을 믿는 사람이었기 때문일까? 요컨대 이 차이는 루소와 홉스의 개성 차이일까?

그렇지 않다. 이 점을 루소의 성격이나 감정 등으로 설명해서는 안 된다. 두 사람이 다른 결론에 도달한 데는 이론적 이유가 있다.

그 이유는 참으로 간단하다. 루소에 따르면 홉스가 말하는 '자연 상태'는 자연 상태가 아니다. 그것은 **이미 사회가 성립된 후의 상태**, 요컨대 **사회 상태**를 그려 내고 있는 것에 지

국가의 설립을 이론화해 버린 것이다. 이것은 실로 놀라운 (그리고 살며시 웃음 짓게 하는) 일이다.

따라서 이렇게 정리할 수 있다. 국가는 현실 세계에서는 획득에 의한 커먼웰스로서 생성한다. 그리고 생성한 후에 그것에 후속하여, 사회계약이나 설립에 의한 커먼웰스라는 개념을 들고 나와 스스로를 정당화한다. 사회계약은 근대적 개념이지만 그전에는 신화 등이 그 역할을 했을 것이다.

예를 들면 일본열도에서는 일찍이 여러 호족이 세력 다툼을 거듭하고 있었다(자연 상태). 그중에서 한 호족이 거대한 지배권을 획득한다(획득에 의한 커먼웰스의 성립). 지배가 안정되면, 『고사기』 등의 서적을 갖고서 지배의 정당성을 확립한다(설립에 의한 커먼웰스에 해당하는 건국 신화).

홉스의 이론은 조금도 비현실적이지 않다. 그것은 실제적이고 정직한 이론으로 간주되어야 한다.

나지 않는다.

홉스는 일정한 수의 인간이 집단생활을 하는 상태를 상정하고 있다. 그러나 자연 상태에서 사회 상태로의 이행에 관해 질문해야 할 것은 바로 그러한 인간 집단의 성립이다.

그러니까 이렇게 말해도 될 것이다. 홉스는 자연 상태와 사회 상태를 그려 낸 것이 아니라 그 이름으로 사회 상태와 국가 상태라고 할 수 있는 것을 그렸다고 말이다. 루소에 따르면 홉스는 "사회 속에서 생겨난 사고방식을 자연 상태 속으로 끌고 들어와서 자연 상태에 대해 논하고 있다".[31]

루소는 그렇게 홉스를 비판하고 그러한 인간 집단 자체가 성립되기 이전의 상태를 고찰한다. 그렇다면 집단생활이 시작되기 전에 자연 상태를 살아가는 인간은 어떤 존재일까?

루소	**자연 상태** 선량한 자연인	**사회 상태** 추락한 사회	**국가 상태** 사회계약에 의한 공동체
홉스	(고찰하지 않음)	**자연 상태** 만인에 대한 만인의 투쟁	**국가 상태** 사회계약에 의한 공동체

인간은 자연 상태에서 자연권을 구가하고 있다. 자기 마음대로, 하고 싶을 때 하고 싶은 것을 한다. 그러니 어떤 집단에 머물러 있을 필요도 없고, 그뿐 아니라 누군가와 함께 있을

---

31 Rousseau, *Discours sur l'origine*…, p.146.

필요도 없다. 루소가 분명히 말하듯이, 남녀가 만나 하룻밤을 함께 보낸다고 해도 다음 날 두 사람이 함께 있을 이유는 없다. 부부나 가족은 조금도 자연스러운 집단이 아니다. 왜냐하면 자연 상태에서는 **인간을 어딘가에 묶어 두는 유대감 따위가 존재하지 않기** 때문이다.

자연 상태에서는 강한 자가 약한 자를 억압한다고 사람들은 주장한다. 그러나 이 '억압'이라는 단어가 무엇을 의미하는지 자신은 잘 모른다고 루소는 말한다. 사회 상태에서는 폭력으로 지배하는 자가 있을 것이다. 그러나 자연 상태에서는 예종이라든가 지배라든가 그런 것들이 애초에 성립하지 않는다.

가령 누군가 모은 열매나 그 사람이 죽인 사냥감, 그 사람이 쓰던 동굴을 다른 사람이 힘을 써서 빼앗을 수는 있다. 하지만 어떻게 다른 사람을 복종시킬 수 있을까? "소유할 것이 아무것도 없는 사람들 사이에서 타인을 자신에게 의존하게 하는 '사슬'을 어떻게 만들어 낼 수 있을까?"[32]

루소가 여기서 '소유'를 언급하고 있다는 점은 매우 중요하다. **소유가 없으면 사람을 예속시키거나 억압할 수 없다.** 나는 이것을 소유하고 있기 때문에, 내 명령을 따른다면 이 소유물을 나누어 주겠다는 논리가 작동하지 않는 한, 남을 내게 복종시킬 수 없기 때문이다.

소유는 한 제도이며, 복수의 인간이 공통의 법질서를 따른다는 것을 전제로 한다. 자연 상태에서도 타인이 점유하는

---

32   Ibid., p.161.

것을 폭력으로 탈취하려는 무리는 분명 있을 것이다. 그러나 누군가가 자기 삶의 터전을 빼앗았다면, 자신은 다른 삶의 터전을 찾아내면 그만이다. 힘센 놈이 있다고 해도, 그놈이 아무 것도 하지 않고 자신의 말을 듣게 할 수 있겠는가?[33]

이기애와 자기애

루소가 생각하는 자연 상태와 사회 상태를 특징짓는 개념이 있다. '자기애'와 '이기애'라는 대립 개념이 그것이다.

자기애는 자신을 지키려는 마음이며 자기보존에 대한 충동이라고 할 수 있다. 루소에 따르면 인간은 어떤 상태에 있든 자신을 지키려고 한다. 위험이 닥치면 그것을 피한다. 자연 상태에서도 그것은 변하지 않는다(그리고 일반적으로 사회계약론에서는 이 자기보존에 대한 충동이 사회계약의 동력원이라고 여겨진다).

이에 반해 이기애는 타인과 자신의 비교를 바탕으로 자기를 타인보다 더 높은 위치에 두려는 감정이다. 타인보다 우위에 서고 싶어 하며 열위에 있는 자신을 미워하고 우위에 있는 타자를 부러워하는 그런 감정이다. 이것은 사회 상태에서만 존재한다.

자기애에서 나타나는 것은 자기 자신뿐이다. 반면 이기애에서는 타자가 나타나고 있으며, 타자와의 관계에서만 이는 존재한다. 어렵게 철학적으로 말하자면, 이기심은 타자에 의해 매개된다.

루소는 재미있는 말을 한다. 자연 상태에서도 약한 상대에게서 먹이를 빼앗거나 강한 상대에게 자신의 먹이를 넘겨주

33   "누군가 나를 그동안 살고 있던 나무에서 쫓아내려 한다면 나는 그 나무에서 내려와 다른 나무로 옮기면 될 뿐이다. 어떤 장소에서 누군가가 나를 괴롭힌다고 해도 그 사람은 내가 다른 곳으로 옮기는 것을 방해할 수 없을 것이다. 나보다 훨씬 더 강하고 게다가 사악하고 게으르며 흉포한 사람이 있다고 해도 스스로 아무것도 하지 않고 자신의 먹을거리를 내게 가져오게 할 수 있을까?"(Ibid., p.161.)

이 논리를 이해하는 데 마르크스가 『자본』에서 언급한 희비극적인 예를 참고할 수 있을 것이다. 경제학자 E. G. 웨이크필드는 식민지 경제 연구에서 자본이 단순한 사물이 아니라 사물에 의해 매개된 사람과 사람 사이의 사회적 관계라는 것을 발견했다. "화폐나 생활수단이나 기계, 그 밖의 생산수단의 소유도, 만약 그 보충물인 임금노동자, 즉 자유의지에 의해 자신을 팔 수밖에 없는 다른 사람들이 없다면, 아직 어떤 인간에게 자본가의 낙인을 찍을 수 없다." 즉, **단순히 돈이나 물건을 가지고 있는 것만으로 사람은 자본가가 될 수 없다.** 타인을 노동자로서 자신에게 복종시킬 수는 없다.

그런데 마르크스가 들고 있는 것은 이 웨이크필드가 소개하는 필 씨의 예다. 그는 5만 파운드의 생활수단과 생산수단을 영국에서 오스트레일리아 서부의 스완강으로 가져갔다. "필 씨는 그 밖에 노동자 계급의 남녀와 어린이 3000명을 동반했을 정도로 주도면밀했다. 목적지에 도착했을 때 '필 씨에게는 그를 위해 잠자리를 마련하거나 강에서 물을 길어 올 하인이 한 명도 없었다'. 모든 것을 준비하면서 영국의 생산관계를 스완강에 수출하는 것만은 잊고 있었던 불행한 필 씨!"(Karl Marx, *Das Capital*, Erster Band, Dietz, 1974, p.793.; カール·マルクス, 『資本論』, 向坂逸郎 訳, 岩波文庫, 1969, 第三分冊, 420頁. '영국의 생산관계'를 사회 상태로 치환할 수 있을 것이다. 이해관계나 법에 의해 구축된 일정한 사회적 관계가 없으면 예종이나 억압은 실효적으로 작용하지 않는다(예를 들어 가족을 부양하기 위해서는 자신의 신분이나 자격으로는 만족할 수 있는 노동조건이 아니더라도 일하지 않으면 안 된다 등). 예종이나 억압은 그런 의미에서 사회 상태를 전제하고 있으며, 따라서 자연 상태에는 존재할 수 없다.

는 일이 있을 것이다. 그러나 자연 상태에서는 이런 약탈 행위가 '자연스러운 사건'으로 여겨질 뿐이라고 말한다.

예를 들어 곰의 습격을 받아 먹이를 내던지고 도망쳤다든가, 모처럼 딴 과일을 걸려 넘어져서 강에 빠뜨렸다든가, 처음 만난 힘센 사람에게 먹이를 빼앗겼다든가 하는 것은 자연 상태에서는 구별되지 않는다. 어떤 경우든, "아, 뭐야⋯⋯"라고 생각할 뿐이다. 왜냐하면 모두 그저 "자연스러운 사건"이기 때문이다.[34] 더 나아가 약탈 행위든 자연재해든 사고든 결국에는 '어쩔 수 없다'고 생각하게 된다.[35]

이는 반대편에서 보면 잘 알 수 있다. 지금 우리는 자연 상태가 아니라 사회 상태를 살아가고 있다. 그 사회 상태를 살

---

34   물론 '자연의 사건'에 의한 피해가 너무 커지면 '어쩔 수 없다'라는 생각이 들지 않을 것이다. 그때 무슨 일이 일어날까? 자연을 한 인격으로 간주하고 그것을 원망하는 메커니즘이 발생한다. 더 나아가 자연이라는 인격이 자신들에게 고약하게 구는 이유를 찾게 되고, 자신들이 무언가 나쁜 짓을 했기 때문에 그 자연이라는 인격이 자신들에게 벌을 내리는 것이라고 생각하며 자신들을 납득시키게 될 것이다. 이것이 자연종교의 발생 메커니즘이다.

35   "자연 상태에서는 이기애가 존재하지 않는다. ⋯⋯ 이기애는 자신의 힘이 미치지 못하는 것과의 비교에서 생겨난 것으로, 이런 감정이 야생인의 영혼 속에서 싹튼다고는 생각할 수 없다. 같은 이유로 야생인들은 증오의 감정도 복수의 감정도 품지 않을 것이다. ⋯⋯ 요컨대 야생인들은 다른 동포들을 다른 종의 동물들과 똑같은 시선으로 바라볼 뿐이다. 약한 상대에게서 먹이를 빼앗거나 강한 상대에게 자신의 먹이를 바치는 경우가 있겠지만, 이러한 약탈 행위를 자연의 사건으로만 간주하는 것이다. 그러니 그것으로 교만해지거나 원망을 품지도 않는다." (Rousseau, *Discours sur l'origine*⋯, p.219.)

아가고 있는 우리는 슈퍼마켓에서 사 온 사과를 힘센 자에게 빼앗기면 '어쩔 수 없다'라는 생각이 들지 않는다. 빼앗은 상대를 원망할 것이다.

그건 왜 그럴까? 간단하다. "힘이 세다고 해서 내게서 사과를 빼앗는 것은 부당하다, 왜냐하면 그에게는 **그럴 권리가 없기** 때문이다"라고 생각하기 때문이다. 즉, 사회 상태를 전제로 구성원 모두가 평등한 권리를 가진다고 전제할 때 비로소 원망 등의 감정이 생긴다.[36]

평등하다는 신념 때문에 생기는 부정적인 감정. 루소는 이를 총칭해 이기애라고 불렀다. 이기애야말로 지배와 억압의 기원일 것이다. 이기애는 자신이 타인보다 더 높은 위치에 있고 싶다고 바라는 마음이기 때문이다. 반대로 이기애가 없는 상태라면 인간은 지배나 억압 같은 사악한 일을 할 필요가 없다.[37] 할 수 없는 것이 아니다. **할 필요가 없는** 것이다. 소유물도, 인간을 속박하는 질서도 없으니까 **사악한 짓을 할 조건이 갖춰지지 않은** 것이다.

---

36   더 나아가 어떤 사회 상태든, 평등하다고 생각되지 않는 구성원들 사이에서라면 똑같이 원망이나 방자함이 생기지 않는다. 예를 들어, 우리는 열심히 일해서 돈을 벌지만, 그것을 세금으로 국가에 빼앗긴다. 이것은 약탈이다. 무슨 이유를 붙이든 돈을 가져가는 것이기 때문에 이는 약탈이다. 그러나 그것을 '어쩔 수 없다'라고 생각하는 것은 국가와 자신이 평등한 구성원이라고 생각하지 않기 때문이다. 물론 '어쩔 수 없다'라고 생각하지 않는 사람이 있으면 탈세를 할 것이고, '어쩔 수 없다'라고 생각하지 않는 사람이 너무 늘어나면 혁명이 일어난다.

자연상태론은 어떤 쓸모가 있는가?

루소가 말하는 것을 꼼꼼히 따라가다 보면 루소가 단순히 자연인의 선량함을 주장한 것이 아님을 알 수 있다. 자연인은 선량하다기보다 사악한 짓을 할 수 없고 할 필요가 없다. 자연인은 **사악함이 성립할 수 없는 객관적 조건에서 살아가고 있을** 뿐이다.

따라서 루소의 자연상태론은 가치판단(어느 쪽이 좋은지 나쁜지)을 위한 논의가 아니라 **인간 삶의 객관적 조건을 그려 낸 것**으로 여겨져야 한다. 루소의 사상은 종종 "자연으로 돌아가라"

37　질 들뢰즈는 루소의 자연상태론을 해설하면서 다음과 같이 말했다. "자연 상태에 있다고 가정된 인간은 사악할 수 없다. 왜냐하면 인간의 사악함과 사악함의 실행을 가능케 하는 객관적 조건이 자연 속에는 존재하지 않기 때문이다." 그는 루소의 다음 말을 인용한다. "인간은, 이렇게 말할 수 있다면, 만나게 되면 서로 공격했지만, 그들은 좀처럼 만나지 않았다. 도처에 전쟁이 있었고, 그럼에도 대지는 평화로웠다." 이에 반해 "사회는 사악함으로써 이익을 얻게 되는 상황 속으로 우리를 몰아간다. 허영심 때문에 우리는 우리가 자연적으로 사악하다고 믿고 싶어 한다. 그러나 진실은 훨씬 더 고약하다. 즉, 우리는 그것을 알지 못한 채, 그것을 깨닫기도 전에 사악해진다. 무의식적으로라도 유산을 상속해 줄 자가 죽기를 바라지 않고서 누군가의 상속자가 되는 것은 어렵다." (Gilles Deleuze, "Jean-Jacques Rousseau precurseur de Kafka, de Celine et de Ponge", *L'île deserte et autres textes*, Minuit, 2002, pp.73-74.; ジル・ドゥルーズ,「カフカ, セリーヌ, ポンジュの先駆者, ジャン＝ジャック・ルソー」, 宇野邦一 訳,『無人島 1953~1968』, 河出書房新社, 2003, 107-109頁.; 질 들뢰즈,「카프카, 셀린, 퐁주의 선구자, 장 자크 루소」,『들뢰즈가 말하는 철학사』, 박정태 엮고 옮김, 이학사, 2007, 150-152쪽. 원문 대조하여 번역을 수정.)

라는 슬로건으로 소개되기도 하지만, **이 말을 루소의 저작 어디에서도 발견할 수 없다**는 것은 잘 알려진 사실이다.

그리고 무엇보다도 중요한 것은 루소가 자연 상태에 대해 "더 이상 존재하지 않고, 아마 조금도 존재한 적이 없으며, 아마 미래에도 결코 존재하지 않을 것 같은 상태"라고 말하고 있다는 점이다.[38] 루소는 자연 상태를 **예전에 인간이 있던 상태나 돌아갈 수 있는 상태로 묘사하고 있는 것이 아니며, 앞으로 도달할 수 있는 상태로 묘사하고 있는 것도 아니다.**

루소의 주안점은 우리가 당연하다, 마땅하다고 생각하는 사회 상태를 멀리서 바라보자는 데 있다. 인간은 지금 사회 상태를 살아가고 있기 때문에 그것을 의심할 수 없다. 그러나 자연 상태의 이야기를 들으면 "아, 남보다 높은 곳에 자신이 있고 싶다는 마음은 문명사회에서 나온 마음이지, 인간의 본능 따위는 아니구나"라고 생각하게 되는 것이다.

루소의 자연 상태는 사회 상태를 상대적으로 자리매김하기 위한 개념이다. 혹은 자기애와 이기애를 구별하기 위한 개념이다. 이 구별이 없으면 인간은 언제 어디서나 이기애에 지배되어 타인보다 더 높은 곳에 자신을 위치시키고 싶어 하게 된다. 그러나 인간이 언제 어디서나 갖고 있는 것은 자기애이지 이기애가 아닌 것이다.

이는 예를 들어 경제학이 완전경쟁을 모델로 삼아 이야기를 시작하는 것과 비슷할 수도 있다. 완전경쟁은 순전히 이론

---

38   Rousseau, *Discours sur l'origine*⋯, p.123.

적인 허구이지 그런 상태는 존재하지 않는다. 그리고 (아마도) 경제학자들도 그것이 존재한다고 생각하지 않는다. 그것을 모델로서 세운 다음, 이 모델과의 간극을 통해 현실을 그려 내려 하는 것이다.

본래성 없는 소외

그러나 여기서 주의해야 한다.

순수한 모델을 세우면 그 모델이 마치 이상인 것처럼 여겨질 수 있다는 것이다. 예를 들면 완전경쟁이야말로 바람직한 상태인데, 그것이 교란되고 있다……라는 식으로.

루소가 그려 내는 자연인의 모습도 **똑같이 오해받아 왔다**고 해야 한다. "자연으로 돌아가라"라는 루소가 한 번도 하지 않은 말이 루소의 것으로 여겨져 온 역사는, 루소가 그려 내는 선량한 자연인의 모습이 **본래** 인간의 모습인 것처럼 해석되어 왔다는 증거에 다름 아니다.

'본래'라는 단어는 사전에서 말하는 것처럼 "원래부터 그러한 것" "그것이 당연한 것" "현재 상태는 그렇지 않지만 진짜는 그러한 것"을 의미한다.[39] 그렇다면 루소가 그려 내는 자연 상태는 인간에게 조금도 본래적이지 않다. 그것은 "지금까지도 존재하지 않았고, 지금도 존재하지 않으며, 앞으로도 존

---

39   『大辞泉』, '본래**' 항목.

218

재하지 않을" 것이기 때문이다.

루소는 본래적인 인간의 모습이나 인간에게 본래적인 것에 대해 이야기하는 것이 결코 아니다. 루소는 단순히 문명인의 '비참한' 모습과 그 소외를 자연 상태라는 모델을 통해 그려 내고 있을 뿐이다.

정리하면 이렇다.

소외 개념의 기원이라 일컬어지는 루소의 자연상태론이란 어떤 것인가? 그것은 인간의 본래적인 모습을 **상정하지 않고** 인간의 소외 상황을 그려 낸 것이다. 한마디로 거기에 나타난 것은 **본래성 없는 소외**라는 개념이다.

이는 지극히 중요하다. 루소는 문명인의 소외에 대해 논해야 한다는 사명감을 가졌다. 그리고 동시에 소외에 대해서는 이야기하더라도 '본래적인 것'을 끌어들여서는 안 된다고 엄격하게 자기를 다스렸다. 이 신중하면서도 대담한 태도의 중요성은 아무리 강조해도 지나치지 않다.

'본래성 없는 소외'라는 개념을 기억해 두었으면 한다. 그리고 조금만 더 소외에 대한 논의에 동참해 주었으면 한다.

마르크스와 노동

근대적 소외 개념의 기원을 루소에게서 찾을 수 있다면, 이를 논의의 중심에 두고 전경화前景化한 것이 G.W.F. 헤겔(1770~1831)이며 카를 마르크스(1818~1883)이다.

다만 헤겔과 마르크스는 이 개념을 정반대의 의미로 사용한다. 헤겔은 이를 긍정적 의미로, 마르크스는 이를 부정적 의미로 사용한다.

헤겔에 따르면 인간은 일단 자신에게 고유한 것을 내던져 버려야 높은 이상을 실현할 수 있다. 자신에게 고유한 것을 포기하는 과정을 헤겔은 소외라고 불렀다. 즉, 인간은 **일단 자신다움을 소외당하지만 그 소외를 극복해서** 높은 이상(구체적으로는 공동성, 더불어 사는 것)을 실현할 수 있다는 것이다.

이에 대해 마르크스는 이렇게 반박했다.

헤겔은 인간의 소외를 머릿속에서만 생각하는 것 아닌가? 노동자를 보라. 그들은 자신에게 고유한 것을 내던져 버리고 노동하고 있다. 그들은 소외 속에 있다. **그리고** (더 높은 단계로 올라가기는커녕) **그대로이다.** 자기 포기는 그저 자기 포기일 뿐이다. 그들이 내던져 버린 것은 그들에게 돌아오지 않는다. 노동력의 외화에 의해 제작된 상품은 그들이 아니라 자본가에게로 가기 때문이다. 거기에는 고차적인 자기실현 따위는 없다.

여기서부터 마르크스는 소외라는 개념을 헤겔과는 정반대로 부정적인 의미로, 그리고 더 넓은 의미로 사용하게 된다. 마르크스의 소외론에는 다소 복잡한 역사적 경위가 있지만, 그것은 본문에서는 생략하기로 한다.[40] 마르크스가 그 소외론에서 말한 것은 결코 어려운 것이 아니다. 자본주의하의 공장 노동자들은 특정 작업을 강요당하고, 말하자면 공장 설비의 일부, 그 부품이 되고 '불구', '기형물'이 된다. 그리고 특정 노

서가
서울대 가지 않아도 들을 수 있는 명강의
명강

다시 태어난다면,
한국에서 살겠습니까

사회과학 이재열 교수 | 18,000원

**"한강의 기적에서 헬조선까지
잃어버린 사회의 품격을 찾아서"**

한국사회의 어제와 오늘을 살펴
문제점을 진단하고 해결책을 제안한 대중교양서

우리는 왜 타인의
욕망을 욕망하는가

인류학과 이현정 교수 | 17,000원

**"타인 지향적 삶과 이별하는
자기 돌봄의 인류학 수업사"**

한국 사회의 욕망과
개인의 삶의 관계를 분석하다!

내 삶에 예술을 들일 때,
니체

철학과 박찬국 교수 | 16,000원

**"허무의 늪에서 삶의 자극제를
찾는 니체의 철학 수업"**

니체의 예술철학을 흥미롭게, 또 알기 쉽게
풀어내면서 우리의 인생을 바꾸는 삶의
태도에 관한 니체의 가르침을 전달한다.

지금, 서가명강 시리즈로 각 분

서가명강 BEST 3

서가명강에서 오랜 시간 사랑받고 있는
대표 도서 세 권을 소개합니다.

나는 매주 시체를 보러 간다

의과대학 법의학교실 유성호 교수 | 18,000원

"서울대학교 최고의 '죽음' 강의"

법의학자의 시선을 통해 바라보는 '죽음'의 다양한
사례와 경험들을 소개하며, 모호하고 두렵기만
했던 죽음에 대한 새로운 인식을 제시하다

왜 칸트인가

철학과 김상환 교수 | 18,000원

"인류 정신사를 완전히 뒤바꾼
코페르니쿠스적 전회"

칸트의 위대한 업적을 통해 인간에게 생각한다는
의미와 시대의 고민을 다루는 철학의 의미를
세밀하게 되짚어보는 대중교양서

세상을 읽는 새로운 언어,
빅데이터

산업공학과 조성준 교수 | 17,000원

"미래를 혁신하는
빅데이터의 모든 것"

모두에게 영향력을 끼치는 '데이터'의 힘
일상의 모든 것이 데이터가 되는 세상에서
우리는 빅데이터를 어떻게 바라봐야 할까?

인생명강

• 내 인생에 지혜를 더하는 시간 •

* 인생명강 시리즈는 계속 출간됩니다.

간단히게 설명하지. 마르크스의 소외론이라고 불리는 것은 주로 1844년에 쓰인 『경제학 철학 초고』라고 불리는 텍스트에서 전개되는 것을 가리킨다. 이 텍스트는 1932년 『마르크스 엥겔스 전집』에서 처음 공표되었다. 그후 사상계에서 실존주의적 경향이 강해짐에 따라 마르크스의 소외론은 강한 관심을 끌게 되었고, 40년대 후반부터 60년대에 걸쳐 강한 영향력을 갖게 되었다.

예를 들어 마르크스는 이 책에서 다음과 같이 말했다. "소외는 생산의 결과에서뿐만 아니라 생산의 행위에서도, 즉 생산 활동 내부에서도 나타난다. …… 그런데 노동의 외화의 본질은 어디에 있는가? / 첫째, 노동이 노동자에게 외적이며, 즉 그의 본질에 속하지 않는다는 것, 따라서 노동자는 그의 노동 속에서 자신을 긍정하는 것이 아니라 부정하며, 행복을 느끼는 것이 아니라 불행을 느끼며, 자유로운 육체적, 정신적 에너지를 발휘하는 것이 아니라 고행으로 그의 육체를 쇠약하게 만들고, 그의 정신을 파멸시킨다는 것에 있다. 그러므로 노동자는 노동 바깥에서야 비로소 자기가 자신과 함께 있다고 느끼며, 노동 속에서는 자기가 자신을 떠나 있다고 느낀다. …… 그의 노동은 그러므로 자발적인 것이 아니라 강요된 것, 강제 노동이다."(Karl Marx, *Ökonomisch-philosophische Manuskripte(1844)*, Karl Marx Friedrich Engels Gesamtausgabe, Ergänzungsband, Erster Teil, Dietz, 1974, p.514.; カール・マルクス, 『経済学・哲学草稿』 城塚登・田中吉六 訳, 岩波文庫, 1964, 91-92頁.; 칼 맑스, 『1844년의 경제학 철학 초고』, 최인호 옮김, 박종철출판사, 1991, 271쪽. 번역은 국역본으로 대체.)

『경제학 철학 초고』를 쓰던 무렵의 마르크스는 일반적으로 '초기 마르크스'라고 불린다. 엥겔스가 마르크스의 사상을 요약하면서 마르크스야말로 역사유물론이라는 **역사법칙**을 발견했다고 말한 적도 있고, 마르크스의 사상은 그때까지 주로 자본주의의 **법칙**을 밝힌 것으로 읽혔다.

하지만 위의 인용문에서 명백한 것처럼, 초기 마르크스 사상에서는 인간성에 대한 시선이 소외론으로 대대적으로 전개되고 있었다. 그래서 『경제학 철학 초고』의 사상은 그때까지는 없던 새로운 마르크스상을 들이대는 것으로 크게 환영받았다. 그 결과 『자본』에서 그때까지는 그다지 중시되지 않았던 다음과 같은 대목에 독자는 매료되게 되었다. "자본주의 체제 내부에서는 노동의 사회적 생산력을 높이기 위한 모든 방법이 여기서는 노동자의 희생 속에서 실행된다는 것, 생산의 발전을 위한 모든 수단이 생산자의 지배〔및〕착취 수단으로 변하고, 노동자를 부분적인 인간으로 불구화하고, 그를 기계의 부속물로 전락시키고,

동의 반복을 강제당하기 때문에 자신의 소질을 살릴 수 없다. 이것이 마르크스가 말하는 소외된 노동이다.

　이것은 지금도 통용되는 논의인 것 같다. 문제는 그것이 어떻게 읽혔는가 하는 것이다.

마르크스의 소외론은 어떻게 읽혔는가?

소외론이 활발하게 논의되던 1950~1960년대의 책으로 프리츠 파펜하임[Fritz Pappenheim]의 『근대인의 소외』를 꼽을 수 있다. 이 책은 마르크스의 소외론이 당시 어떻게 읽혔는지 그 분위기를 잘 전달해 준다.[41]

　파펜하임은 페르디난트 퇴니에스[Ferdinand Tönnies](1855~1936)의 『게마인샤프트와 게젤샤프트[Gemeinschaft und Gesellschaft]』와 비교

> 그의 노동의 고통으로써 노동의 내용을 파괴하며, 독립적인 힘으로서의 과학이 노동과정에 합체됨에 따라 노동과정의 정신적인 힘들을 그에게서부터 소외시키는 것, 이 수단들은 그가 그 수단 아래에서 노동하는 온갖 조건들을 왜곡하고, 노동과정 내내 극히 협소하고 음흉한 전제(專制)에 그를 복종하게 하고, 그의 생활시간을 노동시간으로 전환하고, 그의 처자식을 자본의 저거노트(juggernaut)의 바퀴 밑에 던져 넣는 것……." (Karl Marx, *Das Kapital*, Erster Band, p.674.; 『資本論』, 第三分冊, 231頁.)
>
> 자본주의하의 공장 노동자들은 특정 작업을 강제당하고, 이른바 공장설비의 일부, 그 부품이 되어 "부분적인 인간으로 불구화"되고 만다. 이를 마르크스는 소외된 노동이라고 불렀다.

함으로써 마르크스 소외론의 의의를 밝히고자 한다.

먼저 퇴니에스가 말한 바를 간단히 설명해 보자. 책 제목에 나타나는 게젤샤프트란 '이익사회' 등으로 번역되는 독일어로, 계약적 관계에 기초한 사회, 인위적으로 결합된 합리적·기계적 사회를 뜻한다. 반면 게마인샤프트란 '공동사회' 등으로 번역되는 독일어로, 이것은 지연·혈연 등의 감정을 특징으로 하는 자연발생적인 공동체를 가리킨다. 퇴니에스는 역사적 발전 속에서 인류가 게마인샤프트에서 게젤샤프트로 단계적으로 이행해 왔음을 보여 주었다.

그런데 파펜하임에 따르면 마르크스가 역설한 산업화된 근대사회의 틀은 게젤샤프트의 원형이다. 그곳에서 개인은 뿔뿔이 고립되어 있다. 개인은 예를 들어 회사나 공장에 고용되는 것 같은 특정한 목적을 위해서만 서로 접촉한다.

그렇게 되면 타인은 자신에게 수단일 뿐이다. 특수한 목적을 위해 연결된 것이니까 당연히 그렇다. 상사의 부하든 자본가의 노동자든 목적을 달성하기 위한 수단이다.

그렇다면 게젤샤프트에서는 공장 노동자가 기계의 부품이 되는 것을 피할 수 없다. 노동자는 수단일 뿐이니까. 마르크스가 소외론에서 그려 낸 사태가 바로 근대사회의 운명이라

41 Fritz Pappenheim, *The Alienation of Modern Man*, Monthly Review Press, 1959. 파펜하임의 책은 1959년에 미국에서 출판되었다. 당시 미국에는 『경제학 철학 초고』가 아직 잘 알려져 있지 않았기 때문에 파펜하임은 이 책에서 소외론 자체를 미국에 소개하려고 시도하고 있다.

는 결론이 여기서 도출된다.[42]

소외론자들의 욕망

그럼 어떻게 할 것인가? 문제는 여기서부터다. 놀랍게도 파펜하임은 이후 마르크스가 비판했던 헤겔의 노동 개념으로 돌아간다.

　좀 자세히 살펴보자. 파펜하임에 따르면 마르크스는 소외된 노동의 위험을 역설했지만 단순히 소외의 부정적인 면만을 바라본 것이 아니다.[43] 마르크스는 **헤겔과 마찬가지로** 소외의 괴로움과 이를 극복하려는 노력을 통해 인간이 자기 자신으로 돌아간다고 믿었다. 이것이 **노동과정에 진정한 의미를 부여한다.**[44] 파펜하임은 이렇게 말하면서 마르크스의 논의를 헤겔의 논의로 이해하게 된다. 마르크스의 논의가 헤겔에 대한 비판에

42　　그러나 파펜하임이 참조하는 퇴니에스의 사고방식 자체가 너무 통속적이다. 게젤샤프트냐 게마인샤프트냐 하는 사고방식은 편견이며, 이 편견에 사로잡혀 있는 한 사회의 여러 문제에 대한 해결책은 절대로 보이지 않을 것이다. 야스토미 아유미(安冨步)는 중국 사회가 '공동체'(=게마인샤프트) 등의 강고한 집단을 결여하고 있으며, 강한 네트워크성을 가진다고 지적하면서, 공동체/시장이라는 이항대립과는 다른 틀로 사회를 사고할 것을 제안한다. (安冨步, 『経済学の船出』, NTT出版, 2010, 27頁.)

43　　"마르크스는 소외된 노동의 위험과 그것이 인간의 자유에 가하는 위협을 강조했지만, 단지 소외의 부정적이고 파괴적인 측면에만 주목한 것은 아니다." (*The Alienation of Modern Man*, p.91.)

서 나온 것임을 아는 독자라면 고개를 갸우뚱할 수밖에 없다.

여기서 봐야 할 것은 한 가지 전형적인 증상이다. 여기에는 **소외를 논하는 사람들의 욕망**이 뚜렷이 드러난다. 그 욕망은 **본래성으로 회귀하고 싶다**는 욕망에 다름 아니다. 노동이 소외되어 있기 때문에, 본래의, '진정한' 노동으로 회귀해야한다……. 당시 소외론자들은 그렇게 소망했고, 그리고 그 소망대로 논문을 썼던 것이다. 마르크스의 문구를 무시하고.

반복할 것도 없지만 '진정한' 노동 등으로 몽상되고 있는 것은 헤겔이 머릿속에서 반죽해서 만들어 낸 노동 개념에 불과하다고 그렇게 지적하면서 시작한 것이 바로 마르크스 아니었던가?

이런 문제가 생기면 이제 이론적으로 이러쿵저러쿵 말해도 소용없다. 요컨대, 소외를 입에 담는 사람의 대부분은 "본래적인 것으로 돌아가고 싶다" "본래성을 되찾고 싶다"라는 욕망에 추동되고 있는 것이다. 그것이 냉정한 논의를 방해하고 있는 것이다.

그래서 모든 수단을 강구해 '본래적인 것'을 그려 내려고한다. 텍스트도 무시한다. 실제로 마르크스가 '진정한 의미'를

---

44   "그(마르크스)는 헤겔과 함께, 인류가 소외의 고통과 이를 극복하기 위한 투쟁을 겪음으로써 자기 자신에게로 돌아간다는 확신을 공유한다. 마르크스에 따르면, 이것이 **노동과정에 진정한 의미를 부여**하는 것이다. 인간은 자신의 에너지를 외부 세계로 투사하며, 그의 생명은 생산물에 가라앉아 '객체화'된다. …… 생산물이 더 이상 생명의 바깥에 남아 있지 않고 생명 안에 재통합될 때 이 간극은 닫힌다."(Ibid., p.91.) 강조는 인용자. 〔옮긴이〕 번역은 원문을 참조하여 수정.

부여받은 노동과정을 믿었다고 말할 때, 파펜하임은 마르크스의 텍스트를 인용할 수 없다. 오히려 배척했을 터인 헤겔이 부활하는 것이다.

왜 마르크스의 소외론이 유행한 후 그것이 강한 반발을 사고 배척당하게 되었는지 그 이유는 분명할 것이다. 당시 소외론자들은 모두 존재하지도 않는 '본래적인 것'을 계속 찾거나, 최악의 경우 남에게 강요하려고 했기 때문이다.

노동과 작업: 한나 아렌트

한때 유행했던 소외론은 본래성에 대한 강한 욕망으로 관철되어 있었다. 그렇다면 마르크스 자신은 어떻게 생각했을까? 한나 아렌트^{Hannah Arendt}(1906~1975)의 마르크스 비판을 참조하며 이 점에 대해 생각하면서 이번 장을 마무리하고자 한다.

아렌트는 『인간의 조건』(1995)[45]에서 마르크스의 노동 개념이 모순에 빠져 있다고 말한다. 아렌트의 지적은 지극히 단순하다. 마르크스는 노동이 필요하다고 말한다. 그러나 동시에 노동자 계급은 노동에서 해방되어야 한다고도 말한다. 그래서 모순된다고 말하는 것이다.[46]

바꿔 말해 마르크스는 노동을 긍정하면서도 부정하고 있는 셈이다. 아렌트에 따르면 이 모순은 노동을 논한 근대의 대표적 철학자들에게서도 발견된다. 그리고 왜 이런 모순이 나타나느냐 하면, 근대 철학자들이 '노동'과 '작업'을 구분하지 않았다는 데 원인이 있다고 그는 말한다.

그렇다면 여기에서 말하는 노동과 작업이란 무엇인가?

아렌트에 의하면 노동이란 인간의 육체에 의해 소비되는 것과 관련되는 활동이다. 예를 들면 식량이나 의류품의 생산 등이 거기에 해당한다. 그것은 과거에는 노예가 담당했다. 그러니까 노동은 기피되고 혐오해야 할 행위였다(이 점은 베블런의 『유한계급론』을 떠올리면 쉽게 이해할 수 있을 것이다).

그에 반해 작업은 세계에 계속 존재하는 것의 창조이며, 예를 들면 예술이 그 전형이다. 노동의 대상은 소비되지만, 작업의 대상은 존속한다. 때문에 작업은 노동에 비해 높은 지위를 부여받아 왔다. 긍정적으로 파악되어 온 것이다.[47]

이렇게 두 가지를 구별한 후에, 아렌트는 다음과 같이 말한다. 왜 노동이 부정되기도 하고 긍정되기도 하는가? 그것은 철학자들이 노동과 작업을 혼동했기 때문이다. 동일한 행위의

45   Hannah Arendt, *The Human Condition*, University of Chicago Press, 1958.; 2nd ed., 1998.; ハンナ・アレント, 『人間の条件』, 志水速雄 訳, ちくま学芸文庫, 1994.; 한나 아렌트, 『인간의 조건』, 이진우, 태정호 옮김, 한길사, 1996.

46   "……『자본』 3권에도, 청년 마르크스의 저작에도 근본 모순이 관통하고 있다. 노동을 향한 마르크스의 태도, 따라서 그의 사유의 바로 그 중심을 향한 태도는 양의적이기를 결코 그치지 않는다. 노동은 '자연에 의해 부과된 영원한 필연성'이자 인간의 활동력 중에서 가장 인간적이고 생산적인 반면, 마르크스에 따르면, 혁명은 노동자계급을 해방시키는 것이 아니라 오히려 인간을 노동에서 해방시키는 것을 과제로 삼는다." (Ibid., p.104.; 同前, 160頁.; 『인간의 조건』, 159-160쪽.) 번역은 원문 대조하여 수정.

47　『인간의 조건』에서는 '노동(labor)'과 '작업(work)'뿐만 아니라, 거기에 '행동(action)'을 더한 세 가지 구분으로, 인간의 '활동적 삶(vita activa)'을 논하고 있다. 개요를 설명해 두자. '노동'이란 인간의 육체에 의해 소비되는 필요물의 생산과 관련된 행위를 가리킨다. 식량과 의류의 생산 등이 그것이다.

반대로, '작업'이란 인간 개개인의 생명과는 별개로 세계에 계속 존재하는 사물의 창조와 관련된 행위를 말한다. 예술 작품의 창조가 그 전형적인 예이다. 물리적으로 존재하는 사물이 아니더라도, 예를 들어 법 제도나 경제 시스템 등을 창조하는 것도 작업의 대상이다. 각 인간의 생명과는 별개로 계속 존재하며 세대를 뛰어넘어 이용되는 것이라고 생각한다면, 도구의 생산도 이것에 해당한다. 그래서 노동과 작업의 구별은 상대적이다. 예를 들어 같은 의자라도 사용의 대상이 되는지 소비의 대상이 되는지에 따라 그것이 노동의 대상인지 작업의 대상인지가 달라진다. (Ibid., pp.136-137.; 同前, 224-225頁.; 앞의 책, 194-195쪽.)

마지막으로 '행동'이란 다수로 살아갈 수밖에 없는 인간의 운명과 관련된 행위이며, 즉 정치다. 그리고 바로 이것이 아렌트가 강조하고 싶은 것이다.

아렌트에 따르면 근대란 행동을 정점으로 한 전통적 위계질서가 전도되어, 그전까지는 멸시받았을 노동이 찬미되기에 이른 시대이다. 이 전도는 존 로크(1632~1704)가 노동을 모든 재산의 원천으로 발견했을 때 시작된다. 애덤 스미스(1723~1790)가 동일한 주장을 강력하게 전개함으로써 노동의 평가는 계속 상승했고 마르크스 사상에서 정점에 도달했다. (Ibid., p.101.; 同前, 157頁.; 앞의 책, 156쪽.)

예전에는 노동이 멸시의 대상이었다는 주장은 이 책에서도 베블런을 참조하면서 확인한 바 있다. 이 테제를 확인하기 위해 아렌트의 말을 몇 가지 인용해 두자. "노동에 대한 경멸은 원래 필연성으로부터의 자유를 향한 열정적인 분투에서 비롯된 것이며, 그 어떤 흔적도, 기념물도, 기억할 만한 위대한 작품도 전혀 남기지 못한 모든 노력에 대한 열정적인 조급함에서 비롯된 것이다……." (Ibid., p.81.; 同前, 135頁.; 앞의 책, 135쪽.) "고대에는 노예만이 노동과 작업에 종사했기 때문에 노동과 작업이 멸시되었다는 의견은 근대 역사가들의 편견이다. 고대인들은 다른 식으로 추론했는데, 생명을 유지하기 위한 필요에 봉사하는 모든 직업이 노예적 성격을 지니기 때문에 노예를 소유하는 것이 필수적이라고 생각한 것이다. 노예제도가 옹호되고 정당화된 것은 바로 이 노동적 측면이 포착되면 부정적으로 논의되고, 작업적 측면이 주목받으면 호의적으로 받아들여진다는 것이다.[48]

이 혼동은 존 로크(1632~1704)에서 시작된다. 하지만 그로 인한 모순이 가장 강하게 나타나고 있는 것이 마르크스라고 아렌트는 말한다. 마르크스만큼 노동 자체에 대해 논한 철학자는 없었기 때문이다.

아렌트는 이를 이렇게 표현한다. 마르크스의 노동 개념은 다른 곳에서는 찾아볼 수 없을 정도의 근본적 모순을 품고 있다. 그러나 "이러한 근본적이고 노골적인 모순들은 이류 저술가에게서는 거의 일어나지 않지만, 위대한 저술가의 저작에서는 이 모순들이 그들 저작의 중심으로 이끈다."[49]

아렌트에 의하면 마르크스는 일류였기 때문에 이 모순을 구현하고 있었다는 것 같다.

러한 근거에서였다." (Ibid., p.83.; 同前, 137頁.: 앞의 책, 138쪽). "고대의 노예제는 값싼 노동을 확보하기 위한 장치나 이윤을 착취하기 위한 도구가 아니며, 오히려 인간 삶의 조건에서 노동을 배제하려는 시도였다." (Ibid., p.84.; 同前, 137頁.: 앞의 책, 139쪽.) 번역은 원문 대조하여 수정.

48 "그들은 작업을 노동과 등치시켰기 때문에 작업만이 가지고 있는 몇 가지 능력을 노동에 부여했다." (Ibid., p.102.; 同前, 157頁.: 앞의 책, 157쪽.) 번역은 원문 대조하여 수정.

49 Ibid., pp.104-105.; 同前, 160頁.: 앞의 책, 160쪽. 번역은 원문 대조하여 수정.

아렌트에 의한 마르크스 텍스트의 자구 수정

그런데 아렌트는 마르크스가 모순적이라고 말한다. 마르크스는 일류였기 때문에 모순적이 되었다고 말하며, 이 주장을 관철하려 한다. 그러나 정말 그럴까? 소외된 노동에 대해 논하는 마르크스는 정말 노동으로부터의 해방을 주창했던 것일까?

물론 나는 여기서, **그렇지 않다**고 주장하고 싶다. **마르크스는 노동으로부터의 인간 해방 등을 주창하지는 않았다.**

더구나 그 증거를 찾는 데는 까다로운 철학적 논의가 조금도 필요하지 않다. 그 증거는 어이없을 정도로 쉽게 찾을 수 있다. 아렌트 자신이 인용하고 있는 마르크스 『자본』의 한 구절을 읽기만 하면 된다.

아렌트는 마르크스가 "노동이 폐지될 때만 '자유의 왕국'이 '필연의 왕국'을 대체한다"라고 주장했다고 말한다. 그리고 그 증거로 『자본』의 한 구절을 인용하면서 다음과 같이 말한다.

왜냐하면 **"자유의 영역은 결핍과 외적 유용성을 통해 결정되는 노동이 멈추는 곳에서만" "직접적인 육체적 욕구의 지배"**가 끝나는 곳에서 **"시작되기"** 때문이다.[50]

노파심에서 말하자면 볼드로 표시한 부분이 마르크스에게서 인용한 문구다. "자유의 영역은 결핍과 외적 유용성에 의해 결정되는 노동이 멈출 때에만 시작된다"라는 마르크스의 구절이 아렌트에게는 결정적이었던 것인 양, 이 구절은 마르크스를 중심적으로 논한 『인간의 조건』 3장에서 두 번이나 인용된다.

그러나 이것은 **노동이 폐지되었을 때 자유의 영역〔왕국〕이 시작된다**고 말한 문장일까?

전혀 아니다.

이는 **결핍과 외적 유용성에 의해 결정되는 노동**이 멈출 때 자유의 영역이 시작된다고 말한 문장이다.

'결핍'에 의해 결정된다는 것은 아슬아슬하게 생존하는 생활을 하고 있기 때문에, 어쩔 수 없이 끔찍한 노동조건에서 일한다는 것일 테다. '외적 유용성'에 의해 결정된다는 것은 외적으로, 예를 들어 현재 산업화 사회에서 유용하다고 간주되는 것만이 제대로 된 노동으로 간주되는 그러한 사태를 가리키고 있을 것이다.

마르크스의 말은 **그런** 노동이 폐기되어야 한다는 것이다. **도대체 어디에 노동 자체의 폐기가 쓰여 있단 말인가?**

더구나 아렌트는 이후의 인용에서는 "결핍과 외적 유용성에 의해 결정된다"라는 부분을 의도적으로 제거하고, "자유의 영역은 먼저 노동을 폐지하는 행위에서 시작된다"[51] 등으

50　　Ibid., p.104.; 同前, 160頁.; 앞의 책, 160쪽. 〔옮긴이〕 '결핍'으로 번역된 단어는, 아렌트의 원문에서는 'want'이다. 이는 영어의 want에 부족, 결핍이라는 의미가 있기 때문이며, 따라서 본문의 번역이 타당하다. 다만 뒤의 '욕구'는 needs이다. 그리고 일본에서는 realm을 '왕국'으로 번역하는 경향이 있으나 우리는 '영역'으로 번역한다. 일본에서 이를 왕국으로 번역하는 이유는 이 단어가 Reich의 번역어이기 때문이다. 실제로 본문도 왕국으로 읽으면 이해가 쉬운 대목이 있다.

로 적고 있다. 이것은 상당히 악질적인 텍스트 자구 수정이다.

마르크스에 있어 한가함과 지루함의 윤리학

그러나 아렌트를 비난해도 그것만으로는 어찌할 수 없다.

문제는 "결핍과 외적 유용성에 의해 결정된다"라는 문구가 아렌트의 눈에 들어오지 않는다는 것이다. 이렇게 되면 더 이상 오독의 문제가 아니다. 아렌트가 가진 욕망의 문제다. 아렌트는 마르크스 안에서 노동 폐기의 사상을 읽고 싶어서 어쩔 줄 몰라 하는 것이다.[52]

아렌트는 이른바 소외론자들이 빠졌던 것과 비슷한 함정

51   Ibid., p.87, note 17.; 同前, 204頁, 주 17.; 앞의 책, 142쪽, 원주 17. 덧붙여 『인간의 조건』의 영어 원문을 보면, 아렌트는 마르크스의 이 문구를 독일어 그대로 다음과 같이 인용하고 있다. "Das Reich der Freiheit beginnt in der Tat erst da, wo das Arbeiten … aufhört." 생략 부호('…')가 있는 것으로 보아, "결핍과 외적 유용성에 의해 결정된다"에 해당하는 대목을 아렌트가 의도적으로 삭제했음을 분명히 알 수 있다. 일역본에서는 생략 부호가 번역에 반영되어 있지 않기 때문에 이 사실이 전혀 눈에 띄지 않는다.

52   하나만 더 예를 들어 보자. 아렌트는 마르크스의 『독일 이데올로기』에서, 거기서 문제는 노동을 해방시키는 것이 아니라 노동을 지양하는 것이라는 말도 인용했다. 이 구절 또한 아렌트가 말하는 것과 정반대를 의미한다. 아렌트의 눈에도 그것은 분명하지 않았을까? '지양하다'가 '폐기하다'의 의미가 아니라는 것은 철학을 배운 사람들의 상식이다. (Ibid., p.87, note 17.; 同前, 204頁, 주 17.; 같은 곳.)

에 빠진 것 같다. 그 함정이란 한 가지 편견, 즉 소외에 대해 논하는 사람들은 비참한 현실을 **전면적으로** 폐기하고 **본래의** 이상 상태로 나아가는 것을 지향한다는 편견이다.

가령 "자연으로 돌아가라"가 아무런 의문 없이 루소의 말로 여겨져 온 것은 루소가 문명에 의한 소외를 논하고 있기 때문에 문명의 전면적인 폐기와 본래의 자연 상태로의 복귀를 바랄 것이라고 믿어졌기 때문이다. 아렌트는 이것과 동종의 덫에 걸려 있는 것이다.

마르크스는 분명히 '소외된 노동'에 대해 논했다. 그는 근대의 대표적 소외론자이다.

그러나 마르크스는 이를 대신해 '본래의 노동'을 두지도 않았고, 노동이 폐기된 '본래의' 인간의 모습을 추구하지도 않았다. 그는 본래성을 상정하지 않고 소외에 대해 생각했다. 즉, 루소의 경우와 마찬가지로 마르크스 또한 **본래성 없는 소외**를 생각하고 있다.

매우 길지만, 아렌트가 인용한 『자본』의 한 구절 전체를 인용하자(귀찮은 사람은 강조 부분만 읽어도 무방하다).

사회의 현실적 부와 사회의 재생산 과정의 끊임없는 확장 가능성은 잉여노동의 길이가 아니라 잉여노동의 생산성과 잉여노동이 그 밑에서 행해지는 생산 조건이 어느 정도 풍부한지에 달려 있다. 실제로 **자유의 영역은 결핍과 외적 유용성에 의해 결정되는 노동이 멈추는 곳에서만 시작된다.** 그러므로 (자유의 왕국은) 그 본성상 현실의 물질적 생산 권역^sphere의 너머에 있다. 미개인이 자신의 욕구를 충족시키기 위해, 자신의 삶을 유지하고 재생산하기 위해 자연과 격투를 벌여야만 하는 것과 마찬가지로 문명인도 그렇게 해야 하며, 더군다나 모든 사회 형성체에서도, 그리고 모든 가능한 생산양식하에서도 그렇게 해야 한다. 문명인의 발전과 함께 이 자유 필연의 영역도 확대된다.[53] 그의 욕구가 확장되기 때문이다. 하지만 동시에 이 욕구를 충족시키는 생산력도 확장된다. 이 분야에서의 자유는 다음과 같은 점에만 있다. 즉, 사회화된 인간, 연합된 생산자가 맹목적인 힘에 의해 지배되는 것처럼 이 자연과의 물질대사에 의해 지배되는 것이 아니라 이 물질대사를 합리적으로 규제하고 자신들 공통의 통제하에 둔다는 점에, 즉 힘(에너지)의 최소 지출로 자신들의 인간 본성에 가장 알맞고 가장 적합한 조건 아래에서 그 물질대사를 수행한다는 점에만 있다. **그러나 이것은 역시 아직 필연의 영역이다. 이 영역의 너머에서 자기 목적으로서의 인간적 힘(에너지)의 발전이 진정한 자유의 영역이 시작되지만, 그러나 그것은 필연의 영역을 그 기초로 해서만 꽃을 피울 수 있을 뿐이다. 노동일의 단축이 그 기본적인 전제조건이다.[54]**

53 〔옮긴이〕『자본』의 영역본이나 김수행의 번역본을 보면 '자유 필연의 영역'이 아니라 'this realm of physical necessity', 즉 '이 자연적 필연의 영역' 또는 '이 물리적[육체적] 필연의 영역'이다. 이 대목만은 인용자의 의도대로 살려 두는데, 뒤에 관련된 내용이 나오기 때문이다.

54 Karl Marx, *Das Kapital*, Dritter Band, p.828.;『資本論』, 第九分冊, 16-17頁.

마르크스가 여기서 말하는 것은 아렌트가 말하는 '일류' 저술가가 쓴 것치고는 재미없을 정도로 상식적인 것이다.

'결핍과 외적 유용성에 의해 결정되는 노동'은 멈추고, '자유의 영역〔왕국〕'이 실현되어야 한다. 그러나 그것은 노동 자체가 폐기된다는 것을 의미하지 않는다. 왜냐하면 자유의 영역은 "필연의 영역을 그 기초로 해서만 꽃을 피울 수 있을 뿐"이기 때문이다.

무슨 말이냐면 마르크스 자신이 말했듯이 자유의 영역의 조건은 노동일의 단축이다. 과로를 멈추게 하고 노동자에게 여가를 준다는 것이다. 노동을 하지만, 여가도 있다. 그렇기 때문에 자유의 영역은 '필연의 영역'을 그 기초로 삼는다고 일컬어지는 것이다('자유 필연의 나라').

머쓱해서 어깨를 으쓱하게 만드는 단순한 대답이 아닐까? 무척 소중하고 중요한 것이지만 뭔가 어이없을 정도로 단순한 대답에 웃음을 터뜨리지 않을 수 없다.

필연의 영역을 기초로 삼아 꽃피우는 자유의 영역. **"노동 일의 단축이 그 근본 조건이다."**

노동의 폐기도, 본래적인 노동의 시작도 아닌 노동일의 단축.

말할 것도 없이, 노동일이 단축되면 나타나는 것은 한가함이다. 그렇다면 **마르크스는** 노동에 대해 생각하면서 **한가함에 대해서도 생각했던** 셈이다.

하지만 생각해 보면 이것은 당연한 것 아닐까? 노동이 없을 때 인간은 한가하니까, **노동에 대해 철저하게 생각한 사상가가 한가함에 대해 생각하지 않을 리 없다.** 여기에 마르크스와 한가함과 지루함의 윤리학 사이의 접점이 생긴다.

그런데 마르크스와 한가함과 지루함의 윤리학 사이의 접점에 대해 시사적인 구절이 『독일 이데올로기』 속에 있다. 매우 유머러스한 구절이다.

> 이에 반해 공산주의사회에서 각자는 고정된 어떤 활동 범위도 갖지 않고 어디서나 원하는 부문에서 자신의 솜씨를 갈고닦을 수 있으며, 사회가 생산 전반을 통제하고 있다. 그렇기 때문에 나는 하고 싶은 대로 오늘은 이것, 내일은 저것을 하고 아침에는 사냥을 하고, 낮에는 고기잡이를 하고, 저녁에는 가축을 돌보고, 저녁 식사 후에는 평론을 할 수 있으며, 게다가 결코 사냥꾼, 어부, 목부, 평론가가 되지 않아도 되는 것이다.[55]

'공산주의사회에서'라는 대목을 다시 읽으면 된다. 이는 정말로 시사하는 바가 많은 구절일 것이다.

"결핍과 외적 유용성에 의해 결정되는 노동"이 지배하는 사회에서는 "어디서나 원하는 부문에서 자신의 솜씨를 갈고닦을" 수 없다. 그러니까 그것은 폐기되어야 한다.

중요한 것은 낚시는 해도 어부가 되지 않아도 되고, 문예 평론을 해도 평론가가 되지 않아도 된다는 것 아닐까? 그것은 여가를 살아가는 한 기예이다.

　마르크스의 소외론을 읽기 위해서는 본래성 없는 소외라는 개념이 필요하다. 아렌트에게는 그것이 없었다.

　그리고 그 가능성을 끌어내기 위해서는 한가함과 지루함의 윤리학이라는 관점이 필요하다. 다시 말하지만 **마르크스가 말하는 '자유의 영역'이란 노동일의 단축에 의해 초래되는 한가함에서 비로소 생각될 수 있기** 때문이다.[56]

・

이상으로 소외론의 대표적 논자인 루소와 마르크스를 논하면서 알게 된 것은 일반적인 소외론이 본래성에 대한 강한 지향을 갖는 반면, 그들은 본래성을 상정하지 않고서도 소외로부터의 탈피를 지향했다는 것이다.

55　Karl Marx/Friedrich Engels, *Die Deutsche Ideologie*, hrsg. von Waratu Hiromatsu, Kawadeshobo-shinsha, 1974, p.34. 〔カール・マルクス, フリードヒッヒ・エンゲルス, 『ドイツ・イデオロギー』, 花崎皋平 訳, 合同出版, 개정판, 1992, 68頁.; 카를 마르크스, 『독일 이데올로기 1』, 이병창 옮김, 먼빛으로, 2019, 72-73쪽. "반면 공산주의사회에서는 누구나 배타적인 활동 범위를 갖지 않고, 오히려 각자가 좋아하는 부문에서 자신을 육성할 수 있으니 여기서는 사회가 전반적인 생산을 조절하며, 그 결과 나는 오늘은 이것을 또 내일은 저것을 할 수 있다. 그래서 나는 늘 사냥꾼, 낚시꾼, 양치기 혹은 비평가로 살아야만 하는 것이 아니라, 그때그때 즐거움을 느끼는 대로 아침에는 사냥을, 오후에는 낚시를, 저녁에는 목축을 그리고 저녁을 먹고 난 이후에는 비평을 할 수도 있다."〕

이것이 무슨 말이냐 하면, **본래적인 것을 상정하지 않는 소외론이 오히려 정통파**라는 뜻이다.

본래성에 대한 지향이란 원래는 **이랬는데** 거기서 소외되었기 때문에 본래의 모습으로 **돌아가야 한다**는 식의, 과거로의 회귀 욕망을 말한다. 본래적인 것이란 원래 그랬던 모습으로 상정되는 것을 의미하며, 따라서 본래성이라는 개념은 과거형의 것일 수밖에 없다. 그래서 본래성을 바탕으로 소외론을 구축할 때, 그 논의는 강력하게 보수적인 것이 되고 때로는 흉포하고 폭력적인 것으로 되기도 한다. 본래성을 바탕으로 구상된 소외론은 현재의 모습을 전면 부정하고 과거의 모습으로 귀환하도록 강제할 수 있기 때문이다.

그러나 그렇다고 해서 본래성이라는 개념을 부정하는 동

56　마르크스에 비하면 아렌트는 현격히 본래성 지향이 강하다고 말해야 할 것이다. '행동' '작업' '노동'의 위계질서가 근대에서 전도되었다고 말할 때, 아렌트가 머릿속에서 그려 내고 있는 것은 행동이 우위에 있던 고대 그리스의 민주제이다. 또한 아렌트는 이 전도와 함께 사적영역과 공적영역의 구별이 사라지고 사회적 영역이라는 새로운 영역이 출현한 것도 지적하고 있다. 따라서 정치의 본래의 영역인 공적 영역이 사회적 영역에 집어삼켜진 것이 그가 생각하는 근대이다. 아렌트는 지극히 신중한 저술가이며 『인간의 조건』의 논술은 이런 요약을 쉽게 받아들이지 않는다. 그러나 행동, 작업, 노동의 위계질서가 전도되어 노동이 찬미되었다고 말하며, 노동을 논한 최대의 사상가인 마르크스를 통렬하게 비판하는 점에 비추어 볼 때, 그가 이 '전도'에 대해 부정적인 가치판단을 내리고 있다는 점은 역시 부정하기 어렵다. 아렌트에게 근대인의 소외는 인간의 '본래' 모습에 의해 극복되어야 하는 것이다. 그리고 본래성의 개념에 기초하여 소외라는 현상을 논하는 아렌트는 똑같은 틀을 마르크스에도 적용해 버리는 것이다.

시에 소외의 개념도 버려야 할까? 소외론 열풍 이후의 사상·철학은 목욕물과 함께 갓난아기를 버린 것 같다. 본래적인 것 따위는 존재하지 않는다고 하면서, 한 묶음으로 묶어서 소외 자체도 부정해 버린다면, 결국 거기에서 생겨나는 것은 현 상태를 추인하는 사상이다. 소외를 부정한 이상, 어떤 상태도 상대적으로 자리매김되기 때문이다.

루소는 문명인의 비참함을 한탄하며 자연인이라는 순수하게 이론적인 상을 만들어 냄으로써 인간의 본성에 접근하고 거기서 문명인을 더 나은 방향으로 이끌기 위한 교육법(『에밀』)이나 정치 이론(『사회계약론』)을 생각했다.

마르크스는 소외된 노동을 비판하면서 본래의 노동을 설정하지 않고 노동일의 단축을 바탕으로 한 '자유의 영역'을 생각했다.

이들은 소외를 철저히 사고하면서 본래성의 유혹에 사로잡히지 않고 새로운 무언가를 창조하려 했다. 이것은 딱히 어려운 일이 아니다. 돌아가야 할 본래의 모습 따위는 없다는 것을 인정한 뒤 소외라는 말로 지칭해야 할 현상을 외면하지 않는 것이다. 한가함과 지루함의 윤리학이 지향하는 것도 이 방향이다.

보드리야르는 소비와 낭비를 구별함으로써 소비사회가 가져온 '현대의 소외'에 대해 생각했다. 우리도 그것에 대해 생각해야 한다. 보드리야르처럼 소외라는 단어를 이용해서.

그 소외는 한가함 없는 지루함을 초래하고 있다. 한가함 없는 지루함은 소비와 지루함 사이의 악순환(소비는 지루함을 달래기 위해 이뤄지지만, 동시에 지루함을 만들어 낸다) 속에 있다.

다만, 이 소외는 소외론 정통파(루소나 마르크스)를 본받아 **본래성 없는 소외**라는 틀 안에서 논의되어야 한다(또한 이 개념은 '동일성 없는 차이'라는 형태로 프랑스 현대사상에 은밀하게 받아들여지고 있었다는 점도 지적하고 싶다).[57] 그리고 이 논급論及은 다시 소외론 정통파를 본받아 어떤 방향으로 이 소외에서의 해방을 생각해야 할지에 대한 문제의식을 수반해야 한다.

57   **본래성 없는 소외**라는 개념은 1960년대 이후의 프랑스 철학, 이른바 '프랑스 현대사상'에서 활발하게 논의된 **동일성 없는 차이**라는 개념에 대응한다. 보통 우리는 차이라는 것을 무언가와 무엇인가가 있고 그 사이에서 발견되는 것으로 생각한다. 철학적으로 바꾸어 말하면 자기 동일적인 것(l'identique)이 있고, 그 사이에서 차이(différence)가 발견된다고 생각한다. 이 경우 차이는 자기 동일적인 것에 대해 이차적이다. 그러나 자기 동일성의 개념에 의문을 품고 있던 당시 프랑스 철학자들, 특히 질 들뢰즈는 이차적이지 않은 차이, '순수한 차이의 개념'을 고찰하려 했다. 자기 동일적인 것에 선행하는 차이를 고찰하고자 했다. 여기서 우리가 고찰하고 있는 본래성 없는 소외라는 개념에도 똑같이 접근할 수 있다. 소외라고 하면 우선 자기 동일적인 상태인 본래적인 상태가 있고, 거기서 어긋난 것, 즉 차이를 떠올리게 된다. 그렇게 생각하는 한, 소외를 논하는 것이 본래성에 대한 호소가 되어 버리는 것은 필연이다. 그러나 루소나 마르크스의 독해를 통해 분명해졌듯, 원래 소외를 논하던 철학자들은 그것과는 다른 식으로 생각하고 있었다.

이렇게 본래성 없는 소외라는 개념에서 출발해 다시 살펴보면, 동일성 없는 차이라는 개념은 단순한 말장난도, 추상적인 철학 게임도 아니고 강한 정치적 함의를 지니고 있었음을 알 수 있다. 이 개념은 새로운 정치적 전망(perspective)을 열기 위한 다양한 가능성을 가지고 있으며 소외 개념에 대한 재검토도 그 가능성 중 하나이다. 그러나 그런 점은 '프랑스 현대사상'의 유행 속에서는 전혀 논의되지 않았다. 특히 일본에서는 그랬다. 이번 장은 당시 철학자들이 제시하면서도 전혀 돌이켜 보지 못한 채 남겨진 이 과제에 대한 응답이며, 이 과제를 돌이켜 보지 않은 당시의 사조에 대한 저항이다.

동일성 없는 차이 개념의 철학적 정초에 대해서는 다음 논문을 참조. 國分功一郎, 「訳者解説」(ジル・ドゥルーズ, 『カントの批判哲学』, 國分功一郎 訳, ちくま学芸文庫, 2008.)

5장

한가함과 지루함의 철학

도대체 지루함이란 무엇인가?

이번 장에서는 지루함론의 최고봉에 도전해 보고 싶다. 지금까지 여러 차례 이름을 거론한 마르틴 하이데거의 지루함론인 『형이상학의 근본 개념들』이다.

보다시피 제목이 꽤 딱딱한 책이다. 두툼하기도 하고 지나치게 난해한 단어도 등장한다. 원래 철학에 관심이 있는 사람이 아니라면 절대 손에 들지 않을 것이다.

하지만 두려워하지 않았으면 좋겠다. 그는 매우 천천히, 차근차근 논리를 쌓아 가는 유형의 철학자이다. 겁먹지 말고 논리와 논리의 이음새만 제대로 이해하면 그의 주장은 오히려 이해하기 쉽다.

게다가 그는 지루함을 설명하기 위해 몇 가지 사례를 분석하는데, 이 사례가 정말 일상적이고 이해하기 쉽다. 우리도 종종 체험하는 지루한 사건을 철학적으로 해설하는 대목은 유쾌하기까지 하다.

할 수만 있다면 이 책을 처음부터 끝까지 천천히 해설하고 싶지만, 그렇게 하면 우리 책의 범위를 크게 벗어나므로,

여기서는 우리 책의 논의와 직접적으로 관련이 있는 부분만 상당히 응축하여 해설하기로 한다.

철학의 감동

『형이상학의 근본 개념들』이라는 책은 그가 프라이부르크대학교에서 1929년부터 1930년까지 강의한 원고를 정리한 것이다. 일본어 번역본으로 500쪽이 넘는다. 하이데거의 책 대부분은 이런 강의록이다.

이 책의 출발점에 있는 물음은 매우 단순하다. 철학이란 무엇인가? 하이데거는 이것을 묻는다.

이는 거대한 물음이지만, 그러나 단순한, 너무도 단순한 물음이기도 하다. 그렇다면 이런 물음을 어떻게 다루어야 할까?

하이데거는 철학에 대한 한 가지 정의를 인용한다. 노발리스(1772~1801)라는 18세기 독일 낭만파 사상가가 내린 철학의 정의이다.

노발리스에 따르면 철학이란 무엇인가? 그는 철학이란 결국 향수라고 말한다. 여러 장소에 있으면서도, 집에 있는 것처럼 머물고자 하는 것, 또 그렇게 하고픈 마음이 철학이라고.[1]

정말로 낭만파라는 형언이 딱 들어맞는 멋진 정의다. 매우 멋진 정의지만, 하지만 여기서 의문이 생긴다. 왜 이 노발리스의 정의일까?

철학에 대한 정의는 무수히 많다. 철학자들은 철학을 다

1   "철학이란 진정한 향수이며, 어디에 있든 집(고향)에 있는 것처럼 머물고 싶은 하나의 충동이다."(Die Philosophie ist eigentlich Heimweh, ein Trieb überall zu Hause zu sein.) (Martin Heidegger, *Die Grundbegriffe der Metaphysik: Welt–Endlichkeit–Einsamkeit*, Gesamtausgabe, Band 29/30, Vittorio Klostermann, 1983.; 3. Auflage, 2004.; マルティン・ハイデッガー, 『形而上学の根本諸概念 ー世界 ー 有限性ー 孤独』, ハイデッガー全集第29/30巻, 川原栄峰, セヴェリン・ミュラー 訳, 創文社, 1998, 12頁.; 마르틴 하이데거, 『형이상학의 근본개념들: 세계-유한성-고독』, 이기상, 강태성 옮김, 까치, 2001, 25쪽. "철학이란 본디 향수요, 어디에서나 고향을 만들려는 하나의 충동이다.")

아마 노발리스가 말하고자 하는 것은 다음과 같을 것이다. 철학은 보편적인 것을 다룬다. 진리라든가 자연이라든가 본성이라든가 원리라든가. 이것은 철학이 **어디에 있어도 통용되는 개념**에 대해 사고한다는 것을 의미한다. 자신의 고향에서만 통용되는 생각에 빠져 있었다면, 그 사람은, 예를 들어 고향에서 상경해서 다른 지역에서 살면서 고향에 대한 향수를 품게 될 것이다. 자신의 생각이 통하지 않는 땅에서 살고 있기 때문이다. 철학도 자신의 생각이 통용되는 곳에서 살고 싶다는 충동을 갖고 있다. 그런 의미에서 철학은 향수로 일관하고 있다. 그러나 동시에 철학은 보편적인 것, 어디를 가도 통용되는 개념에 대해 사고한다. 그렇다면 철학에는 **그 어떤 땅도 고향이 된다.** 그래서 철학은 향수이면서도 그와 동시에 **어떤 땅에 있더라도 집에 있는 것처럼 있고 싶다**는 마음을 가지고 있다고 한다. 그리고 그런 소망, 충동에 이끌렸기 때문에, 철학은 보편적인 것을 사고하는 것이다. 즉, 이 노발리스의 정의는 '향수'와 '어디에 있든 집에 있는 것처럼 머물기를 소망하는 하나의 충동'이라는 두 가지 요소로 구성되어 있으며, 특히 후자의 요소는 전자의 요소의 의미를 이해하는 데 결정적으로 중요하다.

덧붙이면, 본문에서는 설명하지 않았지만, 하이데거는 이 후자의 요소를 충분히 이해하고 있다고 보기 어려운 구절이 있다. 하이데거는 그저 향수를 강조할 뿐이다. 그렇게 되면 철학은 고향에서 상경한 사람이 고향을 그리워하는 마음으로 바뀌어 버린다. 그것은 노발리스의 이 정의에서 벗어나는 것 같다.

양한 방식으로 정의해 왔다. 그렇다면 왜 그중에서 이것이 선택된 것일까? 하이데거는 왜 다른 정의는 언급하지 않고 이것을 내세운 것일까?

하이데거 자신은 그 이유를 설명하지 않는다. 그런 의미에서 하이데거의 논의 방식은 자의적이다. 자신에게 유리한 정의만을 논의의 출발점으로 삼고 있으니까.

하지만 그렇다고 해서 그 논의 방식을 배척할 것이 아니라, 오히려 좀 더 가까이 다가가서 살펴보자. 조금 뒤에 하이데거는 이런 말을 하고 있다. 철학에 관해 아무리 광범위한 것을 다루더라도, 질문함으로써 우리 자신이 감동하지 않는다면 아무것도 이해할 수 없다. 결국 모든 것은 오해에 불과하다.[2]

하이데거라는 인물의 개성을 잘 전해 주는 매우 인상적인 말이다. 하이데거가 말하려는 바는 간단하다. 어떤 철학 개념에 대해 아무리 많은 지식을 가지고 있어도, 그 개념에 대해 질문함으로써 마음이 흔들리거나 마음이 사로잡히는 경험이 없다면, 그 개념을 이해한 것이 아니라는 말이다. 철학 개념은 사람에게 호소한다. 그 호소를 받아들이지 못한다면, 그 개념을 이해한 것은 아니다.

그렇다면 하이데거가 노발리스의 정의를 인용해 논의의 출발점으로 삼은 이유는 분명하다. 그는 철학에 대한 노발리스의 이 정의에 감동한 것이다. 그는 이 정의의 호소력에 마음이 흔들린 것이다.

2   Ibid., p.86.; 同前, 94-95頁.

하이데거의 철학은 그의 감동으로 뒷받침된 철학이다. 그렇다면 우리 독자들은 그의 철학에 감동할 수 있을까?

기분을 묻는 철학

자, 하이데거는 철학에 대한 노발리스의 정의를 내세웠다. 그렇다면 그것을 어떻게 읽어 내야 할까?

하이데거가 주목하는 것은 이 정의가 '향수'라는 **기분**을 언급하고 있다는 점이다. 노발리스는 철학을 하나의 기분으로 정의했다.

기분이란 애매한 현상이다. 엄밀함을 추구하는 철학에는 다소 어울리지 않는 느낌이다.

그러나 하이데거야말로 이 기분이라는 것을 철저하게 중시한 철학자였다. 하이데거에 따르면, 철학은 언제나 어떤 근본적인 기분 속에서 나타난다.[3] 당연하다면 당연한 말이다. 철학을 하는 것은 인간이고, 인간은 항상 어떤 기분 속에 있기 때문이다. 철학 같은 사변적인 행위도 기분과 무관할 리 없다.

그의 이름을 철학계에 알린 『존재와 시간』이라는 대작에서는 '불안'이라는 기분을 분석했다. 인간 존재의 근본에는 죽

---

3   **"철학은 언제나 어떤 근본 기분에서 발생한다**(Philosophie geschieht je in einer Grundstimmung)." (Ibid., p.10. 同前, 15頁.: 앞의 책, 28쪽. "철학은 각기 그때마다 하나의 근본 기분 안에서 일어난다.")

음에 대한 불안이 있다고, 그는 그렇게 단언했다.

그러나 『존재와 시간』 출간 2년 만에 이뤄진 이 '형이상학의 근본 개념들' 강의에서는 더 이상 그런 죽음에 대한 불안을 이야기하지 않는다. 생각을 바꾼 것일까? 어쨌든 하이데거는 다른 기분에 대해 이야기하려 한다.

그렇다면 그것은 무엇일까? 지금 우리에게 근본적인 기분이란 무엇일까?

노발리스는 일찍이 향수라는 기분에 대해 이야기했다. 그렇다면 지금 우리는 어떤 기분 속에 있는 것일까? 어떤 기분에 대해 생각하면 좋을까?

하이데거는 그 기분을 '일깨우는' 것을 목표로 한다. 우리의 근본에 있는 기분에 눈을 돌리려고 하는 것이다.[4]

---

4   "그렇다면 하나의 근본 기분을 일깨우자! 그런데 그렇게 되면 곧바로 다음 질문이 생겨난다. 도대체 **어떤** 기분을 일깨우자는 것인가? 혹은 **어떤** 기분을 우리 안에서 깨우려고 하는 것인가? 우리를 근본에서부터 관통하고 있고 기분을 정하고 있는 하나의 기분이란? 도대체 **우리는** 누구인가?"(Ibid., p.103.; 同前, 114頁.; 앞의 책, 120쪽. "자, 그럼 하나의 근본 기분을 일깨워 보기로 하자! 즉각 다음과 같은 물음이 생겨 나온다. 우리가 일깨워야 하거나 또는 우리가 우리 안에서 깨어나게 해 주어야 하는 기분은 **어떠한** 기분인가? **우리를** 밑바탕에서부터 두루 조율하고 있는 그런 어떤 기분인가? 그렇다면 도대체 **우리는** 누구인가?")

근본에 있는 기분

하이데거는 여기서 한 가지 실마리로, 당시 유행하던 한 유럽 문명론을 언급한다. 오스발트 슈펭글러의 『서구의 몰락』이 그것이다.[5]

이 책의 내용은 제목이 시사하는 그대로다. 서양 문명은 그때까지 근대의 선두를 달렸고 그것을 견인해 왔다. 하지만 이제 그 역할은 끝났다. 바야흐로 서양은 몰락의 시기에 있다. 슈펭글러는 그렇게 말했다.

이런 비관적 주장의 책이 당시 베스트셀러가 되었다. 아마도 이 책은 유럽인들이 어렴풋이 눈치채고 있으면서도 큰 목소리로 말하지 못했던 것을 분명하게 적고 있었을 것이다. 그래서 많이 읽혔던 것이다.

지금도 그렇지만 학자란 유행하는 것에 대해 비판적이기 마련이다. 당시 학자들도 "이런 책은 유행하는 철학에 불과하다"라며 비아냥거렸다.

---

5 Ibid., p.105.; 同前, 115頁.; 앞의 책, 122쪽. 실제로는 그 외에도 루트비히 클라게스(Ludwig Klages)의 저서 『영혼의 적대자로서의 정신(魂の敵対者としての精神)』, 막스 셸러의 강연 '화해의 시대에서의 인간(和解の時代における人間)', 레오폴트 지글러(Leopold Ziegler)의 저서 『유럽적 정신(Der europäische Geist)』(1929) 등 세 가지도 언급되고 있는데, 여기서는 해설을 쓸데없이 확대하지 않기 위해 가장 잘 알려진 슈펭글러의 저서만 언급했다. 〔옮긴이〕 클라게스의 책 제목에서 영혼으로 번역된 단어의 원어는 Seele인데, 이것은 영혼이라기보다는, 최근 일본의 출판물에서 변경된 번역어가 드러내듯이 '심정'이 더 어울린다. 아무튼 원제는 Der Geist als Widersacher der Seele이다.

하지만 하이데거는 조금 달랐다. 그는 이렇게 말한다. 이 책의 시대 진단은 우리를 조금도 "감동시키지 않는다(역시 하이데거에게는 감동할 수 있느냐 없느냐가 가치판단의 큰 기준인 것 같다)."[6] 하지만 그렇다고 해서 "유행하는 철학에 불과하다"라고 치부해 버려서도 안 된다.[7]

역시 그것이 유행하는 데는 나름의 이유가 있다. 왜냐하면 이것이 읽혔다는 사실은 유럽인들이 분명히 일종의 '몰락'의 감각을 가지고 있었다는 표시이기 때문이다.

거기서부터 하이데거는 다음과 같이 생각을 전개한다.

— 우리는 지금 자신의 역할을 모색하고 있다. 아니, 오히려 우리는 지금 우리 자신에게 뭔가 역할을 부여하지 않을 수 없다.

— 그러나 그것은 도대체 무슨 뜻일까? 우리는 스스로에게 일부러 역할을 부여해야 할 만큼 가벼운 존재가 되어 버린 것일까? 만약 우리가 스스로에게 중요한 존재라면, 굳이 자신의 역할을 모색해야 하지는 않을 것이기 때문이다.

6　Ibid., p.112.; 同前, 123頁.; 앞의 책, 129쪽. 유사한 어구는 "사로잡는다"이다.

7　"이것을 '유행 철학'이라는 이름으로 부르며 우습게 여기려고 시도하면, 그것으로 무엇인가가 극복되는 것일까? 우리는 그런 안이한 수단을 취해서는 안 되고, 또 취할 생각이 없다." (Ibid., p.115.; 同前, 126頁.; 앞의 책, 132쪽. "만일 사람들이 그것을 '유행 철학'이라고 지칭하고 그로써 그것을 과소평가한다고 해서, 어떤 것이 극복되는 것인가? 우리는 그렇게 값싼 수단들을 잡아서도 안 되고 또 잡을 생각도 없다.")

— 왜 그렇게 됐을까? 왜 우리는 자신의 의미와 가능성을 찾아내지 못하는가? 이래서는 마치 모든 사물이 우리에게 무관심해지고 크게 하품이나 하고 있는 것 같지 않은가?

— 어쨌든 우리는 자신을 위해 한 가지 역할을 모색하고 있다. "바로 이것이 내가 해야 할 일이다"라고 말할 수 있는 무언가를 물색하고 있다.

— 다시 말해, 우리는 다시금 스스로 자신에게 흥미를 갖게 만들려고 노력하고 있다. 스스로 자신에게 더 많은 관심을 가지려고 노력하고 있는 것이다.

— 그런데 여기에는 뭔가 이상한 점이 있지 않을까? 왜 그런 일을 **하지 않으면 안 될까**?

— 혹여나 **이제 우리는 자신이 지루해져 버린** 것은 아닐까? 그래서 어떻게든 스스로 자신을 흥미롭게 만들려고 하는 것은 아닐까?

— 그런데 인간이 자기 자신에게 지루해지는 것이 과연 가능할까? 왜 그렇게 된 것일까?

이렇게 해서 하이데거는 다음과 같이 말하기에 이르는 것이다. 결국 **모종의 깊은 지루함이 현존재의 심연에서 형언할 수 없는 안개처럼 다가오고 있다**('현존재'란 하이데거의 독자적인 용어로, 단적으로 인간을 가리킨다).[8]

아무 말도 없는 안개처럼 어느새 지루함이 밀려와 우리 주변을 뒤덮고 있다……. 하이데거가 품었던 것은 그런 이미지이다. 그리고 이 지루함이 우리의 근본적인 기분이라고 하이데거는 말한다. 즉, 우리는 지루함 속에서 철학을 할 수밖에 없다는 것이다.

그리하여 지루함에 대한 긴 논구가 시작된다.

지루함을 둘로 나누어 보다

그렇다면 지루함이란 무엇인가?

지루함을 분석하는 하이데거가 맨 먼저 말하는 것은 지루함이 누구나 **알고 있는** 동시에 아무도 **잘 모르는** 현상이라는 점이다.[9] 그렇다, 누구나 지루함을 알고 있다. 그러나 그것에 대해 물으면, 아무도 그것이 무엇인지 명확하게 말할 수 없다. 신기한 일이다.

이런 것을 분석하는 것은 실로 골치 아픈 일이다. 전혀 알려져 있지 않은 것이라면 영에서 시작하면 된다. 독자에게는 영부터 가르치면 된다. 그러나 어느 정도 알고 있는 것이라면, 그 알고 있는 것이 분석을 방해한다. 알고 있는 것 같으니까

---

8   Ibid., p.115.; 同前, 127頁.; 앞의 책, 133쪽. "결국에는 **깊은 권태가 현존재의 심연을 말 없는 안개처럼 이리저리 헤집고 다니는 사태가 우리에게 벌어지고 있는가?**"

9   "이 지루함을 모르는 사람이 있을까? — 그럼에도 불구하고 이 누구나 아는 것이 본래 무엇인지 단도직입적으로 말할 수 있는 사람이 있을까?"(Ibid., p.119.; 同前, 132頁.; 앞의 책, 136쪽. "누가 권태를 모르겠는가? 그러나 그럼에도 불구하고 너무나 자명한 바로 이것이 본디 무엇이냐라고 자유롭게 거리를 두고 말할 수 있는 사람은 누구인가?")

분석을 어디까지 깊이 해야 충분할지 잘 모른다. 다른 사람에게 설명할 때도 '내가 알고 있는 지루함과는 다르구나'라고 생각되면, 분석이 진행 중이더라도 그 사람은 더 이상 귀를 기울이지 않게 된다.

그래서 하이데거는 먼저 지루함을 둘로 나누어 생각하자고 제안한다. 모두가 어렴풋이 알고 있는 지루함을 우선 둘로 나눠 생각해 보자는 것이다.

하나는

① 무엇인가에 의해 지루해**진다**는 것이다.

다른 하나는

② 무엇인가를 하고 있으면서 지루해한다는 것이다.[10]

하이데거는 ①을 지루함의 첫 번째 형식, ②를 지루함의 두 번째 형식이라고 부른다.

양자는 비슷해 보일 수도 있다. 그러나 그렇지 않다.

①은 수동형이다(지루해진다). 이게 무슨 말이냐 하면, 분명히 **지루한 것**이 있고 그것이 사람을 지루함이라는 기분 속으로 끌어들이고 있다는 것이다.[11]

그에 반해 ②에서는 뭔가 특정한 지루한 것에 의해서 지

---

10   독일어로 ①은 Gelangweiltwerden von etwas, ②는 Sichlangweilen bei etwas. (Ibid., p.138.; 同前, 153頁.; 앞의 책, 158쪽. "어떤 것에 의해서 지루하게 됨" "어떤 것을 하면서 지루해함.")

11   "무언가에 의해 지루해지는 것에서는 문자 그대로 우리는 그 지루한 것들에 의해 단단히 붙들려 있다." (Ibid., p.138.; 同前, 153頁.; 앞의 책, 158쪽. "어떤 것에 의해서 지루하게 됨 속에는, …… 이제 우리는 그것에 의해서 꽉 붙들려 있으며…….")

루해지는 것이 아니다.[12] 무엇인가를 마주치고 있을 때, 잘 모르기는 하나 그곳에서 지루**해하는** 것이다. 말하자면 지루함이 주위를 뒤덮어 버리는 것 같은 느낌이다. 그 속에서 사람이 지루해하는 것이다.

지루함의 첫 번째 형식

이대로는 이해하기 어려울 것이다. 그러나 걱정하지 않아도 된다. 하이데거는 매우 알기 쉽게 일상적인 사례를 들어 지루함을 설명해 주기 때문이다. 이 사례의 해독이 하이데거의 지루함론을 파격적으로 재미있게 만들고 있다.

우선 지루함의 첫 번째 형식을 설명하는 사례이다. 찬찬히 읽어 보자.

예를 들어 우리는 어느 외진 시골의 작은 지역 노선의 특별할 것 하나 없는 기차역 대합실에 앉아 있다. 다음 기차는 4시간이나 지나서야 온다. 이 지역은 별다른 매력이 없다. 아, 그러고 보니 배낭에 책을 한 권 넣어 왔다. 그러면

12　　"이 경우 지루함은 이 특정한 지루한 것에서 발생하는 것이 아니라 반대로 이 지루함이 다른 여러 가지 사물들을 덮고 확산된다." (Ibid., pp.138-139.; 同前, 153-154頁.; 앞의 책, 158쪽. "그렇다면 그 경우 권태는 이 특정한 지루한 사물에서부터 자라 나온 것이 아니라, 오히려 이와는 거꾸로 권태가 다른 사물들 위로 번져 나가고 있는 셈이다.")

책을 읽을까? 아니 그럴 기분이 들지 않는다. 그러면 뭔가 질문이나 문제를 골똘히 생각해 볼까? 그럴 마음도 들지 않는다. 시간표를 읽거나 이 역에서 다른 지역까지의 거리 일람표를 자세히 보기도 하지만, 그 지역들에 대해서는 아무것도 알 수 없다. 시계를 보니, 겨우 15분이 지났을 뿐이다. 그러면 역 앞 거리로 나가자. 우리는 그저 무언가를 하기 위해 왔다 갔다 한다. 하지만 아무 소용이 없다. 그래서 이번에는 도로를 따라 심어진 가로수의 수를 세어 본다. 다시 시계를 본다. 아까 시계를 봤을 때보다 정확히 5분이 지났다. 왔다 갔다 하는 것도 지겨워져서 돌 위에 앉아 땅바닥에 여러 가지 그림을 그린다. 그러다가 문득 정신을 차리고 보니 다시 시계를 보고 있다, 겨우 반 시간이 지났다, 이런 식으로 진행된다.[13]

하이데거 자신의 체험담일까? 매우 실감 나는 묘사이다. 그리고 독자들도 쉽게 상상할 수 있는 장면이다. 너무 흔하다고 해도 좋다. 이런 흔한 장면을 하이데거는 어떻게 분석해 나갈까?

우리도 하이데거와 함께 이 기차역 대합실에 앉아 기차가 오기를 기다리면서 여기에 나타난 지루함에 다가서 보자.

지루함은 무엇이 아닐까?

위의 묘사 중 가장 먼저 눈에 띄는 것은 시계를 보는 동작이다. 기차를 기다리면서 몇 번이고 시계를 보고 있다. 왜 자꾸 시계를 보는가 하면, 그것은 당연히 기다림에 지쳐서, 기다림에서 벗어나고 싶기 때문일 것이다.

그렇다면 이렇게 생각할 수도 있다. 자꾸 시계를 보는 것은 지루하기 때문이고, 지루해하는 것은 기다리고 있기 때문이다. 즉, 지루함을 발생시키는 원인은 기다리는 것에 있다고.

그러나 결코 그렇지 않다. 어디까지나 **이 예에서만** 기다린다는 것이 지루하게 느껴지는 것일 뿐이다.[14] 기다린다고 해

---

13   Ibid., p.140.; 同前, 155頁.; 앞의 책, 159-160쪽. "보기를 하나 들어 보기로 하자. 폭 좁은 철도를 횡하게 끼고 있는 어느 한 초라한 기차역에 우리는 앉아 있다. 다음 기차는 빨라야 4시간이나 지나서야 온다. 기차역 일대는 삭막하기만 하다. 우리는 배낭 속에 책 한 권을 가지고 있기는 하다. 그래 꺼내서 읽어 볼 것인가? 아니다. 그러면 어떤 물음이나 문제에 관해서 골똘히 사색에 잠겨 볼 것인가? 그렇게 되지는 않는다. 우리는 기차 운행 시간표를 훑어보거나 또는, 이 역과 — 우리는 더 이상 잘 모르는 — 다른 낯선 곳과의 거리가 다양하게 표시되어 있는 안내도를 자세히 살펴본다. 그러다 우리는 시계를 들여다본다. 겨우 15분이 지났다. 그래서 우리는 국도 쪽으로 건너가 본다. 우리는 그냥 무언가를 하기 위해서 이리저리 뛰어다녀 본다. 그러나 그것 역시 아무런 도움이 안 된다. 이제는 국도변의 나무들을 세어 본다. 다시 시계를 들여다본다. 우리가 시계를 처음 들여다본 때보다 5분이 더 지났다. 이리저리 거니는 것도 싫증이 나 우리는 돌 위에 앉아 갖가지 형상들을 모래에다 그려 본다. 그러다가 우리는 문득, 우리가 또다시 시계를 들여다보았다는 것을 알아차린다. 반 시간이 지났다. 그리고 그렇게 시간 죽이기는 계속된다."

서 반드시 지루한 것은 아니며, 긴장감을 가지고 기다리는 경우도 종종 있다. 가령 중요한 시험 결과를 기다리는 경우에는 지루함을 받아들일 여지가 없다.

그렇다면 왜 이 예에서는 기다리는 것이 지루하게 느껴지고 있는 것일까? 다른 관점에서 생각해 보자.

기차가 빨리 도착했으면 좋겠는데 기차가 오지 않는다. 거기에서 나타나는 기분은 조바심이다. 우리는 이 조바심에서 탈출하고 싶어 한다. 즉, 우리를 곤란하게 하는 것은 이 조바심이다.

그렇다면 지루함이란 결국 조바심을 의미하는 것일까? 아니, 그것도 아니다. 확실히 조바심은 지루함과 관련하여 생긴다. 그러나 그것이 지루함과 동일한가 하면 그렇지 않다.[15]

왜냐하면 조바심은 오히려 지루함을 억누르고 싶으나 그렇게 할 수 없을 때의 모습이기 때문이다. 그것은 지루함 자체가 아니라 **지루함의 결과로 생겨나는** 상태인 것이다.

---

14 "단순히 우리의 지금 예에서 기다림 자체가 지루한 것, 지루하게 만드는 것일 뿐이지, 지루함이 그 자체로 이미 기다림이라는 것은 아니다." (Ibid., p.141.; 同前, 156頁.; 앞의 책, "앞에서 우리가 든 예에서만 하더라도 기다림 자체는 기껏해야 '지루한 것'이자 '지루하게 하는 것'이지, 권태 자체가 곧 기다림은 아니다.")

15 "조바심은 지루함과 동일하지도 않고 지루함의 한 가지 특성도 아니다. 참을성 있는 지루함이라는 것도 없고 조바심을 내는 지루함이라는 것도 없다." (Ibid., p.141.; 同前, 156頁.; 앞의 책, 161쪽. "그럼에도 불구하고 안달은 권태와 동일하지도 않으며 권태의 한 속성도 아니다. 참을성 있는 권태라는 것도 없으며 참을성 없이 안달 난 권태라는 것도 없다.")

이상에서 알 수 있는 것은 기다림이나 조바심이 지루함과 관련하여 나타날 수 있지만, 그것들이 지루함 자체는 아니라는 것이다. 그렇다면 지루함 자체는 어디에 있는 것일까?

기분 전환과 시간

관점을 다시 한번 바꿔 보자. 지금까지는 지루해하는 우리가 어떤 상태에 있는지(기다리고 있다, 조바심을 낸다)를 생각했다. 이번에는 그러지 말고 지루해하는 우리가 지루함과 어떻게 관계를 맺으려고 하는지를 생각해 보자.

지루해할 때 우리는 지루함을 억누르려고 한다. 지루함을 억누르는 데에 필요한 것은 기분 전환이다.[16] 우리는 기분 전환으로 지루함을 억누르려고 한다.

아까의 사례로 다시 돌아가서 생각해 보자. 나무를 세어 본다. 길거리를 왔다 갔다 한다. 앉아서 땅바닥에 그림을 그린다. 이런 것들은 모두 기분 전환이다. 모두 지루함을 억누르기

16　여기서 '기분 전환'으로 번역한 것은 Zeitvertreib라는 독일어로, 『형이상학의 근본 개념들』의 일역본에서는 '시간 때우기용 기분 전환 = 심심풀이'로 되어 있다. 일반적인 일본어 용법에서 벗어난 번역어이므로, 이 책에서는 주로 기분 전환이라고 번역한다. 〔옮긴이〕 한국어 번역본에서는 '시간 죽이기'로 번역되어 있으나 '시간 때우기'로 옮긴다. 중요한 것은 기분 전환이 시간 때우기와 같은 말이라는 점이다. 참고로 국역본에서 '일종의 기분 전환을 위해서 긴장을 해소'는 Entspannung을 풀어서 번역한 단어이다.

위해 행해지는 것들이다.

이렇게 기분 전환에 주목하다 보면, 시계를 보는 몸짓이 또다시 눈에 띈다. 왜냐하면 기분 전환이 이루어질 때마다 곧바로 시계를 쳐다보기 때문이다.

길거리를 왔다 갔다 하면, 곧바로 시계를 본다. 땅바닥에 그림을 그리면, 또다시 시계를 본다. 왜 그러는 것일까? 혹시 시계를 보는 것도 기분 전환일까? 아니, 그렇지 않을 것이다. 왜냐하면 시계를 보는 행동은 지루함을 억누르기 위해 행해지는 것이 아니기 때문이다. 우리는 시간을 확인하기 위해 시계를 본다. 지루함을 억누르기 위해서가 아니다.

하지만 단순히 시간을 보기 위해서라면 몇 번이고 시계를 볼 필요가 없다. 그러면 시계를 자꾸 보는 행위에는 어딘가 이상한 점이 있다. 아무래도 여기에 문제를 푸는 열쇠가 있을 것 같다.

자꾸 시계를 보게 될 때, 우리는 단지 현재 시각을 확인하고 싶은 것이 아니다. 지금 몇 시 몇 분인지 알고 싶은 게 아니다. 그보다는 기차가 출발하기까지 **아직 얼마나 시간이 있는지** 알고 싶어 한다.

그렇다면 왜 그것을 알고 싶어 하는가? 눈앞에 나타난 지루함을 상대로 앞으로 얼마나 더 이렇게 성과 없는 기분 전환을 계속해야 하는지를 확인하고 싶기 때문이다. 지금 우리는 지루함과 싸우고 있지만, 그 싸움이 잘되고 있지 않다. 그래서 그것이 앞으로 얼마나 계속될지를 확인하려는 것이다.

기분 전환을 통해 이루어지는 지루함이라는 상대와의 싸

움은 어떤 것일까? 말할 필요도 없이 그것은 **시간을 더 빨리 지나가게 하는 것**, 시간이 더 빨리 지나가게 만드는 것과 다름 없다.

그렇다면 왜 시간이 더 빨리 지나가게 하고 싶을까? 간단 하다. **시간이 더디게** 가고 있기 때문이다.[17]

'붙잡힘'

자, 아무래도 이 지루함을 풀기 위한 실마리 중 하나를 얻은 것 같다.

지루할 때는 시간이 느리게 간다. **시간이 늘어진다.** 지루 해하는 우리는 이 늘어지는 시간에 의해 곤란해지는 것이다.

하지만 왜 늘어지는 것이 우리를 곤란하게 만드는 것일 까? 늘어지는 것은 이쪽에 적극적으로 관여하지 않는다. 그러 니까 늘어지는 것이 사람을 곤란하게 하는 일은 별로 없다.[18]

예를 들어 꾸물거리고 있는 사람이 그냥 옆에 있어도 우 리는 결코 곤란해하지 않는다. 자신과 관계없는 사람이 혼자

17　　"단순히 시간을 보내는 것이 문제가 아니다. 오히려 시간을 보내는 것, 시간이 **더 빨리** 지나가도록 만드는 것이 문제인 것이다. 즉, 시간이 **더 디게** 가고 있는 것이다." (Ibid., p.146.; 同前, 162頁.; 앞의 책, 166쪽. "시간을 단순히 보내기만 하는 것이 아니라, 오히려 시간을 되도록 빨 리 보내 버리는 것, 즉 시간이 **더 빨리** 지나가도록 하는 것이 문제가 되고 있다. 그러니까 시간은 **느리게** 가고 있는 셈이다.")

서 꾸물거리고 있을 뿐이기 때문이다. 꾸물거리고 있는 사람은 이쪽에 관여하려고 하지 않는 소극적인 사람이니까, 예를 들어, 듣고 싶지도 않은 이야기를 마구잡이로 늘어놓는 '적극적'인 사람에 비하면 오히려 고마울 정도다.

그런데 왜 이 지루함의 경우에는 늘어지는 것이 우리를 곤란하게 할까? 대답은 간단하다. 늘어지는 것이 우리를 곤란하게 하는 것은 그것이 단순히 늘어지고 있을 뿐만 아니라 우리를 붙잡고 있기 때문이다. 우리는 지루해하면서도 **늘어지는 시간에 붙잡혀 있는** 것이다.

'붙잡힘.' 이것이 바로 지루함을 구성하는 첫 번째 요소나 다름없다. 시간이 느릿느릿해지고, 늘어진다. 이 느릿느릿한 시간에 우리는 '붙잡혀' 있다. 이것이 지루함에서 생기는 바로 그것이다.

공허 방치

늘어지는 시간에 의한 붙잡힘은 지루함의 첫 번째 형식을 구

---

18 "늘어지고〔꾸물거리고, 머무적거리고〕 있는 어떤 것, 그것은 바로 조심스러워하며 겸손하기에, 곤란하게 하지는 않을 것이다. 그것이 어떻게 곤란하게 할 수 있겠는가?"(Ibid., p.150.; 同前, 165-166頁.; 앞의 책, 170쪽. "그러나 머무적거리는 어떤 것은 그 자신은 멀리 물러서서 나타나지 않기 때문에 안절부절못하게 짓누르지는 않는다. 그게 무슨 소리인가?")

성하는 요소이다. 이런 종류의 지루함에서는 확실히 그런 일이 일어나고 있다.

그러나 이것만으로는 아직 충분하지 않다. 이는 지루해할 때의 모습을 좀 더 자세히 설명한 것일 뿐이다. 지루해하는 사람이 처한 상태를 다른 말로 바꿔치기한 것일 뿐이다. 이것만으로는 지루함 그 자체에 대한 정의가 될 수 없다.

그래서 한 걸음 더 나아갈 필요가 있다. 그러기 위해서는 다음 질문에 답해야 한다. 왜 우리는 늘어지는 시간에 의해 붙잡히면 곤란해지는 것일까?

기분 전환에 주목함으로써, 이 물음에 대한 답을 찾아 보고 싶다.

이미 말한 대로 기분 전환이 이뤄지는 것은 시간을 더 빨리 지나가게 하기 위해서였다. 그렇다면 더 구체적으로 시간을 더 빨리 지나가게 한다는 것은 어떤 것일까? 즉, 기분 전환이란 요컨대 무엇을 하는 것일까?

기분 전환을 하려 할 때, 우리는 뭔가 해야 할 것을 찾고 있다. 해야 할 **일거리를** 찾고 있는 것이다.[19] 길거리를 걷는다. 나무의 수를 센다. 주저앉아 땅바닥에 그림을 그린다. 뭔가 해야 할 일을 찾고, 그 일에 종사하려고 한다.

해야 할 일이라고 해도, 그때, 그 일의 내용은 아무래도 상관없다. 어떤 일을 하느냐는 문제가 아니다. 여기서 관심의

19　"기분 전환과 동시에 우리는 자신들을 하나의 일=작업에 몰두하려고 시도한다." (Ibid., p.152.; 同前, 168頁.)

대상이 되는 것은 해야 할 무언가를 갖는 것이지, **어떤 것을 해야 하는가**가 아니다.[20] 그래서 평소 같으면 그런 것은 하지 않지만, 나무의 수를 세거나 길거리를 왔다 갔다 한다. 단순히 할 것이 있으면 되기 때문이다.

그런데도 왜 지루해하는 우리는 해야 할 일을 찾아 일거리에 종사하려는 것일까? 일이란 보통, 가능하면 안 하고 싶은 그런 것 아닐까? 아니, 그렇지 않다. 해야 할 일이 없으면 사람은 아무것도 없는 상태, **허무한 상태에 방치된다.** 그리고 아무것도 할 것이 없는 상태를 인간은 견딜 수 없다. 그래서 일거리를 찾는 것이다.

앞의 물음으로 돌아가자. 왜 우리는 늘어지는 시간에 의해 붙잡히면 곤란해하는 걸까? 그 대답을 알았다. 그렇게 붙잡히면 아무것도 없는 곳에서 허무한 상태로 방치되기 때문이다. 아무것도 할 것이 없는 허무한 상태를 인간은 견딜 수 없다. 그러니까 "지루함과 함께 대두되는 **공허 방치**에 빠져들지 않기 위해서", 우리는 뭔가 할 일을 갈구한다.[21] 허무한 상태로 방치되는 것을 '공허 방치'라고 부르기로 하자. 바로 이것이 지루함을 구성하는 두 번째 요소에 다름 아니다.

---

20   "일에 종사하는 것 그 자체, 그리고 그것만이 관심의 대상이다." (Ibid., p.152.; 同前, 169頁.: 앞의 책, 173쪽. "우리의 관심은 바쁜 일의 대상에도 바쁜 일의 성과에도 쏠려 있지 않고, 오히려 **바쁘게 파묻혀 있음 그 자체**에 쏠려 있으며 그리고 오직 이것에만 쏠려 있을 뿐이다.")

21   Ibid., p.152.; 同前, 169頁.; 앞의 책, 173쪽. "권태와 함께 피어오르고 있는 공허 속에 버려져 있음 속으로 빠져들지 않기 위해서이다."

말을 들어주지 않는다

공허 속에 방치되지 않기 위해 기분 전환을 행한다. 이것은 잘 알겠다.

하지만 잘 생각해 보자. 공허라는 게 있을 수 있을까?

지금의 상황을 생각해 보자. 아무것도 없다, 공허하다고 말하지만, 전철을 기다리는 우리 주변에는 아무것도 없는 것일까? 물론 그렇지 않다. 기차역이 있다. 시간표도 도로도 가로수도 있다. 원래 그곳은 철도가 지나가는 지역이다. 아무것도 없는 것은 아니다.

분명히 무엇인가가 있다. 그런데 왜 아무것도 없다는 말을 듣게 되는 것일까? 그것은 이런 것이다. 거기에는 사물이 있다. 그러나 그 사물들은 우리를 향해 아무것도 들이대지 않는다. 우리를 완전히 **내버려두고 있다.**[22]

공허 방치란 단순히 사물이 없다는 것이 아니다. **사물이 우리에게 아무것도 제공하지 않는다**는 것을 의미하는 것이다.

그러나 기차역은 정말 우리에게 아무것도 제공하지 않을까? 실제로 기차역은 표를 팔고 비바람을 피할 수 있는 장소를 제공한다. 아무것도 제공하지 않다니, 이상하지 않은가.

아니 그렇지 않다. 기차역은 분명히 여러 가지를 제공하

22　"이런 사물들이 우리에게 전혀 아무런 도움도 되지 않고, 우리를 완전히 내버려두고 있다." (Ibid., p.154.; 同前, 171頁.; 앞의 책, 175쪽. "이 사물들은 분명 우리에게 아무 짓도 하고 있지 않고, **우리를 온전히 고요 속에 놔두고 있다.**")

고 있다. 하지만 **우리가 기대하는 것**을 제공하지 않는 것이다. 즉, 기차다. 아무것도 제공해 주지 않는다, 완전히 내버려두고 있다, 공허 속에 방치하고 있다는 것은, 즉 그 기차역이 우리 의 **말을 들어주지 않는다**는 것이다.

이토록 길게 계속해 온 지루함의 첫 번째 형식의 결론이 보인다. 느릿느릿한 시간에 붙잡힘으로써 우리가 곤란해지는 이유는 무엇일까? 우리가 기대하는 것을 제공받지 못하기 때 문이다. 눈앞의 기차역이 지루한 것이 아니다. 눈앞의 기차역 은 그것만으로는 우리를 공허 속에 방치하지 않는다. 눈앞의 기차역이 **우리의 말을 들어주지 않기** 때문에 우리는 지루해하 는 것이다.[23]

정리하자.

사물이 말을 들어주지 않는다. 그 때문에, 우리는 공허 방 치되고, 거기에 느릿느릿한 시간에 의한 붙잡힘이 발생한다. 이것이 지루함의 첫 번째 형식인 "무엇인가에 의해 지루해지 는 것"에서 벌어지는 일임에 다름없다.

---

23 "눈앞에 있는 이 기차역은 거기에 부속되어 있는 기차가 아직 오지 않 았기에 우리를 위해 기차역으로서 말하는 것을 들어주지 않고(sich versagen) 우리를 공허에 방치하고 있다." (Ibid., pp.155-156.; 同前, 172頁.; 앞의 책, 177쪽. "눈앞의 이 기차역은 우리에게 기차역이기를 거부하고 있으며 우리를 공허 속에 버려두고 있다. 왜냐하면 이 기차역 에 속한 기차가 아직 오지 않고 있으며, 그래서 그때까지의 시간이 너 무나 길고, 너무나 머무적거리고 있기 때문이다.")

기차역의 이상적 시간

그렇다 해도, 사물이 말을 들어주지 않는다는 등은 제멋대로의 표현이다. 기차역에 일찍 도착한 것은 자신의 책임일 것이다. 그렇게 생각하지 않는가?

사실 하이데거도 그러한 반론을 다루고 있다.[24] 그리고 다음과 같이 말한다. 지금 여기서 묻는 것은 왜, 누구의 책임으로 지루함이 발생했는가가 아니다. 그렇게 발생한 지루함이 어떻게 되어 있는가이다. 이렇게 해서 이 반론은 배척된다.

게다가 거기에 덧붙여 하이데거는 마지막으로 이상한 말을 한다. 사물에는 그 특유한 시간이 있다는 것이다.

---

24   "하지만 사람들은 항의하고 싶을 수도 있다. …… 이것에 책임이 있는 것은 오로지 시간표를 잘못 본 탓에 너무 일찍 온 우리 자신이니까." (Ibid., p.156.; 同前, 173頁.; 앞의 책, 177쪽. "하지만 사람들은 다음과 같이 반대할 수도 있을 것이다. …… 그 탓은 …… 기차 운행 시간표를 잘못 보고 너무 일찍 기차역에 온 우리 자신에게 있다고 말이다.") 하이데거는 이에 대해 이렇게 대답했다. 하긴 그럴지도 모른다. "너무 일찍 온 것은 우리에게 책임이 있을 수도 있고, 너무 적은 수의 기차가 운행되고 있는 것은 독일 국철 당국이 야기했을지도 모른다." [앞의 책, 178쪽. "우리가 기차역에 너무 일찍 온 탓은 우리에게 있을 수도 있다. 그리고 거기에서 기차가 아주 드물게 운행되도록 하게 한 장본인은 국영 철도 당국일 수도 있다."] 하지만 지금 묻는 것은 그런 것이 아니다. "우리는 어떤 원인에서 지금의 이 지루함이 발생했는지 묻지 않는다." [앞의 책, 177-178쪽. "그러나 우리는 정말이지 무엇이 권태를 불러일으키고 있으며 무엇에 그 탓이 있는지를 묻고 있는 것이 아니다."] 왜냐하면 여기에서 일어나고 있는 지루함이 무엇인지를 묻고 있기 때문이다. 하이데거는 이렇게 이 의문을 일축하고 있다. 그러나 아마도 **이 의문은 중요하다.** 이 점은 나중에 검토하자.

예를 들어 기차역에는 **기차역에 특유한 시간**이 있다. 그것은 무엇일까? 기차역에 특유한〔고유한〕시간이란 기차역이라는 것의 **이상적 시간**이다. 그 이상적 시간이 뭐냐면 **기차 출발 직전**이다.[25] 기차 출발 직전에 기차역에 도착해서 기다리지 않고 기차에 탑승할 수 있었던 사람은 기차역의 이상적 시간에 적합했던 것이다.[26]

지극히 단순한 것을 일부러 까다롭게 말하는 하이데거의 이 문구를 읽고 있노라면 웃음이 터질 것 같지만, 그는 매우 진지하다. 하이데거가 말하는 것은 이런 것이다. 우리는 무엇인가에 의해 지루해할 때 그 무엇인가가 가지고 있는 시간에 **그다지 적합하지 않다**고 말하는 것이다.

즉 어떤 사물과 그것을 접하는 사람이 있다고 할 때, **둘 사이의 시간적 간극에 의해서** 이 첫 번째 형식의 지루함이 생

25　"이 특유한 시간이란 어떤 방식으로 기차역이라는 것의 이상적 시간이다. 즉, **그것은 기차가 출발하기 직전이다.**" (Ibid., p.159.; 同前, 176 頁.; 앞의 책, 181쪽. "긍정적으로 이야기해 보면, 기차역이 우리를 권태의 이러한 특정한 형태에서 지루하게 만들지 않기 위해서는, 우리는 어떤 방식으로든 기차역의 이상적인 시간인 그런 **특별한** 시간에, 즉 **기차가 막 출발하기 바로 직전**에 기차역에 도착할 필요가 있다.") 강조는 인용자.

26　"사물은 분명히 각자의 시간을 가지고 있으며, 우리가 매번 그 시간에 그 사물을 만나게 한다면 아마도 지루함은 나타나지 않을 것이다." (Ibid., p.159.; 同前, 176頁.; 앞의 책, 181쪽. "만약 사물들이 분명 그때그때마다 그것들 나름의 시간을 가지고 있고 우리가 사물들을 그때그때마다 그것들 나름의 시간에서 곧바로 만난다고 한다면, 그 경우 어쩌면 권태가 없을지도 모른다.")

기는 것이다. **무엇인가에 의해 지루해진다**는 현상의 근원에는 사물과 주체 사이의 시간적 간극이 존재한다. 그것에 의해서 붙잡힘이 생기고 공허 방치된다.

이 도식은 다양한 장면에 응용 가능하다. 예를 들어 회의는 일상생활의 지루함을 대표하는 것이라고 할 수 있는데, 거기에서 일어나는 것도 똑같은 간극이다.

유익한 발언이나 제안 같은, 우리가 기대하는 것이 전혀 제공되지 않는다. 시간이 늘어진다. 뻔한 내용의 발언이 계속되고 결론은 이미 보이는데도 논의가 좀처럼 결론에 도달하지 못한다. 여기에 있는 것은 "결론은 뻔한데……"라는 판단을 내리고 있는 주체의 시간과 그 회의실의 시간 사이의 어긋남, 간극이다. 회의실에 '붙잡힌' 우리는 우리의 관심을 끄는, 유익한 발언이나 제안이 없다는 의미에서 공허 방치되고 있다.

지루함의 두 번째 형식

지루함의 첫 번째 형식, 즉 "무엇인가에 의해 지루해지는 것"에 대한 분석은 상당히 설득력이 있다.

그러나 이미 말한 대로 하이데거는 여기서 멈추지 않는다. 지루함의 두 번째 형식 "무엇인가를 하고 있으면서 지루해하는 것"에 대한 분석을 향해 나아간다.

여기서 주의해야 한다. 이는 단순히 **이러저러한 종류의 지루함을 분류하기 위해 이뤄지는 것이 아니**라는 점이다. "지

270

루함에는 이런 것도 있고, 저런 것도 있고……"라는 것이 아니라는 말이다.

하이데거는 첫 번째 형식에서 두 번째 형식으로 나아감에 따라 분석이 깊어진다고 강조한다. 두 가지는 나란히 있지 않다. 두 번째 형식은 더 깊어진 지루함인 것이다. 그렇다면 첫 번째 형식보다 깊은 두 번째 형식의 지루함이란 도대체 어떤 것일까?

"무엇인가를 하고 있으면서 지루해하는 것"(지루함의 두 번째 형식)과 "무엇인가에 의해 지루해지는 것"(지루함의 첫 번째 형식)을 나란히 놓아 보면 금방 알 수 있는 차이가 있다. 두 번째 형식에서는 **무엇이 그 사람을 지루하게 하는지 명확하지 않다**는 것이다.

특정한 무엇인가**에 의해** 지루해지는 것은 아니다. 무엇인가를 하고 있으면서, 무엇인가를 겪으면서, 왠지 모르게, 왠지, 언제부턴가, 저도 모르게 지루해하고 있다……. 두 번째 형식이 지시하는 것은 그런 것이다.

그러나 이런 설명만으로는 알 수 없을 것이다. 앞서와 마찬가지로 구체적인 예를 살펴보자. 하이데거는 두 번째 형식에 대해서는 실례를 떠올리기 어렵다고 하면서도 다음과 같은 예를 든다. 매우 인상적인 예시다.

우리는 저녁에 어딘가에 초대를 받았다. 그렇다고 꼭 가야만 하는 것은 아니다. 하지만 우리는 하루 종일 긴장했고, 게다가 저녁에는 시간이 있다. 그래서 가기로 했다. 그곳에서는 관례대로 저녁 식사가 나온다. 식탁에 둘러앉아 관례대로 대화가 오간다. 모든 음식이 매우 맛있을 뿐만 아니라 풍미도 꽤 괜찮다. 식사가 끝나면 흔히 있듯 즐겁게 함께 앉아, 다분히, 음악을 들으며 담소를 나눈다. 재미있고 유쾌하다. 슬슬 돌아갈 시간이다. 부인들은 정말 즐거웠다, 매우 훌륭했다고 몇 번이고 확인하듯 말한다. 그것도 작별 인사를 할 때뿐만 아니라 아래층으로 내려가 바깥으로 나가서 이미 자신들만 남았는데도 그렇게 한다. 말 그대로다. 정말 좋았다. 오늘 밤의 초대에서 지루했던 것은 단적으로 아무것도 찾을 수 없다. 대화도 사람도 장소도 지루하지 않았다. 그래서 완전히 만족하며 집으로 돌아갔다. 집에 돌아와서 저녁에 중단했던 일을 잠시 훑어보고 내일 할 일에 대해 대략적인 윤곽을 잡고 기준을 세운다. 그러다 보면 그때 깨닫게 된다. 나는 오늘 밤, 이 초대에 즈음하여, 사실은 지루해하고 있었다는 것을.[27]

어쩐지 상상할 수 있는 사태다. 그러나 생각해 보면 이상한 사태다. 어디를 찾아봐도 지루한 것이 없다. 그럼에도 불구

---

27   Ibid., p.165.; 同前, 182-183頁. 〔옮긴이〕 일역본과 국역본의 가장 큰 차이는 두 대목에 있다. 우선 일역본은 "하루 종일 긴장했고"로, 국역본은 "온종일 일에 매달려 있었고"로 옮긴 대목인데, 원문 Aber wir waren den ganzen Tag angespannt을 직역한 것이 일역본이다. 다음으로 일역본은 "풍미도 꽤 괜찮다"로, 국역본은 "모든 것이 다 마음에도 쏙 든다"로 옮긴 대목인데, 역시 원문 sondern auch geschmackvoll을 직역한 것이 일역본이다.

하고 지루해한다.

　나 자신이 지루한 사람이었기 때문에 나 자신을 지루하게 만들어 버린 것일까? 그렇지 않을 것이다. 스스로 자신을 지루하게 만들려면 자신의 껍질에 틀어박혀 자신에 대한 이러저러한 생각으로 괴로워해야 한다.

　하지만 그날 밤은 그렇지 않았다. 자신의 껍질에 틀어박혀 있는 것이 아니라 대화에도 식사에도 전면적으로 참여하고 있었다. 나는 **내 곁에서 지루해했던 것이 아니다**. 왜 그런지는 잘 모르겠지만 **파티를 하고 있으면서** 지루해했던 것이다.[28]

　그렇다면 이 지루함은 착각이고, 나중에 "아, 시간 낭비만 했구나" 하는 후회에서 비롯된 것일까? 그것도 아니다. **매우 즐거웠지만 지루해했다**는 것은 명백하다.[29]

　이것은 아마 하이데거의 실제 체험일 것이다. 하이데거는 아마 부인과 함께 어떤 파티에 초대받아 이상한 지루함을 맛보았다. 그리고 자문한 것이다. 저건 도대체 뭐였을까?

기분 전환은 어디에 있을까?

두 번째 형식의 지루함은 꽤 만만치 않은 것 같다. 첫 번째 형식의 지루함을 참고하면서 분석을 진행해 보자. 첫 번째 형식

28　　Ibid., p.165.; 同前, 183頁.
29　　Ibid., p.166.; 同前, 183頁.

을 검토할 때는 기분 전환에 주목함으로써 분석의 실마리를 붙잡았다. 여기서도 이를 본받자. 이 두 번째 형식에서는 기분 전환이 어떻게 되어 있을까?

파티 도중에 몇 번이나 하품이 나올 뻔했다.[30] 그것은 피곤에서 오는 것이 아니었다. 그래서 그 하품은 지루함의 명백한 증거이다. 확실히 지루하기는 했다. 우선 이 점을 확인해 두자.

이상한 것은 그것에 대한 기분 전환이 보이지 않는다는 점이다. 그 파티의 모습은 선명하게 기억난다. 하지만 기분 전환에 대해 생각해 보면, 기분 전환 비슷한 것은 아무것도 확인할 수 없다.[31]

무슨 말일까? 지루하기는 했지만 어떤 기분 전환도 행하지 않았다는 것일까? 그렇게 생각할 수 없는 것도 아니다. 실제로 파티는 즐거웠으니까.

하지만 좀 더 생각해 보자. 그리고 사태를 가만히 살펴보면, 아무래도 기분 전환이 없었던 것은 아닌 듯하다. 이런 일이 떠올랐다. 나는 그때 손가락으로 식탁을 톡톡 두드리고 싶

---

30 Ibid., p.167.; 同前, 184頁.

31 "기억하려고 해도 떠오르지 않는다. 그날 저녁의 전말과 그 경과가 뚜렷이 머리에 떠오르지만, 그래도 우리는 기분 전환이라는 것에 관해서는 아무것도 확인할 수 없다." (Ibid., p.167.; 同前, 184頁.; 앞의 책, 189쪽. "설령 저녁 시간 전체와 그 전체 흐름이 우리 눈앞에 아무리 선명하게 펼쳐진다고 하더라도, 시간 죽이기에 관한 한 우리는 아무것도 확인할 수가 없다.") 〔옮긴이〕 앞서 지적했듯이, '기분 전환'과 '시간 때우기Zeitvertreib'는 같은 말의 다른 번역어일 뿐이다.

었다. 이것은 잘 알려진 유형의 기분 전환이다.

　그리고 손가락으로 책상을 톡톡 두드리려고 할 때, 마침 시가 상자가 한 바퀴 돌아 내 차례가 와서 하나를 집었다.[32] "한 대 어때요?" "아이고, 고맙습니다. 한 개비 피우겠습니다." 이렇게 권유받은 시가를 피우는 것은 파티 장소에서 사교적인 행동 중 하나다. 그리고 이것도 기분 전환 중 하나다.

　이렇게 생각해 보면 분명 기분 전환 **같은 것**은 있었던 듯싶다. 나무를 센다든가, 길거리를 왔다 갔다 한다든가 하는 그런 기분 전환은 아니지만, 역시 기분 전환 **같은 것**은 있었던 것이다.

　그런데 왜 그걸 또렷이 기억하지 못하는 것일까? 파티의 모습은 또렷이 기억나는데도 말이다. 아무래도 손가락으로 무심코 책상을 톡톡 두드린다든가, 시가를 피운다든가 하는 기분 전환 같은 것은 첫 번째 형식의 지루함의 기분 전환과는 성격이 다른 것 같다. 여기서 기분 전환은 첫 번째 형식일 때와는 다른 형태로 나타나고 있다. 그래서 기억이 잘 나지 않는 것이다.

32　"마침 거기서 다시 시가 상자가 돌고 있어서 건네받았다." (Ibid., p.169.; 同前, 186頁.; 앞의 책, 191쪽. "시가가 다시 한차례 손님들에게 빙 돌려지고 있다. 이미 한차례 돌았지만 그때는 가지지 않고 그냥 넘겼는데 이번에는 하나를 집는다.")

시가를 피우는 데 골몰하는 것이 아니라……

첫 번째 형식의 지루함에서의 기분 전환에서는 무엇인가 해야 할 일이 요구되었다. 일의 내용이 무엇인지는 상관없으니까, 어쨌든 무엇인가에 몰두하여 시간을 보내는 것, 그러한 것이 요구되었다.

그렇다면 여기의 두 번째 형식의 지루함에서는 어떨까? 시가는 분명히 해야 할 일거리를 준다. 시가를 손가락 사이에 끼워 만지작거리고, 시가를 피우고, 연기의 모양을 눈으로 쫓고, 재가 떨어질 때까지 얼마나 걸리는지를 지켜보는 등 여러 가지 일을 해야 한다.

하지만, 이 '일'은 첫 번째 형식의 기분 전환이 요구한 일과는 다르다. 가로수 수를 세거나 땅에 여러 가지 그림을 그리는 것과는 근본적으로 다르다. 가로수 수를 세거나 땅에 여러 가지 그림을 그릴 때, 사람들은 그것에 **집중하고 있으며 집중하려고 한다. 자신의 껍질 속에 틀어박혀 있는 것이다.**

그러나 파티에서 시가를 피우는 사람은 집중하려는 것이 아니다. 자신의 껍질 속에서 생각에 잠겨, 시가를 피우는 데 **골몰하는 것이 아니라** 시가를 피우며 제대로 그 장소에 녹아 들어 대화에 참여하고 밤새도록 기분 좋게 지내려는 것이다.[33]

그렇다면 그렇게 기분 좋게 지내는 동안에 지루함은 그야말로 시가의 연기처럼 훌훌 날아가 버리는 것일까? 이 기분 전환에 의해 지루함을 몰아낼 수 있을까? 그렇지 않다. 지루함은 연기처럼 날아가 버리지 않는다. 지루함은 시가를 피우는 동안에도 바로 그곳에 있다. 그리고 시가를 피우는 동안에도 시가를 피우는 데 골몰하는 것이 아니다. 시가를 피우는 일은 대화나 다른 행동 속에 묻혀 있다.

드디어 보이게 된 기분 전환

이제야 비로소 이 두 번째 형식에서 기분 전환이 도대체 어디에 있는지, 그것이 보이게 된 것 같다. 책상을 톡톡 손가락으로 두드리는 것도, 시가를 피우는 것도 기분 전환 같은 것이다. 그렇다면 왜 그것을 기분 전환이라고 말하지 못하고, 기분 전환 같은 것이라고 생각할까?

그것은 예를 들어 시가를 피우는 행위 **자체가 그것만으로** 기분 전환인 것은 아니기 때문이다. 그것은 기분 전환의 일부이다. 무슨 말이냐 하면, 이 파티나 내 행위의 어딘가에 기분 전환이 존재하는 것이 아니라, 사실 **그곳에서의 행동 전체**, 심지어 **그 파티 전체, 초대 자체가 기분 전환이다.**

---

33   "우리는 지금 우리의 껍질 속에 갇혀서 **시가를 피우는 데 골몰하고 있는 것이 아니라** 시가를 피우며 제대로 대화에 참여하고, 밤새도록 드물게 기분 좋게 지내고 있는 것이다." (Ibid., p.170.; 同前, 187頁.; 앞의 책, 192쪽. "즉 우리는 이제 우리 혼자 명상에 잠긴 채 자리에 앉아 시가를 피우는 데에 골몰하고 있는 것이 아니라, 오히려 우리는 시가를 피우고 있는 바로 그동안에도 담소에 참여하고 있으며 저녁 내내 우리는 이상하리만큼 기분이 느긋해져 있다.") 강조는 인용자.

우리는 이 파티나 내 행동의 어딘가에 기분 전환이 있다고 믿었다. 그러나 그렇지 않다. 사실 **기분 전환을 찾고 있던 그 장소 자체가 기분 전환이었던 것**이다. 그래서 기분 전환이 뚜렷하게 발견되지 않는 것이다.

이 두 번째 형식은 "무엇인가를 하고 있으면서 지루해하는 것"이라고 정식화되었다. 그 '무엇인가'란, 이 예에서는 파티를 가리킨다. 여기서 나는 **파티를 하고 있으면서** 지루해하는 셈이지만, 실은 **동시에 그 파티가 기분 전환이다.** 그러니 다음과 같이 말할 수 있겠다. 이 지루함의 두 번째 형식에서는 **지루함과 기분 전환이 독특한 방식으로 얽혀 있다.**[34]

드디어 답을 찾았다. 파티를 하고 있으면서 지루해했음에도 불구하고 기분 전환이 발견되지 않았던 것은, 그 '~를 하고 있던' 대상 자체가 기분 전환이었기 때문이다. 그렇기 때문에 특정한 지루한 것을 딱히 찾지 못한 것은 물론이고 뚜렷한 기분 전환도 찾지 못한 것이다.

첫 번째 형식과의 차이는 분명할 것이다. 첫 번째 형식의 경우에는 지루하게 만드는 대상이 명확하게 있고, 이에 대한 대항 조치로서 주체가 명확한 소일거리를 한다.[35] 두 번째 형식의 경우에는 주체가 놓여 있는 상황, 주체가 처한 상황 자체

---

34   Ibid., p.170.; 同前, 188頁.; 앞의 책, 193쪽. "이렇게 지루한 상황 속에 권태와 시간 죽이기가 독특한 방식으로 **얽히고설켜** 있다." 〔옮긴이〕맞춤법에 따라 수정했다.

35   〔옮긴이〕여기서 '소일거리'로 옮긴 것이 '기분 전환'에 해당되는 '시간 때우기'에 가장 적합한 번역어이다.

가 원래 소일거리이다. 그 상황은 소일거리로 만들어졌기 때문에, 소일거리로서 잔뜩 고안된 그 상황 속에는 **특정한 지루함 따위는 없다.** 모든 것이 재미있는 것으로 꾸며져 있다. 그래서 대화도 사람들도 장소도 지루하지 않고 오히려 완전히 만족하며 귀가한 것이다.

두 번째 형식에서의 공허 방치와 붙잡힘

자, 이제 이 수수께끼 같은 지루함의 두 번째 형식에서 소일거리가 어떻게 발견되는지는 알았다. 그렇다면 이 두 번째 형식에서 지루함은 도대체 어떤 것일까? 두 번째 형식에서 지루함은 어떤 방식으로 작동하고 있을까?

여기서도 참고할 수 있는 것은 첫 번째 형식에 대한 분석이다. 거기에서는 지루함이 형성하는 것으로서 붙잡힘과 공허 방치라는 두 가지 요소가 발견되었다. 두 번째 형식에서도 사태는 동일할까?

당연히 동일하지 않다.

우선 첫 번째 형식에서, 붙잡힘은 늘어지는 시간과 연결되어 있었다. 늘어지는 시간이 우리를 붙잡고 있었다. 두 번째 형식에서는 그러한 것을 발견할 수 없다. 파티에 있는 나는 파티가 빨리 끝나기를 기다리는 것도 아니고 시계를 몇 번이고 쳐다보는 것도 아니다. 시간이 느린 것도 아니다. 그도 그럴 것이, 나는 이 파티를 위해 기꺼이 시간을 낸 것이다. 그럼에도 불구하고 지루하다는 것이 문제이다.

공허 방치에 대해서도 똑같이 말해야 한다. 거기에는 공허 따위가 없다. 파티는 즐거운 것들로 가득 차 있다. 외딴 시골의 작은 지방 노선의 무미건조한 기차역에 있는 것이 아니다. 나는 그곳에 방치되어 있는 것도 아니다. 관심을 끄는 것이 있고, 또 대화에서 끊임없이 말을 주고받을 수 있다.

그렇다면 이 지루함의 두 번째 형식에서는 늘어지는 시간에 의한 붙잡힘도, 우리를 둘러싼 사물에 의한 공허 방치도 결여되어 있는 것일까? 지루함의 첫 번째 형식을 정의한 이 두 가지 요소는 두 번째 형식에는 해당되지 않는 것일까?

자라나는 공허 방치

처음부터 생각하자. 첫 번째 형식에서 지루한 것은 특정한 무언가(도착하지 않는 기차)이며, 그로 인해 우리는 지루하게 **된다**. 그에 반해 두 번째 형식에서는 특정한 지루한 것은 존재하지 않고, 무엇인가를 하고 있으면서 우리가 지루해한다. 여기서 지루하게 만드는 것은 '뭔지 잘 모르겠는' 성격을 가지고 있다.[36]

잘 모르는 것들 속에 있으니 우리는 무언가 해야 할 일을 찾아 이리저리 돌아다니지 않는다. 수다를 떨면서 장단을 맞

---

36   Ibid., p.174.; 同前, 192頁.; 앞의 책, 198쪽.

취 주변 사람들과 함께 있다. 함께 있는 것에 자신을 맡기고 있다. 부화뇌동. 자신을 **내던져 버리는** 태도이다.[37] 이런 태도 속에서 무언가를 찾고 그 무언가에 의해 채워지는 마음은 완전히 **지워지고 사라진다.**[38]

따라서 자신을 내던져 버린 우리는 **이제 더 이상 아무것도 바라지 않게** 된다. 그곳에 있는 물건, 그곳에 있는 사람, 그곳에서 벌어지는 대화, 그러한 것들이 자기 자신을 채워 줄 수 있는지 여부 등에 더 이상 신경 쓰지 않게 된다. 주변에 자신을 맡기는 것이 편안하다. 맞장구를 치는 것이 유쾌하다. 그래서 내가 공허 속에 놓이더라도 상관없다……

이렇게 해서 그곳에 있는 **나 자신 속에 공허가 자라난다.**[39] 그렇다, 여기에도 또한 공허 방치가 있는 것이다. 그러나

---

37   하이데거는 자신을 내던져 버리는 태도에는 두 가지 의미가 있다고 말한다. "첫째, 거기(파티)에서 행해지는 것에 자신을 맡겨 버린다는 의미…… 둘째, 자신을 내버려두고 간다, 즉 자신 곧 본래적 자기를 내버려두고 간다는 의미." (Ibid., p.180.; 同前, 199-200頁.; 앞의 책, 204쪽. "거기에는 하나의 독특한 **느긋함**(Lässigkeit)이 놓여 있다. …… **첫째**, 우리는 그 자리에서 벌어지고 있는 바로 그것에 우리 **자신**을 내맡겨 두고 있다(sich überlassen). **둘째**, 우리는 자신을, 즉 본래적인 자기 자신을 뒷전에 내버려두고 있다(sich zurücklassen).") (옮긴이) '던져 버리고 있음'에 해당하는 국역본의 번역어는 '느긋함'이다. 그리고 '내맡겨 두고 있다'의 überlassen에도 뒷전에 내버려두고 있다의 zurücklassen에도 lassen(영어의 let, leave)이 공통으로 포함되어 있는데, 이는 '방임하다, 내버려둔다'의 의미이다. 이 때문에 '느긋함'보다는 '내버려두다, 던져 버리다'의 의미로 번역했다.

38   Ibid., p.177.; 同前, 196頁.; 앞의 책, 200-201쪽.

첫 번째 형식의 경우와는 다른 유형이다. 첫 번째 형식의 경우에 공허 방치는 채워지지 않는 것의 결여였다. 단순히 사물이 말하는 것을 들어주지 않는다는 것이었다.

그런데 두 번째 형식의 경우에는 단순히 공허가 채워지지 않은 채로 남아 있는 것이 아니라 공허가 여기서 스스로 형성되어 나타나게 된다.[40] 간단히 말해서 외부 세계가 공허**하다**는 것이 아니라 자신이 공허**해진다**는 것이다. 주변에 맞장구를 치는 부화뇌동의 태도로 자신을 내던져 버리며 그 분위기에 스스로를 맡기는 것이다. 그런 의미에서 나 자신이 공허해지는 것이다. 여기에서는 첫 번째 형식과는 전혀 다른 공허 방치가 발견된다.

방임은 해도 방면은 하지 않는 붙잡힘

그렇다면 붙잡힘 쪽은 어떨까? 첫 번째 형식에서는 시간이 늘

39   "거기서 행해지는 것에 장단을 맞춰 겉으로는 채워진 것처럼 부화뇌동하는 가운데, 모종의 **공허가 스스로를 조성한다.**"(Ibid., p.180.; 同前, 200頁.; 앞의 책, 205쪽. "그 자리에서 진행되고 있는 바로 그것에 겉보기에는 만족스럽게 참여하고 있는 것처럼 보이는 가운데 이렇게 일종의 공허감이 형성되고 있다는 그 사실에 의해서 '지루하게 됨' 또는 '지루해함'이 규정되어 있다.") 강조는 인용자.

40   하이데거에 따르면, "이 공허함은 우리의 본래적 자기가 내버려져 있다는 것이다."(Ibid., p.180.; 同前, 200頁.; 앞의 책, 205쪽. "이러한 공허감이란 곧 우리의 본래적인 자기 자신이 뒷전에 내버려두어져 있음이다.")

어지고 있었다. 그 늘어지는 시간이 우리를 붙잡고 있었다. 두 번째 형식에서는 어떨까? 두 번째 형식에서는 시간이 우리를 괴롭히지 않는다. 그러니까 시계를 자꾸 쳐다보는 일은 없다. 즉, 시간은 조심스럽게 물러나 있다.[41]

첫 번째 형식에서는 시간이 우리를 괴롭혔다. 시간이 느려졌고, 그 느린 시간이 우리를 붙잡고 있었기 때문이다. 이 두 번째 형식에서는 그렇지 않다. 시간은 절제되어 있고, 우리가 주변에 맞장구를 치든 무엇을 하든 개입하지 않는다. 시간 따위는 신경 쓸 필요가 없다. 이런 의미에서 시간은 우리를 **방임하고 있다.**

이는 거의 시간이 정지된 상태이다. 시간의 흐름이 우리를 구속하지 않기 때문이다. 우리는 그 흐름에 끊임없이 신경을 쓸 필요도 없고 어떻게든 그것을 헤쳐 나갈 필요도 없다.

그러나 시간에서 절대적으로 자유로워지는 것은 아니다. 당연하다. 시간에서 자유로울 수는 없다(시간의 바깥으로 나간다는 것은 아마도 죽는다는 것이다). 그러면 이런 걸 알 수 있다. 시간은 우리를 확실히 **방임하고 있다.** 그러나 **방면하고 있는 않다.** 여기서 발견되는 것은 시간에 대한 근원적인 얽매임이다. 두 번째 형식에서 발견되는 것은 근원적인 시간에의 붙잡힘인 것이다.

이것을 알기 쉽게 다른 말로 바꿔보자.

---

41 "시간은 이른바 조심스럽게 물러서고 있다." (Ibid., p.183.; 同前, 204 頁.; 앞의 책, 209쪽. "그 시간은 우리를 묶어 두고 있지 않다. 그 시간은 흡사 자신을 삼가고 있다.")

예를 들어 늘 잔소리를 하며 꾸짖는 부모라면 아이는 부모가 보지 못한 틈을 타서 나쁜 짓을 할 수 있다. 지루함의 첫 번째 형식에서 붙잡힘은 이 잔소리하는 부모와도 같다. 부모가 사라지면 감시는 끝난다. 시간의 늘어짐에 따른 붙잡힘은 일정한 시간이 되면 (기차가 도착하면) 끝난다.

반면, 하고 싶은 대로 하게 하면서도 가만히 지켜보는 부모에게서 자녀는 강한 압력을 느낄 것이다. 확실히 자신은 방임되어 있다. 그러나 자신은 결코 방면되어 있지 않다. 그런 감각을 더욱 강하게 갖게 될 것이다. 게다가 부모가 조심스럽게 물러나 있기 때문에, 그 부모에게는 좀처럼 면전에 대 놓고 불만을 토로할 수 없다. 지루함의 두 번째 형식에서 시간에의 붙잡힘이란 이처럼 아이에게 무언의 압력을 가하는 부모와도 같은 것이다. 그것은 "너는 나에게 근원적으로 얽매여 있다"라고 **무언으로 외치**고 있다.

이렇게 해서 지루함의 두 번째 형식에서도 공허 방치와 붙잡힘이 발견된다. 자기 자신이 공허 속으로 미끄러져 들어간다. 게다가 그것은 무엇인가에 의해 초래되는 것이 아니라, 자신 안에서 공허가 자라나는 방식으로 일어난다. 그리고 이러한 공허의 성장이 일어나는 것은 자신이 시간을 정지시켰기 때문이다. 자신을 내던져 버리는 태도가 되어 더 이상 아무것도 바라지 않은 상태에 빠졌기 때문이다. 나는 그 정지된 시간으로부터 공허 속으로 미끄러져 들어가도록 방임되어 있다. 그렇다고 해서 방면되어 있는 것이 아니라 정지된 시간에 붙잡혀 있다.

두 번째 형식에서도 붙잡힘과 공허 방치라는 두 가지 요소는 불가분의 관계에 있다. 이 복합체야말로, 두 번째 형식에서 우리를 지루하게 하는 '뭔지 모를' 것이다.

두 번째 형식에 의해 밝혀지는 것

지금까지 지루함에 대한 하이데거의 두 가지 분석을 살펴봤다. 이 분석을 본서의 논의와 결합해 보고자 한다. 3장에서 한가함과 지루함을 구별하고 한가하다/한가하지 않다, 지루하다/지루하지 않다의 네 항목으로 구성된 표(본서 138쪽)를 작성했던 것을 기억하는가?

이 표를 복습해 두자. '한가하고 지루하다'①라는 사태는 쉽게 상상할 수 있다. 이것은 한가함이나 지루함에 대해 생각하는 사람이라면 누구나 쉽게 떠올릴 수 있는 것이다. '한가하지만 지루하지 않다'②라는 것도 모르지 않을 것이다. 한가함을 즐기며 그렇게 보내고 있는 사람이 분명히 있다. 또 한가함을 살아갈 줄 아는 유한계급도 이 분류에 해당한다.

①에서 비롯되는 연상으로 '한가하지 않고 지루하지도 않다'③도 쉽게 상상할 수 있다. 바쁘게 일하고 충실한 생활을 하는 사람은 특별히 한가하지도 않고 지루하지도 않을 것이라고 사람들은 생각하기 때문이다.

한가함과 지루함의 유형		
	한가하다	한가하지 않다
지루하다	① 지루함의 첫 번째 형식	④ 지루함의 두 번째 형식
지루하지 않다	②	③

위의 세 경우와 비교해서 '한가하지 않으나 지루하다'④
라는 사태는 수수께끼 같다. 얼핏 보기에는 무엇을 가리키는
지 알 수 없다. 한가하지 않다면 지루하지 않을 것이라는 생각
이 들기 때문이다. 한가하지 않은데도 지루하다니? 한가함과
지루함을 구별하지 않고 입에 담았던 사람이라면 더더욱 이
의문을 품을 것임에 틀림없다.

4장에서는 〈파이트 클럽^{Fight Club}〉이라는 영화를 예로 들어
이 네 번째 범주에 접근했다. 4장에서는 소비사회에서의 인간
이 이 ④의 범주에 해당한다고 말했다. 그렇다고는 해도, 그것
은 사례에 의한 설명이었다. 이 범주 자체에 대한 설명은 아니
었다.

그러나 이제 우리는 이 범주 자체에 대한 설명을 얻은 것
같다. 하이데거가 분석한 지루함의 두 가지 형식을 이 표에 대
입하면 어떻게 될까? 지루함의 첫 번째 형식은 틀림없이 '한
가하고 지루한 상태'①에 대응한다. 그렇다면 두 번째 형식은
어떨까? 이것에 대응하는 것은 다름 아닌 '한가하지 않으나

지루하다'④이다.

이 네 번째 범주는 매우 수수께끼 같았다. 하이데거는 지루함의 두 번째 형식을 분석하면서 이 ④의 본질을 알아맞힌 것은 아닐까? 거기서는 기분 전환과 지루함이 뒤얽혀 있다. 거기서 사람들이 느끼는 것은 **기분 전환과 구별할 수 없는 지루함**이다.

지루함을 없애 주어야 할 것이 오히려 지루해지고 있다. 본말전도다. 우리를 구해 줘야 할 것들이 사실 우리를 괴롭히고 있다. 더구나 구원과 고민이 뒤얽혀 있어서, 도대체 무엇이 곤란한지도 불분명하다.

두 번째 형식과 인간의 삶

그뿐만이 아니다. 이렇게 수수께끼가 풀리면, 실은 네 번째 범주, 즉 지루함의 두 번째 형식이야말로 **우리가 평소에 가장 자주 경험하는 지루함이 아닐까** 하는 생각이 든다.

우리 생활은 무엇 때문인지 잘 알 수 없는 기분 전환으로 가득 차 있다. 텔레비전에서 연예인들이 게임을 하는 것을 끝없이 보고 있는 것은 기분 전환이다. 휴일에 딱히 갖고 싶은 것이 없는데도 쇼핑을 하러 가는 것도 기분 전환이다. 트위터에서 지금 어디서 무엇을 하고 있는지 트윗을 날리는 것도 기분 전환이다. 휴대전화로 끊임없이 문자를 주고받는 것도 기분 전환이다.

'고상'하다고 여겨지는 사항들도 마찬가지가 아닐까? 고전문학을 읽는 것도 명화를 감상하는 것도 모차르트나 베토벤을 듣는 것도 기분 전환이 아닐까?

우리의 생활이 모두 기분 전환인 것은 아닐 것이다. 하지만 우리 생활은 기분 전환으로 가득 차 있다.

필요하다고 생각해서 하는 것조차 어쩌면 기분 전환일지도 모른다. 시험공부도 기분 전환일지 모른다. 이마에 땀을 뻘뻘 흘리며 악착같이 일하는 것조차 절대 그렇지 않다고 어떻게 단언할 수 있겠는가.

누구나 그 기분 전환을 지루하다고 느끼는 것은 아니다. 그러나 이따금 기분 전환은 지루함과 얽히기도 한다.

네 번째 범주는 얼핏 보면 수수께끼 같다. 하지만 사실 우리 생활과 가장 가까운 지루함이다. 한가함과 지루함이 뒤엉킨 무엇인가 — 산다는 것은 대부분 그것에 **임하는 것**, 그것과 **계속 씨름하는 것**이 아닐까?

하이데거가 지루함의 두 번째 형식을 발견한 것의 의의는 정말 크다. 이것은 아무리 강조해도 지나치지 않다. 지루함과 뒤얽힌 기분 전환, 기분 전환과 뒤얽힌 지루함, 지루하게 만드는 기분 전환……. 그런 것들은 뭔가 인간 삶의 본질을 말해주는 것 같다는 생각이 든다.

두 번째 형식의 '제정신'

하이데거 자신은 첫 번째 형식과 두 번째 형식을 비교하면서 이런 말을 했다. 두 번째 형식에는 '안정'이 있다. 지루함과 기분 전환이 뒤얽힌 이 형식을 살아가는 것은 '제정신'의 일종이 라고.[42]

첫 번째 형식에서 발견되는 것은 커다란 자기 상실이다. 첫 번째 형식의 지루함에 있는 사람은 자신을 크게 잃고 있다. 무슨 뜻일까? 첫 번째 형식의 지루함 속에 있는 사람은 시간 을 잃고 싶지 않다고 생각한다. 기차역에서 기차를 기다리면

---

42 "[지루함의 첫 번째 형식 안에 있는] 우리는 왜 시간을 잃고 싶지 않은 것일까? 우리는 시간을 필요로 하고 이용하고 싶어 하기 때문이다. 무엇을 위해? 우리의 일상적인 일에 종사하기 위해서다. 우리는 이미 오래전부터 이런 일의 노예[Sklave]가 되어 버린 것이다. 그렇다면 우리가 시간을 갖지 못하는 것은 우리 자신이 바로 지금 거기서 일어나고 있는 모든 잡다한 사항에 동조하고 부화뇌동하는 것을 멈출수 없기 때문이다. 결국, 첫 번째 형식의 이 '**시간을-갖지-못함**[Keine-Zeit-haben]'은 그 두 번째 형식의, 자신에게 시간을 허용하는 데서의 시간의 낭비보다도 **더 큰 자기 상실**[eine größere Verlorenheit des Selbst]인 것이다. 어쩌면 이 두 번째 형식의 '시간을 가지고 있다[Zeithaben]' 안에는 더 큰 현존재의 균형[원만함, Ausgeglichenheit]과 안정[Sicherheit]이 있을 것이다. — 이것은 제정신인 것[자기-자신-곁에 있음, ein Bei-sich-selbst]의 일종이며, 이는 적어도 현존재에서의 본질적인 것은 열심히 일함이나 분주함에 의해 억지로 손에 넣을 수 없다는 것을 예감은 하고 있다. ⋯⋯ 첫 번째 형식의 '시간을 갖지 못함'은 가장 엄격한 진지함처럼 보이지만, 실은 아마도, 현존재가 가지는 여러 속물성[진부함, Banalitaten]에로의 최대 상실일 것이다." (Ibid., p.195.; 同前, 216-217頁.; 앞의 책, 222-223쪽.)

서 빨리 기차가 오기를 바라며 조바심을 낸다. 왜 그렇게 조바심을 내냐 하면, 뭔가 일상적인 일 때문이다. 약속 시간에 늦는다. 일의 마감일이 임박했다. 그러한 일상적인 일에 강하게 얽매여 있기 때문에 조바심을 내는 것이다.

즉, 첫 번째 형식 같은 지루함을 느끼는 사람은 **일의 노예가 되고 있다**는 것이다. 그것은 과장해서 말하자면 시간을 잃고 싶지 않다는 **강박관념**에 사로잡힌 '광기'나 다름없다. 첫 번째 형식에서 사람은 일을 열심히 하고 시간을 소중히 여기기 때문에 매우 성실해 보인다. 그러나 사실은 그렇지 않다. 하이데거에 의하면 그것은 큰 '속물성'으로의 전락이기도 하다.

그에 비해 두 번째 형식에서는, 자신이 자신에게 시간을 할애하여 파티에 갈 수 있다. 시간에 쫓기지 않는다. 자신과 마주할 만한 여유도 있다. 그래서 거기에는 '안정'과 '제정신'이 있다.

그렇다면 인간이 제정신으로 생활한다는 것은 기분 전환과 지루함이 뒤얽힌 이 두 번째 형식으로 살아가는 것이 아닐까? 그래서 하이데거는 이 두 번째 형식의 지루함을 발견함으로써 인간적 삶의 본질을 꿰뚫어 본 것일지도 모른다고 할 수 있다.

지루함의 세 번째 형식

지루함에 대한 하이데거의 분석은 날카롭다. 그 분석은 지루함을 넘어 삶 자체의 본질에 가까이 다가서고 있다. 그렇다면 이후 하이데거는 어떻게 발걸음을 옮길까?

하이데거는 당초 지루함을 분석하기 시작하면서 '무엇인가에 의해 지루해진다'와 '무엇인가를 하고 있으면서 지루해진다'의 두 가지 형식만을 거론했다. 그러나 두 가지 분석을 마친 지금 그는 지루함의 세 번째 형식에 대해 말하려고 한다.

첫 번째 형식의 지루함은 밖에서 온다. 반면 두 번째 형식의 지루함은 우리 안에서 피어오른다. 그런 의미에서는 두 번째 형식이 더 '깊다'고 할 수 있다. 그러나 아직 충분히 깊지 않다. 왜냐하면 두 번째 형식에서는 아직 기분 전환이 가능하기 때문이다. 아니 오히려 그것은 기분 전환과 뒤얽힌 지루함이었다.

하이데거는 이제 더는 기분 전환이 불가능할 것 같은 가장 '깊은' 지루함에 대해 생각하려고 한다. 지루함의 세 번째 형식이다.

도대체 그렇게 깊은 지루함이란 어떤 것일까? 하이데거는 그것에 대해 이렇게 말한다. 우리는 다분히 그것을 알고 있을 거라고.[43]

가장 '깊은' 지루함. 지루함의 세 번째 형식. 그것은 무엇

---

43   Ibid., p.202.; 同前, 225頁.; 앞의 책, 229쪽.

인가? 읽고 있으면 놀라지 않을 수 없는데, 하이데거는 별 준비 없이 갑자기 대답을 한다.

아무튼 그냥 지루하다.[44]

이것이 지루함의 세 번째 형식이다.

첫 번째 형식도 두 번째 형식도 실감 나는 구체적인 예를 들었다. 세 번째 형식에 대해서도 그럴 것이라고 생각했는데, '아무튼 그냥 지루하다'라는 짧은 문장을 툭 던진다.[45]

왜 이것이 가장 깊은 지루함일까? 그리고 왜 지금까지처

44　　"우리는 앞에서 언급한 지루함의 두 형식을 다음과 같이 명명함으로써 이미 성격화했다. 즉, 어떤 특정한 상황에서 무엇인가에 의해 지루해지는 것과 어떤 특정한 상황의 순간에 무엇인가를 하고 있으면서 지루해하는 것 두 가지다. 그렇다면 이 세 번째 형식의 깊은 지루함은? 이를 우리는 어떻게 명명해야 하는가? 우리는 이를 시도하고, 그리고 다음과 같이 말하고 싶다. **아무튼 그냥 지루하다**[Es ist einem langweilig]라고 우리가 말하는 경우, 혹은 더 적절하게는, 우리가 그것을 침묵 속에서 알고 있는 경우, 이 깊은 지루함은 지루하게 만든다고."(Ibid., p.202.; 同前, 225頁.); 앞의 책, 229-230쪽. "지금까지 이야기된 권태의 형태들은 이미 우리가 다음과 같은 명명들을 통해서 성격 규정해 놓은 것들이다. 즉 하나의 특정한 상황 속의 어떤 것에 의해서 지루하게 됨, 하나의 특정한 상황에 즈음해 어떤 곁에서 지루해함이라는 명명들을 통해서 말이다. 그런데 깊은 권태는? 깊은 권태를 우리는 어떻게 명명해야 하는가? 우리는 깊은 권태를 명명해 보려는 시도를 이렇게 말해 보기로 한다. 즉 깊은 권태가 지루하게 하고 있는 경우란 곧, '아무튼 그냥 지루해'라고 우리가 말할 때, 아니 좀 더 나은 말로, '아무튼 그냥 지루해'라는 것을 군이 말을 하지 않아도 우리가 그것을 알고 있을 때이다."

럼 구체적인 예를 들 수 없는 것일까?

이 두 가지 물음에 대한 대답은 서로 관련이 있다. 하이데 거에 따르면 앞의 두 형식은 어떤 구체적인 상황과 관련이 있 다. 반면 가장 깊은 지루함은 상황과 무관하게 돌발적으로 나 타난다.[46] 왜냐하면 가장 깊은 지루함이기 때문이다. **누가**라든 가, **어디서**라든가, **어떤 때**라든가 하는 것과 무관할 정도로 깊

---

45 '아무튼 그냥 지루하다(Es ist einem langweilig)'라는 독일어 문장을 간단히 설명해 보자. 주어는 Es이다. 이것은 영어의 It에 해당한다. Es 는 무엇인가 특정한 것을 가리키는 것이 아니다. 영어라면 It rains[비 가 온다]는 경우의 It과 같다(이른바 비인칭주어). langweilig는 '지루 하다', '별것 없다', '단조롭다'를 뜻하는 형용사. Es를 주어로 이 형용 사를 사용하는 문장은 자주 쓰이는 관용적 표현이다. 가령 Es war ihr sehr langweilig라고 하면, "그녀는 매우 지루해했다"라는 뜻이지만, 글자 그대로는 "그녀에게서 그것은 매우 지루했다"라고 번역할 수 있 다. 하이데거가 거론한 한 문장에서 "~에게서"의 위치를 차지하는 것 은 einem이라는 단어이다. 이것은 부정대명사라고 불리는 품사의 단 수 중성 3격으로, 누구라고 특정할 것도 없는, 어떤 사람을 가리킨다. 즉, '아무튼 그냥 지루하다'라고 번역되고 있는 이 문장은, 글자 그대로 는 다음과 같은 것을 의미하고 있다. — '그것 Es'은 '어떤 사람에게서 (einem)' '지루(langweilig)' '이다(ist).' 이것을 일역본에서는 '아무튼 그냥 지루하다'라고 번역하고 있는 것이다.

46 "아무튼 그냥 지루하다는 것은 생각지 못하게, 그리고 우리가 그것을 전혀 기대하지 않는 바로 그럴 때 생기는 경우가 있을 수 있다. 물론 이 근본 기분이 갑자기 터져 나오는 상황도 여러 가지 있을 수 있다. 이 여 러 가지 상황은 개인적 경험, 동기 부여, 운명에 따라 개인적으로 전적 으로 다양하다." (Ibid., p.203.; 同前, 226頁.); 앞의 책, 231쪽. "'아무 튼 그냥 지루하다', 그러한 일은 예기치 않게 그리고 바로 우리가 그런 일을 전혀 기대하고 있지 않을 때 들어설 수가 있는 것이다. 물론 그러 한 근본 기분이 터지는 상황들도 있을 수 있다. 그러한 상황들은 개인 적인 경험, 동기, 운명에 따라서 개인적으로 매우 상이하다."

은 것이다.

　하지만 하이데거도 조금은 구체적인 이야기를 하고 있다. 예를 들어 '아무튼 그냥 지루하다'는 이런 때 나타난다. 일요일 오후, 대도시의 대로를 걷고 있다. 그러다 문득 '아무튼 그냥 지루하다'라고 느낀다.[47]

　세 번째 형식이란 '아무튼 그냥 지루하다'고 느끼는 것이고 '아무튼 그냥 지루하다'라는 이 목소리를 알아듣는 것이고, 또 '아무튼 그냥 지루하다'라는 이 목소리 자체를 가리키는 것이다. 그러한 일련의 사태를 하이데거는 이 '아무튼 그냥 지루하다'라는 한 문장에 담아내고 있다.

기분 전환은 더 이상 허용되지 않는다

이 세 번째 형식도 지금까지와 마찬가지로 기분 전환의 관점에서 먼저 분석되어야 한다. 그리고 이미 언급했듯 이 지루함에는 **기분 전환이 있을 수 없다**.[48] 이제 기분 전환은 무력하다. 첫 번째 형식에서는 지루함에 대항하는 방식으로 기분 전환이 존재했다. 두 번째 형식에서는 지루함을 왠지 회피하는 방식으로 기분 전환이 존재했고, 그것이 지루함과 뒤얽혀 버렸다. 두 가지를 비교하면, 두 번째 형식에서는 기분 전환이 약해진

47　　　Ibid., p.204.

48　　　"이 지루함에는 기분 전환이 부족하다." (Ibid., p.204.)

것 같다. 즉, 지루함이 깊어질수록 기분 전환은 점차 힘을 잃는다. 그리고 이 세 번째 형식에서는 완전히 무력해진다.

그뿐만이 아니다. 하이데거는 기묘한 말을 한다. 이 지루함의 세 번째 형식에서 기분 전환이 더 이상 **허용되지 않는다는 것을 우리가 알고 있다**는 것이다.[49] 기분 전환이 허용되지 않는다고? 게다가 그것을 우리가 알고 있다고?

어떻게든 하이데거가 말하고자 하는 바에 접근해 보자.

첫 번째 형식에서 사람들은 지루함을 기분 전환으로 없애려고 한다. 다시 말해 **지루함이 말하는 것을 들을 필요를 없애기 위해** 노력한다. 늘어지는 시간에 휘둘리지 않기 위해 해야할 일을 찾는 것이다.

두 번째 형식에서 우리는 애초에 **듣는 것을 원하지 않는다.** 지루함에 귀를 기울이려 하지 않는다. 지루함에 직면하지 않고 그저 그것에 빠져 있다.

그렇다면 세 번째 형식에서는 어떨까? 하이데거는 이렇게 말한다. 여기서 우리는 **지루함에 귀를 기울이도록 강제되고 있다.**[50]

'아무튼 그냥 지루하다'라는 목소리. 이 목소리는 우리 존재의 깊은 곳에서 울려 퍼진다. 그렇기 때문에 거기에서 벗어날 수 없다. 아니, **벗어날 수 없는 것처럼 느껴진다.** 귀를 기울여야 한다고 느낀다. 그래서 '아무튼 그냥 지루하다'라는 목소

---

49   Ibid., pp.204-205.
50   "세 번째 형식에서 우리는 어떤 방식으로든 듣도록 강제되고 있다." (Ibid., p.205.)

리에 대해 기분 전환이 더 이상 허용되지 않는다는 것을 우리가 이해하고 있다고 하이데거는 말하는 것이다.

좀 더 바꿔 말하면 이렇게 될까. 일상생활 속에서 문득 '아무튼 그냥 지루하다'라는 목소리가 들려올 때가 있지 않느냐고 하이데거는 말하고 있는 것이다. 그리고 그 목소리가 우리 마음 깊은 곳에서 들려온다면 어떻게든 거기에 귀를 기울이지 않을 수 없지 않겠느냐고 말하는 것이다.

하이데거의 말에 실감 나게 동의하지 않아도 상관없다. 그가 말하고 싶은 것을 어느 정도는 이해할 수 있었을까?

세 번째 형식에서의 공허 방치와 붙잡힘

이 세 번째 형식에 대해서도 지금까지와 마찬가지로, 공허 방치와 붙잡힘의 두 가지 관점에서 분석이 이루어진다. 그리고 사실 거기서부터 지루함에서의 해방도 그려지게 된다.

우선 공허 방치인데, 이쪽은 명명백백하다.[51] '아무튼 그냥 지루하다'에서는 주변 상황도, 우리 자신도, 모든 것이 아무래도 상관없는 것이 되어 버린다. **모든 것이 일률적으로 아무래도 상관없는 것이 되는 것이다.** '아무튼 그냥 지루하다'라는 목소리를 듣는 순간 사람들은 전면적인 공허 속에 놓이게 된다. 모든 것이 아무래도 상관없어진다(물론 그 후에 일상은 회복

---

51 Ibid., p.207.; 同前, 230頁.; 앞의 책, 234쪽.

되고, 그 전면적인 아무래도 상관없음은 잊히게 되겠지만).

첫 번째 형식의 경우에는, 뭔가 특정한 것(기차의 도착)이 말하는 것을 듣지 않는 것이 문제였다. 세 번째 형식에서는 무엇인가가 말하는 것을 듣지 않은 것이 아니다. 무엇 하나 말을 듣지 않는 것이다. 아무 말도 듣지 않는 그런 상황의 한복판에 우리는 놓여 있다.[52] 뭔가 허공에 매달려 있는 듯한 느낌이다.

그래서 어떤 속임수도 통하지 않는다. 즉, 기분 전환을 할 수 없다. '아무튼 그냥 지루하다'라는 목소리에 귀를 막을 수는 없다. 들을 수밖에 없도록 강제된다.

그렇다면 그 목소리를 억지로 듣게 되면 사람들은 어떻게 될까? 여기서 또 다른 계기, 붙잡힘이 등장한다.

무엇 하나 말을 들어주지 않는 곳에 놓인다는 것은 **아무것도 없는 넓은 공간에 홀로 남겨진** 것과 같다. 하이데거는 이를 "남김 없이 완전한 광역"에 놓인다고 표현한다.[53]

그런 광역에 놓인다는 것은 밖에서 주어지는 가능성이 모두 부정된다는 것이다. 밖에서부터는 아무것도 주어지지 않는다. 모든 가능성이 거부되고 있다. 그러면 어떻게 될까?

인간(현존재)은 **자신에게 눈을 돌린다.** 아니, 눈을 돌리도록 강제된다.[54] 그렇다면 그곳으로 눈을 돌리도록 강제되면 어

52　　　Ibid., p.210.; 同前, 234頁.; 앞의 책, 239쪽.

53　　　'아무튼 그냥 지루하다'라는 것은 우리를 "전혀 남을 곳 없는 전적인 광역에 놓아 버린다." (Ibid., p.215.; 同前, 239頁.; 앞의 책, 244쪽. "오히려 '아무튼 그냥 지루해'라는 것이 바로 그 상황을 폭발시켜 우리를 하나의 **온전한 폭** 안으로 데려다 세운다.")

떻게 될까? 인간으로서 자신이 **부여받을 수 있고, 부여받아야 하는 가능성을 통보받는다.**[55] 이 상황을 돌파할 가능성, 이 사태를 개척해 나가기 위한 가능성, 그 **끝자락(날 끝)**을 자신 안에서 발견하도록 강요받는다.

간단히 말해 자신에게 눈을 돌림으로써 자신이 가지고 있는 가능성을 깨닫게 된다는 것이다.

가능성의 가장 정점에 옭매이고 붙잡히고 거기에 눈을 돌릴 수밖에 없는 것. 이것이 세 번째 형식에서의 붙잡힘이다. 여기서 이 붙잡힘은 더 이상 부정적인 가치를 갖지 않는다. 왜냐하면 그것은 최고도로 깊은 지루함이 가져온 절대적인 공허 방치를 깨부수며, 상황을 열어젖힐 가능성에 눈을 돌리는 것을 의미하기 때문이다. 이 붙잡힘은 해방을 위한 가능성을 가르치는 계기나 다름없다.

무슨 말인가 하면, 하이데거는 여기서 하나의 **반전 논리**를 전개하고 있다는 것이다. '아무튼 그냥 지루하다'라고 느끼는 우리는 모든 가능성을 거부당하고 있다. 모든 것이 아무래도 상관없는 것이 되어 버리니까. 하지만 오히려 **모든 가능성을 거부당하고 있기 때문에, 스스로가 가진 가능성에 눈을 돌리도록 되어 있다**고 하이데거는 말하는 것이다.[56]

---

54 "현존재를 현존재로서 근원적으로 가능케 하는 것으로 억지로 향하게 하는 것." (Ibid., p.216.; 同前, 241頁.; 앞의 책, 245-246쪽. "…… **이러한 근원적으로 가능케 해 주는 그것의 유일한 날 끝에다 (우리를) 밀쳐 대기**이다.")

55 Ibid., pp.211-212.; 同前, 235頁.; 앞의 책, 240쪽.

'아무튼 그냥 지루하다'라는 목소리는 이 가능성이 도대체 무엇인지에 대해서는 말하지 않는다. 하지만 절대적인 거부라는 점에서 반대로 이 가능성을 예고하고 있다.[57] **제로이기 때문에 제로를 돌파할 가능성이 보인다**고 말하는 셈이다.

세 번째 형식과 첫 번째 형식의 관계

이렇게 해서 지루함의 세 가지 형식이 한자리에 모였다.

이 세 가지 형식은 단순히 병렬되는 것이 아니었다. 첫 번째 형식에서 세 번째 형식으로 갈수록 지루함은 더욱 깊어지는 것이었다.

이 깊이는 단순히 말로만 이루어진 것이 아니며, (겉으로만) 깊어 보인다는 것도 아니다. 세 번째 형식이 가장 깊고 지루하다는 것이 무슨 말이냐 하면, 이 세 번째 형식에서 **다른 두 가지 형식이 발생한다**는 것이다. 이는 결코 이해하기 어려운 게 아니다. 설명해 보자.

첫 번째 형식은 역에서 기차를 기다릴 때 느끼는 지루함

---

56   Ibid., p.212.; 同前, 235頁.; 앞의 책, 240쪽.
57   "거부 안에는 어떤 다른 것에 대한 하나의 가리킴이 가로놓여 있다……. 이러한 가리킴은 메말라 있는 여러 가지 가능성에 대한 고지이다." {Ibid., p.212.; 同前, 236頁.; 앞의 책, 241쪽. "거부함에는 다른 것으로 향할 것을 요구하는 가리킴이 놓여 있다……. 이러한 가리킴(Verweisung)은 **묵혀 있는 가능성들을 말해 알리기**(Ansagen)이다."}

이었다. 그런데 기차를 기다리는 것에서 왜 그토록 지루함을 느끼는 것일까? 기차역이 말을 들어주지 않기 때문에, 즉 우리가 원하는 대로 기차를 제공하지 않기 때문이다. 그렇다면 왜 그것이 지루함으로 연결되는가? 시간을 잃어버리고 싶지 않기 때문이다. 그렇다면 왜 시간을 잃고 싶지 않은가? 일상적인 일에 사용하고 싶기 때문이다. 시간을 낭비하고 싶지 않고 일상적인 일을 위해 시간을 최대한 사용하고 싶기 때문이다.

그렇다면 하이데거의 말대로 우리는 **일상적인 일의 노예**가 되었기 때문에 첫 번째 형식의 지루함을 느끼는 것이다. 만약 그로부터 자유로웠다면 기차가 도착할 때까지 기다려야 할 정도로 그렇게 조바심을 내거나 지루함을 느끼지 않을 것이다.

하지만 다시금 물어보자. 왜 우리는 일부러 일의 노예가 되는 것일까? 왜 바쁘게 살려고 하는가? 노예가 된다는 것은 무서운 것이 아닐까?

아니, 그렇지 않다. 정말 무서운 것은 **'아무튼 그냥 지루하다'라는 소리를 계속 듣는 것**이다. 우리가 일상적인 일의 노예가 되는 것은 **'아무튼 그냥 지루하다'라는 깊은 지루함에서 벗어나기 위해서다.**

우리의 가장 깊은 곳에서 피어오르는 '아무튼 그냥 지루하다'라는 목소리에 귀를 기울이고 싶지 않다, 그것을 외면하고 싶다……. 그래서 사람들은 일의 노예가 되어 바쁘게 일함으로써, '아무튼 그냥 지루하다'에서 도망치려는 것이다.[58] 첫 번째 형식의 지루함을 가져오는 것은 세 번째 형식의 지루함이다. '아무튼 그냥 지루하다'라는 목소리에서 어떻게든 벗어나기 위해 우리는 일의 노예가 되고, 그 결과 첫 번째 형식의 지루함을 느끼기에 이르는 것이다.

세 번째 형식과 두 번째 형식의 관계

그렇다면 두 번째 형식은 어떨까?

처음에는 두 번째 형식에서 기분 전환을 찾아낼 수 없었다. 분석 결과 알게 된 것은 '무엇인가를 하고 있으면서 지루하다'라는 말을 듣는, 이 '무엇인가'야말로 기분 전환이었다는

58 "지루함의 첫 번째 형식과 이것에 속한 독특한 기분 전환의 그 특징적인 불안정은 이 지루함의 단순한 심적 수반 현상이 아니라 이 지루함의 본질에 속해 있다. 왜냐하면 무엇인가에 의해서 지루하게 되는 것 속에서, 지루하게 되는 사람은 — 그것으로는 확실히 눈치채지 못한 채로 — 이 '아무튼 그냥 지루하다'에서 도망치려고 하는 것이다. 즉 ……〔광역과 끝자락(날 끝)에서 나타나는 현존재의〕 가능성으로부터 스스로 자신을 데리고 떠나려고 한 것이다." (Ibid., p.234.; 同前, 260頁.; 앞의 책, 266쪽. "권태의 첫 번째 형태와 이 첫 번째 형태에 딸린 독특한 시간 죽이기를 특색 짓고 있는 들먹거림은 가령 이 첫 번째 권태에 순전히 심적으로 곁들여져 나타나기만 하는 하나의 부수현상이 아니라, 오히려 그 들먹거림은 권태의 본질에 속한다. 이 말 속에는 다음과 같은 뜻이 들어 있다. 즉 어떤 것에 의해서 그렇게 지루하게 되고 있는 가운데에서는 지루해진 사람은 — 그게 명시적으로는 무엇인지 그는 모르고 있지만 — 저 '아무튼 그냥 지루해'라는 데서부터 피해 나가고 싶어 한다. …… 다시 말해 '폭'과 '날 끝 세움'에서, 현존재가 그 사람 자신 속에서 개방되고 진동 치기에 이를 수 있는 그런 가능성으로부터 자기 자신을 빼내고 싶어 한다.")

것이다. 따라서 두 번째 형식에는 기분 전환과 지루함이 뒤얽혀 있었다.

그러나 여기서 단순한 의문이 제기될 것이다. 애초에 이 기분 전환은 왜 행해졌을까? 기분 전환은 지루함이 있어야만 그것을 해소하기 위해 행해지는 것이 아닌가? 그렇게 해소해야 할 지루함이 보이지 않고, 반대로 기분 전환에 의해 지루함이 만들어진다는 것은 어떤 뜻일까? 요컨대 한마디로 그 파티는 왜 열렸던 것일까?

지루함의 세 번째 형식을 알게 된 지금, 이것도 더는 수수께끼가 아니다. 지루함의 두 번째 형식의 특징은 우리가 듣기 원하지 않는다는 것이다. 그렇다, '아무튼 그냥 지루하다'라는 목소리, 현존재의 깊은 곳에서 피어오르는 이 목소리를 듣고 싶어 하지 않는다. 그래서 기분 전환(파티)이 벌어지는 것이다.

두 번째 형식의 지루함의 발단이 된 그 기분 전환(파티)은 **애당초 처음부터 지루함을 떨쳐 내기 위해 고안된 것**이다. '아무튼 그냥 지루하다'라는 목소리를 듣지 않기 위해 그 파티는 진행되었던 것이다. 그럼에도 불구하고 아이러니하게도 그 기분 전환을 하고 있으면서 우리는 지루해하고 있었던 것이다.

이렇게 생각하면, 첫 번째 형식과 두 번째 형식에는 그다지 큰 차이가 없어 보인다. 둘 다 '아무튼 그냥 지루하다'라는 이유로 귀를 막는 것을 목표로 하고 있기 때문이다.[59]

하지만 역시 둘은 다르다. 두 번째 형식에서 우리는 자신에게 시간을 주고 있었다. 첫 번째 형식에서처럼 노예가 되지 않았기 때문에 거기에는 자기 자신과 마주하려는 자세가 나타나고 있다. 그렇기 때문에 하이데거는 첫 번째 형식이 주는 자기 상실이 더 크다고 말하는 것이다.

해방과 자유

한데 중요한 것을 아직 확인하지 못했다.

지루함의 세 번째 형식, '아무튼 그냥 지루하다'에서 인간은 자신의 가능성을 보게 된다. 그렇게 하이데거는 말한다. 그러면 그 가능성은 무엇인가?

답은 놀라울 정도로 단순하다. '자유다'라고 하이데거는 대답한다.[60] 지루함이라는 기분이 우리에게 알려 주는 것은 우리가 자유롭다는 사실 그 자체라고 말이다.

이렇게 바꿔 말해도 좋을 것이다. 우리는 지루해한다. 자유롭기 때문에 지루해한다. 지루하다는 것은 자유롭다는 것이다.

---

59   사실상 첫 번째 형식과 두 번째 형식은 세 번째 형식에 의해 야기되는 지루함의 모든 형식을 망라한 것이 아니다. 하이데거가 "지루함의 형식들 자체는 유동적이다. 다종다양한 중간 형식이 있다"라고 말하고 있다는 점에 주목하자. (Ibid., p.235.; 同前, 261頁.; 앞의 책, 267쪽. "그러한 까닭에 권태의 형태들은 그 자체가 유동적이라고 볼 수 있다. …… 그때마다 각기 다양한 중간 형태들이 있다.") 이 두 가지는, 당분간, 분석의 지침으로서 제시된 것이다. 그렇지만 범례적인 의미를 가진다. 이두 가지를 통해 분석을 진행하면 ─ 지금까지 살펴본 대로 ─ 지루함의 본질에 다가갈 수 있다. 또한 '중간 형식'이라는 의미에서는 이 두 번째 형식이 독특한 위치를 차지하고 있다고 하이데거는 말한다. 두 번째 형식의 특수성에 대해서는 7장에서 자세히 검토하기로 한다.

아직 더 있다.

이 단계에서는 아직 자유가 가능성에 머물러 있다. 인간이 자유로울 수 있다는 가능성만 보여 주고 있을 뿐이다. 그렇다면 그것을 어떻게 실현할 것인가?

이 대답 또한 놀라울 정도로 단순하다. 하이데거는 "결단함으로써"라고 말한다.[61]

하이데거는 지루해하는 인간에게는 자유가 있으니 결단에 의해 그 자유를 발휘하라고 말하는 것이다. 지루함은 당신에게 자유를 가르치고 있다. 그러니 결단하라. 이것이 지루함에 관한 하이데거 논의의 결론이다.

60 "옭아매는 것 그 자체, 즉 때가 고하고 알리면서 해방시키고 자유롭게 하는 사항, 이 사항은 현존재의 자유 그 자체에 다름 아니다." (Ibid., p.223.; 同前, 248頁.; 앞의 책, 254쪽. "그런데 옭아매고 있는 그것 그 자체에 의해서, 즉 시간에 의해서 바로 거부되고 있는 것으로서 말해 알려지고 있으면서도 정작 저 시간에 의해서 이를테면 보이지 않게 된 것으로서 제안되고 있는 바로 그것, 즉 **가능적인 것**으로서 그리고 오직 가능적인 것으로서만, 즉 **자유로이 내주어질** 수 있는 것으로서 알도록 저 시간에 의해서 내주어지고 있고 저 시간에 의해서 말해 알려지면서 자유로이 내주어지고 있는 바로 그것은 바로 **현존재의 자유** 그 자체 말고는 다른 아무것도 아니다.")

61 "현존재의 자유라는 것은 현존재가 자신을 자유롭게 한다는 것 안에서만이다. 그러나 현존재가 자신을 자유롭게 한다는 이것이 일어나는 것은, 그때마다 그저, 현존재가 **자기 자신을 향해, 결단할 때만**, 즉 현존재가 현-존재로서의 자신을 위해 자신을 열 때뿐이다."(Ibid., p.223.)

•

이번 장까지의 행보와 하이데거의 분석을 조합하여 마지막 정리를 해 보자.

하이데거는 지루함의 형식들에 대한 분석을 통해 '아무튼 그냥 지루하다'라는 깊은 지루함에 도달했다. 보통 사람들은 이 목소리를 억누르기 위해 일의 노예가 되거나 지루함과 뒤섞인 기분 전환에 빠져들기도 한다.

하지만 어떻게 해도 이 목소리는 울려 퍼진다. 그리고 '아무튼 그냥 지루하다'라는 목소리에 귀를 기울일 때 우리는 더 넓은 '광역'에 놓인다. 온갖 것이 물러나고 무엇 하나 말을 듣지 않는 텅 빈 공간에 놓인다.

이 제로 상태는, 그러나 인간이 자신의 가능성을 알 수 있는 기회이기도 하다. 그 가능성의 끝자락에 좋든 싫든 눈을 돌리게 하기 때문이다. 모든 가능성이 거부되고 있기 때문에 오히려 그 가능성이 고해지고 알려진다⋯⋯.

하이데거가 말하는 것을 이 책의 맥락으로 번역하면 다음과 같다.

인간의 대뇌는 고도로 발달했다. 그 뛰어난 능력은 유동 생활에서 마음껏 발휘되었다. 그러나 정주로 인해 새로운 것과의 만남이 제한되고 탐색 능력을 끊임없이 활용할 필요가 없어지면서 그 능력이 남아돌게 된다. 이 능력이 남아도는 것이야말로 고도의 문명 발전을 가져왔다. 그러나 동시에 지루함의 가능성을 주었다.

지루해한다는 것은 인간의 능력이 고도로 발달했다는 표시이다. 이것은 인간의 능력 그 자체이므로 결코 떨쳐 버릴 수 없다. 따라서 파스칼이 말한 대로 인간은 결코 방에 혼자 가만히 있을 수 없다. 이것은 인간이 참을성이 없다거나 그런 것이 아니다. 능력이 남아도니까 어쩔 수 없다. 아무래도 '아무튼 그냥 지루하다'라는 목소리를 듣게 된다.

인간은 어떻게든 이 목소리를 멀리하려고 한다. 일부러 목숨을 위험에 빠뜨리기 위해 군의 보직을 매수해 전쟁터에 나가거나 사냥과 도박에 몰두한다. 그러나 그러한 도피도 지루함의 가능성 자체 앞에서는 결국 무력하다. 인간의 내면 깊숙한 곳에서는 '아무튼 그냥 지루하다'라는 목소리가 울려 퍼진다.

하이데거는 어려운 말투를 쓰고 있지만, 결코 이상한 말을 하고 있지는 않다. 또한 그가 말하는 것은 지루함을 논한 다른 논자들의 주장과도 일치한다.

하지만 그렇긴 해도, 하이데거의 최종적인 해결책은 좀체 납득이 가지 않는다.

예를 들어 자신의 모든 가능성이 부정당하고 있다고 느끼고, 바로 '광역'에서 살면서 방에 틀어박혀 있는 사람에게 "너는 지금 현존재(인간)의 가능성의 끝자락을 보도록 강요당하고 있는 것이다. 어때. 현존재로서 너의 가능성이 보이지? 그럼 결단하고 그것을 실현해 봐"라고 말하면 어떻게 될까.

이 결론에는 이렇게 웃어넘길 수 없는 중대한 문제도 도사리고 있는데, 그 점은 후술하자.

어쨌든 하이데거의 결론에는 받아들이기 어려운 점이 있다. 그러나 지루함에 대한 그의 분석은 지극히 풍성하다. 특히 지루함의 두 번째 형식에는 한가함과 지루함의 윤리학을 생각하는 데 큰 힌트가 있다.

이제부터는 지루함에 대한 하이데거의 논의를 비판적으로 검토하면서 결론을 향해 나아가고자 한다.

6장

한가함과 지루함의 인간학

도마뱀의 세계를 들여다볼 수 있을까?

지루함이야말로 인간의 가능성의 발현이다. 하이데거는 그렇게 생각했다. 그 가능성이란 자유를 가리킨다. 인간은 지루해한다. 아니, 지루해**할 수 있다**. 그렇기 때문에 자유롭다.

하이데거는 이로부터 결단의 필요성을 역설했다. 결단에 의해 인간의 가능성인 자유를 발휘하라고.

앞 장의 말미에서 언급했지만, 이 결론에는 아무래도 납득할 수 없는 부분이 있다. 이번 장에서는 다른 관점에서 이 문제를 생각해 보고 싶다.

하이데거는 인간이 지루해할 수 있기 때문에 자유롭다고 생각한다. 그뿐만이 아니다. 그는 **인간만이 지루해한다**고 생각한다. 즉, 인간은 지루해하지만, 동물은 지루해하지 않는다고 생각한다.

예를 들어 러셀도 비슷한 말을 했다. 동물이라면 건강하고 먹을 것이 충분하면 행복하다. 인간만이 지루함에 시달린다고 말이다.

그러나 정말로 지루함의 유무에 따라 인간과 동물을 구

별할 수 있을까? 만약 지루함의 유무로 동물과 인간을 구별할 수 있다면, 그때 인간이나 동물은 대체 어떤 존재로 간주되는 것일까?

사실 매우 흥미롭게도 하이데거는 지루함에 대해 논한 후, 동물에 대해 논하고 있다. 한 생물학자를 비판적으로 검토하면서 동물과 인간의 구별에 대해 논하는 것이다. 여기에서는 그것을 좀 더 비판적으로 검토하면서, 한가함과 지루함의 인간학을 시도하려고 한다.

햇볕을 쬐는 도마뱀에 대해 생각하다

갑작스럽지만 도마뱀에 대해 생각하고 싶다. 바위 위에서 햇볕을 쬐는 도마뱀 말이다. 도마뱀 같은 변온동물은 햇볕으로 몸을 따뜻하게 한 후 활동을 시작한다. 예를 들어 바위 위에 올라가서 햇볕을 쬐는 것이다. 몸을 덥히는 것이다.

우리는 그것을 바라보며 '도마뱀이 바위 위에 올라가 햇볕을 쬐고 있네'라고 말한다. 도마뱀/바위/태양, 이 셋의 독특한 관계를 거기서 발견한다. 하지만 잘 생각해 보자. 도마뱀에 대해 생각한다면 그런 시각으로는 부족하지 않을까? 도마뱀을 생각한다는 것은 **도마뱀이 살고 있는 세계 속에서** (도마뱀을) **파악한다**는 것이다.

예를 들어 고대 이집트의 인간에 대해 연구할 때 현대 일본 사회의 상식으로 그것을 바라보면 안 된다. 고대 이집트의 인간에 대해 연구하기 위해서는 그 인간이 살았던 고대 이집트라는 세계에 대해 알아야 한다. 물론 현대 일본 사회를 살아가는 인간이 고대 이집트라는 세계를 이해하는 것은 어렵고 한계도 있다. 하지만 그렇다고 해도 몰라도 된다는 것은 아니다. 연구자들은 다양한 수단을 동원해 이 한계에 도전한다.

그렇다면 도마뱀에 대해서도 같은 말을 해야 한다. 도마뱀을 생각할 때 현대 일본 사회의 상식으로 그것을 바라봐서는 안 되는 것은 당연하지만, 인간의 상식으로 그것을 바라봐서도 안 된다. 도마뱀을 이해하기 위해서는 도마뱀의 세계를 이해하려고 노력해야 한다.

이렇게 생각하면 햇볕을 쬐는 도마뱀에 대해 생각하는 게 의외로 어렵다는 걸 알 수 있을 것이다. 도마뱀의 몸이 되어 도마뱀을 바라볼 필요가 있기 때문이다. 우리 인간은 거기서 도마뱀/바위/태양, 이 셋의 독특한 관계를 보고 있는데, 이게 도마뱀 자신에게는 어떤 것일까? 도마뱀 자신은 햇볕과 바위를 어떻게 경험하고 있을까?

어떤 사물을 어떤 사물로서 경험하다

자, 이제 하이데거가 말하는 것에 귀를 기울여 보자.

그는 도마뱀에 대해 매우 기묘한 말을 한다. 인간은 태양을 태양으로서 경험한다. 그러나 도마뱀은 태양을 태양으로서 경험하지 않는다. 그는 그렇게 말하는 것이다.

하이데거는 바위에 대해서도 비슷한 말을 한다. 도마뱀이 바위 위에 엎드려 햇볕을 쬐고 있다. 도마뱀은 바위와 어떤 관계를 맺고 있다. 그러나 도마뱀에게 바위의 광물학적 성질을 물을 수 있을까? 할 수 없다. 즉, 도마뱀은 바위 위에서 햇볕을 쬐고 있지만 도마뱀에게는 바위가 바위**로서** 주어져 있는 것이 아니다……[1]

하이데거는 도대체 무슨 말을 하는 것일까? 사실 핵심만 알면 그가 말하는 것은 그리 어렵지 않다. 그는 인간만이 **어떤 사물을 어떤 사물로서** 경험할 수 있다고 말하는 것이다. 태양을 태양으로, 바위를 바위로 경험할 수 있는 것은 인간뿐이라는 것이다. 그래서 도마뱀은 태양을 태양으로 경험하는 것이 아니라는 말이다. 도마뱀에게 태양은 몸을 따뜻하게 해 주는 것에 불과하다는 뜻이다. 바위도 마찬가지여서 도마뱀은 바위를 바위로서 경험하지 않는다. 도마뱀에게 바위란 몸을 따뜻하게 하기 위해서 올라타는 받침대일 뿐 그 이상은 아니

---

1   "암반 위에 도마뱀이 엎드려 있는데, 확실히 도마뱀에게 암반은 암반**으로서** 주어져 있는 것은 아니며, 도마뱀은 암반의 광물학적 성질을 문제 삼고 질문할 수 없다. 도마뱀은 양지에서 햇볕을 쬐고 있지만, 확실히 도마뱀에게 태양은 태양**으로서** 주어진 것이 아니며, 도마뱀이 태양에 관해 우주물리학적 물음을 설정해 대답을 내놓을 수는 없다. …… 도마뱀이 암반 위에 누워 있다고 말할 때, 사실 우리는 '암반'이라는 단어를 지워야 한다. 도마뱀이 그 위에 엎드려 있는 그 자체는 분명히 도마뱀에게 **어떤 방식으로** 주어지기는 했지만, 그러나 암반**으로서** 인식되는 것은 아니다." (*Die Grundbegriffe der Metaphysik*, p.291.; 『形而上学の根本諸概念』, 320-321頁.; 『형이상학의 근본개념들』, 328쪽.)

다……

이 주장은 태양이나 바위뿐만 아니라 모든 사물로 확장
될 수 있다. 나아가 세계 자체에 대해서도 적용할 수 있다. 그
러니까 이런 것이다. 인간은 세계를 세계로서 경험할 수 있다.
인간만이 **세계 그 자체**에 관여할 수 있다. 다시 말해 인간에게
는 세계가 세계로서 **주어져 있다**. 이것은 인간만의 특권이며,
동물에게는 허용되지 않는다. 왜냐하면 동물은 어떤 것을 어
떤 것으로서 경험할 수 없으며, 따라서 세계를 세계로서 경험
할 수 없기 때문이다.

돌/동물/인간

당연히 반론도 있을 것이다. 하지만 여기서는 잠시 하이데거
의 말에 귀를 기울이고 싶다. 하이데거는 위와 같은 생각에서
다음 세 가지 명제를 제시한다.

　(1) 돌은 무세계적이다.

　(2) 동물은 세계 빈곤적이다.

　(3) 인간은 세계 형성적이다.

　뭔가 이상한 것이 섞여 있다. 왜 '인간'과 '동물'과 나란히
'돌'일까? 이 의문은 타당하다. 이 명제는 사람들을 웃게 만들
지 않을 수 없다. 하이데거에게 돌은 물질적인 사물의 예일 텐
데, 이 점은 접어 두자.[2] 여기서는 두 번째 명제 및 세 번째 명

제에 대해 생각해 보자.

하이데거에 따르면 인간은 어떤 사물을 어떤 사물**로서** 경험할 수 있다. 예를 들어 태양을 태양**으로서** 경험할 수 있다. 따라서 세계를 세계로서 경험할 수 있게 된다. 인간은 세계 그 자체와 관계할 수 있다. 세계 그 자체와 관계를 맺고 그것을 만들어 나갈 수 있다. 이를 가리켜 그는 '세계 형성적'이라고 부른다.

반면 동물은 어떤 사물을 어떤 사물로서 경험할 수 없다. 도마뱀에게 바위는 바위가 아니라 햇볕을 쬐기 위한 받침대이다. 각 동물은 각각의 방식으로만 세계와 관계를 맺을 수 있다. 도마뱀은 도마뱀 나름의 방식으로만 세계와 관계를 맺을 수 있다. 동물이 가진 세계와의 관계는 한정되어 있다. 그것을 가리켜 하이데거는 '세계 빈곤적'이라고 부른다.

하지만 이것만으로는 아직 이미지가 명확하지 않을 것이다. 동물이 어떤 사물을 어떤 사물로서 경험할 수 없다는 것은 무슨 의미일까? 세계 그 자체와 관계를 맺지 않는디는 것은 무슨 의미일까? 어떤 생물이든 **이 세계 속**에서 살고 있지 않은가! 그렇게 의문이 드는 것은 당연하다.

여기서 한 가지 매우 흥미로운 사고방식을 소개하고자 한다. 생물학자 윅스퀼의 '둘레세계^Umwelt'라는 개념이다. 하이데거는 이 둘레세계의 생각을 바탕으로 이를 비판하고, 위와 같

---

2   그러나 미리 말해 둔다면 여기서 '돌'이 등장하는 것은 아마도 이 세 가지 분류가 어떤 모순 내지 무리함을 품고 있다는 증거일 것이다.

이 말한 것이다. 이것만 추슬러 이해한다면, 하이데거가 말하는 것은 결코 어렵지 않다.

진드기의 세계

야콥 폰 윅스퀼(1864~1944)은 에스토니아 태생의 이론생물학자다. 하이델베르크대학교에서 동물 비교생리학 연구에 종사했고, 그러던 중 둘레세계라는 개념을 떠올리게 되었다.

이 발상이 비과학적이라고 여겨졌는지 대학에서 일자리를 얻지 못하고 프리랜서 신세로 연구를 계속했다. 하지만 62세때 함부르크대학교에 설립된 둘레세계연구소의 명예교수가되었고, 그 후 10년간 젊은 연구자들을 지도했다. 이후 윅스퀼의 견해는 여러 분야에 큰 영향을 미치게 되었다.

그렇다면 윅스퀼이 말하는 둘레세계란 무엇인가?

우리는 보통 자신을 포함한 모든 생물이 하나의 세계 속에서 살고 있다고 생각한다. 모든 생물이 **똑같은 시간과 똑같은 공간에 살고 있다**고 생각한다. 윅스퀼이 의심한 것은 이 부분이다. 그는 이렇게 말한다. 모든 생물이 그 안에 놓여 있는 것 같은 단일한 세계는 사실 존재하지 않는다. **모든 생물은 별개의 시간과 공간에서 살아가고 있다!**

이 말만 들으면 SF 같다. 그래서 윅스퀼이 그 저서『생물이 본 세계』(1934)의 첫머리에서 내거는 실로 인상적인 사례를 보면서, 그것이 의미하는 바를 생각하고 싶다.[3] 등장하는 것은 매우 작은 생물이다.

이 책은 목가적인 시골 정경의 묘사로 시작한다.

시골에 살다 보면 개를 데리고 숲이나 수풀을 돌아다니는 경우도 많을 것이다. 그런 사람이라면 무성한 나뭇가지에 매달려 있는 작은 동물에 대해 알고 있을 것이다. 그 녀석은 그곳에 매달려 먹잇감을 노리며 매복하고 있다. 사람이든 동물이든 상관없다. 적당한 먹잇감을 발견하면 그 위로 뛰어내려 양껏 피를 빨아먹는다. 그 녀석은 원래 크기가 1~2밀리미터인 작은 생물이다. 하지만 피를 빨자마자 순식간에 완두콩만 한 크기로 부풀어 오른다.

포유류나 인간의 피를 빨아먹는 이 불쾌한 동물은 바로 진드기다.

정확하게는 참진드기다.[4] 암컷은 짝짓기를 마치면 팔다리 여덟 개를 이용해 적당한 나뭇가지로 기어오른다. 기어오르는 데 성공하면 포유류가 가까이 오기를 기다린다. 아래로 지나가는 작은 포유류 위로 떨어지거나 큰 동물이 (나무를) 문지르는 것을 기다린다. 만약 포유류의 피부에 잘 달라붙었다면, 대망의 그 생피를 빨아먹는다.

3 Jakob von Uexkul, Georg Kriszat, *Streifzüge durch die Umwelten von Tieren und Menschen*, Fischer, 1992.; 야콥 폰 윅스퀼, 『동물들의 세계와 인간의 세계』, 정지은 옮김, 도서출판b, 2012.

흡혈의 프로세스

그런데 재미있는 것은 여기서부터이다. 진드기가 사냥하는 모습은 알았다. 그러면 진드기는 어떤 방법으로 사냥을 할까?

먼저 매복할 장소를 어떻게 찾을까? 사실 이 진드기는 눈이 보이지 않는다. 자신의 표피 전체에 분포하는 광각이라는 기관을 이용해 빛의 유무를 온몸으로 감지할 수밖에 없다. 그런데도 웬일인지 매복에 적합한 나뭇가지를 잘 찾아내어 그곳으로 기어오르는 것이다.

그렇다면 매복 장소를 잘 찾았다고 치고, 먹잇감의 접근을 어떻게 알 수 있을까? 이 진드기는 눈이 보이지 않는다. 그렇다면 어떻게 할까? 소리로? 아니 사실 이 진드기는 귀도 들리지 않는다. 먹잇감이 다가오는 바스락거리는 소리에 반응할 수도 없는 것이다.

진드기는 나뭇가지에 매복하고 있다. 그 아래로 포유류가 지나가기를 기다린다. 아마도 먹잇감은 자신의 키보다 100배 이상 떨어진 곳을 지나갈 것이다. 그렇게 멀리 있는 먹잇감을 향해 눈도 귀도 쓰지 못하는 이 작은 동물이 뛰어내리는 것이다. 진드기는 어떻게 그 절호의 기회를 잡을 수 있을까?

진드기가 포유류의 접근을 알아채는 것은 후각에 의해서

---

4   이 진드기는 불완전한 상태에서 알에서 태어난다고 한다. 팔다리는 한 쌍이 부족하고, 생식기관도 없다. 하지만 그 상태에서도 이미 도마뱀 같은 냉혈동물을 덮칠 수 있다. 그리고 여러 차례 탈피를 거듭한 후에 부족했던 기관을 획득한다.

이다. 진드기는 시각도 청각도 없지만 후각이 매우 발달되어 있다. 포유류의 피부에서는 부티르산이라고 불리는 물질이 나오는데, 진드기는 이 냄새를 맡는다. 이 부티르산 냄새가 "망루를 떠나 몸을 던져라"라는 신호로 작용한다. 다시 말해 진드기는 망루에서 오로지 이 냄새를 기다리는 것이다.

자, 운 좋게 진드기가 기다리고 기다리던 냄새가 풍겨 왔다고 쳐 보자. 진드기는 뛰어내린다. 하지만 그 다이빙이 성공할 것이라는 보장은 없다(반복하지만, 냄새를 맡았기 때문에 뛰어내리는 것일 뿐, 먹잇감을 찾아 뛰어내릴 수는 없다). 땅에 떨어질 수도 있고 다른 나뭇가지에 걸릴 수도 있다. 어느 쪽이든 실패하면 망루가 되는 나뭇가지로 다시 올라가야 한다. 그렇다면 진드기는 다이빙이 성공한지 어떻게 알 수 있을까? 귀도 안 들리고 눈도 안 보이는데.

진드기가 다이빙의 성공 여부를 아는 것은 그 예민한 온도 감각 때문이다. 진드기는 자신의 먹잇감인 포유류의 체온을 알고 있다. 그 체온을 느끼면 자신이 다이빙에 성공했다는 것을 알고 다음 행동으로 넘어가는 것이다.

이 온도 감각은 정말 예민하다. 진드기는 단순히 따뜻함을 느끼는 것이 아니다. 진드기는 정확하게 섭씨 37도인 온도를 감지한다. 착지점이 따뜻해도 온도가 그보다 높거나 낮으면 진드기는 다음 행동으로 넘어가지 않고 다시 망루로 돌아가려고 한다. 착지점의 온도가 섭씨 37도라면 이번에는 촉각을 이용해 가급적 털이 적은 곳을 찾는다. 적당한 장소를 찾으면 먹잇감의 피부조직에 머리부터 들이민다. 이렇게 해서 진드기는 따뜻한 혈액에 접근한다.

세 가지 신호

이로부터 알 수 있는 것은 진드기가 세 가지 신호의 연관에 따라 움직인다는 것이다.

(1) 부티르산 냄새

(2) 섭씨 37도인 온도

(3) 체모가 적은 피부조직

이 세 가지를 순서대로 **이어서 받아들임**으로써 비로소 신호로서 의미를 가진다.

정리하자.

부티르산 냄새를 맡은 진드기는 다이빙을 시도한다. 어딘가에 착지한다. 착지 충격을 느끼면 더 이상 부티르산 냄새를 찾지 않고 37도인 온도를 찾기 시작한다. 다이빙 행동이 먼저 있어야 37도 온도를 찾기 시작하는 것이며, 부티르산 냄새를 맡지 못한 진드기에게 37도인 장소를 주어도 진드기는 흡혈 장소를 찾기 시작하지 않는다. 신호 1 수신 → 신호 2 탐색 → 신호 2 수신 → 신호 3 탐색……

진드기는 이렇게 번갈아 나타나는 세 가지 신호에 따라 행동한다. 이런 연쇄가 있어야 비로소 각 신호는 의미를 가진다.

또 진드기는 이 신호 외의 정보는 전혀 받아들이지 않는다. 예를 들어 실험실 안의 어딘가 높은 곳에 진드기를 대기시켜 둔다. 플라스크에 넣은 부티르산을 가까이 가져다 둔다. 그러면 진드기는 거기로 뛰어내린다. 뛰어내릴 것 같은 곳에는 인공막을 놓아둔다. 그리고 그 온도를 37도로 유지하며, 막 아래에는 그냥 물을 놓아둔다. 그러면 진드기는 인공막 위에서 '흡혈' 행동을 시작한다. 피를 빨기 시작하는 것이다.

이렇게 힘들게 생피를 찾는 것을 보면 진드기가 흡혈귀처럼 피 맛을 좋아하는 동물이라고 생각할 수도 있겠지만 실제로는 그렇지 않다. 진드기는 매우 민감한 후각과 촉각을 가지고 있지만 미각은 전혀 없는 것으로 알려져 있다. 진드기는 맛을 못 느낀다.

즉 부티르산 냄새, 37도 온도 등 조건만 갖추면 진드기는 어디서든 흡혈하려고 하는 것이다. 부티르산 냄새가 어디서 나는지, 37도 온도를 느끼게 하는 것이 무엇인지는 상관없다. 진드기는 방금 말한 세 가지 신호만으로 움직이기 때문이다. 그 외의 정보는 받지 않는다. 다시 말해 이 진드기는 순수하게 **세 가지 신호만으로 이루어진 세계를 살고 있다.**

둘레세계

이번에는 조금 거리를 두고 이 진드기의 생활을 들여다보자.

진드기를 둘러싼 환경은 매우 풍부하고 매우 복잡하다. 숲속에서는 갖가지 냄새가 풍기고 갖가지 소리가 뒤섞여 날아다닌다. 낮과 밤이 있고 빛은 끊임없이 변화한다. 바람도 불고

비도 온다.

그러나 그런 현상은 **진드기에게는 존재하지 않는다**. 사냥을 위해 매복하고 있는 진드기가 느끼는 것은 앞서 언급한 세 가지 신호뿐이다. 그래서 진드기의 세계에는 이것 외의 것은 존재하지 않는다.

좀 더 말을 보태자. 우리는 아무렇지도 않게 "진드기는 나뭇가지 위에서 포유류가 가까이 다가오기를 기다린다"라고 말한다. 심지어 "포유류가 때마침 지나가면 달려든다"라고 말하기도 한다.

그러나 이는 인간이 본 진드기의 행동일 뿐이다. 잘 상상해 보기를 바란다. 진드기는 포유류를 기다리는 것이 아니다. 진드기는 부티르산 냄새를 기다리고 있는 것이다. 진드기 세계에는 포유류가 존재하지 않는다. 진드기에게는 포유류의 모습 따위는 보이지 않는다. 달려들 먹잇감이 사슴인지 개인지 인간인지, 그런 것도 인식하지 못한다. 진드기는 단지 부티르산 냄새에 반응할 뿐이다. 그래서 플라스크의 부티르산에도 반응하고 37도로 데워진 인공막에서도 피를 빨아 먹으려고 하는 것이다.

진드기는 우리 인간과는 완전히 다른 '세계'를 살고 있다. 예를 들어 당신이 숲에 들어가면 숲의 공기를 느끼고 빛에 눈길을 주며 발 디딜 곳이 좋지 않은 곳을 신경 쓸 것이다. 하지만 그런 환경을 체험하는 것은 당신뿐이다. 그 옆의 나뭇가지에서 가만히 기다리는 진드기는 숲의 공기도, 빛도, 발 디딜 곳의 나쁜 점도 전혀 느끼지 못한다.

당연히 이는 진드기뿐만 아니라 모든 생물에 해당된다. 우리는 머릿속으로 모든 생물이 던져져 있는 '세계'라는 것을 상상한다. 그러나 어떤 생물도 '그런 세계'를 살지는 않는다. 모든 생물은 **그 생물 나름의 세계를 살고 있는** 것이다. 진드기가 세 가지 신호로 이루어진 세계를 살고 있는 것처럼.

그러면 그런 세계가 아니라 각 생물이 살고 있는 세계를 생각할 필요가 있다. 인간의 머릿속에서 추상적으로 만들어진 객관적인 세계가 아니라 각 생물이 한 주체로서 경험하는 구체적인 세계를 말이다.

이것이 윅스퀼이 말하는 둘레세계에 다름 아니다. 모든 생물은 각자의 둘레세계를 살아가고 있다. 예를 들어 진드기는 세 가지 신호로 이루어진 둘레세계를 살고 있다.

인간이 머릿속에서 추상적으로 떠올리는 세계를 윅스퀼은 일단 '환경Umgebung'이라고 부른다. 이는 둘레세계를 우리가 보통 상상하는 세계와 구별하기 위한 말이다. 실제로는 이 환경이라는 것은 허구이나. 누구노, 무엇도, 그런 환경에 살고 있지 않기 때문이다. 각 생물은 각각의 둘레세계를 살고 있는 것이다.

조금 전에는 매우 인상적인 진드기의 둘레세계를 예로 들어 봤다. 하지만 인간에 대해서도 똑같이 말할 수 있지 않을까? 숲에서 삼림욕을 하려는 산책자, 사냥을 하려는 사냥꾼, 삼림의 상태를 검사하는 삼림조사관, 식물을 채집하는 식물학자. 그들은 하나의 동일한 숲을 똑같이 경험하는 것일까?

사냥꾼들은 산책자들이 알아차리지 못하는 먼 곳의 움직

임과 소리를 감지할 것이다. 식물학자들은 사냥꾼들이 눈치채지 못하고 밟고 지나가는 발밑의 식물들을 알아차릴 것이다. 산책하는 사람은 숲의 빛이나 향기만으로도 감사해할 것이다.

숲속에는 다양한 주체가 활동하고 있다. 산책자, 사냥꾼, 삼림조사관, 식물학자, 다양한 동물, 그리고 진드기⋯⋯. 그것들이 모두 동일한 하나의 숲을 경험하고 있다고는 할 수 없다. 물론 거기에는 동일한 하나의 숲이 환경으로서 존재한다고 상상할 수는 있다. 그러나 그것은 머릿속에서 조립된 것일 뿐이다. 실제로 살고 있고 경험하고 있는 것은 하나하나의 둘레세계다. 산책자의 숲이기도 하고 사냥꾼의 숲이기도 하며 삼림조사관의 숲이기도 하며 식물학자의 숲이기도 하고, 그리고 진드기의 숲이기도 하다.

진드기의 놀라운 힘

진드기로 돌아가자. 진드기는 다이빙에 성공하면 피를 듬뿍 먹는다. 이 식사는 사실 진드기에게 최후의 만찬이다. 왜냐하면 이후 진드기에게 남은 것은 땅에 떨어져 산란을 하고 죽는 일 뿐이기 때문이다.

앞서 말했듯이, 암컷 진드기는 매복하기 전에 이미 짝짓기를 마친다. 이 암컷은 교미할 때 받은 정자를 성포性包라는 기관 안에 넣어 수정을 막는다. 포유류의 혈액이 진드기의 뱃속에 들어오면 정자는 그곳에서 방출되어 난소 안에서 쉬고 있던 알을 수정시킨다. 혈액은 차세대를 위한 영양분이 된다.

왜 이렇게 번거로운 구조로 되어 있느냐 하면 암컷 진드기가 교미를 한 후 흡혈에 이르기까지 매우 오랜 시간이 걸릴 수 있기 때문이다. 요컨대 나뭇가지에 오랫동안 매복하고 있어야 하기 때문이다. 이런 구조가 없으면 흡혈을 하기도 전에 수정이 끝나 버린다.

그러면 진드기는 오랫동안 기다려야 한다고 하는데, 도대체 얼마나 기다려야 할까?

불과 1밀리미터 남짓한 그 동물이 광대한 숲속에서 나뭇가지 단 하나를 고른다. 그리고 그 밑으로 포유류가 때마침 지나가기를 기다린다. 포유류를 맞닥뜨리고 그것도 다이빙에 성공할 확률은 얼마일까? 사냥의 성공은 거의 행운의 우연이라고 말할 수 있을 것이다.

그래서 진드기는 나뭇가지 위에서 장기간 대기할 수 있는 능력을 갖추고 있다. 게다가 물론 먹지도 마시지도 않고서. 그리고 이 능력은 우리 인간의 상상을 훨씬 넘는다.

윅스퀼은 놀라운 사실을 소개한다. 발트해 연안에 있는 독일의 도시 로스토크의 동물학 연구소에는 18년 동안 아무것도 먹지 않은 진드기가 살아 있는 채로 보존되어 있었다는 것이다.

18년 동안 먹지도 마시지도 않고, 그저 부티르산 냄새를 기다리는 진드기. 이것은 놀라운 일이다. 인간에게는 도저히 불가능한 일이다.

그러나 둘레세계 개념에서 보면 이렇게 생각할 수 있지

않을까? 그렇게 오랜 세월 동안 부티르산 냄새를 기다린다는 것은 인간에게는 놀라운 일이다. 그러나 진드기한테는 그것이 당연한 것이라면? 왜냐하면 진드기는 인간과는 완전히 다른 둘레세계를 살고 있기 때문이다. 진드기한테는 18년이 그리 길지 않다면?

이제부터 이 둘레세계라는 것을 더 깊게 고찰해야 한다. 즉, 진드기와 인간은 받아들이는 정보의 수가 다를 뿐 아니라, 어쩌면 **시간도 다를지도 모른다**는 가능성까지 생각해야 한다. 여기서 나오는 것이 시간이란 무엇인가라는 질문이다.

시간이란 무엇인가?

시간이란 무엇인가? 이것은 고대부터 철학자들이 도전해 온 어려운 문제이다. 철학은 이것에 대답을 내놓았다고 말할 수도 있고, 내놓지 못했다고 말할 수도 있다. 하지만 이 어려운 문제에 대해 윅스퀼은 놀랍도록 시원스럽게 대답을 내놓는다. 시간이란 무엇인가? 시간이란 순간의 연쇄 · 연속이다.

이것만으로는 이해가 어려울 것이다. 시간이 순간의 연쇄라면, 이 '순간'이란 무엇인가? 또다시 윅스퀼의 대답은 놀랄 만큼 간단하다. 윅스퀼은 구체적인 숫자를 가지고 이 물음에 답한다.

그는 이렇게 말한다. 인간에게 순간이란 이렇게 표현할 수 있다. 인간에게 순간이란 18분의 1초(약 0.056초)이다.

도대체 이 숫자는 어디서 나온 것일까? 윅스퀼은 사실 한 매체에 호소함으로써 이 수치를 도출한다. 그 매체는 영화이다.

영화의 필름을 본 적이 있을 것이다. 한 프레임 한 프레임을 뜯어보면 사진과도 같다. 그 프레임들이 세로로 이어져 있다. 흔히 오해하는 것인데, 필름을 광원 앞에 놓고 세로로 쭉 넘기기만 해서는 영화를 볼 수 없다. 즉, 화면이 움직이지 않는다.

화면이 움직이는 것으로 보이기 위해서는 한 프레임을 비춘 후에 셔터를 닫고, 닫고 있는 동안 프레임을 이동하고, 이동이 끝나면 다시 셔터를 열어 다음 한 프레임을 비추는 작업을 반복해야 한다. 즉, 영사기는 (1)한 프레임을 비추고 (2)셔터를 닫고 다음 프레임으로 이동하고 (3)셔터를 열고 다음 프레임을 비춘다……. 이런 작업을 반복한다.[5]

영화관의 스크린에는 동영상이 비친다. 사람이나 사물은

---

5 필름은 매끄럽게 움직이는 것이 아니라 멈췄다가 움직이는 것을 반복한다. 이를 간헐운동이라고 한다. 영사기의 셔터는 그 대부분이 회전하는 원반의 일부가 잘린 형태로 되어 있다. 원반의 절반이 잘려 있다면, 반원이 회전하고 있는 것이다. 반원에 빛이 닿고 빛이 차단되어 있을 때, 즉 셔터가 닫혀 있을 때는 필름이 이동하고, 빛이 차단되어 있지 않을 때, 즉 셔터가 열려 있을 때는 필름이 정지한다. 영사기가 항상 달그락거리는 소리를 내는 것은 이 간헐운동 때문이다. 참고로 영화를 촬영하는 카메라도 똑같은 구조로 되어 있다. 투영을 위한 램프가 없을 뿐이다. 영화 발명 당시에는 카메라와 영사기가 동일한 한 기계였다.

매끄럽게 움직인다. 하지만 영사기의 메커니즘을 통해 알 수 있는 것은 스크린에서는 한 프레임의 영사와 암전이 반복된다는 것이다. 실제로 영화관에서 영화가 상영되고 있을 때, 프레임과 프레임 사이에는 셔터가 닫히는 순간이 있다. 요컨대 우리가 영화를 보는 내내 스크린은 여러 번 깜깜해진다.

하지만 우리 눈에는 캄캄한 화면이 보이지 않는다. 영화관에서 보이는 것은 움직이는 영상이다. 왜냐하면 각 프레임의 정지와 스크린의 암전이 18분의 1초 내에 이뤄지면, 어두운 부분은 우리의 눈에는 느껴지지 않기 때문이다. 거꾸로 말하면, 그것 이상의 시간이 걸리면 영상이 깜빡거리게 된다(현재의 영화는 초당 24프레임의 속도로 영상을 움직인다).

18분의 1초 내에 일어나는 것은 인간이 감각할 수 없다. 그러므로 인간에게 18분의 1초는 **더 이상 나눌 수 없는 최소 시간 단위**이다. 인간에게는 18분의 1초 사이에 일어나는 사건은 **존재하지 않는다**. 아무도 영화를 보는 사이에 캄캄한 스크린을 목격하지 못한다.

게다가 놀랍게도 18분의 1초는 시각뿐만 아니라 인간의 모든 감각에서 시간의 최소 단위라고 한다. 가령 1초에 18회 이상의 공기 진동은 구분되어 들리지 않고 단일한 소리로 들린다. 인간의 귀로는 1초에 18회 이상의 진동을 포착할 수 없다.

촉각도 마찬가지다. 막대기로 피부를 쿡쿡 찌르면, 쿡쿡 찔리고 있다는 것을 느낄 수 있다. 그런데 1초에 18회 이상 피부를 찌르면, 계속 막대기를 누르고 있는 것처럼 균일한 압박으로 느껴진다는 것이다.

인간에게는 18분의 1초가 감각의 한계이다. 즉, 18분의 1초라는 순간, '최소 시간 단위', 그것이 연달아 이어져서 **인간의 시간이 만들어지는 것이다.** 인간에게 시간이란 무엇인가? 그것은 18분의 1초의 연쇄이다.

베타의 시간, 달팽이의 시간

인간의 둘레세계에 흐르는 것은 18분의 1초가 연결된=이어진 시간이다. 인간의 둘레세계에는 18분의 1초보다 짧은 시간은 존재하지 않는다.

그렇다면 당연히 감각할 수 있는 시간이 인간보다 짧거나 긴 동물이 있지 않을까 생각하게 된다. 이 예상은 맞다. 생물에 따라 '순간'의 길이가 다른 것이다.

한 연구자는 베타라는 물고기에게 자신의 영상을 보여 주고 그 반응을 통해 이 물고기의 지각 시간을 연구했다. 그에 따르면 베타는 30분의 1초까지 지각할 수 있다. 베타는 자신이 움직이는 영상을 1초에 열여덟 번 보여 주면(즉 프레임의 정지와 암전이 1초에 열여덟 번 일어나는 영상을 보여 주면) 그것이 자신이라는 것을 인식하지 못한다. 1초에 서른 번씩 프레임을 비춰 주는 영상을 보여 주면, 거기서 자신을 인식하고 반응을 보인다고 한다. 베타가 말을 할 수 있다면 (인간용) 영화를 보여 줘도 "화면이 깜빡거려서 보기 힘들다"라고 불평할 것이다. 베타의 눈에는 암전되었을 때의 깜깜한 화면이 선명하게 보이는 것이다.

이런 둘레세계에 살고 있는 베타에게 인간은 그들의 60퍼센트 정도의 속도로만 움직일 뿐인 느려 터진 생물이다. 베타는 인간이 알아차릴 수 없는 짧은 사이에 일어난, 18분의 1초보다 짧은 시간 안에 일어난 것을 인식할 수 있다. 민물고기가 강의 거센 물살 속에서 민첩하게 움직이며 먹이를 찾아 먹어치우는 모습을 떠올려 보면 된다. 그런 일은 인간에게는 불가능하다. 그러나 물고기한테는 보통의 일일 뿐이다. 왜냐하면 물고기의 시간과 인간의 시간이 다르기 때문이다.

거꾸로 인간의 시간보다 느린 시간을 살고 있는 생물도 있다. 달팽이는 3분의 1초(혹은 4분의 1초)보다 짧은 시간을 인식하지 못한다. 달팽이의 밑동에 작은 막대기를 밀어 넣으면, 달팽이는 그 위로 기어오르려 한다. 그런데 그 막대기를 천천히 회전시켜 보자. 1초에 한 번에서 세 번 정도 막대기로 달팽이를 건드리면 달팽이는 막대기 위로 오르려고 하지 않는다. 막대기가 움직인다는 것을 알기 때문이다. 그런데 회전을 조금 더 빠르게 해서 1초에 네 번 이상 달팽이를 건드리면 달팽이는 막대기 위로 기어오르려고 한다. 달팽이의 둘레세계에서 초당 네 번 진동하는 막대기는 이미 정지된 막대기인 것이다.

인간의 입장에서 보면 달팽이는 매우 느린 생물이다. 그러나 달팽이와 인간의 시간은 다르다. 어쩌면 달팽이 스스로는 맹렬한 속도로 움직이고 있는 것인지도 모른다. 우리가 민물고기를 보면 그 민첩한 움직임에 놀라는 것처럼, 달팽이는 산책하는 사람을 보고 "참 빠르게 움직이네"라고 놀랄지도 모르겠다.

시간의 상대성

둘레세계라는 것이 각 생물마다 얼마나 다른지 알 수 있을 것이다. 둘레세계라는 생각은 단순히 각 생물에 각각의 세계가 있다고 말하는 것만이 아니다. 모든 생물은 **각기 다른 시간을 살고 있다**고도 말하는 것이다.[6]

여기서 엄청난 시간을 계속 기다리는 진드기에 대한 이야기로 다시 돌아가자. 우리는 진드기가 아무것도 먹지 않고 18년이라는 기나긴 시간을 기다린다는 것에 놀랐다. 그러나 둘레세계마다 시간까지도 다르다면, 사실 이는 놀랄 일이 아닐 수도 있다.

우리가 이 사실에 놀라는 것은 진드기도 인간과 똑같은 시간을 살고 있다고 전제하기 때문이다. 윅스퀼은 진드기의 '순간'이 얼마인지에 대해서는 아무 말도 하지 않았지만(그것을 조사하는 것은 매우 어려울 것 같다), 진드기가 지각하는 시간은 아마도 인간이 지각하는 시간과 크게 다를 것이다.

윅스퀼은 진드기가 대기 시간 중 일종의 수면과 비슷한

---

6   "우리는 자칫 인간 이외의 주체와 그 둘레세계의 사물 사이의 관계가 우리 인간과 인간세계의 사물을 연결하고 있는 관계와 똑같은 공간, 똑같은 시간에 생긴다는 환상에 사로잡히기 쉽다. 이 환상은 세계는 하나밖에 없고, 거기에 온갖 생물이 들어 있다는 믿음이 길러 낸 것이다. 모든 생물에게는 똑같은 공간, 똑같은 시간만 있을 것이라는 일반적으로 품고 있는 확신은 여기서 생겨난다. 최근에야 모든 생물에게 통용되는 공간을 가진 우주의 존재에 대한 의심이 물리학자들 사이에서 생겨났다." (Ibid., p.16.; 同前, 28-29頁.)

상태에 있을 것으로 추측하고 있다(겨울잠을 떠올리면 좋을 것 같다). 인간도 잠자는 동안에는 몇 시간 동안 시간이 정지된다. 그 정지가 진드기의 경우는 몇 시간이 아니라 몇 년이나 계속된다는 것이다. 그리고 부티르산 신호가 주어지자마자 그 휴지 상태가 해제되고 진드기는 활동을 재개하는 것이다.

시간은 모든 사건을 그 틀 안에 넣어 버린다. 그래서 시간은 객관적으로 고정되어 있는 것처럼 보인다. 하지만 그렇지 않다. 오히려 그 안에서 살아가는 주체야말로 그 둘레세계의 시간을 지배하고 있는 것이다. 진드기가 베타가 달팽이가 그리고 인간이 자기 삶의 시간을 지배하고 있다. "지금까지는 시간 없이 살아 있는 주체는 있을 수 없다고 했지만, 이제는 살아 있는 주체 없이 시간은 있을 수 없다고 해야 할 것이다."[7]

둘레세계에서 본 공간

비슷한 것을 공간에 대해서도 말할 수 있다. 살아 있는 주체와는 독립적으로 존재하는 객관적 공간은 분명 가설로는 존재한다. 그러나 어떤 생물도 그런 공간을 살고 있지는 않다.

예를 들어 시각을 지니지 못한 생물, 빛을 느끼는 정도의 감각만 지닌 생물은 시각을 지닌 생물과는 완전히 다른 방식으로 공간을 파악할 것이다. 물론 그러한 생물이 시각을 지니

---

7   Ibid., p.14.; 同前, 24頁.

고 있지 않다고 해서 곤란한 것은 아니다. 또 시각을 지닌 동물이라도 야행성 동물이나 동굴에 사는 동물들은 촉각이나 청각을 이용해 공간을 파악한다. 그런 동물들은 인간처럼 공간파악을 오로지 시각에만 의존하는 동물들과는 다른 공간에서 살고 있다.

윅스퀼은 꿀벌과 벌통에 대한 흥미로운 사례를 소개한다. 꿀벌이 나가 있는 동안 장난을 좀 쳐서 벌통을 2미터 정도 이동시킨다. 잠시 후 돌아온 꿀벌은 벌통이 바로 옆에 있는데도 벌통으로 돌아가지 않는다. 벌통의 출입구가 원래 있던 자리에 모여 그곳을 빙빙 돈다. 그렇게 빙빙 돌다가 5분이 지나서야 겨우 방향을 바꿔 벌통으로 날아간다. 꿀벌은 시각을 가지고 있기는 하다. 그러나 시각은 공간을 파악하는 데에서 결코 주요한 역할을 하지 못한다.

더구나 신기하게도 촉각을 제거한 꿀벌한테 똑같은 장난을 치면 똑같이 2미터 정도 이동시켜 놓은 벌통으로 바로 돌아간다고 한다. 즉, 꿀벌은 촉각을 통해 공간을 파악하고 있으며, 이는 시각보다 신뢰할 수 있는 것이다.[8]

사물 자체?

윅스퀼의 둘레세계론을 천천히 살펴봤다. 이제 이번 장의 첫머리에서 던진 문제로 돌아가고 싶다. 도마뱀에 대한 하이데거의 논의이다.

하이데거는 윅스퀼을 비판한다. 그 비판은 지극히 단순하다. 윅스퀼의 둘레세계론은 동물에 관해서는 옳다. 동물은 각각의 둘레세계를 가지고 있다. 그러나 인간은 그렇지 않다. 인간에게 둘레세계 개념을 적용하는 것은 잘못이다.[9] 이것이 그 비판의 골자다.

8 윅스퀼은 이러한 둘레세계의 사고방식이 공간과 시간을 감성의 직관 형식이라고 한 이마누엘 칸트의 학설과 일치한다고 말한다. 칸트의 한 가지 문제는 왜 자연현상이 수학적으로 설명될 수 있는가 하는 것이었다. 즉, 왜 외부 세계와 우리의 인식은 일치하는가이다. 칸트는 이렇게 생각했다. 인간은 자연이라든가 우주라든가 외부 세계 같은 물자체〔사물 자체〕, 그것 자체는 인식할 수 없다. 그 물자체의 현시, 즉 현상을 시간과 공간이라는 형식으로 감성이 받아들이고, 그리고 받아들인 현상을 이번에는 오성〔지성〕이 갖고 있는 여러 가지 개념에 의해 정리한다. 외부 세계는 우리의 인식과 일치하는 것으로서 미리 존재하는 것이 아니라, 시간과 공간이라는 감성의 형식이 외부 세계의 현시를 우리의 인식 대상으로 취급할 수 있는 것으로 만들어 내고 있다.

9 "이것[윅스퀼이 말하는 동물의 둘레세계]이 똑같은 어조로 인간의 세계에 관해서도 언급이 되면, 이 사항 전체가 철학적으로 의심스러워진다. 확실히 윅스퀼은 생물학자 중에서 동물이 관계를 맺는 상대가 인간과는 다른 식으로 동물에게 주어진다는 것을 반복적으로 매우 날카롭게 강조하는 사람이기는 하다. 그러나 여기가 중요한 부분인데, 여기에 결정적인 문제가 숨어 있는 것이고, 사실은 이 결정적인 문제가 끄집어내졌어야만 했을 것이다. 왜냐하면 중요한 것은 단순히 인간세계에 비해 동물의 세계가 질적으로 다르다는 것이 아니며, 더군다나 폭, 깊이, 넓이 등과 같은 양적 차이가 아니라 — 주어진 것을 동물이 인간과 다르게 받아들이느냐 하는 것이 아니라, 중요한 것은 애초에 동물이 어떤 것을 어떤 것으로, 어떤 것을 존재자로서 인지하고 이해할 수 있느냐 없느냐 하는 것이기 때문이다." (*Die Grundbegriffe der Metaphysik*, pp.383-384.;『形而上学の根本諸概念』, 415-416頁.;『형이상학의 근본개념들』, 428-429쪽.)

하이데거는 도마뱀에 대해 이렇게 말했다. 도마뱀은 태양을 태양으로서 경험하지도 않고 바위를 바위로서 경험하지도 않는다고.

진드기의 예로부터 유추하면 그것이 의미하는 바를 더 쉽게 알 수 있을 것이다. 진드기는 포유류의 피를 빨기 위해 나뭇가지에 매복한다. 그러나 **진드기는 포유류를 기다리며 매복하고 있는 것이 아니다. 진드기는 부티르산 냄새를 기다리고 있을 뿐이다.** 진드기는 포유류를 포유류로서 경험하지 않는다.

마찬가지로 도마뱀은 체온을 상승시키기 위해 뜨거운 빛과 그것을 받아들이기 위한 받침대를 찾는다. 바위는 따뜻해지기 위한 받침대일 뿐이다. 태양을 지각하는 것이 아니라 빛을 몸으로 받아들이는 것에 지나지 않는다. 그래서 도마뱀은 태양 자체를 모른다. 바위 판 자체를 모른다. 진드기가 포유류를 모르는 것처럼. 확실히 그렇게 말할 수 있다.

이를 하이데거는 다음과 같이 사뭇 철학적으로 설명한다. 둘레세계를 살아가는 동물한테는 사물 자체라든가 사물 그 자체라는 것이 구조적으로 **결여되어 있다.** 동물은 그 자체로서의 사물을 인식할 수 없다.[10] 도마뱀은 태양 자체나 바위 자체를 인식할 수 없고, 진드기는 포유류 자체를 인식할 수 없다.

하지만 윅스퀼의 둘레세계론을 알고 있는 사람이라면 하이데거의 이 같은 주장에 의문을 가질 수밖에 없다. 하이데거

10   Ibid., p.416.; 同前, 452頁.

가 동물에 대해 사물 자체를 인식할 수 없다거나 '그 자체'의 구조가 결여되어 있다고 부정적으로 말하는 것은, 인간은 그 것을 인식할 수 있다고, 인간은 그러한 구조를 갖추고 있다고 생각하기 때문이다.

그러나 정말 그럴까? 인간은 사물 자체를 인식할 수 있 다고 말할 수 있을까? 애초에 사물 자체란 무엇일까? 도마뱀 이 햇볕을 쬐기 위한 받침대로서 바위를 경험하듯이, 인간도 각자의 관심을 바탕으로 바위를 경험한다고 말할 수 있지 않 을까?

인간은 태양을 우주물리학적으로, 바위를 광물학적으로 인식할 수 있지만 도마뱀은 그렇게 할 수 없다고 하이데거는 말한다. 그러나 거기서 문제가 되는 것은 결국 우주물리학자 에게는 태양, 광물학자에게는 바위가 아닐까? 물론 도마뱀은 바위의 광물학적 성질을 문제 삼을 수 없다. 그러나 바위의 광 물학적 성질을 묻는 것이 왜 '바위 자체'를 묻는 것일까? 왜 광 물학적 성질이 바위 자체를 형성하고 있다고 말할 수 있을까? 왜 바위가 도마뱀에게는 몸을 따뜻하게 하기 위한 받침대일 수 있듯이, 광물학자에게는 광물학적 성질을 가진 물질일 뿐 이라고 생각할 수 없을까? 왜 여기서 도마뱀의 둘레세계와 광 물학자의 둘레세계라는 두 가지 둘레세계를 구상할 수 없을 까? 할 수 없을 리가 없다.

도마뱀이 도마뱀의 둘레세계를 가지듯이 우주물리학자는 우주물리학자의 둘레세계를, 광물학자는 광물학자의 둘레세 계를 갖는다. 하이데거는 그것을 아무래도 인정하지 않는다.

그런 생각을 뿌리치기 위해 안간힘을 쓰고 있다. 왜 그럴까? 하이데거는 처음부터 **인간은 특별하다**는 신념을 품고 있고 **그 신념에 합치하도록** 논지를 전개하기 때문이다.

꿀벌을 이야기하는 하이데거

이렇게 말하긴 했지만, 하이데거의 말에도 일리가 있다.

　　우주물리학자의 둘레세계는 인간이 형성할 수 있는 둘레세계 중 하나이다. 인간은 개인차가 있으나 우주물리학자의 둘레세계를 획득하거나 광물학자의 둘레세계를 획득할 가능성을 갖고 있다. 하지만 도마뱀이 인간과 같은 정도로 다양한 둘레세계를 획득하는 것은 생각하기 어렵다. 확실히 거기에는 뭔가 차이가 있다.

　　하이데거의 논의를 인간중심주의라며 배척하기는 쉽다. 하지만 그의 논의를 좀 더 따라가서 생각해 보자.

　　하이데거는 윅스퀼을 비판하면서, 꿀벌의 사례를 다루고 있다(이것은 『생물이 본 세계』에는 나오지 않는다).[11] 꿀벌이란 물론 꿀을 만드는 그 꿀벌을 말한다. 꿀벌은 냄새에 의지해 꽃에서 꽃으로 날아다니며 꿀을 찾는다. 꿀을 찾으면 그걸 빨아들인다. 그리고 그 후, 꿀을 빨아들이는 것을 그만두고 날아간다…….

11　　Ibid., p.350.; 同前, 382頁.; 앞의 책, 393쪽.

이는 누구나 알고 있는 꿀벌의 습성이다. 꿀벌은 꿀을 찾는다. 그러니까 찾으면 빨아들인다. 그 후 계속 거기에 있을 리가 없으니 언젠가는 날아갈 것이다. 당연하지 않은가? 왜 굳이 이런 말을 하는 걸까?

하이데거는 이렇게 말한다. 그것은 이것이 조금도 당연하지 않기 때문이다. 오히려 **철두철미하게 수수께끼 같은 것**이기 때문이다. 이렇게 꿀벌의 습성을 정리해 봤자 우리는 아무것도 이해하지 못한다. 오히려 우리는 이렇게 물어야 한다. 왜 꿀벌은 날아가 버리는가라고.

그렇다면 재빨리 물어보자. 꿀벌은 왜 날아가 버릴까? '꿀이 떨어졌기 때문이다'라는 대답이 당연히 예상될 것이다. 그렇다면 다음과 같이 물어봐야 한다. 꿀벌은 꿀이 없어진 것을 확인하고 나서 날아가 버리는 것일까?

하이데거는 한 실험을 언급한다. 먼저 꿀벌이 단숨에 꿀을 빨아들이지 못할 정도로 꿀이 가득 담긴 접시 앞으로 꿀벌을 유도한다. 그러면 꿀벌은 꿀을 빨기 시작하지만, 잠시 후 꿀을 빨지 않고 날아가 버린다. 꿀벌은 눈앞에 있는 꿀을 두고 떠난다.

꿀벌이 접시 위에 있는 꿀을 다 빨아먹을 수 없으니 여기까지는 당연해 보인다. 놀라운 것은 다음이다. 이것에 이어서 약간 잔혹한 실험이 이뤄진다(하이데거는 '잔혹'하다고는 말하지 않는다). 어떤 실험이냐 하면, 꿀벌이 접시에서 꿀을 빨고 있는 동안 그 꿀벌의 꽁무니에 조심스럽게 칼집을 내는 것이다. 그러면 어떻게 되는가?

꿀이 꽁무니에서 콸콸 흘러나온다. 하지만 그럼에도 불구하고 꿀벌은 태연하게 꿀을 계속 빨아들인다.[12] 즉 이런 식이다. 꿀벌의 눈앞에는 다 빨아들일 수 없을 정도로 많은 꿀이 있다. 그러나 꿀벌은 그것을 **확인하지 않는다**. 그래서 계속 꿀을 빨아먹는다. 그뿐만이 아니다. 꽁무니에 칼집이 났는지 확인조차 하지 않는다(하이데거는 '그 정도는 해도 될 것 같다'라고 말한다).[13]

꿀벌은 어떤 식으로든 포만감을 느낄 것이다. 이 포만감이라는 신호가 '날아간다'는 다음 동작을 이끈다. 마치 부티르산 냄새나 섭씨 37도라는 온도가 진드기에게 다음 동작을 이끌기 위한 신호였던 것처럼. 그래서 포만감 신호를 받지 못하면 계속 꿀을 빨아들이는 것이다.

'압도됨'과 '얼빠짐'

이런 꿀벌의 '행태'를 가리켜 하이데거는 꿀벌이 먹잇감에 의해 '압도되어 있다'고 말한다. '압도된다'는 것은 어떤 충동에 의해 내몰린다는 뜻이다. 꿀벌은 꿀을 찾는 충동에 의해 내몰린다. 그것을 바탕으로 꿀을 찾고 발견하고 빨아들이고 날아가는 것이다.

꿀벌은 왜 꿀을 빨지 않는 것일까? 그것은 배가 불렀기

---

12   Ibid., p.352.; 同前, 384頁.; 앞의 책, 395쪽.

13   Ibid., p.352.; 同前, 384頁.; 앞의 책, 395쪽.

때문이다. 포만감은 꿀을 빨려는 충동을 정지시킨다. 그러면
이번에는 그때까지 정지되었던 날아가고자 하는 충동이 **해제
된다**. 그리고 꿀벌은 날아오른다.

　동물은 '충동의 정지'와 '충동의 해제'를 반복하며 행동하
고 있다는 것이 하이데거의 견해이다.

　진드기의 경우도 마찬가지다. 부티르산 냄새에 의해 다이
빙 충동이 해제되는 동시에 부티르산 냄새를 기다린다는 충동
이 정지된다. 꿀벌도 진드기도 충동의 정지와 해제의 연쇄 속
에서 움직이고 있는 셈이다. 이 상태를 가리켜 하이데거는 '얼
빠짐'이라고 한다.

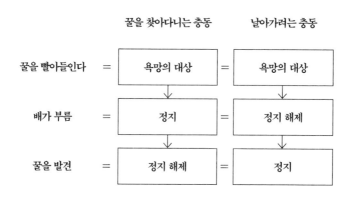

꿀을 찾아다니는 충동　　　날아가려는 충동

	꿀을 찾아다니는 충동	날아가려는 충동
꿀을 빨아들인다 =	욕망의 대상 =	욕망의 대상
배가 부름 =	정지 =	정지 해제
꿀을 발견 =	정지 해제 =	정지

　하이데거는 이 얼빠짐을 "자신 안에 자리를 잡고 있는
것" 등과 같은 말로 설명하고 있다.[14] 무슨 말인가 하면 충동의
정지와 해제라는 틀, 하이데거의 말로는 '억지 해제의 고리'
속에 빠져 있다는 것이다. 동물들은 그러한 충동의 정지와 해
제를 통해서만 행동하고, **그것 이외의 방식으로는 행동할 수**

없다고 말하는 것이다.

얼빠짐으로 번역된 독일어 Benommenheit는 일반적으로는 '가벼운 마비 증세'나 '몽롱한 상태'를, 의학 용어로는 '혼몽(昏蒙, 의식의 가벼운 혼미 상태)'을 의미한다. 하이데거는 여러 가지 단서를 달았지만, 이 단어의 선택에 강한 가치판단이 담겨 있다는 것은 말할 것도 없다. 즉, 동물은 항상적으로 일종의 마비 상태에 있는 것 같으며, 특정한 신호를 받고 그것에 반응하는 방식으로만 살아간다고 말하고 싶은 것이다. 동물을 인간과는 다른 단순한 것으로 특징짓고 있는 것이다.

이에 반해 '압도됨Hingenommenheit'은 중립적인 단어이며, 충동에 의해 추동됨을 의미한다. 동물은 예를 들어 특정한 먹잇감에 의해 '압도되어' 있다. 그러한 생명체의 모습을 하이데거는 '얼빠져 있음'이라는 단어로 특징짓는다. 하이데거에 의하면, 무언가에 압도되어 있다는 것은 얼빠진 존재라는 것을 의미한다.[15]

꿀벌은 눈앞에 있는 **꿀을 꿀로서 받아들일 수 없다**고 말했다. 꿀벌은 꿀과 관계하고 있지만, 그 관계 방식은 얼빠져 있다. 동물은 충동을 정지하거나 해제하는 신호에 압도되어 있다.

여기까지 오면 이어서 하이데거가 무슨 말을 하고 싶은지

---

14   Ibid., p.347.; 同前, 379頁.; 앞의 책, 390쪽. 〔옮긴이〕 국역본의 관련된 내용은 다음과 같다. "…… 동물이 자신에게서 떠나 자신을 몰아대는 것이 아니라, 오히려 동물은 자신을 안에 간직하고 자신 안에 자리 잡는다……. 일종의 '안에-간직함(Ein-behalten)'이요, '안에-자리 잡음(Ein-nehmen)'……."

알 수 있을 것이다. 인간은 **얼빠져 있지 않다**고 말하고 싶은 것이다. 왜냐하면 하이데거가 말하길 **인간은 꿀 자체를 인식할 수 있고 꿀을 꿀로서 받아들일 수 있기** 때문이다. 이를 확장하면 인간은 세계의 모든 사물을 사물 자체로 인식할 수 있다는 말이 된다. 즉, 세계 자체에 관여할 수 있다는 것이다.

하이데거는 동물은 세계 빈곤적인 데 반해, 인간은 세계 형성적이라고 말했다. 각각의 의미하는 바를 이로부터 이해할 수 있다. 인간은 세계 자체에 관여하며 세계 자체를 만들어 갈 수 있다. 그러나 동물은 **특정한 신호를 받아들일 뿐**이다. 그래서 세계 자체에 관여할 수 없다.

도마뱀의 둘레세계, 우주물리학자의 둘레세계

하이데거 주장의 큰 틀이 파악되었다. 여기서 다시 한번 정리하자.

동물은 어떤 사물을 사물로서 받아들일 수 없다. 도마뱀에게 태양은 태양으로 주어지지 않는다. 반면 인간은 태양을

---

15 두 단어에 담긴 가치판단은 이 단어들의 영어 번역을 살펴보면 쉽게 알 수 있다. '얼빠짐(Benommenheit)'은 '마비 상태'를 의미하는 benumbment 라는 말로 번역된다. 다른 한편, '압도됨(Hingenommenheit)'은 being taken이라는 표현으로 번역된다. 〔옮긴이〕 영어의 benumbment는 '무감각해짐; 얼이 빠짐'이라는 의미라서 '얼빠짐, 얼빠져 있음'으로 번역해도 되지만, being taken은 '사로잡힘'으로 풀이할 수도 있을 것이다.

태양으로 받아들일 수 있다. 사물 자체를 받아들이는 능력은 오직 인간에게만 갖추어진 것이다. 이것이 하이데거의 주장이다.

우리는 이 주장에 이렇게 반박했다. 하이데거는 도마뱀이 태양을 우주물리학적으로 물을 수 없다고 말한다. 그러나 어떻게 태양을 우주물리학적으로 묻는 것이 태양 자체와 관련된 것이라고 할 수 있는가? 도마뱀은 도마뱀의 둘레세계 속에서 태양과 관련된다. 우주물리학자는 우주물리학자의 둘레세계 속에서 태양과 관련된다. 그렇게 말할 수는 없을까?

확실히 꿀벌은 눈앞에 다 마실 수 없을 정도의 꿀이 있는지 확인하지 않는다. 절개된 꽁무니에서 꿀이 뚝뚝 떨어지는데도 오로지 눈앞에 있는 다 먹지도 못할 꿀을 계속 빨아들인다. 이를 가리켜 하이데거는 꿀벌이 꿀 자체와 관련될 수 없다고 했다. 그렇다면 왜 인간은 꿀 자체와 관련될 수 있다고 말할 수 있을까? 도대체 꿀 자체란 무엇인가?

우주물리학자와 햇볕을 쬐는 사람을 비교해 보면 된다. 그들은 태양을 완전히 다른 방식으로 체험한다.

그렇다면 꿀벌이 꿀벌의 둘레세계를 살아가고 있는 것처럼, 도마뱀이 도마뱀의 둘레세계를 살아가고 있는 것처럼 우주물리학자는 우주물리학자의 둘레세계를, 햇볕을 쬐는 사람은 햇볕을 쬐는 사람의 둘레세계를 살아가고 있다고 말할 수 있지 않을까?

천문학자의 둘레세계

실제로 윅스퀼은 인간의 둘레세계에 대해서도 논하고 있다. 『생물이 본 세계』의 마지막에 나오는 것은 천문학자의 둘레세계이다.

천문학자들은 지구에서 엄청난 높이로 뻗은 탑 위에 앉아 있는 것과도 같다. 그는 그곳에서 우주의 먼 별까지 볼 수 있는 망원경을 들여다보고 있다. 그 둘레세계에서는 태양과 행성이 장중한 발걸음으로 돌고 있다. 그에게는 그런 천체의 운동이 **보이기** 때문이다. "그 둘레세계 공간을 통과하는 데는 아무리 빠른 빛이라도 수백만 년이 걸린다."[16]

천문학자들은 이런 식으로 우주를 바라본다. 아마추어들이 '아, 별이 예쁘네'라며 감격해하고 있을 때 천문학자들은 완전히 다른 방식으로 밤하늘을 체험하고 있는 것이다. 그에게는 별의 움직임이 보인다. 아니, 그러한 별들이 움직이고 있는 우주공간에 머리를 들이밀고 있다. 마치 지구에서 높이 솟은 탑 위에 앉아 있는 것처럼.

아마추어에게 돌 따위는 그저 돌멩이일 뿐이다. 그러나 광물학자들은 아무 가치도 없어 보이는 그 돌멩이를 열심히 바라본다. 그리고 분류한다. 같은 돌이라도 보는 눈이 다르다. 왜냐하면 광물학자들은 광물학자들의 둘레세계를 살아가고 있기 때문이다.

---

[16] *Streifzüge durch die Umwelten von Tieren und Menschen*, p.101.

레스토랑에서 흘러나오는 클래식 음악을 생각해 보자. 식사를 하는 사람에게는 그저 어떤 소리의 연속으로만 들릴 것이다. 하지만 음악가라면 모든 파트와 악기를 구분해서 듣는다. 현악기 소리, 관악기 소리, 타악기 소리가 명확하게 구분되어 들린다. 왜냐하면 음악가는 음악가의 둘레세계를 살아가고 있기 때문이다.

이런 예는 무수히 들 수 있다. 아니 오히려 흔하다고 말해야 할 정도다. 그렇다면 하이데거 같은 대철학자가 이를 알아차리지 못했을 수 있을까? 그럴 리가 없다.

그러면 아무래도 그는 무리수를 둔 것이 아닌가 하는 생각이 든다. 인간에게 둘레세계를 인정하지 않고 동물은 압도되어 있다고 할 때 하이데거는 상당히 무리가 있는 주장을 하고 있는 것 같다.

그렇다면 왜 그렇게 주장할까? 왜 이렇게 무리수를 두면서까지 인간에게의 둘레세계를 인정하는 것을 거부할까? 왜 동물은 얼빠져 있다고 주장하는가?

이유는 몇 가지가 있다. 하지만 이 책의 논의에서 중요한 이유는 아마 다음과 같은 것일 테다.

하이데거는 지루함이라는 근본적인 기분을 해명하는 것을 목표로 하고 있다. 하이데거에 따르면 '아무튼 그냥 지루하다'라는 깊은 지루함에서 인간은, 누구 하나 자신의 말을 들어주지 않는다, 모든 것이 아무래도 상관없다, 그렇게 느끼는 것이다. 그리고 그 지루함은 인간의 가능성 자체인 자유의 실현으로 이어진다.

그러나 만약 인간이 둘레세계를 살고 있다면 그런 것은 설명할 수 없게 된다. **하이데거에 의하면**, 둘레세계를 살아간다는 것은 얼빠짐이라는 일종의 마비 상태에 있는 것이었기 때문이다.

요컨대 이런 것이다. 인간만이 지루해한다. 왜냐하면 인간은 자유롭기 때문이다. 동물은 지루해하지 않는다. 왜냐하면 동물은 얼빠짐의 상태에 있고 자유롭지 않기 때문이다. 하이데거는 이렇게 주장하고 싶은 것이다. 그렇다면 인간에게 둘레세계를 인정할 수는 없을 것이다. 어쨌든 하이데거의 생각으로는, 둘레세계에 살고 있다는 것은 **동물 같은** 얼빠짐의 상태, 일종의 마비 상태에서 살아간다는 것을 의미하니까.

인간과 동물의 차이

하이데거가 말하는 지루함론의 본질에 상당히 다가섰다. 하지만 아직 앞서 제기한 질문에 대답하지 않았다.

동물의 경우와 마찬가지로 인간의 둘레세계를 인정했다고 치자. 그러면 인간도 동물도 다를 게 없다는 말이 되는 것일까?

하이데거는 어떻게든 인간과 동물을 구별하려고 했다. 그래서 단호하게 인간의 둘레세계를 인정하지 않았다. 그러나 인간의 둘레세계를 인정하지 않을 이유는 없다. 그렇다면 인간과 동물은 같은 거라고, 단순히 그렇게 말하면 되는 것일까?

인간도 동물도 둘레세계를 갖는다. 그것은 알겠다. 하지만 그렇다고 해도 인간만이 결국 동물과 자신의 차이를 느끼는 것 아닐까? 인간과 다른 동물 사이에는 역시 뭔가 다름이 있지 않을까?

여기서는 이 책의 맥락에 따라 동물과 인간의 차이라는 이 큰 문제에 하나의 대답을 제시하고자 한다. 역시 참고가 되는 것은 둘레세계론이다.

앞서 내가 다음과 같이 말한 것을 기억하기 바란다. 우주물리학자의 둘레세계는 인간이 형성할 수 있는 둘레세계 중 하나이다. 인간은 개인차가 있지만 우주물리학자의 둘레세계를 획득하거나 광물학자의 둘레세계를 획득할 수 있다.

하지만 도마뱀이 인간만큼 다양한 둘레세계를 획득할 수 있다고는 생각하기 어렵다. 거기에는 어떤 차이가 있는 것 같다.

일단 여기부터 생각해 보자. 둘레세계는 생물마다 **크게 다르다**. 그 사이에서 발견되는 차이는 매우 크다. 그렇다면 다양한 둘레세계들 사이에서 발견되는 차이가 **크다**고 할 때, 그 **크기**는 구체적으로 무엇을 가리키는 것일까? 도대체 무엇을 가지고 우리는 각각의 둘레세계가 크게 다르다고 말하는 것일까?

진드기의 둘레세계는 세 가지 신호로 구성되어 있었다. 이 둘레세계는 인간의 둘레세계와 크게 다르다. 왜 '크게 다르다'라고 말하고 싶은가 하면, **진드기가 인간의 둘레세계를 체험하거나 인간이 진드기의 둘레세계를 체험하는 것은 극히 어렵기** 때문이다.

그러면 이렇게 말할 수 있지 않을까? 다양한 둘레세계 사이의 차이의 크기는, 구체적으로는 **한 둘레세계에서 다른 둘레세계로 이행하는 것의 어려움**에 의해 나타낼 수 있다고.

안내견의 입장에서 생각하다: 둘레세계 간 이동에 대해

이 어려움에 대해 윅스퀼이 드는 예를 통해 생각해 보자. 그 예는 시각장애인 안내견이다.[17]

안내견을 제 몫을 해내는 존재로 만드는 것이 어렵다는 점은 잘 알려져 있다. 훈련받은 안내견이 모두 안내견 역할을 다 할 수 있는 것은 아니다.

훈련을 통해 안내견을 제 몫을 해내는 존재로 만드는 것이 왜 이토록 어려울까? 그것은 그 개가 살아가는 둘레세계 속에 개한테 이익이 되는 신호가 아니라 시각장애인에게 이익이 되는 신호를 넣어야 하기 때문이다. 요컨대 그 개의 둘레세계를 변형시켜 **인간의 둘레세계에 가깝게 만들어야 하는** 것이다.

안내견은 시각장애인이 부딪힐 수 있는 장애물을 우회해야 한다. 게다가 그 장애물은 개에게는 조금도 장애물이 아닌 경우도 있다. 가령 창문이 길 쪽으로 열려 있는 경우, 개는 어렵지 않게 그 아래를 지나갈 수 있지만, 사람은 그 창문에 부

17　　Ibid., pp.65-66.

덯히게 된다. 한 마리 개를 시각장애인 안내견으로 만들기 위해서는 그 개가 원래 가지고 있던 둘레세계에서는 신경 쓰지 않았던 것들을 일부러 신경 쓰도록 훈련시켜야 한다. 이것이 매우 어려운 일이다.

이 예가 알려 주는 바는 매우 중요하다. 안내견은 훈련을 받음으로써 개의 둘레세계에서 인간의 둘레세계에 가깝게 이동한다. 그것은 **어렵지만 불가능하지는 않다**. 안내견은 훌륭하게 둘레세계의 이동을 성취한다.

아마 이를 통해 생물의 진화 과정에 대해 더 깊은 고찰을 하는 것도 가능할 것이다. 다윈이 뻐꾸기의 탁란(托卵, 뻐꾸기 등의 새가 다른 새 둥지에 알을 낳아 그 새가 알을 품고 까서 기르게 하는 습성), 노예를 만드는 개미, 꿀벌의 벌집 등 놀라운 예를 들어 설명했듯이, 생물은 자신이 살아가는 환경에 적응하기 위해 그 본능을 변화시켜 나간다.[18]

그런데 환경에 대한 적응, 본능의 변화는 당연히 둘레세계의 이동을 수반할 것이다. 그것은 오랜 생존경생을 거쳐 이루어질 변화다. 쉽지 않다. 하지만 완전히 불가능한 것은 아니다. 이렇게 보면 **모든 생물에는 둘레세계 사이를 이동하는 능력이 있다**고 해야 할 것이다.

인간에게도 둘레세계를 이동하는 능력이 있다. 그런 점에서는 다른 동물(더 나아가 생물 전반)과 다르지 않다. 다만 인간은

18　ダーウィン, 『種の起源』, 渡辺政隆 訳, 光文社古典新訳文庫, 2009, 上巻, 제7장.

다른 동물과는 사정이 조금 다르다. 무슨 말이냐면 인간은 다른 동물들과는 비교할 수 없을 정도로 쉽게 둘레세계 사이를 이동할 수 있다는 것이다. 즉, 둘레세계 사이를 이동하는 능력이 상당히 발달되어 있는 것이다.

예를 들어 우주물리학에 대해 아무것도 모르는 고등학생이라도 대학에서 4년 동안 우주물리학을 공부하면 고등학교 때와는 전혀 다르게 밤하늘을 바라볼 것이다. 작곡을 공부하면 그동안 들었던 대중음악이 전혀 다르게 들릴 것이다. 광물학을 공부하면 평범한 돌멩이 하나하나가 눈에 들어오게 될 것이다.

그뿐만이 아니다. 인간은 여러 개 둘레세계를 왕복하거나 순회하면서 살아간다. 가령 직장인들은 사무실에서는 인간관계에 신경을 쓰고 서류와 숫자에 민감하게 반응하며 살아간다. 하지만 집에 돌아오면 그런 주의력이 작동하지 않는다. 아이들은 놀면서 공상의 세계를 뛰어다닌다. 그들 눈에는 인형이 생물처럼 보이고 어느 장소든 놀이터가 된다. 하지만 학교에 가면 교사의 말에 귀를 기울이고 친구의 표정에 반응하며 공부에 집중해야 한다. 인간처럼 둘레세계를 왕복하거나 순회하며 살아가는 생물을 달리 발견하기란 아마 어려울 것이다.

인간은 다른 동물과 비교할 수 없을 정도로 쉽게 다른 둘레세계로 이동한다. 바로 여기에 하이데거가 간과했던, 아니 보려 하지 않았던 인간의 특성이 있다.

둘레세계론에서 발견되는 인간과 동물의 차이는 무엇일까? 그것은 **인간이 다른 동물들에 비해 매우 높은 둘레세계**

간 이동 능력을 가지고 있다는 것이다. 인간은 동물에 비해 **비교적 쉽게** 둘레세계를 이동한다.

'비교적'이라는 점이 중요하다. 다른 동물들도 어렵기는 해도 둘레세계를 이동할 수 있다. 안내견의 예가 그렇고, 생물이 진화 과정에서 환경에 적응하는 것도 그렇다. 그러나 인간의 경우에는 이 이동 능력이 월등히 뛰어나다. 즉, 동물과 인간의 차이는 상대적이다. 그리고 상대적이지만 양적으로는 상당히 큰 차이, 상당한 차이이다. 바로 이 지점에서 인간과 다른 동물의 구별을 찾을 수 있지 않을까?

이 둘레세계를 이동하는 생물의 능력을 이 책에서는 '둘레세계 간 이동 능력^inter-umwelt mobility'이라고 명명하고자 한다. 그리고 그것을 인간과 동물의 차이를 생각하기 위한 새로운 개념으로 여기서 제창하고 싶다.

둘레세계와 지루함

둘레세계 간 이동 능력 개념을 이용하면 하이데거의 논의를 달리 전개할 수 있을 것이다.

하이데거에 따르면 인간은 세계 형성적이며, 세계 자체를 받아들일 수 있기 때문에 지루해하는 것이다. 그리고 이 지루함은 인간이 자유롭다는 증거이다. 그래서 하이데거는 인간에게 둘레세계를 단호하게 인정하지 않았다. 둘레세계를 살아가는 것은 얼빠진 존재인 동물이라고 했다.

그러나 인간에게 둘레세계를 인정하지 않겠다는 것은 무리한 주장이다. 인간도 각자의 둘레세계를 살고 있다.

다만 여기서 중요한 것은 인간이 다른 동물들과 마찬가지로 둘레세계를 살아가고 있지만 그 둘레세계를 상당한 자유를 가지고 이동할 수 있다는 것이다. 인간은 다른 동물에 비해 상대적으로, 그러나 상당히 높은 둘레세계 간 이동 능력을 가지고 있다.

그렇다면 하이데거의 논의가 지닌 문제점은 무엇인가? 그것은 상대적으로 높을 뿐인 이 능력을 **절대적인 것**으로 간주해 버렸다는 점 같다. 그래서 인간이 둘레세계를 초월하는 존재로 그려지게 된 것이다.

확실히 인간이 가진 고도의 둘레세계 간 이동 능력은 그 '자유'의 발현일 것이다. 그러나 그것은 절대적인 것이 아니다. 하물며 둘레세계 자체로부터의 절대적인 이탈을 가능하게 하는 자유는 아니다.

그렇다면 이로부터 지루함에 대해 생각해 보면 어떨까? 인간은 둘레세계를 살아가고 있지만 그 둘레세계를 상당히 자유롭게 이동한다. 이는 인간이 **상당히 불안정한 둘레세계**만 가질 수 있다는 것을 의미한다. 인간은 한 둘레세계에서 벗어나 다른 둘레세계로 쉽게 이동한다. 한 둘레세계에 **매몰될 수** 없다. 아마도 여기에 인간이 극도로 지루함에 시달리는 이유가 있을 것이다. 인간은 한 둘레세계에 머물러 있을 수 없는 것이다.

하이데거의 예를 좀 해설해 보자. 지루함의 첫 번째 형식에 대한 설명에서 기차역에서 기다리던 그는 지루해서 기차역 밖으로 나갔다. 그리고 땅에 그림을 그리기 시작했다. 그곳에 그림을 그리기 시작하자마자 자신을 지탱하는 지반이었던 땅이 캔버스가 된다. 몸을 웅크려서 아래를 내려다보는 자세에서 땅바닥은 전과는 전혀 다르게 체험된다. 눈으로 보지 않고 발로 확인하던 것이 눈앞에, 시야 밖까지 퍼져 나가는 평면이 된다. 길을 걷는 사람들의 얼굴과 상반신은 신경이 쓰이지 않고 그저 발자국 소리와 기척만 느낄 수 있게 된다. 즉, 땅에 그림을 그리기 시작하자마자 사람은 완전히 다른 둘레세계로 돌입한다. 그러나 하이데거가 그랬던 것처럼 그 둘레세계에 매몰되어 있는 것은 쉽지 않다. 특히 성인은 둘레세계 간 이동 능력을 곧바로 발휘해 그 둘레세계를 떠나 다른 둘레세계로 이행해 버린다.

지루함의 두 번째 형식에 대한 설명에서 논한 '시가'도 마찬가지다. 담배를 피우는 사람이라면 알겠지만 담배 연기는 독특한 시간을 선사하기 마련이다. 그 천천히 피어오르는 연기의 형태 변화는 매우 아름다워서 흡연자들은 종종 그것을 알아볼 수 있다. 그때 시간은 천천히 흐른다. 바쁘게 일하던 사람이 담배를 피울 때 시간의 속도는 극단적으로 변한다. 즉, 완전히 다른 둘레세계로 들어간다. 그러나 담배 연기에 계속해서 압도되기는 어렵다. 곧 사람은 둘레세계 간 이동 능력을 발휘해 흡연자의 둘레세계를 빠져나온다.

둘레세계를 쉽게 이동할 수 있는 것은 인간적 자유의 본질인지도 모른다. 그러나 이 자유는 둘레세계의 불안정성과

표리일체이다. **뭔가 특정한 대상에 계속해서 압도될 수 있다면 인간은 지루해하지 않는다.** 그러나 인간은 쉽게 다른 대상에 얼빠져 버린다. 그렇다면 지루함에 대한 하이데거의 논의를 다음과 같이 고쳐 쓸 수 있을 것이다.

인간은 세계 그 자체를 받아들일 수 있기 때문에 지루해하는 것이 아니다. **인간은 둘레세계를 상당한 자유도를 가지고 이동할 수 있기 때문에 지루해하는 것이다.**

지루해하는 동물

그뿐만이 아니다. 동물과 지루함의 관계에 대해서도 다른 식의 논의가 전개될 수 있을 것이다.

꿀벌은 분명히 꿀을 찾는 충동**에 의해** 압도되어 있다. 그 충동에 의해 추동되고 있다. 하이데거는 거기서 한 걸음 더 나아가 꿀벌이 얼빠짐의 상태에 있다고 말했다. 즉, 충동의 정지와 해제로만 행동할 수 있는 일종의 마비 상태에 있다고 주장했다.

그러나 압도되어 있다고 해서, 그 생물이 얼빠져 있는 것은 아니다. 가령 길들여진 개는 먹이를 쳐다보지도 않을 수 있다. 안내견은 자신이 좋아하는 먹이가 눈에 들어왔다고 시각장애인을 무시하고 그것을 먹으러 가지 않는다. 개는 먹잇감에 대한 압도됨에서 자유로워질 수 있다.

애초에 인간도 압도되는 일이 있다. 굶주린 상태의 인간은 음식에 대한 충동에 압도되어 있다. 그렇다고 해서 인간이라는 종 자체가 충동의 정지와 해제로만 행동하는 얼빠짐의 상태에 있다고는 말할 수 없다. 즉, 압도됨은 얼빠짐의 증거가되지 않는다.

그렇다면 동물만이 둘레세계를 살아가고 있다는 주장은 물론이고, 동물이 얼빠져 있다는 주장 또한 도저히 지지할 수 없게 된다. 즉, **둘레세계를 살아간다는 것은 충동의 정지와 해제로만 행동하는 얼빠짐의 상태에 있다는 것을 의미하지 않는다.**

인간도 동물도 둘레세계를 살아가고 있다. 인간도 동물도 새로운 자극, 새로운 환경에 대응한다(예를 들어 다윈은 새로운 환경에 대해 지성을 발휘해 대응하는 지렁이에 대해 논하고 있다).[19] 그리고 인간도 동물도 둘레세계를 이동한다.[20]

그렇다면 이로부터 동물과 지루함에 대해 무엇을 말할 수 있을까? 인간은 고도의 둘레세계 간 이동 능력을 가지고 있지만, 그것은 상내적으로 높을 뿐이다. 다른 동물도 이 능력을 가지고 있다. 그렇다면 적어도, **다른 동물 또한 한 둘레세계에 빠져들 수 없으며 지루해할 가능성이 있다**고 말해야 할 것이다.

동물이 신체적 충동에서 절대 벗어날 수 없다고 할 수는 없다. 그렇다면 예를 들어 여러분은 한 둘레세계에 빠져 있을 수 없는 개를 상상할 수 있을 것이다. 그 개는 지루해할지도 모른다.

확실히 인간 이외의 동물이 지루해할 가능성은 상당히 낮을지도 모른다. 또 개에 비해, 꿀벌은 특정한 압도됨에서 자유로워질 가능성이 상당히 낮을 수도 있다. 하지만 인간과 동물의 차이가 둘레세계 간 이동 능력의 개념에 따라 상대적으로

19   다윈은 밤에 구멍을 파고 그 속에 몸을 숨기고 구멍 입구를 나뭇잎으로 덮는 습성을 지닌 지렁이를 연구했다. 지렁이는 이제껏 마주친 적이 없는 나뭇잎이든 다윈이 준비한 종이조각이든 그것들을 이용할 때 가장 좋은 방법을 찾아내어 구멍을 덮었다. 이를 보고 다윈은 다음과 같이 말한다. "요약하면, 물체를 구멍으로 끌어당기는 방식은 우연에 의해 결정되는 것이 아니며, 개별적인 경우마다 특이한 본능의 존재를 인정할 수도 없기 때문에 우선 첫째의, 그리고 가장 자연스러운 추측은 지렁이가 최종적으로 성공할 때까지 모든 방법을 시도한다는 것이다. 그러나 많은 징후는 이 추측에 반한다. 단 한 가지 대안만 남는다. 즉, 지렁이는 하등동물이지만 어느 정도의 지능을 가지고 있다는 것이다. 누구나 그런 일은 도저히 있을 것 같지 않다고 생각할 것이다. 그러나 그런 결론에 대해 자연스럽게 생기는 의구심을 정당화할 만큼의 지식을 하등동물의 신경계에 대해 우리가 갖고 있는지는 의심스럽다. 뇌 신경절이 작은 것에 관해서는, 목적에 적용할 수 있는 일정한 힘을 갖춘 어느 정도 양의 유전적 지식이 일개미의 저 작은 뇌 속에 들어 있다는 점을 상기해야 한다."(チャールズ・ダーウィン,『ミミズと土』, 渡辺弘之 訳, 平凡社ライブラリー, 1994, 93-94頁.)
여기서는 논의를 더 이상 전개할 수 없지만, 이로부터 지성과 이성의 발생에 대한 고찰을 심화시킬 수 있을 것 같다. 지능은 어떤 과제에 대응할 때 발휘되는 생물의 능력이다. 아마 인간은 그 능력을 고도로 발달시켰을 것이다. 그 결과 인간의 지성은 다른 생물과는 비교할 수 없는 특수한 상태를 띠게 되었고, 그것이 이성이라고 불리게 되었다고 생각할 수 없을까? 즉, 이성은 인간에게 미리 장착(install)되어 있던 능력이라기보다는 생물 고유의 지성이라는 능력이 어떤 조건을 충족했을 때 발생하는 상태이며, 게다가 인간의 경우에는 그것이 어느 정도의 항상성을 가지고 있었다고. 모종의 철학 속에서 발견되는 '이성 신앙'이란 그 상태를 절대적인 항상성을 갖는 것으로 이해했을 때 생겨나는 것이 아닐까? 실제로 '이성'은 쉽게 붕괴하며 정신분석이 밝혀낸 것처럼 그 하부에서는 무의식의 강한 영향을 발견할 수 있다.

설명되는 것이라면 지루해하는 동물의 가능성을 생각해 봐야 하고 또 생각할 수 있다. 물론, 실제로 물어보지 않으면 알 수 없고, 물어볼 수도 없지만.[21]

　나아가 여기서 인간과 동물의 구분이 갖는 의미에 대해서도 다시 물을 수 있다. 이 구분은 종종 인간이 왜 동물보다 **높은** 지위에 있는지 설명하기 위해 요구되는 경우가 많다.[22] 이 책도 인간은 다른 동물에 비해 상대적으로, 그러나 상당히 **높은** 둘레세계 간 이동 능력을 가지고 있다고 말했다.

　그러나 지루함과 둘레세계를 둘러싼 위의 논의로부터 이

20　　같은 동물이라도 전적으로 다른 생태를 보이는 경우가 있다. 고릴라 연구자인 야마기와 주이치(山極寿一)는 이런 일화를 소개한다. 일본원숭이 무리에 대해 그동안 다양한 행동 법칙이 있다고 주창되어 왔지만, 연구자들은 모두 다른 말을 하고 있다. "그래서 저는 일본열도의 원숭이 서식지를 전부 둘러봤습니다. …… 그래서 알게 된 것은, 어떤 연구자가 말하는 것도, 그 서식지의 원숭이에 대해서는 옳다는 것입니다. / 예를 들어, 하코네의 원숭이 연구자는 원숭이 한 무리가 모두 한곳에 모이는 일은 없다고 합니다. 확실히 그곳에서는 그 말이 맞습니다. 그러나 다카사키산의 원숭이의 경우에는 1000마리가 넘는 집단이 한곳에 우르르 모여 있습니다." {다치바나 다카시(立花隆), 『원숭이학의 현재(サル学の現在)』, 平凡社, 1991, 211-212頁.} 즉, 일본원숭이는 자신의 무리가 있는 환경, 또 무리의 통시적인 국면에 따라 독자적으로 둘레세계를 형성하고 있는 것이다. 그것은 시간이 흐르거나 환경이 바뀌면 변화한다. 원숭이는 그러한 변화에 따라 새로운 둘레세계로 이행한다.

21　　세계 최초로 침팬지에 대한 '밀착 생활(habituation)'을 통한 연구(생활을 함께하며 관찰하는 연구)를 성공시킨 제인 구달은 이 생물이 "공상에 빠져 있다"라고 말했다. (チンパンジー: 大自然の動物ファミリー1』, 松沢哲郎 監訳, くもん出版, 1994.) 물론 그것은 구달의 망상일지도 모른다. 그러나 이 책에 실린 사진들은 그 가능성을 충분히 시사한다.

상하 관계를 뒤집는 가치판단이 가능해진다. 왜냐하면 동물은 인간에 비해 상대적으로, 그러나 상당히 높은, **한 둘레세계에 빠져드는 능력**을 가진다고 말할 수 있기 때문이다. 여기에 한 가함과 지루함의 윤리학을 구상하기 위한 한 가지 힌트가 있지 않을까?

•

이번 장에서는 윅스퀼의 둘레세계 이론에 주목하면서 인간과 동물의 구별에 대해 생각해 보았다. 그 이론을 발전시킴으로써 얻은 둘레세계 간 이동 능력이라는 개념을 이용해 이 구별을 이 책 나름의 방식으로 정의했다.

또한 이 개념을 사용해 하이데거를 다시 읽음으로써 그의 논의를 다른 방식으로 재조립할 수 있었다. 하이데거가 찾아낸 인간의 자유는 결코 절대적인 것이 아니다. 그것은 어디까

---

22 철학사에서는 데카르트에 의한 인간과 동물의 구별이 유명하다. 데카르트는 동물이 영혼 없는 기계라고 말했다. 다른 한편 인간은 영혼을 부여받은 기계이다. 데카르트는 정교하게 만들어진 원숭이가 기계가 있다면 그 기계와 원숭이를 구별할 방법은 없다고 말했다. (Descartes, *Discours de la méthode*, GF-Flammarion, 1992, pp.74-75.; デカルト, 『方法序説』, 落合太郎 訳, 岩波文庫, 1993, 69頁.) 조르조 아감벤에 따르면 근대분류학의 시조 린네는 "데카르트가 원숭이를 본 적이 없는 것은 확실하다"라고 말했다고 한다. (ジョルジョ・アガンベン, 『開かれ: 人間と動物』, 岡田温司・多賀健太郎 訳, 平凡社, 2004, 40頁.; 조르조 아감벤, 『열림』, 김상운 옮김, 난장, 2025 근간 예정.)

지나 다른 동물에 비해 상대적으로, 그러나 상당히 높은 둘레세계 간 이동 능력에 기초한 것이다. 그렇지만 확실히, 이 자유는 인간 지루함의 근거이기는 하다. 이 자유 때문에 인간은 한 둘레세계에 매여 있을 수 없기 때문이다.

그렇다면 하이데거와는 다른 결론을 구상할 수는 없을까? 하이데거는 인간을 동물과 어떻게든 구별하려고 고심했다. 따라서 둘레세계에 살면서도 높은 둘레세계 간 이동 능력을 갖는 인간의 **조건**에 대해 고찰할 수 없었다.

이 조건에서 지루함을 대하는 방법을 생각해 볼 수는 없을까? 마지막 장에서는 그것에 대해 생각해 보자.

7장

한가함과 지루함의 윤리학

결단하는 것이 인간이라는 증거인가?

하이데거의 지루함론의 결론은 결단이었다. 인간은 지루해한다. 그 지루함이야말로 자유라는 인간의 가능성을 입증하는 것이다. 그러니 결단에 의해 자신의 가능성을 실현하라…….

하이데거의 논의는 철학적으로 난해한 어휘로 채색되어 있다. 그래서 그 의도를 즉각적으로 이해하기는 어려울 수 있다. 하지만 이 결론은 요컨대, 지루해하는 사람에게 "의욕 없이 대충 지내지 말고, 마음을 정하고 정신 바싹 차려 행동하라!"라고 활기를 불어넣는 것과 다름없다. 이것은 과연 현실적인 해결책일까? 그리고 바람직한 해결책일까?

지금 우리는 하이데거의 입론 자체를 재편함으로써 다른 길을 모색하려 한다. 하이데거의 논의를 살리면서도 그것과는 다른 결론에 이르는 것. 이것이 이번 장의 목적이다.

인간과 자유와 동물에 관한 하이데거의 생각

하이데거의 결론과 제안을 다시 한번 정리하자. 그것은 다음 두 항목으로 요약할 수 있다.

(1) 인간은 지루해하며 인간만이 지루해한다. 그것은 자유로운 것이 인간뿐이기 때문이다.

(2) 인간은 결단에 의해 이 자유의 가능성을 발휘할 수 있다.

하이데거는 인간에 대해 둘레세계를 인정하지 않는다. 이것은 매우 불합리해 보였다. 왜 하이데거가 그런 불합리한 것을 주장했는가 하면, 그것은 바로 그 깊은 지루함을 그려 내기 위해서였다. 즉, 인간이 깊은 지루함 속에서 무엇 하나 말을 들어주지 않는 전체 속으로 떠넘겨지는 그 모습을 그려 내기 위해서였다. "무엇 하나 말을 들어주지 않는 전체 속으로 떠넘겨진다"라는 것은, 예를 들어 아무것도 없는, 텅 빈, 널찍한 공간에, 덩그러니 남겨진다, 이런 식으로 이미지를 떠올리면 된다.

그런데 왜 그런 식으로 주장할 수 있었는가 하면, 인간만이 세계 그 자체와 관계를 맺을 수 있다는 생각이 근저에 깔려 있었기 때문이다.

하이데거에 따르면, 인간은 어떤 사물을 어떤 사물로 받아들일 수 있고 사물 자체와 관계를 맺을 수 있다. 따라서 세계 자체와 관계를 맺을 수 있다. **그래서** 거꾸로, 아무 말도 들어주지 않는 전체 속으로 떠넘겨질 수도 있다. 어떤 것과도 자유롭게 관계를 맺을 수 있기 때문에 그 어떤 것과도 관계가 없는 상태가 있을 수 있다는 것이다.

그에 반해, 동물은 얼빠져 있어, 특정한 신호로부터 자유로울 수 없다. 따라서 그런 전체 속으로 떠넘겨지지도 않는다. 그래서 지루해하지 않는다.

이런 주장은 동물은 둘레세계를 살아가지만 인간은 둘레세계를 살아가지 않는다는 하이데거의 신념에 의해 뒷받침된다. 그러나 이 신념은 잘못된 것이다. 인간도 둘레세계를 살아가고 있다.

확실히 꽁무니에 칼집이 난 꿀벌은 눈앞에 다 빨아먹지 못할 정도로 많은 양의 꿀이 있다는 것을 확인하지 않는다. 그러나 "이 꿀벌의 눈앞에는 다 빨아먹을 수 없을 정도로 많은 양의 꿀이 있다"라고 확인할 수 있는 인간은 **그 꿀을 꿀로 확인하는 것이 아니다.** 그 꿀은 그 인간에게 실험 재료의 일부로 주어져 있다. 단것에 굶주린 사람은 꿀에서 단맛을 기대할 것이다. 꿀을 좋아하는 곰돌이 푸를 떠올리는 사람도 있을 것이다. '꿀로서의 꿀'이란 존재하지 않는다.

하이데거는 이 너무나 당연한 사실에 눈을 감고 있다. 그렇다면 왜 하이데거는 그런 무리수를 둔 것인지, 그 이유를 말하자면, 반복하지만 인간만이 자유롭다고 말하기 위해서이다.

눈 감아! 귀를 막아!

그러자 이번에는 그가 추천하는 결단에 대해서도 큰 의문이 떠오른다. 그것은 다음과 같은 의문이다. 결단을 권장하는 하이데거는 독자에게 결단이 필요한 상황을 일부러 만들어 내라고 재촉하고 있는 것은 아닐까? 즉, 무엇 하나 말을 들어주지 않는 상황에 일부러 빠져들게 만들고 있는 것은 아닐까?

결단을 내리기 위해서는, 무엇 하나 말을 들어주지 않는 전체에 떠넘겨지는 것이 필요하다. 결단이란 아무것도 없는 곳에서 무언가를 만들어 내는 것일 테다. 따라서 그것은 항상 무근거일 것이다.

여기서 기묘한 일이 일어난다. 하이데거는 결단을 권장한다. 그러면 결단하지 않을 수 없는 것이 아니라 **결단하고 싶다**고 바라는 사람이 반드시 나타난다. 그 사람은 어떻게 행동할까? 아마 향후 행동의 근거나 지침을 주는 사물이나 사람을 **일부러 멀리할** 것이다. 결단하지 않아도, 눈앞에 주어진 조건이나 정보를 숙고함으로써 향후 행동의 지침을 얻을 수 있을 텐데, 그러한 조건이나 정보에서 **일부러 눈을 돌리고**, 일부러 결단에 투신하는, 그러한 사태를 생각할 수 있을 것이다.

조금 일상적으로 생각해 보자. 정말 무엇 하나 자신의 말을 들어주지 않는다고 느끼는 사태에 빠지면 정말 엄청나게 힘들 것이다. 하지만 일상생활에서는 사람이나 사물과 교류할 기회가 주어진다. 그중에, 만약 무엇 하나라도 자신의 말을 들어주는 대상이 있다면, 이를 계기로 삼아 사태의 타개를 도모

할 수 있을지도 모른다.

예를 들어 자신에게 소중한 아티스트의 노래가 있다. 다른 사람들은 자신의 마음을 알아주지 않는다. 하지만 우연일 수도 있지만, 아니면 우연이겠지만, 그 아티스트가 자신의 마음을 대신해서 노래로 불러 준다. 따로 상담해 주는 것도 아니고 지시를 내리는 것도 아니다. 하지만 힘들 때 그 노래를 들으면 어떻게든 살아갈 수 있다.

혹은 학교에서도 고립되고 가정에서도 고립되어 갈 곳이 없는 상황을 상정해 보자. 그때 귀가하는 길에서 가끔 만나는 노인이 공원에서 이야기를 들어 준다. 사실 죽음을 생각한 적도 있었다고 노인에게 고백한다. 노인이 이에 대해 무슨 말을 해 준 것은 아니다. 하지만 그의 어린 시절 이야기, 젊은 시절 이야기를 해 주었다. 물었더니 대답해 주었다.

일상생활에는 사물이나 사람과의 우연한 교류가 존재한다. 물론 그런 적이 **반드시 있다고는 할 수 없다**. 그러나 결단을 **지향하는** 사람은 그러한 기회가 실제로 눈앞에 있는데도 불구하고 일부러 교류의 기회를 끊어 버린다. 왜냐하면 결단은 사물이나 사람과 관계를 맺는 것이 불가능해진 곳에서 나타나기 때문이다. 결단을 원하는 사람은 일부러 그런 관계 맺음을 불가능하게 만든다.

그렇다면 사람들에게 "지루하다면 결단을 내려라"라고 강요하는 하이데거는 결국 다음과 같이 말하는 것이나 다름없지 않을까? 결단을 내리기 위해 **눈을 감고, 귀를 막고, 이것저것 보지 마라, 이것저것 듣지 마라, 눈을 부릅뜨지 마라, 귀를**

쫑긋 세우지 마라.

결단의 노예가 되는 것

쇠렌 키르케고르^{S. Kierkegaard}(1813~1855)라는 철학자는 "결단의 순간이란 하나의 광기이다"라고 말한다.

확실히 결단은 사람을 맹목적으로 만든다. 그리고 그런 '광기'가 필요한 장면은 분명히 있을 것이다.

그러나 하이데거처럼 처음부터 결단의 필요성, 광기의 필요성을 정해 버리면, 본말이 전도된 사태가 생길 수밖에 없다. 즉, 궁지에 몰린 사람이 어쩔 수 없이 주변 상황에 대해 맹목이 되면서 결단이라는 광기에 투신하는 것이 **아니라**, 결단이라는 광기를 바탕으로 눈을 감고 귀를 막고 **주변 상황에서 자신을 일부러 격리**하는 사태다.

주변의 모든 배려와 관심을 스스로 배제하고 오로지 결단이 명령하는 방향을 향해서만 행동한다. 이는 결단이라는 광기의 **노예**가 되는 것이나 다름없다.

거듭 말하지만 그런 것이 필요한 때도 있을 것이다.

하지만 중요한 것은 그러한 광기가 **일부러 요구되는 사태가 있을 수 있다**는 것이다. 그리고 거기에 하나를 더 덧붙여야 한다. 사실 **이렇게 쉬운 일은 없다**는 것이다.

온갖 배려와 관심을 스스로 배제하고 그저 오로지 결단한 방향으로만 가면 된다. 더구나 더 이상 '아무튼 그냥 지루하다'라는 목소리도 들리지 않는다. 결단은 괴로움에서 벗어나게 해 준다. 그대로 **따른다는 것은 속이 편안한** 일이다. 그래서 이렇게 말해야 한다. **사람들은 따르고 싶어 한다**고.

사람들은 노예가 되고 싶어 한다. 1장에서 살펴 본 니체도 말하지 않았던가, "젊은 유럽인들"은 "어떻게든 무언가에 괴로워하고 싶은 욕망"을 가지고 있다고 말이다. 그러한 괴로움에서 자신이 행동을 취할 수 있는 그럴듯한 이유를 끄집어내고 싶어 하는 것이라고 말이다. 그들은 노예가 되고 싶었던 것이다.

'결단'이란 말에는 영웅적인 분위기가 감돈다. 그러나 실제로 거기에 나타나 있는 것은 영웅적인 모습과 거리가 먼 상태, **속이 편안한 노예 상태**나 다름없다.

결단 후의 주체

그런데 결단에 대해 이렇게 생각하다 보면, 하이데거가 그려 낸 지루함의 세 가지 형식에 대해서 매우 의외의 관계를 보게 된다. 무슨 말인지 순서대로 설명해 나가자.

첫 번째 형식에서 사람들은 일상적인 일의 노예가 되어 있다. 노예가 되어 있기 때문에 시간이 아깝다. 그로부터 지루함이 생긴다. 늘어지는(꾸물거리는) 시간에 의한 '붙잡힘', 그리고 기대하던 대상이 자신의 말을 들어주지 않는 '공허 방치'가 이 첫 번째 형식의 지루함을 특징짓고 있었다.

하이데거는 여기에는 심대한 자기 상실이 있다고 말했다. 일상적인 일의 노예가 되어 자신을 잃어버리고 있다. 자기 자신과 마주할 기회를 잃어버렸기 때문이다.

그렇다면 왜 사람은 일상적인 일의 노예가 되는 것일까? 그것은 '아무튼 그냥 지루하다'라는 목소리에서 벗어나고 싶기 때문이었다. 상식적으로 말하면, 노예가 되는 것은 매우 싫은 일이다. 하지만 이 목소리에 시달리는 것은 그와 비교할 수 없을 정도로 고통스럽다.

이는 두 번째 형식에서도 마찬가지다. 인간은 이 목소리에서 벗어나려고 일상적으로 기분 전환을 하고 있다. 그리고 그 기분 전환 속에서 지루함이 어렴풋이 등장하면서 둘이 얽힌다. 이것이 두 번째 형식의 지루함이다.

즉, 이런 것이다. '아무튼 그냥 지루하다'라는 목소리에서 벗어나 일상적인 일의 노예가 되는 것을 선택하면 첫 번째 형식의 지루함이 나타난다. 지루함과 섞일 수 있는 기분 전환을 선택하면 두 번째 형식의 지루함이 나타난다.

그런데 세 번째 형식의 지루함에서는 깊은 지루함이 결단에 의해 반전되어 자유라는 인간의 가능성의 실현으로 이어진다는, 그러한 줄거리이다. 하이데거가 결단을 결론으로 도출하기 위해 상당히 무리수를 두고 있는 것(인간에게 둘레세계가 있다는 것을 인정하지 않는 것 등)은 앞 장에서 본 바와 같다. 하이데거의 이 결단주의에는 큰 문제가 있다.

하지만 그뿐만이 아니다. 하이데거의 결단주의에는 문제가 있을 뿐만 아니라 어떤 중대한 **누락**이 있다. 결단에 대해 말할 때 하이데거는 중요한 것을 잊고 있다. 무엇인가 하면, 그것은 **결단한 후의 인간**에 관한 것이다.

결단한 인간은 그 후, 구체적으로 어떻게 되는가? 어떻게 해야 하는가? 그러한 논의가 전혀 이루어지지 않았다. 완전히 빠져 있는 것이다.

첫 번째 형식과 세 번째 형식의 의외의 관계

그렇다면 우리 스스로 생각해 보자. 결단한 인간은 어떻게 될까?

그는 어떤 내용을 선택하고 결단했다. 결단을 내렸으니까 그 결단한 내용을 그냥 수행해야 한다. 결단은 결단된 내용에 대한 종속을 기초로 한다. 결단을 내린 자는 결단의 내용을 어떻게든 따라야 한다. 그렇지 않으면 결단이 아니다. 간단히 파기할 수 있으면 결단이라고 할 수 없다. 따라서 앞서 말했듯이 결단한 자는 **결단된 내용의 노예**가 된다.

'노예'라는 말은 하이데거에게서 빌린 비유다. 딱히 이 단어가 아니어도 된다. 중요한 것은 무엇인가에 얽매어 있다는 것이다.

결단을 한 사람은 그때 어떻게 느낄까? 이에 대해서도 앞서 언급했다. 그는 그때까지는 주변의 무엇 하나도 자신의 말을 들어주지 않는다고 느꼈고, 무엇을 해야 할지도 몰랐다. 그러나 이제는 고민할 필요가 없다. 어쨌든 그렇게 스스로 내린 결단의 내용을 그냥 해 나가면 되니까.

그렇다, 그는 결단을 통해 '아무튼 그냥 지루하다'라는 목소리에서 벗어날 수 있었다. 그래서 그는 지금 **쾌적하다**. 할 일은 정해져 있고, 그저 그것을 실행하기만 하면 된다.

자, 여기서 첫 번째 형식을 떠올려 보자. 첫 번째 형식에서 인간은 일상적인 일의 노예가 되어 있었다. 왜 굳이 노예가 되었느냐 하면 **그게 더 쾌적하기 때문이다**. '아무튼 그냥 지루하다'라는 목소리를 듣지 않아도 되기 때문이다.

그러면 생각지도 못한 관계가 여기에 등장한다. 그렇다, 세 번째 형식의 지루함을 거쳐 결단한 인간과 첫 번째 형식의 지루함 속에 있는 인간은 닮은꼴이다. 그들은 무언가를 절대적으로 따름으로써 '아무튼 그냥 지루하다'라는 목소리에서 벗어날 수 있었기 때문이다.

아니, 그렇지 않다. 이렇게도 생각할 수 있다.

첫 번째 형식에서 인간은 일상적인 일의 노예가 되었다고 한다. 그러나 그 인간은 어쩌면 그 일을 **결단에 의해 선택한 것일지도 모른다**.

결단의 기차 여행

그러면 매우 우스꽝스러운 그림을 상상할 수 있을 것이다.

A군은, 무엇 하나 자신의 말을 들어주지 않는 전체(광역)에 떠넘겨져 있었다. 그러나 어느 날, 그런 광역 속에서 자신

이 현존재(인간)의 가능성의 끝자락에 접근해 있다는 것을 깨달았다. 그는 결단했다. 결단에 의해 현존재에게 부여된 가능성을 실현하고자 했다.

이제 A군에게는 그 결단에 따라 어떤 미션이 주어졌다. A군은 그것을 달성해야 한다. 하지만 그것을 달성하기 위해서는 아무래도 먼 곳으로 가야 할 것 같다. 차가 없는 A군은 기차를 타고 그곳으로 가기로 했다.

기차는 도중에 갈아타야 할 것 같다. 첫 번째 기차를 타고 이동하는 시간은 꽤 길었다. A군은 여행 초반에 자신이 결단한 미션을 뽐내고 싶은 마음이 가득했다. 앞으로의 행보를 생각하니 가슴이 벅찼다.

하지만 기차 여행은 너무 길었다. 바깥 풍경도 점점 지겨워졌다. 지긋지긋한 마음이 고개를 들었다.

자, 드디어 환승역에 도착했다. A군은 안도의 한숨을 내쉬었다. 기차에서 내려 개찰구 근처에 있는 시간표에서 환승 기차 시간을 확인했다. 세상에, 다음 기차는 4시간 후다.

이 지역은 별로 매력이 없다. 그래, 그는 배낭에 책 한 권을 가지고 있다. ─ 그럼 책을 읽을까? 아니, 그럴 생각은 없다. 아니면 뭔가 질문이나 문제를 고민해 볼까? 그런 느낌도 아니다. 그는 시간표를 읽거나 이 역에서 다른 지역까지의 거리 목록을 자세히 들여다보지만, 그 지역들에 대해서는 아무것도 모른다. 시계를 본다. ─ 겨우 15분 지났다……

조금 심술궂게 썼을지도 모르겠다. 그러나 세 번째 형식과 첫 번째 형식이 어떻게 통하는지는 이것으로 일목요연하게 알 수 있을 것이다. 세 번째 형식과 첫 번째 형식은 최종적으로 구별할 수 없다. 뭐랄까, 이 두 가지는 각각, **하나의 동일한 운동의 일부**로 파악해야 한다.

하이데거는 첫 번째 형식에 대해, 거기에는 엄청난 자기 상실이 있다고 말했다. 그렇다면, 세 번째 형식에 대해서도 같은 말을 해야 할 것이다. **결단하는 인간에게도 심대한 자기 상실이 있다**고.

두 번째 형식의 특수성

여기서 두 번째 형식의 특수성이 두드러진다. 예컨대 기분 전환과 독특한 방식으로 얽혀 있는 지루함이다.

하이데거가 말한 대로 그 두 번째 형식에는 "현존재(인간)의 더 큰 균형과 안정"이 있다. 그것은 '제정신이라는 것의 일종'이었다.[1]

부화뇌동, 주변에 이야기를 맞추는 것. 하이데거는 지극히 부정적으로 두 번째 형식의 지루함 속에 있는 인간의 모습

1　*Die Grundbegriffe der Metaphysik*, p.195. 〔『形而上学の根本諸概念』, 216頁.;『형이상학의 근본개념들』, 223쪽. "현존재의 훨씬 더 큰 원만함과 그로써 훨씬 더 큰 자신감 …… 그것은 일종의 '자기-자신-곁(Bei-sich-selbst)'에 있음인데……."〕

을 그리고 있었다. 하지만 세 번째 형식=첫 번째 형식에 비하면, 거기서 인간의 삶은 평온하다. 세 번째 형식=첫 번째 형식에서 인간은 노예이기 때문이다.

두 번째 형식에서는 무엇인가가 마음속 깊이 즐거운 것이 아니다. 확실히 막연하게 지루하긴 하다. 하지만 즐겁기도 하다. 거기에도 하이데거가 말하는 '자기 상실'이 있을지도 모른다. 하지만 중요한 것은 두 번째 형식에서는 자신을 마주할 여유가 있다는 것이다.

그렇다면 이렇게 말할 수 없을까? 이 두 번째 형식이야말로 **지루함과 떼려야 뗄 수 없는 삶을 살아가는 인간의 모습 그 자체**라고 말이다. 인간은 평소 이 두 번째 형식 속에서 살아가고 있다. 거기에는 "현존재의 더 큰 균형과 안정"이 있다. 그러니 인간이 그것을 갈망하는 것도 당연할 것이다. 만약 그것을 비난하는 사람이 있다면, 그 사람은 인간이라는 것을 잘못 보고 있다.

결국 지루함의 세 가지 형식의 관계는 다음과 같이 정리할 수 있다.

인간은 보통 두 번째 형식이 가져다주는 안정과 균형 속에서 살아간다. 하지만 **무언가가 원인이 되어** '아무튼 그냥 지루하다'라는 목소리가 엄청나게 크게 느껴질 때가 있다. 내가 무언가에 뛰어들어야 하지 않을까 하고 고심할 때가 있다. 그때 인간은 세 번째 형식=첫 번째 형식으로 **도망친다**. 자신의 마음과 몸, 혹은 주변 상황에 대해서 일부러 무관심해지고, 오로지 일과 미션에 몰두한다. 그것이 좋아서 하는 것이 아니라 그 일과 미션의 **노예가 됨으로써 안녕을 얻는다.**

예를 들어, 미래를 고민하는 대학생은 자신이 무엇을 할 수 있을지, 어떤 일을 할 수 있을지, 그런 것을 생각하는 것은 괴롭다. 심지어 뭘 해야 할지 모르겠다. 아마 그럴 때 '아무튼 그냥 지루하다'라는 목소리가 들릴 것이다. 그것은 도저히 견디기 힘들다. 그래서 그보다 더 크게 울려 퍼지는 다른 목소리를 찾는다. 예를 들어, "자격이 없으면 사회에서는 인정받지 못한다" "자격증을 따면 안심이다"라는 세간의 목소리. 이 크게 울리는 목소리에 귀를 기울이면 괴로움에서 벗어날 수 있다. 그렇게 자격증을 취득하기로 결단한다. 결단하고 나면 정말 편안하다. 자격시험의 노예가 되는 것은 더할 나위 없이 편하다. 게다가 세간에서 '열심히 노력하고 있구나'라는 칭찬을 들을 수 있다. 뭐랄까, 주변은 칭찬할 수밖에 없다.

하이데거는 그런 모습을 가리켜 '광기'라고 말한 것이다. **그것은 좋아서 무엇인가에 몰두하는 것과는 사정이 다르다.** 자신의 깊은 곳에서 울려오는 목소리에서 **벗어나기 위해 노예가 되었기** 때문이다.

아마도 많은 경우 인간은 이 목소리를 어떻게든 넘겨 버리며 살아가고 있을 것이다. 그래서 지루함과 기분 전환이 뒤섞인 속에서 살고 있다. 그리하여 '제정신'의 삶을 완수한다.

그러면 역시 이렇게 생각하지 않을 수 없다. 인간의 삶은 지루함의 두 번째 형식 속에서 살아가는 것이 아닐까, 아니면 지루함의 두 번째 형식 속에서 살아가는 것, 그것이 인간의 '정신'이 아닐까라고.

인간이 인간답게 사는 것

이로부터 '아무튼 그냥 지루하다'라는 목소리에 대처하는 방식에 대한 하이데거의 평가에도 문제점을 지적하지 않을 수 없다.

인간은 분명히 이 목소리를 듣는다. 하지만 늘 그것에 시달리는 것은 아니다. 기분 전환과 지루함이 뒤얽힌 두 번째 형식의 지루함 속에서 살아감으로써 어떻게든 그것을 넘겨 버리고 있다.

하이데거는 그런 인간의 모습을 부정적으로 그려 낸다. 파티를 하는 인간의 태도를 주변에 자신을 맞추는 부화뇌동이라고 그려 냈다. 하지만 이것은 부당한 평가가 아닐까? 왜냐하면 지루함의 두 번째 형식에서 그려진 기분 전환이란 오히려 인간이 **인간으로서 살아가는 것의 괴로움**을 넘겨 버리기 위해 개발해 온 지혜로 볼 수 있기 때문이다.

지루함과 마주할 수밖에 없었던 인류는 문화와 문명이라는 것을 발달시켜 왔다. 그렇게 해서 예술이 탄생했다. 또 의식주를 궁리하고 삶을 꾸미게 되었다. 인간은 지혜를 짜내면서 사람들의 마음을 풍요롭게 하는 행위를 고안해 냈다.

사실 그것들은 없어도 인간이 생존할 수 있는 그런 종류의 행위이다. 지루함과 마주할 수밖에 없는 인간이 그 괴로움을 잘 견디기 위해 고안해 낸 방법이다.

하이데거가 예로 든 파티도 마찬가지일 것이다. 그런 것이 없어도 인간은 생존할 수 있다. 하지만 맛있는 식사와 즐거운 대화는 사람들의 마음을 누그러뜨린다. 시가 향은 기분을 느긋하게 해 준다. 그것을 즐김으로써 사람의 마음은 풍요로 워진다.

왜 그것을 하이데거는 부정적으로만 파악할까? 왜 인류의 지혜를 받아들이지 못할까? 왜 인간이 **인간답게 살아가는 것, 즉 지루함의 두 번째 형식을 살아가는 것**의 가치를 인정하지 못할까? 역시 하이데거의 특수한 인간관이 그것을 방해했다고 생각할 수밖에 없다.

물론 '아무튼 그냥 지루하다'라는 목소리가 어떤 계기로 커질 수 있다. "이것도 할 수 있고, 저것도 할 수 있지만, 그러나 나는 이런 일을 하고 있다······." 인간은 그 목소리를 참을 수 없게 되자, 지루함의 세 번째 형식=첫 번째 형식의 구조에 투신해 노예가 되려고 한다. 어떤 의미에서 이는 불가피한 일이다. 하긴 '아무튼 그냥 지루하다'라는 목소리는 사람을 심하게 괴롭히니까.

하지만 중요한 것은 세 번째 형식을 거쳐 결단에 이르는 것이 아니다. 그것은 세 번째 형식과 첫 번째 형식의 회로 속에 자신을 위치시키는 것과 다름없기 때문이다.

코제브: 역사의 끝, 인간의 끝

이제 위의 내용을 토대로 인간과 동물의 구별이라는 문제를 완전히 다른 관점에서 다시 한번 생각해 보고자 한다.

참고할 것은 알렉상드르 코제브의 '역사의 끝[종언]'이라는 논의다.

코제브는 러시아에서 태어나 2월혁명과 10월혁명의 혼란을 겪은 뒤 망명해 독일, 프랑스에서 연구를 계속한 철학자다. 그의 작업으로 유명한 것은 1933년부터 1939년까지 파리에서 한 헤겔에 대한 강의이다. 훗날 철학과 문학 분야에서 큰 업적을 성취한 사람들(라캉, 바타유, 메를로퐁티, 브르통 등)이 이 강의를 청강했다. 강의는 나중에 『헤겔 독해 입문』으로 출판된다.

내 책과 관련되는 것은 『헤겔 독해 입문』에 있는 한 각주다. 그는 거기서 '역사의 끝'과 '인간의 끝'에 대해 이야기한다. 이 논의는 지금도 여전히 인간이라는 것에 대한 이해, 특히 인간과 동물의 구별에 대한 이해와 관련해 영향력을 가지고 있다. 좀 더 자세히 소개하자. 역사의 끝이란 무엇인가? 그것은 시간이 멈춘다든가, 세계가 소멸한다든가 하는 것은 아니다. 인간의 역사가 어떤 목적을 향해 돌진하는 과정이라고 **전제한 다음**, 그 목적이 달성된 상태를 역사의 끝이라고 말하는 것이다.

역사의 목적이 자유였다고 하자. 인간은 자유가 무엇인지에 대해 생각했고, 그리고 철학을 창조했다. 자유를 가로막는 사회, 신분제 사회 등을 **부정**하고 혁명을 일으켰다. 역사는 분명히 피로 얼룩져 있다. 그러나 그런 피를 딛고 인류는 진보해왔다.

헤겔은 부정과 이를 극복하는 이러한 운동 전체를 '변증법'이라는 말로 총칭했다. 헤겔에 따르면 인류는 이 변증법적 과정을 거쳐 역사의 목적을 달성해 나간다.

가령 나폴레옹은 자유와 평등 같은 프랑스혁명의 이념을 내걸고 나폴레옹전쟁을 치렀는데, 그야말로 이 역사의 목적을 달성한 인물이다. 헤겔은 나폴레옹전쟁을 결정지은 예나 전투에서 역사의 끝을 보았다.

헤겔을 해설하는 코제브는 이 생각에 동의한다. 언제까지나 인류가 계속 전진할 리는 없을 것이라고 코제브 또한 그렇게 생각했다.

그런데 이 책의 논의와 관련되는 것은 이것 다음이다. 이어서 코제브는 역사가 끝나는 것은 **인간이 끝난다는 것을 의미한다**고 말한다.

인간의 끝이라고 해도 물론 종으로서 호모사피엔스가 절멸한다는 것은 아니다. 앞서 역사에 대해 논의한 것과 마찬가지로 인간의 끝에 대한 논의도 그의 특수한 인간관에 바탕을 두고 있다.

인간은 역사의 목적을 짊어지고 있다. 주어진 것에 만족하지 않고 그것을 부정하고 오로지 진보를 향해 전진해 왔다. 코제브는 이런 모습의 인간을 '본래의 인간'이라고 부른다. 본래의 인간은 지금까지 역사를 이끌어 왔다. 그러나 앞서 살펴본 바와 같이 역사는 끝난다. 그렇다면 역사가 끝나고 그 목적이 실현된다면 인간은 더 이상 그런 모습을 계속할 수 없다. 즉, 인간은 지금까지와는 달라질 것이다. 본래의 인간은 소멸한다.

그러면 그 후에 인간은 어떻게 될까? 코제브는 간결하게 대답한다. 혁명이나 전쟁은 소멸한다. 역사의 목적을 위해 목숨을 걸고 싸울 필요가 없어지기 때문이다. 또 철학도 필요 없어진다. 인간은 더 이상 자기를 근본적으로 변화시키거나, 세계란 무엇인가, 인간이란 무엇인가 등 생각을 할 필요도 없어지기 때문이다.

하지만 그 외의 것들은 모두 유지된다. "예술이나 사랑이나 놀이 등⋯⋯. 요컨대 인간을 행복하게 하는 것들은 모두 유지된다." 그런 것들까지 사라질 이유는 없다. 지금까지 본래의 인간의 활동을 지탱해 온 것들만 사라진다.[2] 위와 같은 사태를 코제브는 인간의 끝이라고 불렀다.

---

2 "따라서 역사의 종말에서 인간의 소멸은 우주의 파국이 아니다. 즉, 자연적 세계는 영원히 있는 그대로 존속한다. 따라서 이는 생물적 파국도 아니다. 인간은 자연 혹은 소여의 존재와 조화를 이루는 동물로 계속 생존한다. 소멸하는 것, 이것은 본래의 인간이다. 즉, 소여를 부정하는 행동이나 오류이며, 혹은 또한 일반적으로는 대상과 대립되는 주관이다. 실제로 인간적 시간 혹은 역사의 종말, 즉 본래의 인간 혹은 자유롭고 역사적인 개체의 결정적인 무화란 단순히 용어의 강한 의미에서 행동의 정지를 의미할 뿐이다. **이것이 실제로 의미하는 것은 — 피비린내 나는 전쟁과 혁명의 소멸이며, 나아가 철학의 소멸이다.** 왜냐하면 인간은 더 이상 자기 자신을 본질적으로는 변화시키지 않으며, 인간이 가진 세계와 자기 사이의 인식의 기초인 (진정한) 원리를 변화시킬 이유 또한 없기 때문이다. 다른 모든 것은 끝없이 유지된다. 예술이나 사랑이나 놀이 등⋯⋯. 요컨대 인간을 행복하게 하는 것은 모두 유지된다." (Alexandre Kojeve, Introduction a la lecture de Hegel: lecons sur la Phenomenologie de l'esprit, Gallimard, coll. "Tel", 1985, pp.436-437. 강조는 인용자.) 또한 이번 장에서 인용하는 것은 이 각주 뿐이므로 이후에는 인용의 참조 대목을 표시하지 않는다.

이미 찾아온 역사의 끝

역사의 끝은 지지하기 어려운 생각일 것이다. 하물며 그 이후의 역사, 특히 두 차례의 세계대전을 아는 사람이라면, 나폴레옹전쟁으로 역사가 끝났다는 것은 과거 철학자들의 근시안적인 믿음일 뿐이라고 생각할 수도 있다.

하지만 코제브는 이를 아마 진심으로 믿었을 것이다. 걸출한 철학자였음에도 코제브가 철학을 내던지고 외교관으로 활약한 게 그 증거이다. 이유는 간단하다. 헤겔에 의해 역사의 끝이 예언되었기 때문이다. 이제는 이 예언이 잘 성취되도록 정치를 하면 될 뿐이다. 철학은 이제 필요 없어진다.

게다가 그뿐만이 아니다. 지금부터가 본론이다. 코제브는 '역사의 끝'을 믿었을 뿐만 아니라 실제로 자신이 살던 시대 속에서 그것을 **발견한다**. 외교관으로 각국을 방문하면서 자신은 역사의 끝을 목격했다고 주장하기에 이른다. 그것이 기술되어 있는 것이 위 책의 2판에 추가된 문제의 각주다.[3]

---

[3] 연대를 정리해 두자. 이미 언급한 대로 강의가 이루어진 것은 1930년대이다. 1947년에 서적으로 출판됨에 따라 강의 원고에는 큰 가필 수정이 이루어졌다. 역사의 끝에 대해 말한 각주는 1946년에 쓰인 것이라고 한다. 출판 직후인 1948년부터 1958년 사이에 코제브는 미국과 소련을 여행했고, 이후 본문에서 설명하는 '역사의 끝'에 대한 인식을 얻는다. 그 후, 1959년에는 일본을 여행하고, 마찬가지로 이후 본문에서 설명하는, 일본에 대한 인식을 얻는다. 위와 같은 경험을 바탕으로 새로운 각주가 쓰이고, 1968년에 출판된 이 책의 2판에 수록되었다. 코제브는 같은 해에 사망했다.

코제브는 다음과 같이 말한다.

헤겔에 대한 이 책(『헤겔 철학 입문』)의 제1판을 준비하고 있을 때, 즉 1946년 단계에서 나(코제브)는 역사의 끝이 아직 멀었다고 생각했다. 조만간 찾아올 것으로 생각했다.

그러나 1948년부터 1958년까지 미국과 소련을 여행한 결과, 나는 역사의 끝이 이미 찾아왔다고 확신했다. **미국은 이미 역사의 끝에 도달하고 있다.** 미국적 생활양식(American way of life)은 바로 역사가 끝난 세계의 생활양식이다. 미국은 '계급 없는 사회'를 실현하고 있다. 미국인들은 주어진 상황을 **부정하고** 극복한다는 것을 모른 채 그저 만족에 젖어 있다.

헤겔은 나폴레옹전쟁에서 역사의 끝을 보았다. 물론 나폴레옹전쟁 이후에도 전쟁은 있었고, 역사는 격동하는 것처럼 보일 수도 있다. 하지만 그 이후의 전쟁도 결국은 자유와 평등이라는 나폴레옹전쟁 때의 이념 아래서 싸우고 있었던 것은 아닐까?

그렇다면 결국 나폴레옹전쟁의 시점에서 인류가 풀어야 할 문제는 정해져 있었으며, 그것을 푸는 작업에 다소 시간이 걸렸을 뿐이다. 이미 역사는 끝나 있었던 것이다. 그리고 미국인은 그 역사의 끝을 살고 있는 것이다…….

미국인은 동물

코제브는 미국의 대량생산·대량소비사회를 그려 낸다. 그곳에는 참을성이 없다. 원하는 것은 모두 주어진다. 게다가 필요 이상으로 주어진다. 그들은 **행복을 탐구할 필요가 없고 그저 만족을 지속하고 있다.** 거기에는 본래의 인간이 없다. 이것이 인간의 끝이다.

인간이 끝났다면, 거기에 있는 것은 누구일까? 아니, '누구'라고 말하지 말아야 한다. 거기에 있는 것은 무엇일까?

코제브에 따르면, 거기에 있는 것은 동물이다. 인간이 끝난 후에도 호모사피엔스라는 종은 존속한다. 다만 **인간으로서가 아니라 동물로서.** 미국에서 실현된 역사 이후의 세계를 보고 알 수 있는 것은 역사가 끝난 후 인간은 동물성으로 회귀한다는 것이다.

물론 앞으로도 인간은 기념비와 다리와 터널을 건설할 것이다. 그러나 그것은 새가 둥지를 틀고 거미가 거미줄을 치는 것과 같다. 개구리나 매미처럼 콘서트를 열고, 어린 동물이 노는 것처럼 놀고, 다 큰 동물처럼 성욕을 발산한다. 그것이 '역사 이후'의 동물이다.

그렇게 생각한다면, 소련인이나 중국인은 아직은 가난하지만 급속히 부유해지고 있는 미국인일 뿐이다. 그 나라 국민은 역사의 최종 목적인 공산주의 혁명이 이미 끝난(끝나게 될) 사회에 살고 있다. 모든 것이 실현되고 있다. 그들 또한 역사의 끝에 살고 있다. 그들에게는 더 이상 진보란 있을 수 없다 (아니, 진보를 지향하면 반혁명이라며 경찰에 잡혀간다).

공산주의국가의 국민은 역사의 끝에 살고 있다. 그리고 그 삶의 방식은 사실 미국적 생활양식과 흡사하다. 그들은 조만간 미국인처럼 될 것이다. 바꾸어 말하면, 미국인은 부유해진 중국인이나 소련인이다(코제브가 이렇게 말한 것은, 당시 냉전이 최대의 긴장을 맞이하고 있던 시기임을 상기시키고 싶다).

역사는 끝났고, 역사가 끝난 후에 인간은 동물이 된다. 이 역사 이후의 동물들은 행복을 추구하지 않고 오로지 만족감에 젖는다. 미국은 그것을 구현하고 있으며 소련이나 중국도 머지않아 그렇게 된다. 인류는 모두 **미국인이 된다. 즉, 동물이 된다.**

이것이 1958년 시점에 코제브의 생각이었다.

인간이기를 계속하는 일본인

미국인을 동물에 빗대는 것은 유럽에서 흔한 편견이다. 유럽인은 미국인을 자주 바보로 여긴다. 그렇다고는 해도, 코제브는 자기의 관찰을 바탕으로 해 이를 역사의 끝의 삶의 모습으로 진지하게 다루었다.

하지만, 어처구니없게도(!), 그는 이 견해도 근본적으로 뒤집게 된다. 역사 이후 인간은 미국인이 된다, 즉 동물이 된다는 견해를 그는 철회한 것이다.

그 철회의 계기가 된 것이 1959년의 일본 방문이다. 일본인을 본 코제브는 **일본인이야말로 역사 이후 인간의 모습**이라고 생각하게 된다. 그리고 **일본인들은 조금도 동물적이지 않았다**고 말한다. 무슨 말인지 살펴보자.

일본은 쇄국기에 약 300년에 걸쳐 어떠한 내전도 대외 전쟁도 없는 시대를 살았던 보기 드문 나라다. 이 시대가 바로 역사의 끝이다. 거기에는 주어진 것을 부정하고 전진한다는 역사적 발전이 완전히 결여되어 있었다. 왜냐하면 그럴 필요가 애초에 없었기 때문이다. 완전한 평화였기 때문이다. 일본은 역사의 끝을 이미 체험하고 있었다.

그렇다면 역사의 끝을 체험한 일본인은 도대체 어떤 특징을 가지고 있을까? 코제브는 스노비즘이라는 단어를 언급한다. 일반적으로 이 말은 "신사나 교양인을 자처하며 젠체하는 속물적 태도"를 가리키지만, 코제브는 더 넓은 의미로 사용한다. 실질이 아니라 형식을 중시하는 경향. 역사적 의미와 내용을 완전히 잃어버리고 형식화된 가치만을 절대시하는 입장. 알기 쉽게 말하면, "허세를 부린다"라는 것이다.

다만, 그것이 일본에서는, 갑자기 믿을 수 없을 정도로 고도로 세련되어 있다. 예외가 없이, 코제브가 꼽는 예는 노가쿠能樂나 다도나 꽃꽂이華道이지만 그뿐만이 아니다. 궁극적으로 어떤 일본인도 순수한 스노비즘에 의해 완전히 무상無償으로 자살을 할 수 있다고 코제브는 말한다. 할복, 그리고 '자살 특공대'를 말하는 것이다. 그에 따르면 '이 자살'은 사회적 정치적 내용을 지닌 '역사적' 가치에 근거해 수행되는 투쟁이 초래하는 생명의 위험과는 아무런 관련이 없다.

무사가 할복을 하는 것은 단순히 형식을 중시한 것일 뿐, 그로 인해 뭔가 절박한 사태가 해결되는 것은 아니며 비행기로 전함에 무모하게 돌진하는 것은 자국의 승리를 이끌지 못한다고 말하고 싶었을 것이다. 자신이 희생함으로써 전쟁을 승리로 이끌고 혁명을 성취시킬 수 있다는 '역사적 가치'를 믿고 목숨을 거는 것이야말로 본래의 인간 모습이라고 보는 코제브에게 이 '무상'의 자살, 보수 없는 자살은 새로운 것이었다.

스노비즘이 지배하고 있으니까 일본에는 종교도, 도덕도, 정치도 필요 없다. 그런 것들로 인간을 하나로 모으지 않아도 스노비즘이 최고도의 규율을 가져다주고 있다. 스노비즘은 "전쟁과 혁명의 투쟁과 강제 노동에서 생겨난 규율을 훨씬 능가했다"라는 것이다.

코제브가 말하는 것에 동의하지 않아도 상관없다. 중요한 것은 그가 여기서 도출한 결론이다.

코제브에 따르면 어떤 동물도 스노브일 수 없다. 그래서 **스노브인 일본인은 인간이다.**

그러면 이렇게 된다. 미국인들은 아직 역사의 끝의 초기에 살고 있을 뿐이다. 최근 시작된 일본과 서양 세계와의 교류는 훗날 서양인을 일본인화하는 것으로 이어질 것이다. 따라서 설사 역사가 끝나더라도 호모사피엔스라는 종이 존속하는 한, 인간은 소멸하지 않을 것이다. 인간은 모두 **일본인이 되어 살아남는다.**

코제브의 착각

이것이 역사의 끝에 대한 코제브의 예언이다. 이렇게 정리하면 약간 우스꽝스러운 면도 있다. 하지만 이 논의는 지금도 여전히 영향력을 가지고 있다.[4] 특히 여기서 논의된 동물과 인간의 구별, 혹은 인간의 동물화라는 사태는 그 후에도 몇 번이나 디자인을 바꿔 가며 반복되어 왔다.

하지만 이 논의에는 **터무니없는 착각**이 가로놓여 있는 것 같다. 그 착각이란 본래의 인간에 대한 이미지다.

본래의 인간은 자신에게 주어진 상황을 부정하고 그 극복을 시도하며 역사적 가치를 믿고 목숨까지 건다고 한다. 하지만 그런 인간이 정말 '본래적'일까?

하이데거의 지루함론을 비판적으로 읽어 온 우리로서는 코제브의 착각을 쉽게 자리매김할 수 있다. 본래의 인간은 지

---

4   일본에서는 일찍이 아사다 아키라가 일본인의 스노비즘이라는 주제를 활발하게 다루었다. (『'역사의 끝'을 넘어(『歷史の終わり』を超えて)』, 中公文庫, 1999.) 최근에는 아즈마 히로키가 『동물화하는 포스트모던 (動物化するポストモダン)』(講談社現代新書, 2001.; 아즈마 히로키, 『동물화하는 포스트모던』, 이은미 옮김, 선정우 감수, 문학동네, 2007.)에서 '오타쿠'라고 불리는 하위문화 애호가 집단에서 역사의 종언 이후, '포스트모던' 시대의 '동물화'한 인간의 형상을 보고 있다. 하이데거의 『형이상학의 근본 개념들』과 코제브의 헤겔 독해를 엮는다는 점에서 이 책과 관련이 없지 않은 조르조 아감벤의 『열림: 인간과 동물』은 동물화의 논의를 다루면서 조르주 바타유가 말하는 '무두(無頭)'의 생물과의 연관성을 논하고 있다. 자크 데리다는 『마르크스의 유령들』(Jacques Derrida, *Spectres de Marx*, Gallimard, 1993.; 增田一夫 訳, 藤原書店, 2007.; 진태원 옮김, 그린비, 2014.)에서 코제브의 역사의 종언론, 그리고 그것을 다시 다루면서 냉전 후의 세계에 그 실현을 본 프랜시스 후쿠야마를 언급하며, '역사의 종언'이라는 논의가 종종 반복되는 틀에 박힌 논의임을 지적하고 있다.

루함의 세 번째 형식(따라서 첫 번째 형식)에서 그려진 인간에 대응한다. 그들은 결단하고 스스로 노예가 된다. 그렇다면 도대체 그 어디가 본래적이란 말인가?

인간은 대개 두 번째 형식의 지루함을 살고 있다. 때때로 어떠한 원인으로 인해 그것을 견딜 수 없게 되어, 세 번째 형식=첫 번째 형식으로 도망친다. 헤겔도 코제브도 **그곳으로 도망친 인간을 멋대로 이상화했을 뿐**이다.

우선 애초 역사 이후의 인간은 동물화된 미국인이 된다고 했는데, 아니 그렇지 않다, 역시 인간적인 일본인이 된다처럼 휘리릭 결론을 변경하는 것을 신용할 수 없다. 그리고 이 책의 지금까지 논의를 바탕으로 검토한다면, 코제브가 이렇게 태도를 변경한 이유도 분명하다.

코제브가 휘리릭 결론을 바꿀 수 있었던 것은, 그가 말하는 '미국인'이나 '일본인'이나 실은 **큰 차이가 없기** 때문이다. 미국인의 동물성도 일본인의 스노비즘도 **두 번째 형식의 지루함의 발현에 지나지 않는다.**

코제브가 말하는 미국인이나 일본인은 모두 기분 전환과 독특한 방식으로 뒤얽힌 지루함을 살고 있다. 양동이 같은 용기에 담긴 팝콘이나 콜라를 먹고 마시며 드라이브인 극장에서 영화를 보는 것도, 완전히 형식화된 예절로서 차를 끓이는 것도 두 번째 형식의 지루함에서 그려진 삶이 아니면 무엇이란 말인가? 그것들은 기분 전환이다. '아무튼 그냥 지루하다'라는 목소리에서 벗어나기 위한 기분 전환이다. 그리고 이 기분 전환은 지루함 그 자체와 얽혀 있다.

제멋대로인 이상화

이렇게 본다면 할복이나 자살 특공대에 대한 견해도 의심스러워진다. 할복이나 자살 특공대가 "역사적 가치에 근거해 수행되는 투쟁이 초래하는 생명의 위험과는 아무런 관련이 없다"라고 어떻게 말할 수 있을까? 어느 쪽이든 결단해서 노예가 되는 것 아닌가? 양자는 관계가 없는 것이 아니라 완전히 동형이다(그리고 물론 그런 것을 인간에게 강요하거나 권하는 사회는 어느 쪽이든 어리석고 못났다).

애초에 할복이나 자살 특공대를 다도나 꽃꽂이 같은 범주로 논하는 점이 납득되지 않는다. 전자가 지루함의 세 번째 형식=첫 번째 형식의 구조와 관련되어 있다면, 후자는 두 번째 형식과 관련되어 있다. 이것은 너무나 과도하게 하나로 싸잡은 논의이며, 그것들을 그렇게 묶는 것을 가능케 하는 것은 일본에 대한 코제브의 환상에 다름 아니다. 잠시 여행한 것만으로 도대체 어떻게 그 나라의 본질을 알 수 있단 말인가?

따라서 '역사 이후의 삶'이니 역사의 끝이니 하는 테제에 근거해 이뤄지는 '인간의 동물화' 운운하는 이야기는 **모두 장대한 착각이다**. 이유는 간단하다, 인간이라는 것을 잘못 파악하고 있기 때문이다. **드물게 일어나는 사태를 제멋대로 이상화한 것일 뿐**이기 때문이다.

이 논의에 출구가 없다는 데서도 이 논의의 문제점을 잘 알 수 있다. 있지도 않은 이상(역사적 가치를 믿고 주어진 것을 부정하며 자신의 목숨을 걸고 싸우는 본래의 인간)을 내세우고, 그 위에서 인간이 미국인 같은 동물이 된다든가, 일본인 같은 형식밖에 없는 삶을 사는 인간이 된다든가 하는 것이다. 이 논의의 끝에는 절망밖에 없다. ― 아, 역사가 끝나고 더 이상 예전과 같은 찬란한 본래의 인간은 존재하지 않게 된 것이다…….

(코제브의 논의는) 미국인과 일본인과 동물에게 폐를 끼치고 있다. 유럽인들은 미국인을 동물로 간주하고 싶어 하지만, 유럽인들이 가장 좋아하는 파티(하이데거가 혐오하던 파티)는 팝콘과 콜라를 먹고 마시며 드라이브인 극장에서 영화를 보는 것과 무엇이 다를까? 둘 다 기분 전환이다. 두 번째 형식의 지루함이다.

할복이나 자살 특공대를 강요한 체제는 국민국가의 이념에 따라 세계대전을 일으켜 자국민들을 전쟁터에서 죽게 만든 유럽 국가들의 사회체제와 무엇이 다르다는 것일까? 둘 다 지루함의 세 번째 형식(=첫 번째 형식)의 구조로 도피하고 싶어 하는 인간의 약점을 이용한 것이다. 반복하지만 그것들은 어리석고 못났다.

미국인은 동물일까? 인간은 '아무튼 그냥 지루하다'라는 목소리를 견디지 못하고 기분 전환을 사시사철 하고 있는, 파스칼이 말하는 '비참한' 존재다. **동물에게는 그런 비참함이 없다.** 동물은 자신의 존재를 견디지 못해 어디론가 도망치거나 하지 않는다.

테러리스트라는 권유?

인간은 대체로 두 번째 형식의 지루함을 살고 있다. 그리고 간혹 어떤 원인으로 인해 지루함의 세 번째 형식=첫 번째 형식의 구조로 도망친다. 즉, 인간은 대부분 한쪽에 머물러 있지만, 가끔 다른 쪽을 오가는 것이다. 그것이 인간의 삶이다.

이 경우 비극은 다른 쪽으로 갔다가 그대로 돌아오지 못하는 것이다. 그것은 **노예이기를 계속하거나 노예인 채로 죽는 것**을 의미하기 때문이다.

여기서부터 위의 논의에 또 하나의 화제를 덧붙일 수 있을 것이다.

이 책의 서론에서 슬로베니아의 철학자 알렌카 주판치치의 말을 소개했다. 그는 이렇게 말했다. 대의를 위해 죽기를 바라는 과격파나 광신자들을 우리는 무서워하는 동시에 부러워한다고.[5]

왜 사람들은 과격파나 광신자들을 부러워하는가? 이제 우리는 이 질문에 명확하게 대답할 수 있다. 과격파나 광신자들은 '아무튼 그냥 지루하다'라는 목소리에서 **자유로워 보이기** 때문이다.

그들이 무서운 동시에 부럽다고 생각할 때, 사람들은 이 목소리를 견디지 못하고, 눈을 감고 귀를 막고 하나의 미션을 수행하는 것, 즉 **노예가 되기를 꿈꾸는** 것이다.

5　　　*Ethics of the Real*, p.5.;『リアルの倫理』, 20頁.

그리고 말할 것도 없이 여기에서 말하는 과격파나 광신자들의 모습은 코제브가 말하는 본래의 인간의 모습과 정확히 겹친다. 그들이야말로 바로 역사적 가치에 근거해, 주어진 것을 부정하고 자신의 목숨을 거는 본래의 인간 아닐까?

코제브여, 당신이 테러리스트를 동경하는 사람들의 욕망을 부추기고 있다는 것을 자각하고 있는가? 당신의 장대한 착각은 결코 순진무구할 수 없는 것이다.[6]

습관의 역동성

인간은 대개 지루함의 두 번째 형식의 구조를 살고 있으며, 그 속에서 어떻게든 버티며 살아가고 있다. 이것이 의미하는 바에 대해 더 생각해 보자.

동물은 인간에 비해 더 강한 본능을 가지고 있다. 물론 종에 따른 차이, 개체에 따른 차이는 있지만 인간에 비하면 훨씬 안정된 둘레세계를 출생과 동시에 획득한다.[7]

반면 인간의 경우 출생 후에 매우 불안정한 삶을 살게 된다. 여기서 '불안정'이란 둘레세계가 나날이 변화한다는 것을

6　왜 이런 착각을 하는 것일까? 그것은 코제브 같은 철학자들은 자신과 같은 자가 인간이고 그 밖의 대중은 동물이라고 생각하기 때문이다. 그들은 내려다보고(깔보고) 싶은 것이다. 그래서 자신이 내려다볼 수 있는 상황분석을 하고 내려다보고 그 '상황'을 한탄하는 것이다. 이런 분석에서 발견되는 것은 단순한 자기 긍정 욕망에 지나지 않는다.

뜻한다. 형태에 대한 인식, 자기와 타자의 구별에 대한 인식, 언어의 획득 등, 발달심리학이나 정신분석이 밝혀 온 것처럼 인간의 발달은 둘레세계의 격심한 변화, 새로운 둘레세계로의 이행을 수반한다.

인간의 출생은 원칙적으로 조산이라고 한다. 고도로 발달한 인간의 대뇌는 거대해졌기 때문에 충분히 발달한 단계에서는 모태 밖으로 나올 수 없게 되었다. 그래서 불충분한 발달 단계에서 밖으로 나오는 것이다.

그렇다면 인간이 생존하고 성장한다는 것은 **안정된 둘레 세계를 획득하는 과정**으로 생각할 수 있다. 아니 오히려 **나름 대로** 안정된 둘레세계를 엄청난 노력으로 **창조해 가는 과정**이라고 해야 할 것이다.

처음으로 어린이집이나 유치원 혹은 학교 같은 집단생활 속에 던져진 아이들은 강렬한 거부반응을 보인다. 그때까지 그가 만들어 온 둘레세계가 붕괴되어 새로운 둘레세계로 이행해야 하기 때문이다. 이는 지극히 어려운 과제이다. 그래서 종종 실패하기도 한다.

7 질 들뢰즈는 본능과 제도란 만족을 얻기 위한 두 가지 상이한 수단이라고 말한다. 동물은 진화 과정에서 어떤 본능을 획득했다. 그것은 각 동물이 가진 경향성을 만족시키기 위한 것이다. 이에 반해 인간은 본능이 깨지고 있는 동물이다. 그런 까닭에 인간은 제도를 만들어 냄으로써 만족을 얻고 있다. 예를 들어 혼인 제도는 성욕을 충족시키는 데 도움이 되고 소유 제도는 탐욕을 충족시키는 데 도움이 된다. (Gilles Deleuze, "Instincts et institutions", *L'île deserte et autres textes*, Minuit, 2002.)

인간의 둘레세계에서 큰 비중을 차지하는 것이 '습관'이라고 불리는 규칙이다. 습관이라고 하면, 매일의 반복, 모종의 지루함을 떠올릴지도 모른다. 바로 이 지루함을 러셀은 "사건을 바라는 마음이 꺾인 것"으로 정의했는데, 습관이라는 말에는 이 러셀의 정의와 통하는 바가 있는 것 같기도 하다.

그러나 인간의 둘레세계가 습관의 영향을 강하게 받는 것이라면, 그리고 각 둘레세계가 엄청난 노력에 의해 획득되어야 한다면 어떨까? 습관에 대한 시각은 단숨에 바뀔 것이다. 습관은 어려운 과정을 통해 창조되고 획득되는 것이다. 습관은 역동적이다.

게다가 한번 습관을 획득했다고 해도 언제까지나 거기에 안주할 수는 없다. 습관은 자주 갱신되어야 한다. 학년이 바뀌면, 담임이 바뀌면, 학교가 바뀌면, 가족관계가 바뀌면, 친구가 바뀌면, 상사가 바뀌면, 동료가 바뀌면 습관을 갱신해야 한다. 우리는 끊임없이 습관을 갱신하면서 잠시나마 평온을 얻는다.

담력 시험과 습관

습관을 좀 더 둘레세계론에 밀착시켜서 생각해 보자. 둘레세계론의 사고방식에 입각해서 말하자면, 습관을 창조한다는 것은 주변 환경을 일정한 신호 체계로 변환하는 것을 의미한다. 신호등이 빨간색이면 멈추고 파란색이면 가는 것처럼 살아가는 환경 전체를 기호로 바꿔 가는 것이다.

늘 다니는 길인데도 어떤 건물이 허물어지면 원래 그것이 어떤 모습을 하고 있었는지 기억나지 않는 경우가 종종 있다. 그것은 그 건물을 인식할 필요가 없는 것으로 취급하고 있었기 때문이다.

처음 방문한 거리에서는 모든 것이 새롭고 모든 것이 눈에 들어온다. 그곳에 살고 있는 사람이라면 신경 쓰지 않을 법한, 아무래도 상관없는 것들에도 신경이 쓰인다.

그러나 일단 그곳에서 살기 시작하면 매일 보는 익숙한 풍경에 일일이 반응하지 않게 된다. 주변 환경을 신호의 체계로 변환해 간다는 것은 이런 걸 말한다.

왜 이러한 변환이 이루어지는 것일까? 새로운 것을 만나는 것은 엄청난 에너지가 필요하기 때문이다. 매일 눈에 들어오는 모든 것에 반응하다 보면 매우 피곤해진다.[8] 습관은 그 번거로운 절차에서 인간을 해방시킨다.

새로운 환경에 들어가는 것은, 비유하자면 담력 시험과 비슷하다. 담력 시험이 한창 진행 중일 때는 어둠 속에 있다. 사물이 잘 안 보인다. 그런 가운데 어디서 무엇이 나올지 알 수 없다. 몸과 마음은 긴장하고 강렬한 에너지가 필요하다.

하지만 똑같은 담력 시험을 여러 번 반복하면 어떻게 될까? 당연히 무서워하지 않게 된다. 그리고 에너지 소비량이 줄어든다. 담력 시험의 경로가 신호로 변환되기 때문이다. 습관은 담력 시험에 익숙해지기 위한 규칙과도 같다.

생각한다는 것

그러나 현실 생활은 담력 시험과는 다르다. 어디가 다르냐면, 담력 시험의 경우에는 '꺄악' 하고 소리를 지르면서 정해진 경로를 통과할 수밖에 없지만, 현실 생활에서는 스스로 생각해서 대응할 수 있고, 대응하도록 강요받는다는 점이다.

"이 선생님은 무엇을 하면 화를 낼까?" "누구와 친해지면 좋을까?" "이 동네에서는 어디서 쇼핑을 하면 좋을까?" 새로운 환경은 사람에게 생각을 강요한다. 그렇게 생각하는 가운데 사람들은 습관을 창조해 나간다. 습관이 획득되면 생각해서 대응하는 번잡한 과정에서 해방된다. 습관을 창조하는 것은 환경을 단순화된 신호 체계로 변환하는 일이기 때문이다.

이제 생각한다는 것에 대해 흥미로운 결론을 도출할 수 있을 것이다.

8　　최근 연구에서는 자폐증자가 독특한 둘레세계를 살고 있음이 밝혀지고 있다. 예를 들어 샤워기의 물줄기 하나하나가 피부를 찌르는 것처럼 느낀다. 주변에서 아무래도 좋다고 생각하는 정보가 신경 쓰여서, 본론으로 들어가지 못하는 등. 그들은 종종 습관에 강하게 집착하는 것으로 알려져 있다. 자폐증과 지루함의 관계에 대해서는 여기서 물어볼 수 없지만 중요한 물음이라고 생각한다. 자폐증자의 세계에 대해서는 무라카미 야스히코(村上靖彦)의 『자폐증의 현상학(自閉症の現象学)』(勁草書房, 2008.)을 참조. 덧붙여, 무라카미의 기술을 참고해 말하자면, 이번 장에서 우리가 끊임없이 논하고 있는 '고단한 인간적 삶'이란 정형발달자(定型発達者)의 삶이라고 바꾸어 말할 수 있을지도 모른다. 이 문제는 이 책의 과제를 넘어서기 때문에 여기에서는 논하지 않겠지만, 자폐증과 지루함의 관계와 함께 사고해야 할 중요한 문제라고 생각한다. 〔옮긴이〕 정형발달자란 발달장애인과 대칭되는 '보통 사람'을 가리킨다.

종종 세상에서는 생각하는 것의 중요성이 강조된다. 교육계에서는 아이들에게 생각하는 힘을 길러 주는 것을 하나의 목표로 내걸고 있다.

하지만 단순히 "생각하는 것이 중요하다"라고 말하는 사람들은 중대한 사실을 놓치고 있다. 그것은 **인간이 뭔가를 생각하지 않아도 되는 생활을 목표로 살고 있다**는 사실이다.

인간은 생각만으로는 살 수 없다. 매일 교실에서 만나는 선생님의 성격을 예상할 수 없다면 아이는 몹시 피곤해질 것이다. 매일 쇼핑할 곳을 생각해야 한다면 사람들은 몹시 피로해진다. 그래서 인간은 생각하지 않아도 되는 습관을 창조하고 둘레세계를 획득한다. 인간이 살아가면서 뭔가를 생각하지 않게 되는 것은 필연적이다.

들뢰즈가 말하는 '생각한다는 것'

이 문제를 좀 더 철학적으로 생각해 보자.

질 들뢰즈(1925~1995)라는 철학자는 생각한다는 것에 대해 다음과 같이 말한다. 철학자들은 지금까지 인간은 뭔가 생각하는 것을 좋아한다고 말해 왔다. 그러나 그것은 완전히 틀린 말이다. 인간은 좀처럼 생각을 하지 않는다.

그렇다면 인간은 어떤 때에 생각한다는 것인가? 들뢰즈는 이렇게 대답한다. 인간이 뭔가 생각하는 것은 어쩔 수 없이, 강제된 것이다. "생각하라!"라는 마음이 고조되어 생각을

하는 것이 아니라 오히려 뭔가 **충격을 받아서** 생각한다.[9]

생각하는 일의 첫 번째 단계에서, 생각을 불러일으키는 것은 어떤 충격이다. 즉, 생각을 불러일으키는 것은 결코 편안한 것이 아니다. 들뢰즈는 그 충격을 '불법침입'이라고도 부른다.[10]

왜 생각을 불러일으키는 것이 충격이자 불법침입일까? 들뢰즈는 더 이상 언급하지 않았지만, 우리는 앞에서 살펴본 습관 이론에서 이에 대해 명확한 답을 찾을 수 있을 것이다.

사람들은 습관을 창조하고 둘레세계를 획득해 간다. 그렇게 함으로써 주변을 신호 체계로 변환한다. 왜 그렇게 하느냐 하면, 뭔가를 생각하지 않도록 하기 위해서다. 사시사철 새로운 것을 만나고 생각하는 것으로는 살아갈 수 없다.

그렇다면 반대로 사람이 뭔가를 생각하지 않을 수 없는 것은, 그렇게 만들어 온 둘레세계에 변화가 일어났을 때일 것이다. 즉, 둘레세계에 뭔가 새로운 요소가 불법침입해 와서, 많든 적든 습관의 변경을 강요당하는 그러한 때일 것이다.

그때에는 그 새로운 요소를 생각하고 대응해야 한다. 아무 생각도 하지 않고 살아갈 수 있도록 둘레세계를 구축해 온

9　"생각한다는 것은 하나의 능력의 자연스러운 작동이라는 것, 이 능력은 좋은 본성과 좋은 의지를 가지고 있다는 것, 이런 것들은 사실에 있어서는 전혀 이해할 수 없는 것이다. 인간들은 실제로는 좀처럼 생각하지 않고, 생각한다고 해도 의욕이 높아져서라기보다는 오히려 뭔가 충격을 받아서 생각한다. 이것은 '모든 사람'이 잘 알고 있는 바이다." (Gilles Deleuze, *Différence et répétition*, PUF, 1968, p.173.)

10　Ibid., p.181.

인간으로서는, 그러한 불법침입은 충격일 것이다.

이처럼 뭔가를 생각한다는 것은 그동안 자신의 삶을 이끌어 주던 습관이 많든 적든 파괴되는 과정과 떼려야 뗄 수 없다.

하이데거가 살아왔던 둘레세계의 붕괴

한 가지 흥미로운 예를 들어 보자.

하이데거는 말년에 우주에서 찍어 보낸 지구의 영상을 보고 깜짝 놀랐다고 한다.[11] 독일어의 Erde, 또한 다소 뉘앙스 차이가 있지만 영어의 earth나 프랑스어의 terre에는 '대지'라는 뜻과 '지구'라는 뜻이 있다. 하이데거에게 '대지Erde'란 모든 것이 그 위에서 생겨나고 소멸하는 삶의 조건 그 자체였다. 하이데거는 20세기 철학자이면서도 천동설이 지배하는 듯한 둘레세계를 살아가며 사색했다.

그런데 텔레비전에 비친 지구의 영상은 그 Erde가 의심 없이 하나의 사물이라는 사실을 하이데거에게 일깨워 주었다. 하이데거가 살았던 둘레세계 속에서, 그때까지 대지(라는 조건)였던 것이 지구(라는 사물)가 되어 버린 것이다. 게다가 그것이 텔레비전 화면에 깔끔하게 담겨 있는 것이다. 이것이 하이데거의 둘레세계에 대한 불법침입이며, 그의 대지관을 파괴하는 충격이 아니면 무엇이겠는가?

11　小林康夫, 「大地論 序説」(『表象の光学』, 未來社, 2003.)을 참조.

조금 지나친 예를 들었을지도 모르겠다. 이렇게 거창한 예가 아니어도 된다. 곰곰이 생각해 보면 우리 주변은 그런 불법침입으로 가득 차 있다. 왜 그렇게 말할 수 있는가 하면, 원래 우리의 둘레세계가 환경의 단순화에 의해 성립하고 있기 때문이다.

한꺼번에 처리할 수 없을 정도로 많은 정보가 우리 주변을 종횡하고 있다. 예를 들어 대학 가는 길의 간판, 캠퍼스에서 만난 지인의 안색, 가로수 색깔의 변화, 자전거 체인의 상태, 길가에 떨어져 있는 전단지. 이 모든 것이 자신의 둘레세계 속으로 불법침입할 가능성을 가지고 있다.

그러나 습관의 획득으로 우리는 그러한 불법침입에 대한 방패를 얻었다. 그래서 주변에 가득 찬, 사고思考의 계기로부터 보호받는 것이다. 반복하지만 보호받지 못하면 살 수 없는 것이다.

물론 때때로 그 방패는 충분히 작동하지 않을 수 있다. 전 세계 철학자들의 탄성을 자아낸 철학을 만들어 낸 하이데거조차도 자신이 구축해 온 방패가 파괴될 때가 있다.

쾌락원칙

인간은 생각하지 않아도 되는 방향으로 살아간다. 이것은 인간의 정신에 있어 쾌락이란 무엇인지 생각함으로써 설명할 수 있다.[12]

정신분석학의 창시자 지크문트 프로이트(1856~1939)는 인간의 정신생활이 모든 면에서 쾌락을 추구하는 쾌락원칙에 의해 지배되고 있다고 말한다.[13] 정신, 정확히 말하면 무의식은 쾌락을 추구하고 불쾌를 피한다. 정신의 복잡한 움직임도 그 근원은 이 단순한 경향성에 의해 지배되고 있다.

문제는 여기서 말하는 '쾌락'이 무엇인가 하는 것이다. 그것은 가령 쾌락이라는 단어에서 상상하는 격심한 흥분 상태를 말하는 것이 아니다. 그 정반대다. 생물은 흥분 상태를 불쾌로 받아들인다. 생물은 스스로를 일정한 상태로 유지하려고 한다.

그래서 언뜻 보기에는 이상하게 여겨질 수 있지만 생물에게 쾌락은 흥분량의 감소이고 불쾌는 흥분량의 증대이다. 생물은 즉, 어떤 일정한 상태에 머무르는 것을 쾌락으로 받아들이는 것이다.

그러면 곧 이런 반론이 나올 것이다. 성의 쾌락은 인간이 상하게 추구하는 쾌락인데, 이것은 흥분량의 증대로만 생각할 수밖에 없는 것 아닌가? 그렇다면 프로이트가 말하는 쾌락은 이 단순한 사실과 모순되는 것 아닌가?

프로이트 자신이 여기에 반론을 제기하며 답을 내놓고 있다. 성의 쾌락은 쾌락 원리와 모순되지 않는다. 왜냐하면 성의

---

12 〔옮긴이〕 저자는 '쾌'와 '쾌락'을 함께 쓰고 있으나 개념적으로 구별되는 것은 아니므로 모두 '쾌락'으로 적는다.

13 Sigmund Freud, *Jenseits des Lustprinzips, Gesammelte Werke*, XIII, Fischer, 1999.

쾌락은 고조된 흥분을 최대한도까지 높임으로써 단번에 해소하는 과정과 다름없기 때문이다. 오르가슴을 얻으면 흥분은 단숨에 식고 심신은 안정된 상태를 되찾는다(프로이트는 성적 절정 뒤의 신체는 죽음과 비슷한 상태에 있다고도 말한다).[14] 성의 쾌락은 이 **안정된 상태로의 복귀**를 위해 있는 것이다.

인간은 일상생활 속에서 성적 흥분의 고조를 피할 수 없다. 성의 쾌락은 그것을 단숨에 높임으로써 그것으로부터 심신을 해방시킨다. 즉, 이것도 흥분량 감소를 목표로 하는 쾌락원칙과 전혀 모순되지 않는 것이다.

이야기가 조금 빗나갔다. 생물이 흥분량 증대를 불쾌로 느낀다는 사실은 지금까지 둘레세계론을 통해 논한 것과 일치한다. 습관은 인간을 안정된 상태로 일정하게 유지한다. 무언가를 반복함으로써 습관이 생긴다. 말하자면 **무엇인가가 쾌**[注]**하기 때문에 그것을 반복하는 것이 아니라**, 반복하기 때문에 습관이 생기고, 그것에 의해 쾌락을 얻을 수 있는 것이다.[15]

하지만 쾌락원칙에 의한 설명은 아마도 생물 전반의 일반적 경향으로는 옳을 수 있지만, 인간에 대해서는 설명을 더 추가해야 한다. 왜냐하면 이 쾌락의 상태는 지루함이라는 불쾌를 어쩔 수 없이 산출하기 때문이다(프로이트는 왜 쾌락원칙과 지루함의 관계를 논하지 않았던 것일까?).

인간은 습관을 만들어 내도록 강요받고 있다. 그렇지 않

14   Sigmund Freud, *Das Ich und Das Es, Gesammelte Werke*, XIII, Fischer, 1999, p.276.

으면 살아갈 수 없다. 하지만 습관을 만들어 내면 그 안에서 지루해진다.

앞에서 인간은 대체로 기분 전환과 지루함이 뒤얽힌 지루함의 두 번째 형식을 살아가고 있다고 말했다. 그 점은 여기서도 확인할 수 있을 것이다. 습관을 만들지 않으면 살 수 없지만, 그 안에서는 반드시 지루해한다. 그래서 그 지루함을 어떻게든 모면할 수 있는 기분 전환을 행한다. 인간은 **본성적으로** 지루함과 기분 전환이 독특한 방식으로 얽히고설킨 삶을 살도록 강제되었다고 말하고 싶어진다.

인간다운 삶에서 벗어나는 것

여기서 마지막으로 다시 한번 지루함의 세 형식으로 이야기를 되돌리자.

15   들뢰즈는 쾌락원칙을 해설하며 어떤 것이 쾌락이기 때문에 그것을 반복하는 것이 아니라 반복하기 때문에 그것이 쾌락이 되는 것이라고 말한다. "습관은 [흥분의] 구속의 수동적 종합인 이상, 쾌락원칙에 선행하고 있으며, 그 원리를 오히려 가능케 하는 것이다. …… 쾌락의 관념은 습관에서 생겨난다. 그러한 구속은 쾌락원칙의 창설을 그 결과로 하는 것이지, 이 원리를 전제로 하는 것을 목표로 할 리 없다. …… 물론 경험적인 수준에서 우리는 이미 얻은, 혹은 획득해야 할 쾌락에 종속된 것으로서의 반복을 체험하는 것은 있을 수 있다. 그러나 방금 말한 것과 같은 조건의 수준에서는 사태가 거꾸로 된다. [흥분의] 구속이라는 종합은 흥분을 지배하려는 의도 혹은 노력에 의해서는 설명될 수 없다. (p.129.; 『差異と反復』上巻, 266-267頁.)

먼저 확인하자. 하이데거는 지루함의 두 번째 형식과 비교하면 첫 번째 형식이 자기 상실의 정도가 높다고 했다. 그리고 첫 번째 형식의 구조는 세 번째 형식의 구조와 통하는 바가 있다는 것이 밝혀졌다.

첫 번째 형식=세 번째 형식의 구조에서 사람은 무언가의 노예가 됨으로써 '아무튼 그냥 지루하다'라는 목소리에서 자유로워지려고 한다. 두 번째 형식에서는 그러한 모습은 찾아볼 수 없다. 분명 자신을 내던져 버리는 태도는 있지만, 그러나 거기에는 자신을 마주하는 태도도 있다. 게다가 그것은 '안정과 균형'을 이루고 있다.

인간이라는 것은 대체로 두 번째 형식의 지루함을 살아가며, 그리고 가끔 세 번째 형식=첫 번째 형식으로 도망쳤다가 다시 돌아온다. 따라서 인간이라는 것은 **괴롭다**. 인간이라는 것은 지루함을 마주하며 살아가야 한다는 것을 의미하기 때문이다. 하지만 인류는 지루함을 마주하고 살아갈 수 있도록 수단을 다양하게 개발해 왔다. 그것을 우리는 더 발전시킬 수 있다. 그것을 더 향유할 수 있다.

하지만 인간에게 남겨진 가능성은 그것만이 아니다. 인간에게는 또 다른 가능성이 있다. 그것은 고단한 인간적 삶에서 **벗어날** 가능성이다. 무슨 말인가?

인간은 한 둘레세계에서 벗어나 다른 둘레세계로 쉽게 이행할 수 있다는 것이다. 한 둘레세계에 빠져 있을 수는 없다. 그런 고로 두 번째 형식과 같은 기분 전환과 지루함이 뒤얽힌 채로 살아간다. 지루해하면서도 항상적으로 다양한 기분 전환을 스스로에게 부여한다. 오늘은 영화를 보러 가고 내일은 파티에 간다. 파티에서는 음식이 나오고 음악도 들리며, 그리고 시가도 나눠 준다. 지루하기도 하지만 나름 재미도 있다. 이것이 인간다운 삶이다.

그러나 이 인간다운 삶이 무너질 때가 있다. 어떤 충격에 의해 자신의 둘레세계가 파괴당한 인간이 거기서부터 사고하기 시작할 때다. 세계를 뒤흔드는 뉴스든 가까운 사건이든 예술 작품이든 새로운 생각이든 상관없다. 둘레세계에 불법침입해 온 어떤 대상이 그 인간을 붙잡고 놓지 않는다. 그때 사람은 그 대상에 의해 '압도되어' 그 대상에 대해 사고할 수밖에 없게 된다.

생각한다는 것은 무엇인가에 의해서 압도되는 것이다. 그때 사람은 그 대상에 의해 초래된 새로운 둘레세계 속에 빠져들 수밖에 없게 된다.

그리고 충동에 의해 압도되어 한 둘레세계에 빠져 있는 것이 동물의 특기라면, 이 상태를 '동물 되기'라고 칭할 수 있을 것이다. 인간은 동물이 될 때가 있다.

지루해할 수밖에 없도록 강하게 운명 지어진 인간적 삶. 그러나 거기에는 인간다움에서 벗어날 가능성도 남아 있다. 그것이 동물 되기라는 가능성이다.

인간적 자유의 본질

인간은 대체로 지루함의 두 번째 형식의 구조를 살아가고 있다고 지적하는 것의 중요성이 여기서 나온다. 거기에는 자신을 내던져 버리는 태도도 있다. 하지만 동시에 자신과 마주하는 태도도 있다. 즉, 거기에는 **생각하는 것의 계기가 되는 무언가를 받아들일 여유가 있다.**

이에 반해 세 번째 형식=첫 번째 형식으로의 도피는 매우 무서운 사태를 초래한다. 거기로 도망치면, 뭔가를 생각하도록 강요하는 대상을 받아들일 수 없게 되기 때문이다.

떠올려 보자. 첫 번째 형식에서는 어떤 특정한 것이 말을 들어주지 않기 때문에 사람은 지루해하고 공허 속에 방치되었다. 그러나 하이데거 자신이 말했듯 그 시골 역의 주변은 공허하지 않다. 기차역도 있고 길도 있고, 가로수도 있다. 거기에는 그동안 자신이 살아온 둘레세계에 불법침입하는 것들이 존재하고 있을지도 모른다.

이 동네에는 이런 음식이 있구나……. 어, 왜 상가 문들이 모두 닫혀 있지? 이렇게 예쁜 마을인데……. 사람들도 친절하다. 하지만 이렇게 상점이 문을 닫으면 생활이 힘들지 않을까? 도시에 있으면서, 뉴스를 봐서 알고 있었지만, 지방의 상가가 어렵다는 것이 이런 거였구나…….

물론 이것은 하나의 예이다. 마을에 관심을 갖고 있음에도 아무것도 받아들이지 못하는 경우도 충분히 있을 수 있다. 그러나 세 번째 형식=첫 번째 형식으로 도망친 사람은 받아들일 수 있는 대상조차도 받아들이지 못한다. 노예가 되어 버렸기 때문이다.

이때 오해해서는 안 될 것이 있다. 인간은 습관 없이는 살 수 없다. 인간은 어찌 되었든 기분 전환과 지루함이 뒤섞인 삶을 살지 않을 수 없다. 그러므로 이 조건을 초월해서 생각하는 것의 계기를 모두 받아들이려고 하거나 남에게 '눈을 떠라!' '귀를 쫑긋 세워라!' 같이 강제해서는 안 된다. 그것은 '인간은 세계 자체를 받아들일 수 있다'라는 신념의 이면이다. 그리고 그 신념은 인간의 노예화로 귀결된다.

인간이 환경을 신호 체계로 변환해 둘레세계를 형성하는 것, 즉 다양한 것을 보거나 듣지 않고 살게 되는 것은 당연하다. 중요한 것은 지루함의 세 번째 형식=첫 번째 형식의 구조에 빠지지 않는 것, 즉 노예가 되지 않는 것이다.

인간에게 생각하는 것, 동물 되기가 가능하다는 것의 근거는, 아마 앞 장에서 살펴본 둘레세계 간 이동 능력에 있을 것이다. 인간은 다른 동물에 비해 고도의 둘레세계 간 이동 능력을 가지고 있다. 되풀이하지만, 동물에게도 둘레세계 간 이동은 가능하다. 그러나 인간은 다른 동물과 비교할 수 없을 정도로 이 능력을 발전시켜 왔다.

인간은 자신의 둘레세계를 파괴하러 오는 것을 쉽게 받아들일 수 있다. 자신의 둘레세계에 불법침입을 하는 무언가를 받아들이고 생각하며 새로운 둘레세계를 창조할 수 있다. 이 둘레세계의 창조가 다른 사람에게 큰 영향을 미치는 행위가 될 때도 종종 있다. 예를 들어 철학은 그렇게 태어난 활동 중

하나이다.

　종종 운이 좋은 예외도 있겠지만 인간은 인간적인 삶을 살 수밖에 없다. 하지만 인간에게는 여전히 인간적인 삶에서 벗어날 가능성, 동물 되기의 가능성이 있다. 물론 인간은 나중에 다시 인간적인 삶으로 돌아갈 수밖에 없다. 인간은 습관을 원하고 습관이 없으면 살 수 없기 때문이다. 그러나 바로 여기에 인간적 자유의 본질이 있다면 그것은 소박하지만 확실한 희망이다. 어느 날 인간이 열어 버린 지루함이라는 이름의 판도라 상자에는 분명 희망이 남아 있는 것이다.

결론

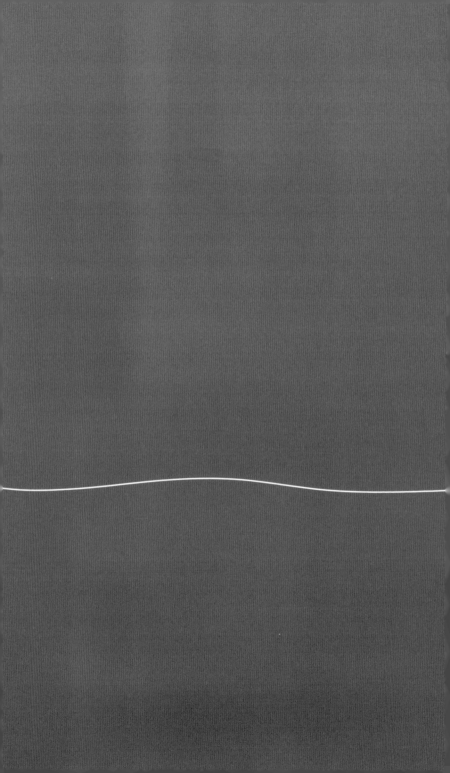

한가함과 지루함을 윤리학으로 밝히는 시도에 대해 여기서 일단 결론을 내려야 할 것 같다.

이 시도가 다양한 분야를 경유하면서 진행된 것에서 알수 있듯, 한가함과 지루함이라는 문제는 정말 많은 분야와 관련되어 있다. 따라서 이 문제에 대해서는 철학이나 윤리학은 물론이고 고고학, 역사학, 인류학, 경제학, 정치학, 사회학, 심리학, 정신분석학과 문학, 나아가 생물학과 의학까지 포함한다양한 학문 분야의 식견을 활용해 앞으로 더 많은 검토가 이뤄져야 한다.

필자는 이 시도가 앞으로 다양한 분야에서 이어지기를 기대한다. 이를 말했으니 이쯤에서 이 책의 결론을 제시하고자한다. 결론은 세 가지다. 순서대로 설명하겠다.

첫 번째 결론

이 책의 제목은 '한가함과 지루함의 윤리학'이다. 윤리학이기 때문에 역시 무엇을 해야 할지 말해야 할 것이다. 윤리학은 어떻게 살아야 하는지를 묻는 학문이기 때문이다. 그러나 이 책이 첫 번째 결론으로 내세우고픈 것은 이렇게 해야 할까, 저렇게 해야 할까 하고 걱정할 필요가 없다는 것이다.

그렇다고 해서 "지금 그대로의 당신이 좋다"라거나 "당신은 당신다운 것이 좋다"라거나 "지금 그대로의 당신을 모두가 인정해야 한다"라는 말이 **절대로 아니다**. 그 정반대다.

지금 이 결론을 읽고 있는 당신은 이 책을 통독했을 것이다. 이 책을 통독함으로써 한가함이나 지루함에 대한 새로운 시각을 얻게 되었다. 한가함이나 지루함이 왜 사람들을 괴롭히는지 이해하고, 그것들을 인류사 속에 위치시켜 한가함과 지루함을 생각할 때 주의해야 할 여러 가지 점에 대해 지식을 얻었고, 한가함과 지루함에 대해 논의되던 쟁점을 알게 되었고, 한가함과 지루함의 윤리학이 나아가야 할 방향을 보았다.

그것이 바로 한가함과 지루함의 윤리학의 첫걸음이다. 자신을 고민하게 만드는 것에 대해 새로운 인식을 얻게 된 사람은 무언가 바뀌고는 한다. 이 책을 읽은 것, 여기까지 읽은 것이 바로 한가함과 지루함의 윤리학의 실천 중 하나에 다름없다.

따라서 정확히 말하자면, **당신은 이미 무슨 일인가를 하고 있다**고 말해야 할지도 모른다. 당신은 지금부터 한가함과 지루함의 윤리학을 실천하기 시작하는 것이 아니라, **이미 그 실천의 한가운데에 있다.**

스피노자와 안다는 것의 감각

이 점을 부연하고 또 남은 결론으로 이어지는 징검다리 역할을 하기 위해 한 철학자의 생각을 소개하려 한다.

스피노자$^{Baruch\ de\ Spinoza}$(1632~1677)라는 철학자가 있다. 그는 진리나 진리 이해에 대해 아주 재미있는 생각을 했다. 우리는 무언가를 이해한 적이 있다. '알았다!'라고 생각할 때가 있다. 그때는 물론 그 대상을 이해한 것이다. 가령 수학 공식에 대한 설명을 듣고 그런 느낌을 받았다면 그 공식을 이해한 것이다.

하지만 그것만이 아니다. 사람들은 무언가를 **알았을** 때 <u>스스로</u> **안다는 것이 무엇인지**를 이해한다. "이것이 안다는 것이구나……"라는 실감을 얻는다.

사람마다 사물을 이해하는 순서나 속도는 다르다. 똑같은 것을 똑같이 설명해도 누구나 똑같은 것을 똑같이 이해할 수 있는 것은 아니다. 그래서 사람들은 다양한 것을 이해하기 위해 **자기 나름의 이해 방식**을 찾아내야 한다.

그것을 어떻게 찾아내면 좋을까? 특별한 작업이 필요한 것은 아니다. 실제로 무언가를 이해하는 경험을 반복함으로써 사람들은 점차 자기 지성의 성질과 본성을 발견하게 된다. 왜냐하면 '알았다'라는 실감은 그 사람에게 안다는 것이 어떤 것인지를 알려 주기 때문이다. 스피노자는 이해라는 행위의 이러한 측면을 가리켜 '반성적 인식'이라고 불렀다.[1] 인식이 대상뿐만 아니라 자기 자신에게도(反省的) 향하기 때문이다.

그래서 중요한 것은 **이해하는 과정**이다. 그러한 과정이 사람으로 하여금 이해하는 기예를, 나아가 살아가는 기예를 획득하게 한다.

반대로, 이러한 과정의 중요성을 무시할 때, 사람들은 단순히 주어진 정보의 노예가 되고 만다. **이렇게 하지 않으면 안 되니까 이렇게 한다**는 식이 되어 버린다. 예를 들어 수학 공식의 내용이나 배경에 대한 이해 없이 그저 수치를 맞추면 그만이라고 생각한다면 그 사람은 그 공식의 노예이다. 그렇게 되면 '알았다!'라는 감각을 **절대 획득할 수 없다.** 따라서 이해하는 기예도, 살아가는 기예도 얻을 수 없다. 단지 시키는 대로 할 수밖에 없게 되어 버린다.[2]

왜 결론만 읽을 수는 없는가?

이 책의 결론에 대해서도 같은 말을 하지 않을 수 없다. 이제

---

1   *Spinoza Opera*, Carl Winters Universitatsbuchhandlung, 2. Auflage, 1972, 4 Bande, p.15.; スピノザ, 『知性改善論』, 畠中尚志 訳, 岩波文庫, 2003, 제38절, 34頁.

2   인식에 대한 스피노자의 생각에 관해서는 이하의 서적, 특히 그 1부를 참조. 國分功一郎, 『スピノザの方法』, みすず書房, 2011.

부터는 지금까지의 성과를 다시 정리해 한가함과 지루함의 윤리학이 향하는 두 가지 방향성을 결론으로 제시하고자 한다. 다만 이 두 가지 결론은 이 책을 **통독하는 과정을 거쳐야만 비로소 의미를 가질 수 있다.**

논술을 따라간다는 것, 즉 책을 읽는다는 것은 그 논술과 교류하는 방식을 **각각의 독자가 발견하는 과정**이다. 이 책은 한가함과 지루함에 대해 이야기했다. 그러나 같은 것을 똑같이 설명한다고 해서 모두가 같은 것을 똑같이 이해하는 것은 아니다.

예를 들어, 이 책에서 기분 전환에 대한 파스칼의 논의를 소개했다. 〔독자가〕 지난번 내 행동이 토끼 사냥과 닮았을지도 모르겠네라고 생각할 수 있다면 파스칼의 논의는 정말 친숙해진다. 이 책의 후반부에서는 하이데거의 지루함론을 세밀하게 검토했다. 왜 하이데거는 파티에 나가도 저렇게 지루해하는 것일까라고 생각할 수 있다면 하이데거의 논의에 대해 거리를 두고 읽을 수 있다. 물론 하이데거에게 동감하면서 읽어 나가도 좋다.

독자는 여기까지 읽으면서 나름대로 이 책과 교류하는 방식을 발견했을 것이다(만약 그것을 발견하지 못했다면, 여기까지 통독하기는 어려웠을 것이다). 그것이 무엇보다도 중요하다. 그 교류를 통해 한가함과 지루함이라는 주제를 나름의 방식으로 받아들이는 방법을 함양하는 것이다. 바로 그것이 한 사람 한 사람의 한가함과 지루함의 윤리학을 열어 간다. 그렇게 열린 개개의 한가함과 지루함의 윤리학이 있어야만 비로소 이 책의 결론이 의미를 갖는다.

따라서 **아래의 결론만 읽은 독자는 틀림없이 환멸을 느낄 것이다.** 그리고 같은 의미에서, 이 책의 **결론만 거론하면서** 거기에 논평이나 비난을 퍼붓는 것도 무의미하다. 논술 과정을 함께 따라감으로써 주체가 변화하는 과정이 중요하기 때문이다.

아래에 제시하는 결론은, **이 결론을 따르면 지루함은 어떻게든 해결된다**는 식의 것이 아니다. 그 방향으로 나아가는 길을 **독자가 각자의 방식으로 개척해 나가게 되는** 그런 종류의 결론이다.[3]

두 번째 결론

위의 내용을 전제로 해 도출된 두 번째 결론, 그것은 **사치를 되찾는 것**이다.

사치는 낭비하는 것이고 낭비는 필요의 한계를 넘어 물건을 취하는 것이며, 낭비야말로 풍요의 조건이었다.

현대사회에서는 그런 낭비가 방해받고 있다. 사람들은 낭

---

3   스피노자의 철학도 그랬다. 그는 『윤리학』이라는 책을 저술하고 인간
이 자유롭게 살기 위해서는 어떻게 해야 하는지를 보여 주었다. 다만
— '이해'라는 것에 대한 그의 생각에서 쉽게 상상할 수 있듯이 — 거기
에 묘사된 것은, **그것을 따르면 자유롭게 살 수 있다**는 종류의 규칙이
아니다. 왜냐하면 따르고 있다면 자유롭지 못하기 때문이다.

비자가 아니라 소비자가 되도록 강요받고 있다. 물건을 취하는 것이 아니라 끝나지 않는 관념 소비의 게임을 계속하고 있다.

낭비는 물건을 과도하게 취하는 것이지만 물건을 취하는 데는 한계가 있기 때문에 그것은 어딘가에서 멈춘다. 거기서 나타나는 상태가 만족이다.

반면 소비는 물건이 아니라 관념을 대상으로 하기 때문에 언제까지나 끝나지 않는다. 끝나지 않고 만족도 얻을 수 없기 때문에 만족을 위한 소비가 계속되고 점점 더 과격해진다. 만족하고 싶어서 소비를 할수록 만족은 멀어진다. 거기서 지루함이 나타난다.

이것이 현대 소비사회에서 야기되는 지루함의 모습이며, 이 책에서는 이를 소외라고 불렀다.

어떻게 해야 이 상태를 벗어날 수 있을까? 소비 행동에서 사람들은 물건을 취하지 않는다. 그래서 소비가 끝없이 이어진다. 그렇다면 **물건을 취할** 수밖에 없다. 물건을 취하는 것, 그것이 사치의 길을 여는 것이다.

즐기기 위한 훈련

하지만 거기에는 몇 가지 과제가 있다. 여기에서 말하는 '물건을 취하는 것'이란 그 물건을 즐긴다는 것이다. 예를 들어 의식주를 즐기는 것, 예술이나 예능이나 오락을 즐기는 것이다.

그러나 즐기는 일은 결코 쉽지 않다. 쉽지 않기 때문에 소비사회가 거기에 편승한 것이다.

러셀은 이렇게 말한다. "과거 교육은 다분히 **즐기는 능력을 훈련하는 것**으로 여겨졌다."[4] 이 말의 전제에 있는 것은 즐기기 위해서는 준비가 필수적이라는 것, 즐길 수 있게 되려면 훈련이 필요하다는 것이다.

음식을 예로 들자. 음식을 즐기기 위해서는 분명히 훈련이 필요하다. 입안에서 복잡한 맛을 가려내고 그것을 다양한 감각과 부위(입, 혀는 물론이고 목, 코, 심지어 눈, 귀, 경우에 따라서는 손 등의 전신)에서 받아들이는 것은 훈련을 거쳐야만 가능하다. 이런 훈련을 거치지 않으면 사람은 특정 성분에만 맛을 느끼게 된다.

하긴 우리는 매일 음식을 먹는다. 하지만 실제로는 **먹고 있는 게 아닐** 수도 있다. 단순히 영양분이 든 사물을 입으로 섭취하고 있을 수도 있다. 혹은 맛있는 것을 맛있다고 느끼는 것이 아니라 맛있다고 하는 것을 맛있다고 말하기 위해 입을 움직이고 있을지도 모른다.

만약 그렇다면 우리는 먹을 수 있어야 한다.[5]

---

4 "Education used to be conceived very largely as a training in the capacity for enjoyment." (*The Conquest of Happiness*, p.44.; 『幸福論』, 56頁.; 강조는 인용자.

5 여기서 한 가지, 음식이라는 예를 생각하는 데 힌트가 되는 개념을 제시하고 싶다. 최근 패스트푸드에 대항해 슬로푸드라는 말이 나오고 있다. 천천히 먹는 식사라는 뜻이다. 그러나 필자의 생각에 이 말들은 **철학적으로는 잘못된 정의**에 기초하고 있다.
왜 패스트푸드는 빠르게 먹을 수 있을까? 그것은 그 음식에 포함된 정

일상적인 쾌락

음식은 '사물을 취하는 일'에 대한 가장 일상적인 예이다. 우리의 가장 가까운 곳에 있는 즐거움이다. 그것을 예로 든 데는

보가 적기 때문이다. 예를 들어 질이 나쁜 햄버거는 케첩과 소기름 맛밖에 나지 않는다. 정보가 적기 때문에 입속에서 처리하는 것이 간단하다. 시간이 전혀 걸리지 않는다. 그래서 빠르게 먹을 수 있다.

그에 반해 맛볼 만한 음식에는 많은 정보가 담겨 있다. 예를 들어 햄버거라면, 다진 고기에 독특한 맛이 있다. 쇠고기의 강한 질감과 돼지고기의 상큼함이다(아쉽게도 씹는 맛이 강한 쇠고기는 일본 국내에서는 좀처럼 먹기 힘들어지고 있다). 거기에 양파의 단맛이 뒤엉킨다. 양파는 볶았기 때문에 거기에는 단맛뿐만 아니라 고소함도 있다. 이것만으로도 처리하기가 힘들다. 게다가 쫀득함이 살아 있으면 한입 크게 베어 물어 햄버거를 씹을 때 표면의 저항력과 내부의 유연성이 대립적으로 작용해 입을 즐겁게 한다. 이것은 씹을 때마다 몇 번이고 주어지는 즐거움이다.

맛볼 만한 음식은 많은 정보를 담고 있기 때문에 그것을 신체로 처리하는 데 엄청난 시간이 걸린다. 즉, 맛볼 만한 음식은 결과적으로 천천히 먹게 된다.

그렇다면 다음과 같이 말할 수 있을 것이다. 패스트라든가 슬로 같은 성질은, 그 음식이 담고 있는 정보량이 많으냐 적으냐에 따라 결정된다고. 즉, 패스트/슬로는 **결과이지 원인이 아니다.** 이러한 결과를 가져오는 것은 음식에 포함된 정보의 양이다.

스피노자는 사물을 정의할 때는 그 원인에 의해 정의해야 한다고 말했다. 이 가르침을 따른다면, 패스트푸드는 정보량이 적은 음식, 즉 인포 푸어 푸드(info poor food)로 불려야 하며 슬로푸드는 정보량이 많은 음식, 즉 인포 리치 푸드(info rich food)로 불려야 한다. 이것이 바로 둘을 결과 또는 성질이 아니라 원인에 의해 정의한 정확한 명칭이다. 이것은 결코 말장난이 아니다. **정보량이 적은 음식을 천천히 먹어도 아무런 의미가 없다.** 정보량이 많은 음식, 맛볼 만한 음식을 제공하는 것이 중요한 것이다. 스피노자가 가르치는 대로 사물을 정확하게 정의하는 것은 올바른 실천의 길을 열어 준다.

이런 까닭이 있다.

"즐기기 위해서는 훈련이 필요하다"라고 하면 아무래도 고급문화를 상상하는 경향이 있다. 실제로 러셀은 음식 같은 즐거움을 생각하지 않는다. 그는 위의 인용문에 덧붙여 훈련이 필요한 즐거움이란 곧 "교양이 전혀 없는 사람들과는 연이 없는 섬세한 즐거움이다"라고 말한다(이런 점이 러셀이라는 철학자의 한계이다).

러셀이 말한 것은 틀린 말이 아니다. 고전문학을 즐기기 위해서는 상당한 훈련이 필요하다. 그리스어를 읽지 못하면 그리스어로 쓰인 고전문학을 즐길 수 없다. 한문을 읽지 못하면 한시를 즐길 수 없다.

그림이나 음악에서도 마찬가지다. 추상표현주의 그림을 본다고 해도 커다란 캔버스에 원색이 칠해져 있을 뿐 뭐가 뭔지 알 수 없다. 그러나 그런 그림들이 나온 역사를 안다면 그것들을 즐길 수 있게 된다. 음악도 마찬가지다.

그런 즐거움을 더 누릴 수 있게 되는 것은 매우 바람직한 일이다. 그러나 훈련이 필요한 것은 비단 '교양'을 필요로 하는 오락만이 아니다. 음식처럼 신체에 뿌리를 둔 즐거움도 마찬가지로 훈련을 필요로 한다.[6] 그렇기 때문에 이 책은 그러한 일상적인 즐거움에 **더 깊은 향유의 가능성이 있다**는 점을 강

---

6   성적 즐거움, **가령 그 한 가지 예인** 섹스조차도 훈련이 필요하다. 상대와 어떻게 몸을 맞대고 얼마나 시간을 들일지, 상대의 반응에 어떻게 반응할지, 그런 것을 훈련하지 않으면 성적 쾌락도 찾아오지 않는다(그래서 이른바 첫 경험은 씁쓸한 추억으로 그려진다).

조하고 싶은 것이다.

다시 파티에 대해서

하이데거가 내세운 지루함의 두 번째 형식의 사례인 파티 장면을 떠올려 보자. 그 파티에서는 주변의 모든 것이 재미있고 유쾌했다. 그런 가운데 주변에 맞장구를 치는 모습에서 하이데거는 부화뇌동하는 태도를 발견하고, 공허가 자기 안에서 자라나고 있다고 말했다.

하지만 그 자리에 있는 것은 그것뿐이었을까? 파티에서는 음식이 나왔다. 음악이 흘러나오고 있었다. 그리고 시가가 있었다. 하이데거는 왜 그것들에 대해 더 말하지 않았을까? 아니, 애초에 왜 **하이데거는 그것들을 즐기지 못했을까**?

시가는 일반 담배와 달리 담뱃잎의 향긋한 향을 남긴다. 시가는 니코틴을 섭취하는 수단이라기보다는 그 향을 즐기기 위한 것, 혹은 그 향 자체이다. 시가의 향은 낮 동안의 피로를 풀어 주고 사람을 평온한 기분으로 만드는 효과가 있다. 하이데거는 왜 그 시가를 즐기며 강의로 지친 자신의 몸을 달래려 하지 않았을까?

식사는 어땠을까? "관례대로의 식사"라고 하이데거는 말했다. 과연 관례대로 하는 게 결국 어떤 것일까? 아페리티프〔식욕을 돋우기 위해 마시는 식전주〕나 오드되브르〔전체 요리〕로 식사가 시작된다는 것일까? 식사 내용은 실제로 어땠을까? 맛이 없었다면 맛이 없었다고 말하면 그만이다. 맛있었다면 다행이다. 어쨌든 신기한 것은 하이데거가 그 식사에 대해 제대로 된 판단을 내리지 않는다는 것이다. 음악에 대해서도 그렇다.

요컨대 그 자리에서 하이데거가 지루해했던 것은 그가 식사나 음악이나 시가 같은 것을 받아들이지 못했기 때문이다. 즉, **사물을 즐길 수 없었기 때문**이다. 그리고 왜 즐길 수 없었냐면 답은 간단하다, 매우 유감스럽게도 하이데거가 그것들을 즐기기 위한 훈련을 받지 못했기 때문이다.

소비사회와 지루함의 두 번째 형식

인간**이라는** 것은 대체로 지루함의 두 번째 형식을 살아간다. 즉, 지루함과 기분 전환이 독특한 방식으로 얽힌 채 살아간다. 그리고 무언가를 계기로 그 안의 지루함이 터져 나왔을 때, 사람은 지루함의 세 번째 형식=첫 번째 형식으로 도망치는 것이다.

그렇다면 이렇게 말할 수 있겠다. 사치를 되찾는다는 것은 지루함의 두 번째 형식 속의 기분 전환을 마음껏 누리는 것이고, 그것은 곧 **인간임을 즐기는 것이다**라고.

지루함의 두 번째 형식은 하이데거의 지루함론의 실로 뛰어난 발견이다. 이 점은 아무리 강조해도 지나치지 않다. 우리는 지금 하이데거가 권장한 결단주의와는 다른 결론을 논하고 있지만, 그것이 가능한 것은 하이데거가 이 두 번째 형식을 발견했기 때문이기도 하다.

이 지루함의 두 번째 형식이라는 개념을 사용하면 소비사회에 대해서도 또 다른 정의가 가능하다. 즉, 소비사회는 **지루함의 두 번째 형식의 구조를 악용해** 기분 전환과 지루함의 악순환을 심화시키는 사회라고 할 수 있다.

인간은 대체로 기분 전환과 지루함이 뒤섞인 채로 살아간다. 그래서 지루함에 빠지지 않기 위해 기분 전환으로 향하고, 지금까지도 그래 왔다. 소비사회는 이 구조에 주목하고 기분 전환이 향하는 곳에 있어야 할 사물을 기호나 관념으로 슬쩍 바꿔치기했다. 이를 깨닫지 못한 우리는, 그렇지 않았다면 사물을 향유하며 만족을 얻을 수 있었을 텐데, "뭔가 이상하네"라고 생각하면서도, 어느새 끝도 없는 소비 게임의 플레이어로 전락해 버린 것이다. 낭비자가 되려다 소비자가 되어 버린 것이다.

인류는 **기분 전환이라는 즐거움**을 창조하는 지혜를 가지고 있다. 여기서 문화와 문명이라고 불리는 행위도 나타났다. 그래서 그 행위는 지루함의 두 번째 형식과 떼려야 뗄 수 없다. 그런데 소비사회는 이를 악용해 기분 전환을 하면 할수록 지루함이 커지는 구조를 만들어 냈다. 소비사회 때문에 인류의 지혜는 위기에 처해 있다.

모리스, 예술, 사회변혁

서론에서 이름을 거론한 윌리엄 모리스를 떠올렸으면 한다. 그는 "내일 혁명이 일어나면 어쩔 것인가"라고 생각하면서 '혁명 이후'의 풍요로운 삶에 대해 고심하고 있었다. 그는 예술이 민중 속으로 들어가야 한다고 생각했다.

그것은 단순히 과거 귀족들의 소지품이 민중에게 전달되는 것이 아니다. 생활 속으로 예술이 들어가는 것, 즉 생활용품, 생활 잡화, 가구, 주택, 의복 등 민중이 일상적으로 접하는 것들 속에 예술적 가치가 구현되는 것이다. 그것이 '민중의 예술'이다(모리스는 언급하지 않았지만 여기에 음식도 덧붙일 수 있을 것이다).

그때 나타나는 생활은 그 안에서 살아가는 우리 각자가 그러한 예술 작품을 **맛볼** 수 있는 생활이다. 즐기기 위해서는 훈련이 필요하다고 했는데, 아마도 모리스의 구상 속에서 **그 훈련은 생활 속에서 일상적으로 이루어질** 것이다. 왜냐하면 사람들이 매일 예술적 가치를 접하게 되기 때문이다. 예를 들어, 맛볼 가치가 있는 식사를 입에 넣게 되기 때문이다.

사람은 빵으로만 살아가는 것이 아니라고 한다. 하지만 빵도 맛봐야 하지 않을까. 그리고 빵뿐 아니라 장미도 함께 구하자. 사람의 생활은 장미로 장식되어 있어야 한다.

사람들의 생활이 장미로 장식되면 인간관계도 산업구조도 조금씩 변해 갈 것이다. 비정규직을 구조적으로 요청하는 포스트포디즘적 생산 체제도 재고할 수밖에 없을 것이다. 그것은 큰 사회변혁으로 이어질 것이다. 한가함과 지루함의 윤리학은 혁명을 목표로 하지 않는다. 하지만 사회의 총체적 변혁을 목표로 한다.

세 번째 결론

두 번째 결론이 인간다운 삶, 즉 지루함과 공존할 수밖에 없는 삶을 어떻게 살아갈 것인가라는 물음과 관련되어 있다면, 세 번째 결론은 그 삶에서 벗어나는 것과 관련되어 있다.

하이데거는 동물은 얼빠짐이라는 일종의 마비 상태에 있으나 인간은 그렇지 않다고 말했다. 동물은 특정한 충동에서 자유로울 수 없지만, 둘레세계를 살고 있지 않은 인간은 그렇지 않다고 했다. 지루해한다는 것은 인간이 자유롭다는 증명으로 여겨졌고, 거기서 결단에 의해 지루함을 인간적 자유로 반전시키는 논리가 도출되었다.

그러나 동물이 얼빠짐의 상태에 있다는 것도, 인간이 둘레세계를 살고 있지 않다는 것도 틀렸다. 둘레세계를 살고 있다는 것은 얼빠짐의 상태에 있다는 것을 의미하지 않는다. 그리고 인간도 동물도 둘레세계를 살고 있다.

그렇다고 해서 인간이 다른 동물과 완전히 똑같냐 하면 그렇지도 않다. 인간은 다른 동물에 비해 상대적으로, 그러나 상당히 높은 둘레세계 간 이동 능력을 가지고 있다. 그리고 이 사실이야말로 인간이 지닌 힘겨움의 원인이기도 했다. 왜냐하면 그것은 인간이 한 둘레세계에 빠져 있지 못하고 쉽게 지루해진다는 것을 의미하기 때문이다.

인간이 인간답게 사는 것은 지루함과 떼려야 뗄 수 없다. 그렇다면 이렇게 생각할 수 있을 것이다. 사람들이 지루함에서 벗어나는 것은 인간다운 생활에서 벗어날 때라고 말이다. 그리고 동물이 한 둘레세계에 빠질 수 있는 높은 능력을 가지고 어떤 대상에 종종 압도당해 있다면, 그 상태는 '동물 되기'라고 칭할 수 있을 것이다.

동물 되기의 일상성

인간은 고도의 둘레세계 간 이동 능력을 가지고, 복수의 둘레세계를 이동한다. 그래서 한 둘레세계에 계속 머물거나 거기에 푹 빠져 있을 수 없다. 이것이 인간 지루함의 근거였다.

하지만 인간의 둘레세계 간 이동 능력이 현서하게 서하될 때가 있다. 어떤 때인가 하면, 그것은 무엇인가를 생각하지 않을 수 없게 되었을 때이다. 사람은 자신이 사는 둘레세계에 무언가가 '불법침입'해서 그것이 붕괴될 때 거기에 대한 대응을 강요받아 사고하기 시작한다. 생각할 때 사람은 생각의 대상에 의해 압도당한다. 동물 되기가 일어나는 것이다. 이때 '아무튼 그냥 지루하다'라는 목소리는 울려 퍼지지 않는다.

하지만 기억하자. 인간의 둘레세계를 크게 지배하는 습관이라는 규칙을 분석하면서 알게 된 것은 둘레세계의 붕괴와

재창조가 일상적으로 일어나고 있다는 사실이었다. 그렇다. 현실은 시시각각 변하고 있기에 똑같은 습관을 똑같이 적용한다고 해서 살아갈 수 있는 것이 아니다. 사람들은 일상적으로 둘레세계를 재창조하고 있다.

사실 우리는 일상적으로 동물 되기를 경험하고 있는 셈이다. 그것은 결코 특별한 것이 아니다. 생각해 보면 당연한 일 아닐까? 지루한 상태에 푹 빠져 있는 것이 오히려 어렵다. '아무튼 그냥 지루하다'라는 목소리는 문득 들리는 것이지, 그 목소리가 끊임없이 귓가에 큰 음량으로 흐르는 상태는 생각할 수 없다. 동물이 되는 일은 흔하다.

즐기는 것과 사고하는 것

하지만 그래도 우리는 종종 지루해한다. 왜냐하면 인간은 높은 둘레세계 간 이동 능력을 가지고 있기 때문이다. 무언가에 압도되었다가도 금방 그곳을 떠난다. 둘레세계에 무언가가 불법침입해도 곧 그것을 습관에 의해 익숙한 것으로 만들어 버린다.

그렇다면 어떻게 해야 할까? 더 강하게 압도당할 대상을 받아들이는 수밖에 없다. 습관화로 즉시 대응할 수 있는 불법침입이 아닌 무언가에 압도당하는 수밖에 없다.

하지만 그것은 어떻게 가능할까?

여기서 세 번째 결론은 굴절되고, 두 번째 결론으로 향해 간다.

이미 여러 차례 언급했듯이, 인간은 대체로 지루함의 두 번째 형식을 살고 있다. 인간다운 생활이란 그 속에서 지루함을 느끼면서도 사물을 향유하고 즐기는 상태이다.

하이데거가 말한 대로 거기에는 '안정과 균형'이 있다. 즉, 여유가 있다.

사람들이 결단을 내리고 노예 상태에 빠진다면 생각을 강제하는 것을 받아들일 수 없다. 그러나 지루함을 가끔씩 느끼면서도 사물을 향유하는 생활 속에서는 그런 것들을 받아들일 여유가 있다.

이는 다음을 뜻한다. **즐기는 것은 생각하는 것으로 이어진다**는 것이다. 두 번째 형식에서는 즐기는 것도 사고하는 것도 모두 **받아들이기** 때문이다. 사람은 즐거움을 알 때 생각에 대해 열린다.

더구나 즐기려면 훈련이 필요하다. 이 훈련은 사물을 받아들이는 능력을 확장한다. 이것은 생각을 강요하는 것을 받아들이는 훈련이다. 사람들은 즐기면서, 또 즐기는 것을 배우면서 사물을 생각할 수 있게 된다.

이것은 조금도 어려운 일이 아니다.

먹는 것을 좋아하고 즐기는 사람은 점차 음식에 대해 생각하게 된다. 맛있는 것이 무엇으로 만들어지고, 어떻게 하면 맛있게 만들 수 있을까 생각하게 된다. 영화를 좋아하고 항상 영화를 보는 사람은 점차 영화에 대해 생각하게 된다. 이것은 도대체 누가 만든 영화인지, 왜 이렇게 멋진지 생각하게 된다.

다른 예도 얼마든지 들 수 있을 것이다.

　이렇게 생각하면, 동물 되기라는 세 번째 결론은 '인간임을' 즐기는 것이라는 두 번째 결론을 그 전제로 하고 있다는 것을 알 수 있다.

기다리고 또 기다리는 것

앞서 스피노자의 반성적 인식에 대해 언급했다. 사람들은 사물을 이해하면서 이해한다는 것이 무엇인지를 배워 간다는 것이었다. 즐거움에 대해서도 비슷하게 말할 수 있다.

　당연한 말이지만, 아무리 훌륭한 것이라도, 모두가 거기에 압도되는 것은 아니다. 그렇다면 나는 도대체 무엇에 압도당하는 것일까? 사람들은 그것을 즐기면서 그것을 배운다.

　사고는 강제되는 것이라고 말한 질 들뢰즈는 영화와 그림을 좋아했다. 그의 저작에는 영화론과 미술론이 있다. 그런 들뢰즈가 "왜 당신은 주말마다 미술관에 가거나 영화관에 가는가? 그 노력은 도대체 어디에서 오는가?"라는 질문에 이렇게 답한 적이 있다. "나는 기다리고 또 기다리고 있다."[7]

　들뢰즈는 자신이 압도당할 순간을 기다리고 또 기다리고 있다. 동물 되기가 발생하는 순간을 기다리고 또 기다린다. 그

7　*L'abecedaire de Gilles Deleuze*, réalise par Pierre-André Boutang, DVD, Éditions Montparnasse. "C comme Culture"라는 장.

리고 그는 어디로 가면 그것이 일어나기 쉬운지 알고 있었다. 그의 경우는 미술관이나 영화관이었다.

그가 사용한 '기다리고 또 기다리다$^{être\ aux\ aguets}$'라는 표현은 동물이 먹잇감을 매복하며 기다리고 있다는 의미를 갖는다.[8] 동물들은 어디로 가면 먹잇감을 잡기 쉬운지 알고 있다. 본능에 의해, 경험에 의해 그것을 알고 있다. 인간의 경우 여기서는 본능을 믿을 수 없다. 조금씩 배워 가는 수밖에 없다. 그리고 두 번째 결론에서 말했듯이 즐기는 훈련은 일상생활에서 이루어질 수 있다.

무엇이 자신을 압도할 것인지는 금방 알 수 없다. 그리고 생각하고 싶어 하지 않은 것이 인간인 한, 그러한 대상을 본인이 배척하고 있을 가능성도 충분히 생각할 수 있다.

하지만 세계에는 생각을 강요하는 사물과 사건이 넘쳐 난다. 즐기는 것을 배우고 생각의 강제를 체험함으로써 사람들은 그것을 받아들일 수 있게 된다. '인간'을 즐김으로써 동물되기를 기다리고 또 기다릴 수 있게 된다. 이것이 이 책 『한가함과 지루함의 윤리학』의 결론이다.

---

8   〔옮긴이〕 여기서는 être aux aguets를 '기다리고 또 기다리다'로 옮겼지만, 저자가 잘 지적하듯이 원래는 매복(aguets)한 채로 있다는 의미이다. 따라서 '매복하면서, 경계하면서 기다리다'로 이해하면 좋겠다.

한가함과 지루함의 윤리학의 다음 과제
: 한가함의 '왕국'을 향해

이 책의 첫 번째 물음은 어떻게 하든 지루해지고 마는 인간의 삶과 어떻게 마주하며 살아갈 것인가였다. 이에 대해 '인간이라는 사실'을 즐기고 동물 되기를 기다리고 또 기다린다는 결론이 도출되었다.

　이 결론은 물론 첫 번째 물음에 답한 것이다. 그러나 지금까지 이 책의 행보와 이 결론을 나란히 놓고 보면, 이 물음과는 다른 방향성이 보인다. 무슨 말이냐 하면, 즐길 줄 알고 사고할 줄 알고 기다리고 또 기다릴 줄 알게 된 사람들 속에서는 이 능력이 지루함과 어떻게 마주하며 살아야 하는가에 대한 질문을 떠나 다른 방향으로 확장될 수 있지 않겠냐는 것이다. 여기서 이 부분을 마지막으로 언급하고 본론을 마무리하고자 한다.

　뭔가 이상하다고 느끼게 하는 것, 이런 일이 있어서는 안 된다고 느끼게 하는 것, 그런 것들을 사람들은 가끔 만난다. 자신의 둘레세계에서는 있을 수 없었던 그런 사실 앞에서 사람들은 잠시 멈칫하게 된다. 그리고 사고한다. 하지만 그것을 계속 사고하는 것은 매우 어렵다. 왜냐하면 사람은 생각하는 일을 피하고 싶어 하기 때문이다.

　하지만 동물 되기를 잘 아는 사람이라면, 뭔가 이상하다고 느끼게 하는 대상을 받아들이고, 그것에 대해 계속 생각할지도 모른다. 그리고 그 이상한 것을 바꾸려고 생각할지도 모른다.

지루함과 기분 전환이 뒤얽힌 삶, 지루함도 있지만 나름 즐거움도 있는 삶, 그것이 인간다운 삶이다. 하지만 세계에는 그러한 인간다운 삶을 사는 것을 허락받지 못한 사람이 많이 있다. 전쟁, 기근, 빈곤, 재해. 우리가 사는 세상은 인간다운 삶을 허락하지 않는 사건들로 가득 차 있다. 그런데도 우리는 그것을 생각하지 않고 살아가고 있다(들뢰즈는 이렇게 말한다. "우리는 우리 시대와 부끄러운 타협을 계속하고 있다. 이 치욕의 감정은 철학의 가장 강력한 동기 중 하나이다").[9]

지루함과 어떻게 마주하며 살아갈 것인가 하는 물음은 어디까지나 자신과 관련된 물음이다. 그러나 지루함과 마주하는 삶을 살아갈 수 있게 된 인간은 아마도 자신이 아닌 타인과 관련된 일을 사고할 수 있을 것이다. 그것은 한가함과 지루함의 윤리학의 다음 과제를 불러일으킬 것이다. 즉, 어떻게 하면 모두가 한가해질 수 있는지, 모두에게 한가함을 허용하는 사회가 도래할 수 있을지 하는 물음이다.

마르크스는 '자유의 왕국'의 근본적 조건이 노동일의 단축이라고 했다. 누구나 한가로운 삶을 향유하는 왕국, 한가함의 왕국이야말로 자유의 왕국이다. 누구나 이 왕국의 근본적 조건을 누릴 수 있는 사회가 만들어져야 한다. 그리고 사물을 받아들이고 즐기는 것이 사치라면 한가함의 왕국을 만들기 위한 첫걸음은 사치 속에서부터 시작된다.

9   Gilles Deleuze, Félix Guattari, *Qu'est-ce que la philosophie?*, Minuit, 1991, p.103.; ジル・ドゥルーズ, フェリックス・ガタリ, 『哲学とは何か』, 財津理 訳, 河出書房新社, 1997, 154頁.

벌써 20년 전의 일이다.

고등학생이던 나는 여름방학 때 미국 콜로라도주에 한 달간 머물렀다. 홈스테이였다.

처음으로 해외에 나간 것이 이때였는데, 모든 것이 신선했다. 나만의 욕실이 있어서 놀랐고, 점심 도시락에 항상 감자칩이 있어서 놀랐으며, 묵었던 집의 소년이 걸프전의 시작을 옹호해서 놀랐다.

어느 날 소녀 삼총사를 알게 되었다. 그들은 매우 독실한 기독교인이었다. 그들은 나를 성경 공부 모임에 데려갔다. 아마 근처 목사의 집이었던 것 같다.

나는 그때까지 성경책을 손에 쥐어 본 적조차 없었다. 거룩한 책인데도 그들이 가진 성경의 문장이 각기 미묘하게 다른 것이 이상할 따름이었다. 얼마 후에 그것들이 번역본이기 때문이라는 것을 깨달았다.

목사는 성경의 한 구절을 해설했다. 그리고 그것이 끝나자 "함께 기도합시다"라고 말했다.

그때 나는 입을 열었다. "왜 기도해야 하나요?"

목사님의 대답은 기억나지 않는다. 그런데 나는 이렇게 말했던 게 기억난다. "아프리카에서는 사람들이 굶어 죽어 가고 있다. 그런데 기도만 한다고?"

딱히 시비조로 한 말은 아니었던 것 같다. 그저 기도한다는 행위가 이상했던 것이다.

공부 모임이 끝난 후, 나를 그곳에 데려간 여자아이 중 한 명과 이야기를 나누었다. "고이치로는 도대체 어떤 생각을 가지고 있는 거지? 불교 사상이야?"

분명히 그런 말을 들었다. "나는 불교 신자가 아니야. 나는 지금 내 철학을 만들고 있는 중이야."

그렇게 대답했던 것을 똑똑히 기억한다. 그것은 내가 다른 사람에게 '철학'이라는 말을 처음 입에 담은 순간이었다.

그 아이가 설명해 달라고 했다. 나는 지금 만들고 있는 중이라 아직은 설명할 수 없다고 말했다.

내가 딱히 철학에 정통한 고등학생이던 것은 아니다. 철학책 같은 건 읽어 본 적도 없었다. 그래서 그때 철학이라는 단어가 저절로 입에서 나온 것은 내 스스로도 어딘가 이상했다.

이 책을 써 내려가면서 이것이 그때 말한 철학일지도 모른다는 생각이 들었다. 20년 동안 같은 문제를 계속 생각해 온 것은 아니다. 그런 말이 아니라 "나는 이런 생각을 하고 있어. 너는 어떻게 생각하니?"라고 다른 사람에게 말을 건넬 수 있는 것이 생겼다는 뜻이다.

이 책에서 다룬 문제는 무엇보다 나 자신이 가지고 있던 고민이었다. '한가함과 지루함의 윤리학'이라는 말을 떠올린 것은 정말 한참 후의 일이지만, 어쨌든 본문에서 다룬 지루함의 괴로움을 나도 계속 느끼고 있었다. 그러나 그것을 고찰하는 것은 쉽지 않았다.

삐딱한 자세로 세상을 우습게 여기며 이 고민을 넘기려한 적도 있었다. 누군가의 탓으로 돌린 적도 있었다. 결단밖에 없다고 생각한 적도 있었다. 불만을 표출할 곳을 찾느라 주위에 마구잡이로 덤벼들기도 했다.

하지만 언젠가부터 이 고민을 고찰 대상으로 삼을 수 있게 되었다. 아마 대학원 박사과정에 들어갈 때쯤이었던 것 같다. 어떻게 그럴 수 있게 되었는지 나 자신도 잘 몰랐지만, 지금 생각해 보니 어느 정도 공부를 해서 그렇게 된 것 같다. 철학이나 사상 같은 분야를 조금이나마 공부하고, 내 고민과 어떻게 마주하면 좋을지 알게 된 것이다. 공부, 이 얼마나 멋진 것인가.

그렇게 시작한 고찰을 지금 단계에서 정리해 본 것이 이책이다. 이 책은 사람들에게 "너는 어떻게 생각하니?"라고 물어보기 위해 썼다. 내가 내놓은 답을 이른바 그림 한 장으로 그려서 독자 여러분의 판단을 받고 그 의견을 들어 보고 싶다는 마음으로 썼다. 그래서 의견을 전해 주면 너무 기쁠 것 같다.

대부분 책의 후기에는 담당 편집자가 없었다면 이 책은 완성되지 못했을 것이라는 취지의 글이 적혀 있곤 한다. 나는 이 책의 편집을 담당해 주신 아카이 시게키^{赤井茂樹} 씨에게 그 이상의 말을 하고 싶다.

당초 아카이 씨와는 완전히 다른 내용의 책을 만들 예정이었다. 하지만 그것을 도저히 쓸 수 없게 되어, 고민 끝에 예전부터 구상만 하던 한가함과 지루함의 윤리학이라는 테마에 이르렀고, 일단 서문을 써서 아카이 씨에게 보여 주었다. 이 주제로 다시 시작하게 해 달라고 부탁했다.

아카이 씨는 이 제멋대로인 제안을 흔쾌히 받아 주었다. 그뿐만이 아니었다. 처음에 서문을 딱딱한 논문체로 썼는데(레닌의 『제국주의론』을 논하는 것으로 시작했다), 이러한 문체로는 아쉽다, 더 많은 사람이 읽을 수 있도록 궁리해 보자고 제안해 주었다.

쓰고 또 고쳐 쓴 문장을 보내면 아카이 씨가 매번 감상이나 제안을 전해 주었는데, 그게 얼마나 큰 힘이 되었는지 모른다. 정말 진심으로 감사의 말씀을 드리고 싶다.

이 책은 메이지가쿠인대학 프랑스 문학과, 다마미술대학 예술학과, 다카사키경제대학 경제학부 등, 각 대학에서 진행한 강의를 바탕으로 하고 있다. 강의 기회를 주신 대학 관계자 분들께 다시 한번 감사드린다. 그리고 강의를 수강해 준 학생들에게 고맙다고 말하고 싶다. 학생들이 보여 준 공감은 한가함과 지루함의 윤리학이라는 주제로 작업을 계속하는 데 큰 버팀목이었다.

언젠가 강의에서 이 책에서도 다룬 '정주혁명'에 대한 이야기를 한 적이 있다. 아무리 봐도 '동아리가 끝나고 돌아오는 길에 들른' 운동복 차림으로 수업 시간에 잠만 자던 여학생이, 갑자기 눈을 뜨더니 진지하게 수업을 듣고 수업이 끝난 후 장문의 소감을 제출했다. 그 학생은 학기 말에 하위징아의『호모 루덴스』를 논한 훌륭한 보고서를 써냈다.

한번은 사뮈엘 베케트의『고도를 기다리며』를 거론한 적이 있다. 이 작품을 공연한 DVD를 찾지 못했기에 어쩔 수 없이 내가 낭독했다. 학생들은 깔깔 웃으며 재미있어했다. 베케트는 이름도 들어 본 적이 없고 문학에는 전혀 관심이 없는 학생들이 다음 주에 배부한 프린트를 모두 읽어 왔다.

세미나 형식으로 하이데거의『형이상학의 근본 개념들』을 읽고 있을 때는 한 학생이 "도무지 지루함의 두 번째 형식이 이해가 안 된다"라고 말했다. 그는 왜 하이데거가 파티를 하고 있으면서도 지루해하는지 몰라서 고민하고 있었다. 그러나 맞은편에 앉아 있던 여학생은 진지한 눈빛으로, 하이데거가 말하는 이 지루함이 자신에게는 잘 이해된다고 중얼거렸다.

훌륭한 연구와 예술 작품과 철학은 사람들에게 호소하는 힘을 가진다. 그것을 가르쳐 준 것은 학생들이다.

이 책이 그러한 연구와 예술 작품, 철학과의 만남에 조금의 도움이라도 되기를 바란다.

2011년 9월
고쿠분 고이치로

상처와 운명

『한가함과 지루함의 윤리학』 개정증보판에 부쳐

『한가함과 지루함의 윤리학』은 사실 그 주제와 관련한 기본적인 물음을 손대지 않은 채 끝났다.

왜 사람들은 지루해할까? 이것이 그 물음이나 다름없다.

이 책은 인간이 지루해한다는 사실을 전제로 하여, 그 지루함이 어떤 것인지를 기술하는 데 노력을 집중하고 있다. 그 때문에 지루함 그 자체의 발생 근거나 존재 이유를 충분히 해명하는 데에는 이르지 못했다.

그렇다고는 해도, 이 물음이 손대지 않은 채 남겨져 있다는 것의 의미도 이대로는 불명료할 것이다. 따라서, 우선은 이 물음을 변형해서 추궁해야 할 문제를 재조립해 보자.

이 책에서는 사람들이 습관을 형성하고 주변 환경을 일정한 신호 체계로 변환하며 살고 있다고 기술했다(7장). 이것은 새로운 외부 자극으로부터 자신을 보호하고 자신의 세계에 갇혀 살아가는 것이 삶의 조건이라는 것을 의미한다. 사람들은 익숙하지 않은 자극에 끊임없이 노출되어서는 살아갈 수가 없다.

하지만 당연하게도 자극이 없으면 사람은 지루해한다. 러셀이 말한 대로(1장), 지루함의 반대말은 흥분이고, 흥분할 수 있는 자극이 없으면 사람은 불쾌한 상태에 빠진다.

그렇다면 여기서 단순한 모순이 생겨난다. 사람은 자극으로부터 자신을 보호하려고 한다. 그런데 자극으로부터 자신을 보호하려고 하는 것은 불쾌한 상태를 초래한다. 끊임없는 자극은 견딜 수 없지만 자극이 없는 것도 견딜 수 없다. 지루할 수밖에 없는 방향으로 살아가면서 지루함은 피하고 싶어 한다.

삶을 관통하는 이 정반대되는 두 가지 방향성을 어떻게 설명해야 할까? 주변으로부터 자신을 보호하려는 자연적 경향성에 따라 살아갈 뿐인데, 왜 그로 인해 지루함이라는 불쾌한 상태가 나타나는 것일까? 즉, 사람들은 왜 지루해할까?

여기서는 이 물음에 답하기 위한 준비 작업을 하고 싶다. 아래는, 지루함이라는 불쾌한 현상의 존재 그 자체를 묻는, 한가함과 지루함의 존재론을 향한 한 가설을 제시한 것이다.

•

새로운 개념을 하나 도입하자. '샐리언시^{saliency}'다. 이것은 '돌출물'이라든가 '눈에 띄는 것' 등을 의미하는 단어인데, 정신의학에서 사용되는 전문용어로 쓸 때는 정신생활에 새롭고 강한 자극, 즉 흥분 상태를 가져오는, 아직 익숙하지 않은 자극을 가리킨다.

처음에 인간은 세계에 존재하는 그 어떤 사물에도, 세계에서 일어나는 그 어떤 사건에도 익숙하지 않을 것이다. 따라서 이 세계는 샐리언시투성이며, 따라서 원칙적으로 이 세상에 존재하는 모든 것이 샐리언시라고 생각할 수 있다. 습관이라는 것을 넓은 의미로 생각한다면, 산다는 것은 끊임없이 습관을 갱신하면서 샐리언시에 익숙해지는 과정일 것이다. 우리는 습관에 의해 샐리언시에서 자신을 보호하며 살고 있다.

그러나 습관에 의해 샐리언시에 익숙해진다는 것은 구체적으로 무엇을 의미할까? 우리는 어떻게 샐리언시에 익숙해질까? 익숙함을 가져오는 것은 반복이다. 같은 샐리언트(돌출)적 현상이라도 반복해서 체험됨으로써 그 현상의 돌출성이 약해진다. 샐리언시였던 것이 점점 그렇지 않게 된다.

하지만 이것도 아직 불충분한 설명일 것이다. 같은 현상을 반복적으로 체험함으로써 그것이 샐리언시가 아니게 된다는 것은 구체적으로 어떤 것일까?

환경이나 사물에는 "이렇게 하면, 이런 일이 일어난다"라는 반복 구조가 존재한다. 예를 들어, 문고리를 돌리면 문이 열린다. 자판기에 돈을 넣고 버튼을 누르면 상품이 나온다. 특정 시간과 장소에서 놀이기구를 타면 특정 장소로 데려다준다. 당연한 것처럼 경험하는 이러한 현상도 원래는 샐리언시였다.

환경이나 사물뿐만 아니라 자신과 비슷한 타인과의 관계도 마찬가지다. 만난 지 얼마 안 된 사람은 우리의 노력에 어떤 응답을 할지 모른다. 사소한 무례도 용납하지 않는 인물일 수도 있고 타인에게 거의 관심이 없는 인물일 수도 있다.

작용을 반복하고 상대방의 응답을 여러 번 체험함으로써 "이 사람은 이렇게 하면 이렇게 된다"라는 반복 구조가 보인다. 그리고 그것을 무의식 속에서 예측하면서 상대방과 관계를 맺게 된다.

그러면 동일한 현상을 되풀이하여 경험함으로써 그것에 익숙해지는 과정이란 그 현상이 가지고 있는 반복 구조를 발견하고 그것에 대한 **예측**을 세울 수 있게 되는 과정이라고 생각할 수 있을 것이다. 샐리언시에 익숙해진다는 것은 곧 **예측 모델을 형성**하는 일이다.

이것을 '예측'이라고 불러야 하는 것은 환경이나 사물, 타자의 반복 구조에는 당연히 그 재현성에 한계가 있기 때문이다. 똑같은 일이 반드시 재현되는 것은 아니다. 내부 열쇠가 고장나면 문고리를 돌려도 문은 열리지 않을 것이고, 사람들은 그날의 기분이나 컨디션에 따라 평소와 다른 응답을 하는 경우도 종종 있다.

따라서 반복 구조라고 해도 반복되는 사태의 재현성에는 정도 차이가 있다. 예측 모델을 세우기 어렵거나 예측 모델이 자꾸 배신당하는 현상도 있는가 하면, 정말 높은 재현성을 갖춘 현상도 있다. 정교한 예측 모델을 세울 수 있는 현상은 친숙한 현상으로 느껴질 것이다. 그 이유는 이 현상이 자신과 맞닿은 것처럼 느껴지기 때문이다. 반대로 예측 모델이 불안정할 수밖에 없는 현상은 소원한 것으로 느껴질 것이다. 경우에 따라서는 섬뜩하게 느껴질 수도 있다.

그렇다면 '현상'과 그것을 경험하는 '자기'라는 이항 도식 그 자체를 예측 모델의 재현성 정도라는 사고방식으로 재정의할 수 있다는 것을 알 수 있다. 무슨 말이냐면, 자기와 비자기의 경계선 자체가 이 재현성의 정도에 따라 정해지는 것 아닌가 하는 것이다. 아마 예측 모델을 세울 수 있는 현상 중 **가장 재현성 높은 현상으로 계속 경험되는 무언가**가 자기의 신체로서 나타날 것이다. 소아과 의사 구마가야 신이치로熊谷晋一郎는 이를 다음과 같이 설명하고 있다. "세계 체험 속에서 차례로 일어나는 사태 중 가장 재현성 높게 반복되는 사태 계열군이야말로 '신체'의 윤곽으로서 생겨나는 것이다."[1]

이것은 그리 어려운 이야기가 아니다. 예를 들어 아기는 처음에 자신의 신체를 잘 다루지 못한다. 빨고 싶은 것을 손에 쥘 수는 있어도 그것을 입에 잘 가져갈 수 없다. 어떻게 움직이려고 하는지와 어떻게 움직이는지를 알려 주는 '자기'의 팔의 반복 구조에 대한 예측 모델이 아직 형성되지 않았기 때문이다. 그런 상태에서는 '자기'의 신체가 높은 샐리언시를 갖고

---

[1] 熊谷晋一郎, 「통증에서 시작하는 당사자 연구(痛みから始める当事者研究)」, 石原孝二 編, 『당사자 연구의 연구(当事者研究の研究)』, 医学書院, 2013, 235頁. 덧붙여 이 「부록」의 기본적 아이디어는 『한가함과 지루함의 윤리학』에 대한 응답으로 구마가야가 던져준 다양한 코멘트, 그것들에 기초하여 행해진 그와 필자의 공동연구에 그 대부분을 빚지고 있다. 『한가함과 지루함의 윤리학』은 정말 많은 반향을 얻을 수 있었지만, 구마가야의 응답은 필자에게 결정적인 의미를 갖는 것이었다. 현재 그 성과를 정리한 공저를 준비 중이다. 〔옮긴이〕國分功一郎・熊谷晋一郎, 『責任の生成: 中動態と当事者研究』, 新曜社, 2020을 가리키는 것 같다.

있다.

'자기 신체'가 샐리언시에 대한 익숙함의 메커니즘 속에서 발생한다면, 그에 대응하는 '자기' 또한 같은 메커니즘에서 발생하는 것으로 생각할 수 있을 것이다. 이에 대해서는 극히 간단하게 짚고 넘어가겠다. 참고할 만한 것은 질 들뢰즈가 프로이트의 정신분석 이론을 수정·발전시키면서 제시한 자아 모델이다.

프로이트의 정신분석은 이드/자아/초자아라는 세 가지 구성 요소로 이루어진 정신상을 그려 냈다. 대략적으로 말하면 이드는 생명으로서 에너지 그 자체이고, 자아는 거기서 석출되는 형태로 나타나는 것이자 의식의 담지자이며, 초자아는 그 자아를 감시하는 것이자 양심이나 이상의 담지자이다. 여기서는 그 엄밀한 정의를 검토할 필요가 없다. 문제는 들뢰즈에 의한 그 비판적 재검토에 있다.

들뢰즈는 이 모델에 대해, 이것은 정신생활을 대국적으로, 즉 거시적으로 파악했을 때 발견되는 것에 불과하다고 생각했다.[2] 즉, 그것은 미시적인 수준에서 일어나는 무수한 사건

---

2   "이드에는 복수의 국소적 자아(moi locaux)가 득실거리고 있다." (Gilles Deleuze, *Différence et répetition*, PUF, 1969, p.129.; 『差異と反復』, 財津理 訳, 河出文庫, 2007, 上巻, 265頁.) 이러한 "복수의 미세한 수동적 자아를 그러모아" "능동적"으로 통합하고, 이드로부터 구별된 형태로 생성된 이른바 자아는 단수형으로 '대역적 자아(moi global)'라고 불린다. (p.133.; 上巻, 273頁.) 자세한 내용은 國分功一郎, 『ドゥルーズの哲学原理』(岩波書店, 2013.) [고쿠분 고이치로, 『고쿠분 고이치로의 들뢰즈 제대로 읽기』, 박철은 옮김, 동아시아, 2015.]를 참조.

을 대체적으로, 지금의 말로 하면 '적당히' 정리했을 때 꺼낼 수 있는 경향에 지나지 않는다고.

그렇다면 미시적 수준에서는 어떤 일이 일어나고 있을까? 들뢰즈에 따르면 이른바 자아가 이드에서 생성되었다고 간주되기 이전 단계에서는 이드 안에 **여러 자극이 가져오는 각종 흥분**과 그 흥분을 '**구속**'하려고 하는 **여러 작용**만 있을 뿐이다. 다소 전문적인 설명이 되긴 하지만, 구속은 정신분석 용어로 흥분이 유출되는 것을 제한하는 정신작용을 말한다. 흥분을 억제하려는 작용이라고 생각하면 된다. 이를 이 부록의 논의에 대입하면 샐리언시에 대한 익숙함에 대응한다. 또 정신분석의 권위 있는 사전에 의하면 흥분을 억제하는 구속 작용은 "표상을 서로 결합하고, **비교적 안정**된 형태를 구성하고 유지하려고 함"으로써 이루어진다.[3] 비교적 안정된 형태의 구성·유지란 이 부록에서 말하는 예측 모델의 형성에 해당한다.

들뢰즈에 따르면 이렇게 구속된 흥분 하나하나가 인간을 근본에서 구동하는 충동이 된다. 즉, 단수형의 이른바 자아가 생성하기 이전 단계에는 자극에 의한 흥분을 구속함으로써 발생하는 충동이 무수히 존재한다. 즉, 하나의 자아가 있는 것이

---

3   J. Laplanche + J.-B. Pontalis, *Vocabulaire de la psychanalyse*, PUF, 3e édition, coll. "Quadrige", 2002, p.221.; ラプランシュ + ポンタリス, 『精神分析用語辞典』, 村上仁 監訳, みすず書房, 1977, 136頁.; 장 라플랑슈, 장 베르트랑 퐁탈리스, 『정신분석 사전』, 임진수 옮김, 열린책들, 2005.

아니라 무수한 미시적 자아가 있다는 것이다. 들뢰즈는 그러한 여러 가지 미시적 자아를 '국소적 자아'라고 부른다. 말하자면 쪼가리 같은 자아군이다. 그러한 쪼가리들이 거시적으로 통합되는 한에서 이른바 자아는 존재한다.

환경이나 사물이나 타자를 경험하는 자기와 그 신체는 처음부터 존재하는 것이 아니다. 먼저 자기가 있고, 그것이 환경이나 사물이나 타자라는 샐리언시를 경험하는 것이 아니다. 자기 그 자체가 샐리언시에 대한 익숙함의 과정 속에서 나타난다. '자타(自他)'라는 말을 사용해 설명한다면, 이것은 곧, '타'에 대한 익숙함이 이루어지는 과정에서 '자'가 만들어진다는 것을 의미한다. 샐리언시라는, 타에 대한 익숙함의 과정이 자를 산출한다.

●

세계는 샐리언시이기 때문에 그것에 대한 익숙함을 구성하는 과정에는 끝이 없다. 따라서 살아간다는 것은 상대적으로 안정적인 예측 모델을 계속 만드는 과정일 것이다. 하지만 그뿐만이 아니다. 샐리언시에는 정도 차이가 있다. 그렇다면 익숙해지기가 쉽지 않고 익숙해지려는 운동을 반복할 수밖에 없는 그런 샐리언시도 존재하지 않을까? 익숙해지는 것이 도저히 불가능한 샐리언시를 만났을 때 사람들은 어떻게 되는 것일까? 앞서 언급했던 구마가야의 논의를 다시 참조하자.

구마가야는 '통증'을 논한 그 논고에서 최근 급속히 발달하고 있는 '통증 연구'가 만성통증의 수수께끼를 풀어 내고 있다고 소개한다.

우리가 평소 '통증'이라고 부르는 것은 급성통증을 가리킨다(전문적으로는 '침해 수용성 통증'이라고 한다). 무엇인가에 베인 상처의 통증, 목의 염증으로 인한 통증 등, 급성통증의 경우 통증의 원인이 명확하고, 그 원인을 제거하면 통증을 제거할 수 있다.

반면 만성통증이란 신체조직에서 원인처럼 보이는 것이 없어졌음에도 불구하고 통증이 가라앉지 않는 통증을 가리킨다. 그 메커니즘에는 불분명한 점이 많고 그 현상 자체가 좀처럼 잘 이해되지 않았던 역사가 있다(환자는 통증뿐만 아니라 통증을 이해받지 못하는 고통도 떠안아야 했다).

최근 연구에서는 만성통증이 기억과 관련이 있는 것으로 밝혀지고 있다고 한다.[4] 통증 연구를 선도하는 연구자 A. 바니아 압카리안Apkar Vania Apkarian에 따르면 만성통증이란 손상이나 염증에서 오는 통증 자극이 사라진 후에도 신경계 내에 '통증의 기억'이 남아 있는 상태. 즉, 통증의 기억이 잘 지워지지 않는 상태를 말한다.

이는 손상이나 염증 같은 신체조직의 물리적 변형뿐만 아니라 기억 또한 통증의 원인이 될 수 있음을 의미한다. 통증의 기억, 혹은 기억으로서의 통증이 실제로 통증을 가져온다. 하지만 아픈 기억은 왜 아픈 것일까? 구마가야는 이에 답하기

4　　　　熊谷,「痛みから始める当事者研究」, 228頁.

위해 다음과 같이 질문을 다시 제기한다. "왜 어떤 기억은 아프지 않은데 다른 기억은 언제까지나 아픈가?"[5] "기억이 아프다"라고 말하면 정신에 대한 강한 충격에서 오는 트라우마 같은 것을 떠올릴 수 있다. 구마가야의 논의를 이 부록의 용어로 대체하여 설명하면 트라우마란 자신이나 세계가 이렇게 되었으면 좋겠다, 이렇게 될 것이라는 예측을 크게 침해하는 예상 밖 사건의 지각이나 기억을 말한다.

그런데 세계는 원래 샐리언시의 집합이며, 또, 샐리언시에는 정도의 차이가 있었다. 그렇다면 트라우마를 남길 만한 사건에 대한 지각이나 기억은 결코 특수한 것이 아님을 알 수 있다. 어떤 경험이든 그것이 샐리언트인 한, 트라우마가 될 가능성을 갖고 있다. 그리고 예측을 너무 크게 침해할 경우에 그것은 트라우마가 된다. '트라우마'는 원래 그리스어로 '상처'를 뜻한다($\tau\rho\alpha\tilde{\upsilon}\mu\alpha$). 모든 경험은 샐리언트이고 다소 트라우마적이라고 한다면, 모든 경험은 상처를 남기는 것이고 기억이란 그 상처라고 생각할 수 있다. 끊임없이 샐리언시에 익숙해지려 하며 살아가는 우리는 상처투성이다.[6] 아니, 더 정확히 말하면 흉터투성이다.

그렇다면 다음과 같이 생각해야 한다. 어떤 종류의 기억

---

5   앞의 글.

6   "그 흔적을 상처라고 부른다면 우리는 문자 그대로 상처투성이라고 해도 좋을 것이다. 이 상처 중 일정 기간 이상 남아서 생명의 궤도에 영향을 주는 것을 우리는 기억이라고 부르는 것이다. 그렇다면 상처/기억투성이의 우리가 그래도 하루하루 아프지 않고 살아갈 수 있다는 사실이 더 신기하다." (앞의 글, 230頁.)

은 아프나 다른 종류의 기억은 아프지 않다는 것이 아니다. 기억은 애초에 모두 아프다.[7] 그것은 샐리언시와의 접촉 경험이고, 많든 적든 트라우마적이기 때문이다. 하지만 통증을 덜어주고 흥분량을 억제하려는 생명의 경향은 샐리언트한 경험에 대한 익숙함을 끊임없이 만들어 낸다. 이 메커니즘을 통해 우리는 상처를 입으면서도 통증을 거의 느끼지 않고 살아갈 수 있다. 이는 일상생활을 하는 신체가 눈에 보이지 않을 정도로 작은 상처를 끊임없이 입으면서도 자동으로 그것을 치유하고 있기 때문에 그것을 거의 의식하지 못하는 사태와 똑같다.

쉽게 익숙해질 수 없는 샐리언시를 경험하고 치유하기 어려운 트라우마를 입으면 사람은 PTSD(재체험, 회피행동, 감정둔마, 과다 각성을 특징으로 하는 중대한 질환)나 플래시백(떠올리면 시간이 그 당시로 되돌아가는 듯한 특수한 기억) 같은 증상에 시달리게 된다. 또 만성통증도 어떤 원인으로 발생한 통증의 기억이 지속되는 것으로 여겨졌다. 앞서 기억은 흉터라고 했는데, 기억이야말로 마음의 통증과 신체의 통증을 통일적으로 이해하기 위한 열쇠가 되는 개념인 것 같다.[8]

7　앞의 글, 229頁. 또한 구마가야는, 여기서는 다루지 않지만, 기억에 '의미'가 부여됨으로써 그 고통이 완화된다는 가설을 제시하고 있다. (230頁.) 이 경우 '의미'란 A→B→C 같은 사건의 연쇄에 대한 예측에 의해 주어진다고 생각할 수 있다.

8　"기억이라는 것이 마음의 고통과 몸의 고통을 연결하는 경첩 개념이 될지도 모른다." (熊谷晋一郎, 「고통과 중독에 관한 시론(痛みとアディクションについての試論)」, 東京ダルク支援センター 編, 『의존증자와 그 가족에 대한 '중독 상담사' 양성 사업 연수보고서(依存症者とその家族への「アディクションカウンセラー」養成事業研修報告書)』, 2012. 3.

•

자, 이제 이 글의 첫 번째 문제에 답하기 위해 필요한 개념이 상당히 갖추어졌다. 슬슬 첫 번째 문제를 향해 논의를 진행하자.

구마가야는 만성통증에 관한 흥미로운 사실을 소개한다. 만성통증을 느끼는 환자는 외부에서 주어지는 급성통증의 통증 자극을 '쾌락'으로 느낀다는 것이다. 언급되는 것은 압카리안의 실험이다. 만성통증 환자와 건강한 사람에게 동일한 통증 자극을 가하는 실험을 한 결과, 본인의 주관적 보고에서는 두 그룹 모두 통증 자극에 대해 비슷한 정도의 불쾌감을 표명했지만, 뇌의 활동을 살펴보면, 만성통증 환자는 건강한 사람과 완전히 다르게, 급성통증 자극을 마치 '보상'처럼 파악하는 활동 패턴을 보였다. 또 무엇보다도, 환자 본인에게 만성통증의 변화에 대해 묻자, "하나같이 놀란 모습으로 '(만성통증의) 자발통은 줄어들고 있었어요' 하고 보고했다고 한다".[9]

구마가야가 말하는 것처럼, "이것은 만성통증 환자가 잠재의식 속에서 급성통증을 요구하고 있을 가능성을 시사한다".[10] 실제로 그러한 사태는 결코 상상하기 어렵지 않다. 한쪽의 자극이 다른 쪽의 자극에 대한 감각을 마비시키는 사태는 쉽게 상상할 수 있다. 그렇다면 이 식견을 흉터로서의 기억에 응용하면 어떻게 될까?

조금 더 새로운 개념을 도입해 보자. 구마가야에 따르면

9　　熊谷, 「痛みから始める当事者研究」, 255頁.

10　　위의 글.

현재 뇌 속에는 다음과 같은 세 가지 네트워크가 있다는 것이 밝혀졌다고 한다.[11]

(1) 디폴트 모드 네트워크default-mode network: DMN

(2) 전두–두정 컨트롤 네트워크front-parietal control network: FPCN

(3) 샐리언스 네트워크salience network: SN

네트워크란 이 경우 뇌가 어떤 특정 상태에 있을 때 서로 연계하여 활동하는 부위군을 가리킨다. 향후 뇌신경과학의 발전에 따라 이 네트워크는 재정의될 수도 있다. 하지만 주목해야 할 것은 이 세 가지 네트워크의 관계이며, 또 이 세 가지 관계가 사람마다 다르다는 사실이다.

(1)의 디폴트 모드 네트워크DMN는 휴식할 때나 아무것도 하지 않을 때 작동하는 부위군이다. 자기 참조적인 과정이나 미래의 행위에 대비한 과거 지식의 참조를 관장한다고 한다. 즉, 한가하고 가만히 있을 때 작동하는 것이 DMN이다.

(2)의 전두–두정 컨트롤 네트워크FPCN는 단기적인 행동 제어, 무의식의 오차 검출을 관장한다. 행동의 기초가 되는 예측 모델에 작은 오차가 발생했을 때, 사람은 무의식 중에 이것에 대응하게 되는데, 이때 조정을 하는 곳이 바로 이곳이다. 예를 들어, 평소처럼 길거리에 작은 조형물이 있어도 사람들은 거의 아무 생각 없이 그것을 피할 수 있다. 그때 작동하는 것이 FPCN이다.

---

11 熊谷晋一郎,「예기의 상실: 트라우마, 통증, 의존증을 잇는 것(予期の喪失: トラウマ・痛み・依存症をつなぐもの)」,『의학의 발자취(医学のあゆみ)』, 247권 12호, 2013. 12.

(3) 샐리언스 네트워크[SN]는 바로 샐리언시에 대응하는 부위군이다(saliency도 salience도 같은 salient의 명사형). 즉, 이것은 예측 모델과 크게 다른 오차가 탐지되었을 때 발동하여 장기적인 목적 지향적 행동의 제어나 의식적인 예측 오차 인지를 수행한다.[12]

뇌신경과학은 지금 맹렬한 속도로 발전하고 있는 학문이기 때문에 이 설명은 어디까지나 잠정적인 것에 불과하다. 하지만 이 세 네트워크의 관계에 주목하면 통증에 대한 새로운 사실이 보인다. 실은 PTSD나 만성통증 등, 통증의 만성화에서는 다음의 사태가 확인되고 있다는 것이다.

(1) SN의 활동 이상異常. 즉, 샐리언시에 대한 과잉 반응.

(2) SN과 DMN의 결합 항진亢進. 즉 반성 작용의 격화.

(3) SN과 FPCN의 결합 저하 경향. 즉, 자동 작용의 저하.

이 세 가지를 정리하면 다음과 같다. 통증의 만성화가 일어나고 있는 경우, 사람은 샐리언시에 반응하기 쉬워지고 사물을 무의식적이고도 자동적으로 처리하지 못하고 과도하게 과거의 기억을 되돌아보고 자기에 대한 반성을 반복하는 상태에 빠져 있다.

---

12   위의 세 가지 네트워크의 관계에 대해서 구마가야는 다음과 같이 알기 쉽게 설명하고 있다. "작은 예측 오차로 끝나는 동안에는 FPCN이 무의식의 예측 오차 검출과 적응적 제어를 실시하기만 하면 되지만, 예측 오차가 일정 수준을 넘으면 의식에 올라가, 오른쪽 AIC를 중심으로 한 SN이 기동하며, 멈춰서서 DMN을 기동시켜 과거의 자전적 기억을 검색해 플랜을 다시 짤지, 아니면 멈추지 않고 FPCN을 계속 돌릴지 선택하지 않으면 안 된다." (熊谷, 「予期の喪失」)

특히 주목해야 할 것은 DMN의 활동이다. 통증의 만성화는 자기 반성 작용과 강하게 연결되어 있다. DMN이 참조하는 데이터는 물론 개개인이 지금까지 축적해 온 기억이다. 그리고 기억이란 샐리언트였던 경험의 흔적, 즉 흉터였다. 그러므로 통증의 만성화는 기억이라는 흉터에 대한 과도한 참조를 동반한다는 것이다.

또 앞서 소개한 실험 결과를 떠올려 보자. 만성통증 환자는 급성통증이 만성통증의 통증을 완화시키는 것을 느꼈다. 왜일까? DMN은 예를 들어 한가하고 휴식을 취하고 있을 때 등, 각성의 정도가 저하했을 때 움직이기 시작하는 네트워크다. 앞선 실험과 똑같은 장면에서는 급성통증의 통증이 환자의 각성도를 높이고 있다고 볼 수 있다. 즉, 각성 정도가 낮아지면 기억이라는 흉터가 참조되기 때문에 통증을 느끼지만, 각성 정도가 높아지면 기억이 참조되지 않고 자동적인 운동이 시작되므로 통증이 완화된다는 것이다.

이제 우리는 서두의 질문에 대해 하나의 가설을 제시할 수 있는 지점에 도달한 것 같다.

이 책이 여러 번 강조했듯이 우리는 아무것도 할 게 없는 상태를 견딜 수 없다. 즉, 한가해지면 괴로워진다. 그 괴로움은 정말 강력하며, 신체적 고통보다 더 고통스럽다. 사람은 아무것도 할 게 없는 상태, 무엇을 해야 할지 모르는 상태의 괴로움에 빠지는 것을 피하기 위해서라면 기꺼이 스스로를 곤경 속에 둔다.

왜 그럴까? 그것은 이 곤경이 기억이라는 흉터의 참조에 제동을 걸기 때문이 아닐까. 거꾸로 말하면, 그런 곤경, 혹은 정신적인 열중이 없으면 아프기 시작하는, 그런 불쾌함을 가져오는 기억이라는 것이 존재하는 것은 아닐까. 또 아무것도 할 게 없는 상태의 고통에 대한 내성은 개인차가 매우 크다. 1시간의 한가함도 견딜 수 없는 사람도 있고, 하루 이틀의 한가함을 견딜 수 있는 사람도, 한 달이나 반년의 한가함을 견딜 수 있는 사람도 있다. 그것은 기억이라는 흉터에 큰 개인차가 있기 때문이 아닐까?

이상으로부터 사람들은 자극을 피함에도 불구하고 자극을 찾는다는 모순을 정합적으로 설명할 수 있다. 그럼 정리해 보자.

사람들은 샐리언시를 피하는 방향으로 살아가며, 샐리언시를 만났을 경우에는 어떻게든 그것에 익숙해지려고 한다. 하지만 이 익숙해지는 작업은 당연히 완성되지 않는다. 몇몇 샐리언시는 그 강도 때문에 충분한 익숙해짐의 작업을 거치지 않고 아픈 기억으로 심신에 침전된다. 보통 사람들은 그것을 의식의 각성을 통해 억누르고 있다.

그런데 사람들은 샐리언시를 피하며 살아가기 때문에 샐리언시가 없는 안정적이고 편히 쉬는 상태, 즉 아무 일도 일어나지 않는 상태를 이상적인 생활환경으로 여긴다. 그런데 실제로 그러한 상태가 되면, 아무것도 할 게 없기 때문에 각성의 정도가 저하되어 DMN이 기동한다. 그러면 확실히 주변에는 샐리언시가 없지만 마음속에 가라앉았던 아픈 기억이 샐리언시로서 작용해 안쪽에서 사람을 괴롭히게 된다. 이것이 바로 지루함의 정체가 아닐까. 끊임없는 자극을 견딜 수 없지만 자극이 없는 것도 견딜 수 없는 까닭은 바깥쪽의 샐리언시가 사라지면 아픈 기억이 안쪽에서 샐리언시로서 사람을 괴롭히기 때문이 아닐까.

사람들이 아무것도 할 게 없을 때 할 일을 찾고 흥분을 구하는 것은 안쪽에서 발생하는 샐리언시에 대한 대응이라고 생각할 수 있다. 또 어떤 샐리언시를 만나고, 그것에 얼마나 익숙해졌는지에는 개인차가 있다. 아니, 샐리언시에 익숙해지는 과정의 축적이야말로 개인의 성격을 만들어 낸다. 그렇기에 지루함을 견딜 수 있는 정도는 개인차가 심하다.

항상 샐리언트적인 상황에 놓여 있고, 차분한 시간을 거의 보내지 못하고 살아온 사람은 자신이 직면한 여러 가지 샐리언시에 익숙해지기 어려웠을 것이기 때문에 아무것도 할 게 없어지면 금방 괴로워질 것이다.[13] 반대로 샐리언시에 익숙해질 만큼 시간과 여유를 가지고 살아온 사람은 아무것도 할 게 없는 시간을 비교적 편안하게 보낼 수 있을 것이다.

그렇다면 지루함이란 '슬픔'이나 '기쁨'과 비슷한 일정한 감정이 아니라, 어떠한 불쾌에서 벗어나고 싶지만 벗어날 수 없는, 그러한 심적 상황을 가리키고 있다고 생각할 수 있게 된다. 이는 지루함을 감정으로서가 아니라 공허 방치와 붙잡힘이라는 동작적 요소로 정의한 하이데거 논의의 타당성을 다시 한번 확증하는 것일지도 모른다.

여기서는 위의 가설을 첫 번째 물음에 대한 잠정적인 답으로 제시하고자 한다.

•

인간은 자극을 피하고 싶은데도 불구하고 자극이 없으면 불쾌한 상태에 빠진다. 이 모순의 수수께끼는 개개인의 마음의 상처에 주목함으로써 답할 수 있었다. 이 대답은 철학에 태도 변화를 강요하는 것 같기도 하다. 마지막으로 이 점을 논하자.

지루함을 둘러싼 모순은 인간이라는 것, 혹은 인간 본성을 논하는 한에서는 풀 수가 없다. 어떤 인간이 자극을 피하면서도 자극을 추구한다면, 그것은 그럴 수밖에 없도록 강제하는 개인사를 그 사람이 짊어지고 있기 때문이다. 즉, 앞의 모순에 답하기 위해서는 하나의 고유한 역사를 가진 인간에 대

13 — 약물 의존이나 알코올 의존에 시달리는 사람 중 상당수가 어릴 때 학대를 받았다는 사실이 있다. 그런 가정환경에 있는 경우 아이는 항상 위급한 사태를 살아가고 있다. 아이는 도무지 상상할 수 없을 정도의 샐리언시에 노출되면서 결국에는 평온한 시간 자체를 견딜 수 없게 된다. 아픈 기억만이 머릿속을 가득 채우고, 그것이 금세 나타나기 때문이다. 다음 저작을 참조하기 바란다. 上岡陽江 + 大嶋栄子, 『그 후의 부자유: '폭풍' 후를 살아가는 사람들(その後の不自由:「嵐」のあとを生きる人たち)』, 医学書院, 2010. 저자 가미오카 하루에는 어느 연구회에서 필자에게 『한가함과 지루함의 윤리학』에서 그려진, 하이데거의 '지루함의 두 번째 형식'을 살아갈 수 있게 되는 것이 의존증으로부터의 회복이라고 말했다. 의존증 환자는 이 책에서 말하는 '지루함의 첫 번째 형식과 세 번째 형식의 순환 회로'에서 살아가고 있다. 그러니까 조금씩, "아무튼 그냥 한가하고, 아무튼 그냥 쓸쓸하지만, 이런 거지……"라고 생각할 수 있게 되는 것이야말로 거기로부터의 회복이라고 한다. '지루함의 두 번째 형식'과 중독으로부터의 회복 사이의 관계에 대해서는 추가 연구가 기대된다.

해 생각해야 한다. 달리 말하면, 아무것도 할 게 없어진 상태에서 괴롭다고 느끼는 것은 (아무 상처도 없는) 깨끗한 인간이 아니다. 뭐랄까, 앞의 가설에서 추론할 수 있는 것은, 절대로 있을 수 없는 일이지만, 만약 샐리언시와 조우한 적이 없어 상처가 없는 깨끗한 인간이 있다면, 그는 아무것도 할 게 없어진 상태에서도 괴롭다고는 느끼지 않을 것이다.

지금 '절대로 있을 수 없다'라고 말한, 이 깨끗한 인간은 이미 논의된 바 있다. 이 책의 4장에서 논한 장 자크 루소의 자연인이 바로 그것에 다름없다. 루소가 그린 자연인은 자연 상태에 살고 있다. 그들을 속박하는 것은 아무것도 없다. 그래서 그들은 자유분방하게, 뿔뿔이 흩어져 살고 있다. 누군가와 누군가가 만나 하룻밤을 함께하는 한이 있더라도, 그다음 날 아침까지 함께 있어야 할 이유가 없다. 자연인은 마음 가는 대로, 원하는 곳으로 향해 간다.

루소의 자연인은 인간 본성의 어떤 측면을 정확하게 묘사하고 있다. 확실히 그 어떤 권력도, 구속력도, 소유 제도도 없는 자연 상태에서 사람들은 그렇게 행동할 것이다. 자유분방하게 살아갈 것이다. 그러나 그 모습은 우리가 알고 있는 구체적 인간, 바로 우리 같은 구체적 인간과는 다르다. 왜 그럴까? 루소의 자연인은 지금까지 살아남은, 하나의 고유한 역사를 가진 구체적 인간이 아니기 때문이다. 그것은 추상적 모델이며, 인간에게서 온갖 요소를 사상捨象하고 철학이 '인간 본성'이라고 불러온 그 무엇인가에 이르기까지 그 존재를 극한화한 것이기 때문이다.

단, 주의하자. 루소의 자연인 개념의 추상성을 고찰할 가치가 없다고 말하는 것이 아니다. 가령 자연인들 사이에는 지배관계가 있을 수 없었다. 자연 상태에서는 내게서 물건을 빼앗을 수 있지만, 나를 복종시킬 수는 없다. 지배관계는 소유관계를 전제로 하기 때문이다. 이는 추상화된 자연인 모델이 있어야만 비로소 이해할 수 있는 진리다. 이 모델은 그러한 진리를 알려 준다. 4장에서 다룬 '자기애', '이기애'의 구별 등에 대해서도 마찬가지다. 즉, 자연인은 추상적이기는 하지만 확실히 인간 본성의 한 측면을 밝히고 있다.

하지만, 당연하게도 추상적인 모델로는 그려 낼 수 없는 것도 있다. 루소가 그려 낸 자연인은 기억을 가지고 있지 않다. 전혀 상처를 받지 않는, 매끈매끈한 구슬 같은 존재이다. 그러므로 기억이라는 상처를 근거 삼아 발생하는 현상을 묘사할 수 없다.

여기서 주의해야 할 것은, 상처를 입는다는 것은 살아 있는 한 겪을 수밖에 없는 경험이라는 점이다. 살아 있다면 반드시 상처를 입는다. 이는 보편적인 현상이다. 그러나 그것은 어디까지나 후천적인 것이다. 즉, 상처를 입는 것은 인간에게 보편적이지만 그것이 본성은 아니다. 그것은 오히려 절대 피할 수 없는 운명이라고 불러야 할 것이다. 게다가 이 운명은 보편적이기 때문에 종종 본성과 혼동된다. 철학은 오랫동안 '인간 본성human nature'에 대해 생각해 왔다. 그러나 이와 함께 '인간의 운명human fate'에 대해서도 생각해 볼 필요가 있지 않을까. 그래야 운명에 따라 발생하는 현상임에도 불구하고 보편적으로 관측되기 때문에 본성에서 유래한 것으로 여겨져 온 현상이나 특성을 본성과 구별할 수 있다. 예를 들어 지루함을 둘러싼 모순의 수수께끼는 인간의 운명에 주목해야만 이해할 수 있다.

물론 운명에 주목함으로써 이해할 수 있는 것은 이것뿐만이 아니다. 루소의 자연인을 출발점으로 삼아 또 다른 논점을 제시해 보자.

루소의 자연인 모델은 강력한 설득력과 일관성을 갖고 있다. 하지만 그럼에도 불구하고 읽다 보면 납득할 수 없는 점이 있다. 그중 하나가 루소의 자연인은 누군가와 함께 있고 싶어 하지 않는다는 점이다. 자연인은 누구에게도 머물려고 하지 않는다. 사랑에 빠지지도 않고 공동체를 형성하지도 않는다. 그러나 우리는 그렇지 않다. 대부분의 인간은 누군가와 함께 있고 싶어 하고 사랑에 빠지고 또 공동체를 형성한다.

이로부터 확실히 다음과 같은 모순적 논점을 끌어내려 하면 끌어낼 수 있다. 즉, 인간은 과연 누군가와 함께 있고 싶어 하는 것일까, 혹은 그렇게 하고 싶어 하지 않는 것일까? 인간은 누군가와 함께 있고 싶어 하지만, 동시에 뿔뿔이 흩어져 자유롭게 살고 싶어 한다. 도대체 어느 쪽이 인간의 본성일까?

그렇다. 본성에 주목한다면, 이 논점은 모순이 된다. 따라서 이 물음에는 인간 본성이라는 개념으로는 대답할 수 없다. 이 물음에 답하기 위해서는, 즉 이 모순을 해소하기 위해서는 인간의 운명에서 생각해야 한다. 그러면 어떻게 생각을 진척시키면 좋을까?

기억은 아픈 것이다. 하지만 샐리언시에 대한 익숙함의

과정을 통해 그 아픔을 완화할 수 있다. 그리고 익숙해지지 못하는 기억은 아픈 기억으로 계속 남는다. 앞에서 우리는 그런 아픈 기억의 예로 예측 모델을 크게 배반하는 트라우마적 기억을 언급했다. 하지만 그 외에도 다른 패턴이 있지 않을까?

다시 구마가야의 논의를 참조하자. 구마가야는 '당사자 연구'라고 불리는, 정신질환의 회복 방법으로 개발된 한 실천에 주목하면서 매우 흥미로운 말을 한다. 반복 구조 속에는 타자를 매개로 해야만 예측 모델을 형성할 수 있는 것이 있지 않겠느냐는 것이다.[14]

당사자 연구란 어떤 증상의 당사자인 환자 본인이 자신의 증상에 대해 연구하는 활동이다. 지금까지 환자는 의학이나 의사에게 객체에 불과했다. 하지만 우울증이든 아스퍼거증후군이든 조현병이든 의사들은 그 일반적인 증상을 알고 있을 뿐이다. 이에 반해 당사자 연구에서는 자신의 개별적이고 구체적인 증상을 연구한다. 예를 들어, 문제 행동을 일으켰을 때 나는 도대체 어떤 정신상태에 있었는가? 나는 세계를 어떻게 지각하고 있는가? 그런 것들을 밝혀내려고 시도한다.

그렇지만 이것은 그 실천의 절반에 불과하다. 당사자 연구의 핵심은 그것이 항상 타자와 함께 이루어진다는 점에 있다. 당사자 연구에서는 그 성과를 반드시 여러 청중에게 발표한다. 여기에 이 실천의 요점이 있다. 당사자 연구는 자기반성이 아니다. 그것은 반드시 타자를 매개로 한다. 그리고 신기하

14　熊谷, 「痛みから始める当事者研究」, 260頁.

게도 이 실천을 반복함으로써 증상이 완화되는 등 치유 효과가 초래된다는 것이다.

왜 당사자 연구에 치유 효과가 있을까? 당사자 연구는 이제 막 시작되었고 연구도 현재진행형이기 때문에 불분명한 점도 많다. 하지만 타자를 매개함으로써 비로소 발견할 수 있는 반복 구조가 존재하지 않을까 하는 구마가야의 가설에는 매우 설득력이 있다. 즉, 타자를 경유해야만 획득할 수 있는 익숙함이 있다는 것이다.

인간은 살아가면서 계속 기억한다. 즉, 상처를 계속 입는다. 하지만 그 속에는 혼자서는 의미를 부여할 수 없는, 즉 소화할 수 없는 기억이 있다. 기억을 혼자서 잘 소화하지 못하는 이유는 여러 가지로 생각할 수 있다. 그것은 그 경험이 일회성이기 때문일 수도 있고 이해해 주는 사람이 없기 때문일 수도 있다. 만약 그 기억의 소화를 도와주는 사람이 눈앞에 나타난다면, 사람은 그 사람과 함께하고 싶어 하지 않을까. 그리고 샐리언시에 대한 익숙함의 작업을 완료했다고는 생각할 수 없기 때문에 사람들은 대부분 혼자서는 소화할 수 없는 기억을 품고 있으며, 그 작업을 도와줄 사람을 찾는다. 그렇다면 인간은 그 본성이 아니라 그 운명에 따라 타자를 찾게 되는 것이다.

루소가 묘사한 자연인은 상처를 입지 않는다. 기억도 가지고 있지 않다. 그렇기 때문에 누구와 함께 있고 싶다는 생각도 들지 않는다. 그러나 기억을 가진, 즉 상처를 입은 구체적 인간은 누군가와 함께 있기를 원한다. 인간의 본질과 인간의 운명을 구분하지 않으면 도대체 어느 쪽이 진정한 인간의 욕망인가 하는 불모지 같은 논쟁이 생겨난다. 반면 운명과 본성을 구분하면 이를 피할 수 있다.

　인간을 둘러싼 철학적 학설의 대립은 종종 일어나는데, 어쩌면 그 속에는 운명과 본성의 구분으로 해결할 수 있는 것도 적지 않을지 모른다. 이런 의미에서 운명 개념에는 일정한 유효성이 있는 것 같다.

이 책은 2015년 오타출판에서 출간된 책을 번역한 것이다. 이 판본은 2011년 아사히출판사에서 간행된 초판 도서의 내용에, 부록 「상처와 운명」이 새롭게 추가된 개정증보판이다.

국내에서는 들뢰즈 연구자, 『중동태의 세계』로 많이 알려진 고쿠분 고이치로는 스피노자 연구자이기도 하다. 또한 '자신만의 철학'을 처음으로 드러낸 이 책의 '결론'에서 지적하듯이, '혁명'은 아니나 "사회의 총체적인 변혁을 목표로" 하는 사람이기도 하다. 필자의 좁은 소견이기는 하지만, 혁명과 사회의 총체적 변혁의 구분은 고쿠분의 이후 저작이 위치한 지점을 드러내는 지표일 뿐 아니라 그의 논의 내용에서도 일관되게 관철되고 있다. 옮긴이가 번역해 블로그에 공개한 바 있는 『통치신론』[1]은 물론이고 『도래할 민주주의』[2]에서도 이를 엿볼 수 있다.

---

1   『통치신론 : 민주주의의 매니지먼트(統治新論: 民主主義のマネジメント)』(오타케 고지와의 공저, 太田出版, 2015.). 국역본은 이곳에서 다운로드 가능하다. https://multitude.co.kr/652

또 지극히 개인적인 말인데, 마르틴 하이데거의 『형이상학의 근본개념들: 세계, 유한성, 고독』(이기상, 강태성 옮김, 까치)에 대한 '탈구축적 독해'를 통해 들뢰즈와 들뢰즈적 스피노자의 '힘'을 드러내고 있어서 흥미로웠다. 게다가 하이데거의 '지루함론' '권태론'에 대한 분석은 옮긴이가 2010년부터 번역을 시작해 여러 번 개정했으나 아직 국역본으로 출판되지 못한 조르조 아감벤의 『열림: 인간과 동물』의 논의와 겹치면서도 갈라진다는 점에서도 흥미로웠다.[3]

고쿠분은 이 책의 결론에서 이 책을 '통독'해 줄 것을 주문한다. 실제로 여기서의 '요약'에 기반해 결론을 읽다 보면 전체를 통독해야 한다는 점을 느낄 것이다. 책 제목 '한가함과 지루함의 윤리학'을 보면서 읽기 시작하면, 처음에는 한가함보다 지루함에 대한 논의가 핵심인 것처럼 파악할지도 모르겠다. 혹은 한가함론과 지루함론이라는 두 가지 축으로 직조되

2 『도래할 민주주의: 고다이라시 도도 328호선과 근대정치철학의 제 문제(来るべき民主主義: 小平市都道328号線と近代政治哲学の諸問題)』(幻冬舎新書, 2013.); 『다가올 민주주의: 왜 민주주의는 여전히 미완성일까?』(김윤숙 옮김, 오래된생각, 2016.)

3 Giorgio Agamben, *L'aperto: L'uomo e l'animale*, Bollati Boringhieri, 2002. 지면 분량상 『형이상학의 근본개념들』에 대한 고쿠분의 독해와 아감벤의 독해의 겹침과 갈라짐에 대해 언급할 수 없지만, 아감벤의 논의 내용에 대해서는 아감벤의 책뿐 아니라 다음의 문헌도 참고할 수 있다. 岡田温司, 「アガンベンはハイデガーをどのように読んでいるのか?」; 岡田温司, 「ハイデガーを読むデリダを読むアガンベン」, 『現代思想』, 2018. 2, 「総特集 ハイデガー」, 271~282頁. 두 글 모두 이곳에서 번역본을 읽을 수 있다. https://multitude.co.kr/931

어 있고 한가함론이 지루함론으로 흡수된다는 인상을 받을지
도 모르겠다. 그러나 미리 언질을 하자면, 하이데거의 지루함
론을 탈구축하면서 얻어 낸 세 가지 결론의 실천적 내용을 뒷
받침하는 것은 오히려 한가함론이다. 아무튼 이 책은 자신이
처한 상황으로서 '지루함'에 대한 질문으로 시작된다.

> "살아 있다는 감각의 결여, 살아 있다는 의미의 부재, 무엇
> 을 해도 되지만 아무것도 할 일이 없다는 결핍감, 그 속에
> 서 살아갈 때 인간은 '몰입하는' 것, '몰두하는 것'을 갈망
> 한다."(본문 35쪽)

고쿠분은 러셀과 파스칼을 인용하면서 지루함이 인간에
게 공통의 괴로움(고통)이자 '병'이라고 말한다. 그리고 인간은
이런 괴로움·고통에서 벗어나는 것, 즉 주의를 딴 데로 분산
시키는 것, 즉 기분 전환을 해 왔다고 지적한다. 토끼를 원하
기 때문에 토끼 사냥을 하는 것이 아니라, 주의를 분산시키고
기분 전환을 가능케 하는 소동을 피우고 싶어서 가는 것이다.
다소 부담이 있고 열중할 수 있다면 더욱 좋다. 그러니 토끼
사냥을 가려는 사람에게 토끼를 줘도 달가워하지 않는 것은
당연하다. 그리고 이 문제는 현대에도 마찬가지일 것이다. 우
리는 무엇인가가 일어나기를, 열중할 수 있는 무엇인가가 발
견되기를 마음속 깊이 바라고 있으며, 또 무엇인가에 열중하
는 사람을 부러워한다.

"이제 러셀의 지루함론을 검토하자.

…… 지루함이란 사건이 일어나기를 바라는 마음이 **꺾인** 것이다.

…… 여기서 말하는 사건이란 **오늘을 어제로부터 구별해 주는 것**이다.

사람은 매일 똑같은 것이 반복되는 것을 견디지 못한다.

…… 그래서 사람들은 사건을 바란다. 그러나 그런 사건 은 좀체 일어나지 않는다. 이렇게 해서 사람은 지루해한 다."(본문 64-65쪽)

2장에서는 지루함을 정주와 관련해 논의한다. 이때 고쿠 분은 인류의 정주화 과정이 일반적으로 사고되는 '유동 → 식 량 생산 → 정주'의 순서가 아니라 '유동 → 정주 → 식량 생 산'의 순서였다는 고찰을 제시한다. 식량 생산은 정주의 결과 이지 원인 또는 요인이 아니라는 것이다. 또한 여기서 중요한 것은 원래 400만 년이나 유동생활을 하고 있던 인류에게 1만 년밖에 행해지지 않은 정주가 부자연스러운 일이었다는 점이 다. 원래 유동생활에서 길러지고 발휘되었던 인간의 본원적 능력이 정주생활에서는 충분히 발휘되지 못하게 되었고, 그 결과 우리는 지루해한다고 지적한다.

"자신의 육체적·심리적 능력을 마음껏 발휘하는 것이 강 한 충실감을 가져다줄 것이라는 점은 상상하기 어렵지 않 다. 그리고 정주생활에서는 그 발휘의 장면이 한정되어 있다. 매일, 매해, 똑같은 일이 이어지고, 눈앞에는 같은 풍경이 펼쳐진다. 그렇게 되면 과거의 유동생활에서 충분히 발휘되던 인간의 능력은 갈 곳을 잃는다. 더 많은 것을 할 수 있어야 할 텐데 할 일이 없다. 자신의 능력을 충분히 발휘할 수 없다. 바로 지루함이다."(본문 108쪽)

3장에서는 비로소 한가함과 지루함의 차이에 대해 이야기한다.

"한가함이란 아무것도 할 게 없고 할 필요가 없는 시간을 가리킨다. 한가함은 한가함 속에 있는 사람의 존재 방식이나 느낌과는 무관하게 존재한다. 즉, 한가함은 **객관적인 조건**과 관련이 있다.
반면 지루함은 무언가를 하고 싶은데 할 수 없다는 감정이나 기분을 가리킨다. 그것은 사람의 존재 방식이나 느낌과 관련되어 있다. 즉, 지루함은 **주관적인 상태**를 가리킨다."⁴(본문 120쪽)

이런 개념 구분 위에서 고쿠분은 현대를 살아가는 우리가 한가한 시간을 보내는 법을 모른다고 지적한다. 근대화 이전에 대중은 먹고살기 바빠서 한가한 시간이 거의 없었고, 한가

---

4   여기서 드러나듯이 지루함은 국내에서 논의되듯이 '권태'로 번역될 수 있으나 '한가함'은 '여유'로 환원되기 어렵다. 이 때문에 "여유와 권태의 윤리학"이라는 제목을 검토했다가 포기했다.

한 시간을 가진 것은 유한계급뿐이었다. 그러나 한가함을 살아가는 법을 모른다고 해서 지루해지고 싶어 하는 건 아니다. 그래서 무슨 일이 일어났는가? 레저산업의 대두다.

> "레저산업의 역할은 무엇을 해야 할지 모르는 사람들에게 '하고 싶은 것'을 주는 것이다. **레저산업은 사람들의 요구나 욕망에 부응하는 것이 아니다. 사람들의 욕망 자체를 만들어 내는 것이다.**"(본문 151쪽)

회사를 위해 노동하고 여가^{餘暇}에는 소비한다. 이 소비는 어느 회사의 이익이 된다. 그리고 그 소비에 대한 욕망은 그 회사에 의해 만들어진 것이다. 이렇게 해서 사람들은 노동뿐만 아니라 여가까지도 착취당하게 되었다.

4장에서는 풍요로움에 대한 고찰에서 시작해 낭비와 소비의 차이에 대해 서술한다.

> "필요의 한계를 넘어서 지출이 이루어질 때 사람들은 사치를 느낀다. 그렇다면 **사람들이 풍요롭게 살기 위해서는 사치가 있어야 한다.**"(본문 173쪽)

> "낭비란 무엇인가? **낭비는 필요를 넘어서 물건을 취하는 것**, 흡수하는 것이다. 필요 없는 것, 다 써 버리지 못하는 것이 낭비의 전제다.

......

낭비는 어딘가에서 멈추는 것이었다. 물건을 취하는 데는
한계가 있으니까. 그러나 소비는 그렇지 않다. 소비는 멈추
지 않는다. 소비에는 한계가 없다. 소비는 결코 만족을 가
져오지 않는다.

왜 그럴까?

소비의 대상이 물건이 아니기 때문이다.

사람들은 소비할 때 물건을 취하거나 사물을 흡수하는 것
이 아니다. 사람은 사물에 부여된 **관념이나 의미를 소비하
는 것**이다."(본문 174-175쪽)

낭비와 소비의 차이에 대해서는 여러 가지 정의가 있겠
지만(이와 관련해서는 각주의 내용이나 관련 참고 문헌들을 읽는 게 필요
할 것이다), 여기에서 낭비는 사물(물건) 자체를 받아들이는 것이
고 한계가 있는 반면, 소비는 사물 자체가 아니라 거기에 부수
되는 관념과 의미를 받아들이는 것이어서 한계가 없다고 말한
다. 무슨 말인가? 이 책에서 설명한 예에 따르면, 낭비는 어떤
음식 자체를 먹는 것이고, 배가 부르면 거기서 멈춘다. 이에
비해 소비는 예를 들면 티브이에 소개된 인기 음식점에 가는
것으로, 거기에 갔다는 관념을 손에 넣는 것이며, 그러한 관념
의 소비에는 한계가 없다. 그렇기에 쓸데없이 사람들은 여가
를 착취당하게 되는 것이다.

이어서 4장에서는 '소외'라는 철학적 개념에 대해서도 살
펴본다. 그 대표적 논자는 『자본』 등으로 알려진 마르크스다.

마르크스나 아렌트의 마르크스 비판을 참조하면서 저자는 노동에서의 소외를 고찰한다. 여기서는 소외론 자체보다는 그이야기 방식에 주목한다. 단적으로 말해 (마르크스 등이 논하는) 노동이라는 개념 자체가 근대화 속에서 만들어진 것이며, 본래성을 찾으려 해도 그 개념적 틀에서 벗어날 수는 없다(예를 들어 노동을 줄이고 여가를 늘려야 한다고 해도 실제로 여가조차 착취의 대상이 되고 있다). 그렇지 않고 본래성 없는 논의가 필요하며, 거기에는 창의성이 필요하다고 말한다. 이것이 다음 장 이후의 포석이 된다.

2부라고도 할 수 있는 5장에서는 본격적으로 하이데거의 지루함론에 대해 논의를 시작한다. 하이데거에 따르면, 지루함에는 세 가지 형식이 있다. 그것은,

① 무엇인가에 의해 지루해진다는 것이다.
② 무엇인가를 하고 있으면서 지루해한다는 것이다.
③ 아무튼 그냥 지루하다는 것이다.

①의 '무엇인가에 의해 지루해진다'는 것은 비교적 쉽게 알 수 있다. 이 책에서는 기차를 기다리는 것을 예로 들고 있다. 아주 유명한 대목인데, 재미없는 학교 수업이나 민방위훈련 등 우리의 일상생활에서 이를 쉽게 연상할 수 있을 것이다. 하이데거는 지루함의 첫 번째 형식의 경우, 무엇인가에 의해 지루해질 때 그 무엇인가가 갖는 시간에 잘 적합하지 않다고 말한다. 가령 나는 수업 시간에 잘 적합하지 않고, 수업 시간

의 흐름과 나 사이에는 간격이나 간극이 생기고 있다. 이때 나
는 교실에 '붙들려' 있고, '공허 방치'되고 있다.

> "우리는 무엇인가에 의해 지루해할 때 그 무엇인가가 가지
> 고 있는 시간에 **그다지 적합하지 않다**고 말하는 것이다.
> 즉, 어떤 사물과 그것을 접하는 사람이 있다고 할 때, **둘 사**
> **이의 시간적 간극에 의해서** 이 첫 번째 형식의 지루함이
> 생기는 것이다. **무엇인가에 의해 지루해진다**는 현상의 근
> 원에는 사물과 주체 사이의 시간적 간극이 존재한다. 그것
> 에 의해서 붙잡힘이 생기고 공허 방치된다."(본문 269-270쪽)

그렇다면 두 번째 형식은 무엇인가? 두 번째 형식의 특징
은 자신이 공허해지는 것이다. 주변에는 자신의 흥미를 돋우
는 것 등이 있어 결코 공허하지 않지만, 주변에 맞장구를 치거
나 자신을 주변 분위기에 내맡김으로써 때때로 자신 속에서
공허함이 나타나는 상태를 말한다. 하이데거는 파티를 예로
든다. 파티는 결코 지루하지 않으며 친구들과도 대화를 즐기
지만, 그 와중에 문득 공허함이 찾아와 문득 지루하다고 생각
하게 된다. 말로는 표현할 수 없지만 자신이 텅 빈 듯한 상태
에서 왠지 허공에 붕 떠 있는 듯한 느낌을 갖는 것이다. 집회
나 세미나나 토론회에 참여하면서도, 어떤 일을 하면서도 이
런 느낌을 가질 수 있을 것이다.

> "두 번째 형식의 경우에는 단순히 공허가 채워지지 않은

채로 남아 있는 것이 아니라 공허가 여기서 스스로 형성되어 나타나게 된다. 간단히 말해서 외부 세계가 공허**하다**는 것이 아니라 자신이 공허**해진다**는 것이다. 주변에 맞장구를 치는 부화뇌동의 태도로 자신을 내던져 버리며 그 분위기에 스스로를 맡기는 것이다. 그런 의미에서 나 자신이 공허해지는 것이다. 여기에서는 첫 번째 형식과는 전혀 다른 공허 방치가 발견된다."(본문 282쪽)

그리고 세 번째 형식은 지루함의 궁극적인 형태이다. 무엇 하나 말을 들어주지 않는 상황의 한가운데에 놓이는 것이며, "아무것도 없는, 텅 빈, 널찍한 공간에, 덩그러니 남겨진다"라고 하이데거는 말한다. 무엇 하나 잘되지 않고, 무엇을 해야 할지도 무엇을 할 수 있을지도 모르고, 아무것도 할 수 없다는 기분이 든다. 그러나 하이데거는 그 위에서, 주변에 대한 불가능성과 대면하는 것은 자신의 가능성과 마주하는 것이며, 그 가능성은 '자유'라고 말한다. 즉 지루함에 의해 자유와 대면할 수 있고, 거기에서 "지루해하는 인간에게는 자유가 있으니 결단에 의해 그 자유를 발휘하라"라고 말한다. 이것이 하이데거의 지루함론이다.

"가장 '깊은' 지루함. 지루함의 세 번째 형식. 그것은 무엇인가? 읽고 있으면 놀라지 않을 수 없는데, 하이데거는 별 준비 없이 갑자기 대답을 한다.
아무튼 그냥 지루하다.

이것이 지루함의 세 번째 형식이다."(본문 291-292쪽)

이 기본적인 정리 이후, 6장부터 고쿠분의 '탈구축'이 시작된다. 우선 윅스퀼이다. 6장에서는 지루함을 둘레세계라는 절단면에서 포착한다. 둘레세계란 에스토니아 태생의 이론생물학자 윅스퀼이 제창한 개념으로, 모든 생물은 똑같은 세계가 아니라 각각의 세계를 살고 있다는 것이다.

지금 우리가 인식하고 있는 세계는 인간에 의한 인식이며, 더 나아가 나에 의한 인식이다. 예를 들어 진드기한테는 시각이 없어서 포유류가 내뿜는 특정 물질의 냄새라는 신호에 반응해 행동한다. 간단하게 말해서, 진드기가 감각하는 세계와 내가 감각하는 세계는 공간도 시간도 완전히 다르다. 시간의 경우에는, 깨어 있을 때와 자고 있을 때의 차이를 생각하면 시간의 흐름이 주체에 따라 다르다는 것도 상상할 수 있다.

하이데거는 이 둘레세계가 동물만의 것이라 주장하면서 인간에게 둘레세계가 있다는 점을 인정하지 않으려 했다. 둘레세계에서 살아간다는 것은 특정한 신호에 대해 특정한 반응을 일으키는 '붙들려 있음'의 상태인 반면, 인간은 세계 자체에 관여할 수 있다고 생각했기 때문이다. 그리고 그 근간에는 인간과 동물을 구별하려는 하이데거의 의도가 놓여 있다.

그러나 고쿠분은 이렇게 반론한다.

"인간은 둘레세계를 살아가고 있지만 그 둘레세계를 상당히 자유롭게 이동한다. 이는 인간이 **상당히 불안정한 둘레**

세계만 가질 수 있다는 것을 의미한다.

……

둘레세계를 쉽게 이동할 수 있는 것은 인간적 자유의 본질
인지도 모른다. 그러나 이 자유는 둘레세계의 불안정성과
표리일체이다. 뭔가 특정한 대상에 계속해서 압도될 수 있
다면 인간은 지루해하지 않는다. 그러나 인간은 쉽게 다른
대상에 얼빠져 버린다."(본문 353-355쪽)

이제 하이데거에 대한 더 한층의 탈구축이 시작된다. 하
이데거는 자유라는 자신의 가능성과 마주하고 결단을 내림으
로써 지루함에서 해방될 수 있다고 말했다. 그러나 고쿠분에
따르면, 결단을 내리는 것도 결국 노예가 되는 것의 첫걸음에
불과하다.

이 지적의 근간에는 5장에서 소개한 지루함의 세 가지 형
식에 대한 하이데거의 구별에 대한 비판이 놓여 있다. 첫 번
째 형식과 세 번째 형식이 본질적으로는 유사하다는 지적이
다. 왜 사람들은 재미없는 수업으로 지루해하는가? 그것은 재
미없는 수업 때문에 시간을 낭비하고 있다고 느끼기 때문이
다. 그러면 왜 시간을 낭비하면 안 되는가? 그것은 일상적인
일 등, 더 '유의미'하다고 생각하는 것에 시간을 할애하고 싶
기 때문이다. 그리고 바로 이런 시점에서 이 사람은 일상적인
일의 노예가 되고 있다. 즉, 자신의 일을 해야 한다고 생각하
기 때문에, 재미없는 수업은 시간 낭비라고 생각하고 그래서
지루하게 느끼는 것이다. 그리고 이때 이 사람에게는 재미없

는 수업에서 뭔가 흥미를 끌 만한 것이나 재미있는 것을 찾으려는 (찾지 못한다는 말이 아니라) 여유가 없다.

이렇게 보면, 세 번째 형식에서 자유를 마주하고 결단을 내린 인간은 결국 결단의 노예가 될 뿐이다. 즉, 자신의 일이나 사명을 결단에 의해 스스로 결정할 뿐인 것이고, 결국은 스스로가 결정한 것의 노예가 되고 만다는 것이다. 이렇게 되면, 인간다운 삶은 결국 하이데거가 말하는 지루함의 두 번째 형식이라고 말하게 된다.

> "인간은 보통 두 번째 형식이 가져다주는 안정과 균형 속에서 살아간다. 하지만 **무언가가 원인이 되어** '아무튼 그냥 지루하다'라는 목소리가 엄청나게 크게 느껴질 때가 있다. 내가 무언가에 뛰어들어야 하지 않을까 하고 고심할 때가 있다. 그때 인간은 세 번째 형식=첫 번째 형식으로 **도망친다**. 자신의 마음과 몸, 혹은 주변 상황에 대해서 **일부러 무관심**해지고, 오로지 일과 미션에 몰두한다. 그것이 좋아서 하는 것이 아니라 그 일과 미션의 **노예가 됨으로써 안녕을 얻는다.**"(본문 375-376쪽)

앞서 6장과 관련해 언급한 둘레세계는, 인간의 경우에는 살아가면서 형성되고 변화한다. 여기서 중요한 역할을 하는 것이 습관이다. 습관이 없으면 인간은 모든 일을 할 때마다 어떻게 행동해야 할지 매번 생각해야 하는데, 이는 번거롭고 성가신 일이다. 습관은 이를 생각하지 않아도 되도록 하기 위한 것이다. 그리하여 인간은 습관을 형성하고, 습관으로부터 둘레세계를 형성하면서 살아간다. 물론 둘레세계는 때때로 부분적으로 해체되고 재생성되기도 한다.

그러나 단적으로 말해 습관 속에서 살아가는 것은 지루한 일이다. 그래서 기분 전환을 해서 지루함을 피하거나 지루함 속에서 살아가기도 한다. 이것이 두 번째 형식이며, (시간과 지루함이라는 절단면에서 본) 인간의 삶이다.

반면 노예가 된다는 것은 이 인간의 삶에서 벗어나는 것이며, 노예가 되었을 때 사람들은 세계를 받아들일 여유가 없어진다. 그것은 쓸쓸한 일이다. 그러니까 여유(=한가 =사치)를 가지면서, 때로는 지루함과 마주하고, 때로는 기분 전환으로 도망치는 것 자체(하이데거는 이것을 지루함이라고 정의했지만)가 실은 지루함과 잘 공존하고 있다는 뜻일 테다. 지루함을 느끼는 것은 결코 나쁜 것이 아니며, 지루함을 느끼면서도 무언가를 하는 것 또한 잘 사는 방식일 것이다.

> "인간은 대체로 지루함의 두 번째 형식의 구조를 살아가고 있다고 지적하는 것의 중요성이 여기서 나온다. 거기에는 자신을 내던져 버리는 태도도 있다. 하지만 동시에 자신과 마주하는 태도도 있다. 즉, 거기에는 **생각하는 것의 계기가 되는 무언가를 받아들일 여유가 있다.**
>
> ......
>
> 그러나 세 번째 형식=첫 번째 형식으로 도망친 사람은 받아들일 수 있는 대상조차도 받아들이지 못한다. 노예가 되

어 버렸기 때문이다."(본문 407~408쪽)

이런 논의를 통해 '결론'에서는 세 가지 결론을 제시한다. 첫째는 스피노자가『정치론』1장 4절에서 말한 "나는 인간의 행위를 경멸하거나, 탄식하거나, 비웃지 않고, 그저 그것들을 이해하려고 했다"라는 말을 통해 이해하기의 중요성을 강조하면서 이를 위해 책을 통독하라는 것이다. 둘째는 지루함의 두 번째 형식에 대한 하이데거의 놀라운 발견을 '탈구축'하는 것이다. 앞서 언급한 파티에서 하이데거가 지루함을 느끼게 되는 것은 파티를 즐길 수 없었기 때문이고 이를 위한 훈련을 받지 못했기 때문이라고 한다. 이 지점에서 앞의 낭비와 소비의 구분이 유의미성을 갖게 된다. 그리고 이는 지루함과 공존할 수밖에 없는 삶을 어떻게 살아갈 것인가와 관련되어 있다. 마지막 세 번째 결론은 이제 이런 삶에서 어떻게 벗어날 것인가와 관련된다. 그리고 그 핵심에는 다음의 진술이 있다.

"그러나 동물이 얼빠짐의 상태에 있다는 것도, 인간이 둘레세계를 살고 있지 않다는 것도 틀렸다. 둘레세계를 살고 있다는 것은 얼빠짐의 상태에 있다는 것을 의미하지 않는다. 그리고 인간도 동물도 둘레세계를 살고 있다.
그렇다고 해서 인간이 다른 동물과 완전히 똑같냐 하면 그렇지도 않다. 인간은 다른 동물에 비해 상대적으로, 그러나 상당히 높은 둘레세계 간 이동 능력을 가지고 있다.
……

인간이 인간답게 사는 것은 지루함과 떼려야 뗄 수 없다. 그렇다면 이렇게 생각할 수 있을 것이다. 사람들이 지루함에서 벗어나는 것은 인간다운 생활에서 벗어날 때라고 말이다. 그리고 동물이 하나의 둘레세계에 빠질 수 있는 높은 능력을 가지고 어떤 대상에 종종 압도당해 있다면, 그 상태는 '동물 되기'라고 칭할 수 있을 것이다."(본문 427-428쪽)

그리고 이 '되기, 생성 변화^{devenir}'는 들뢰즈(와 가타리)의 사유와 접속된다. 『천 개의 고원』의 '동물 되기'를 생각하자.

·

이 책을 번역하는 과정에서 가장 많은 도움을 받은 것은 이미 국역된 『인간은 언제부터 지루해했을까?: 한가함과 지루함의 윤리학』(최재혁 옮김, 한권의책, 2014)이다. 다만, 단문을 장문으로 번역한 탓에 단문의 호흡을 느낄 수 없었던 점을 바로잡았고, 또 저자가 인용한 문헌을 원래의 원문과 (충실하게) 대조하지 않고 일역본을 중역한 것을 영어, 프랑스어, 독일어 등 모든 문헌과 대조해 수정하는 작업을 거쳤다. 그래도 기존 번역본에서 많은 도움을 얻었다는 점을 짚어 둔다.

두 번째이자 마지막으로 언제나 열렬한 성원을 보내 주는 장미희 기획위원, 김지영 편집자, 최윤지 편집자, 그리고 교정 교열을 통해 글을 더 매끄럽게 다듬어 준 박지석 편집자에게도 감사드린다. 하이데거의 『형이상학의 근본 개념들』에 대한

고쿠분 고이치로의 논의와 아감벤의 논의에 대해 언젠가 좋은
글로 만날 수 있기를 기대하며.

035 Philos

한가함과 지루함의 윤리학

1판 1쇄 인쇄 2025년 1월 3일
1판 1쇄 발행 2025년 1월 22일

지은이 고쿠분 고이치로
옮긴이 김상운
펴낸이 김영곤
펴낸곳 (주)북이십일 아르테

책임편집 김지영 박지석
기획편집 장미희 최윤지
디자인 김희림
마케팅 한충희 남정한 최명열 나은경 한경화
영업 변유경 김영남 강경남 황성진 김도연 권채영 전연우 최유성
해외기획 최연순 소은선 홍희정
제작 이영민 권경민

출판등록 2000년 5월 6일 제406-2003-061호
주소 (10881) 경기도 파주시 회동길 201(문발동)
대표전화 031-955-2100 **팩스** 031-955-2151 **이메일** book21@book21.co.kr

ISBN 979-11-7357-001-8 (03100)

(주)북이십일 경계를 허무는 콘텐츠 리더

북이십일 채널에서 도서 정보와 다양한 영상자료, 이벤트를 만나세요!
인스타그램 instagram.com/21_arte **페이스북** facebook.com/21arte
instagram.com/jiinpill21 facebook.com/jiinpill21
포스트 post.naver.com/staubin **홈페이지** arte.book21.com
post.naver.com/21c_editors book21.com

1만 년 된 인류의 문제이자 현대인의 딜레마
'권태'에 관한 400년 사유

인간의 불행은 단 한 가지,
방 안에서 가만히 있지 못하는 데서 비롯된다.
— 블레즈 파스칼Blaise Pascal

자연 상태에서는 인간을 어딘가에 묶어 두는
유대감 따위는 존재하지 않는다.
— 장 자크 루소Jean-Jacques Rousseau

결단의 순간이란 하나의 광기이다.
— 쇠렌 키르케고르Søren Kierkegaard

낚시는 해도 어부가 되지 않아도 되는 삶.
그것이 여가를 살아가는 기예이다.
— 카를 마르크스Karl Marx

사람은 빵만으로 살아갈 수 없다.
사람의 생활은 장미로 장식되어야 한다.
— 윌리엄 모리스William Morris

인간은 어떻게든 무언가에 괴로워지고 싶은
욕망을 지닌다.
— 프리드리히 니체Friedrich Nietzsche

무의식은 쾌락을 추구하고 불쾌를 피한다.
— 지크문트 프로이트Sigmund Freud

한가함은 지위의 상징이기 때문에
유한계급은 자신의 한가함을 과시한다.
— 소스타인 베블런Thorstein Veblen

모든 생물은 별개인 시공간,
즉 각기 다른 둘레세계에서 살아간다.
— 야콥 폰 윅스퀼Jakob von Uexküll

지루함이란 사건이 일어나기를 바라는
마음이 꺾인 것이다.
— 버트런드 러셀Bertrand Russell

산다는 것을 처음부터 배워야만 한다.
— 마르틴 하이데거Martin Heidegger

현대에는 소비자의 감성이
제작 프로덕션에 의해 선취되어 있다.
— 테오도어 아도르노Theodor W. Adorno

노동labor의 대상은 소비되지만,
작업work의 대상은 존속한다.
— 한나 아렌트Hannah Arendt

어떤 것이 쾌락이기에 반복하는 것이 아니라,
반복하기 때문에 쾌락이 된다.
— 질 들뢰즈Gilles Deleuze

지루함이 사람들의 고민거리가 된 것은
낭만주의 탓이다.
— 라르스 스벤젠Lars Svendsen

한가함 속에서 어떻게 살아야 하는가?
지루함을 어떻게 마주해야 하는가?

이 문제에서 중요한 점은, 우리가 어떻게 즐거움을 얻느냐가 아니다.
어떻게 해서 즐거움을 추구할 수 있게 되는가이다.